현대일본사회
혼네
깊이읽기

일러두기

- 일본국왕의 표기는 '텐노', '천황', '일왕' 등으로 국내의 표준표기가 정해져있지 않다. 따라서 본서에서는 논란이 되고 있는 표기에 대하여 관심한 결과 그들의 고유명사를 읽는 한자음을 빌려 '천황'이라 표기하였다.
- '천황'과 연관된 인물과 거처 등은 '황후', '황태자', '황태자비', '황거' 등으로 표기하였다.
- 일본의 행정수반에 대해서도 일본 국내에서는 '총리' 또는 '총리대신'으로 지칭하며 대외적으로는 '수상'이라 칭한다. 본서에서는 대외적인 공식명칭을 사용했다.
- 일본어 용어표기에서 '이지메'라는 단어는 한국어의 '왕따'에 해당하는 말이나 일본어가 가지고 있는 본래의 의미와 차이가 난다. 따라서 본 서에서는 일본어 표기인 '이지메'를 그대로 사용했다.

현대일본사회 혼네 깊이읽기

| 임일규 |

문예원

들어가며

일본은 이제 국가의 품격을 말한다

최근 3, 4년 사이 일본 서점가를 리드하는 베스트셀러는 단연 '품격'이라는 제목이 들어가는 책이다. 2006년에 후지와라 마사히코藤原正彦 교수가 쓴 『국가의 품격』이라는 책이 220만부나 팔리는 공전의 대기록을 세우자, 뒤이어 품격이라는 제목을 붙인 수많은 책들이 서점가에 쏟아져 나왔다. 여성의 품격, 부모의 품격, 파견사원의 품격, 자신의 품격 등등 그 제목과 내용도 다양하다. 이 중에서도 무려 270만부나 팔린 쇼와昭和 여자대학장 반도 마리코坂東眞理子가 쓴 『여성의 품격』, 최근에 베스트 셀러로 부상하고 있는 죠치上智대학 명예교수 와타나베 쇼이치渡部昇一의 『자신의 품격』등이 국가의 품격과 함께 관심을 불러일으킨다.

이 책들이 우리의 관심을 끄는 이유는 간단하다. 그들이 말하는 '품격'의 기준이 우리가 알고 있는 품격과 다르고 세계인이 말하는 보편성과 다소 차이가 있기 때문이다.

먼저 국가의 품격을 보면 대단히 선동적이고 비판적이다. 특히 서양인들이 자주 지적하는 '일본인에게는 논리·합리·독창성이 부족하다'는 비판에 대해 국가의 격을 논하는 데는 오히려 정서와 감수성이 중요하다고 반박한다. 그 이유로 일본인은 전통적으로 '화和'의 사상을 실천해 왔고, 무사도라는 긍지 높은 정신이 있기에 민주주의나 평등사상 같은 것보다도 더 중시해야하고 그러한 것이 국가의 품격을 높이는 길이라고 역설한다.

다음으로 여성의 품격 역시 일본인의 전통적 여성상을 한껏 높이고, '여성적 예절'을 강조하고 있다. 한마디로 현대사회의 적극적인 여성상 보다 전통적인 일본의 여성상을 본보기로 삼고 있다는 점이 특징이다. 마지막으로 자신의 품격을 보면 서양의 식민정책을 비판하면서 자신들의 식민정책은 대단히 인간적이고 품격 높은 것이라고 자화자찬하고 있다. 나아가 이러한 선조들의 정신으로 돌아가 일본인 개개인이 '화'의 정신으로 격을 높여갈 때 비로소 국가전체의 품격도 높아진다고 강조한다.

이제 전쟁이 끝난 지도 64년의 세월이 흘렀다. 그러다 보니 일본은 자신들의 경제적 성공에 자신감을 얻었고 국가의 품격을 논하며 '세계인으로부터 존경받고 사랑받는' 고상함을 지향하려하고 있다. 그 고상함의 지향점이 일본인들이 스스로 자신들의 국민정신으로 자랑하는 '부끄러움을 아는 정신'에 바탕을 둔다면 주변국의 국민들은 거리낌 없이 동의하고 박수를 보낼 것이다. 그러나 지성인을 대표하는 일본의 학자들이 자신들의 과오에 대해서는 언급을 회피하거나, 왜곡된 사상으로 일관한다면 동의하기도 어려울뿐더러 박수치기도 어렵다. 더 나아가 일본국민들이 과거의 향수에 젖어 70여 년 전 그들이 열광했던 군국주의 지향의 책들에 매료되는 현상은 주변국들에게 우려와 경계심을 불러 일으키기에 충분하다.

일본의 결혼식에서 희망을 보다

필자가 일본과 인연을 맺은 지도 벌써 30여 년에 가깝다. 두 차례의 유학과 두 번의 교육원장 경험을 합치면 일본에서의 체류경력도 11년이 넘는다. 이러한 시간 속에 자연스럽게 일본인과의 교류도 많아졌다. 그러다 보니 일본사회의 통과의례인 관혼상제에 참가하기도 하고 그들의 축제와 문화에 흠뻑 젖어 함께 즐기는 나날도 많아졌다. 그 중에서도 가장 인상에 남는 하나는 지인들의 청첩에 의한 결혼식에서의 풍경이다.

일본인들의 결혼풍경은 일부 종교인들을 제외하고는 대부분 결혼예식장을 이용한 결혼이거나 호텔에서 거행되는 결혼식이다. 우리나라에서는 일반적으로 결혼식에 참가하는 하객들이 축의금을 내고 30분 정도의 예식에 참가하고 나서 봉투 받아서 돌아가거나 식사정도로 끝나는 것이 상례이다. 그런데 일본의 결혼식은 피로연과 친지의 상견례까지 합하면 6시간 이상이 소요되는 장시간이다. 특히 피로연에서 신부가 자신의 부모를 향해 올리는 메시지의 낭독은 대단히 인상적이다. 대체로 어느 결혼식이건 피로연의 마지막 부분에서 신부가 자신의 부모에게 전하는 편지형식의 메시지를 낭독하는데, 이 낭독은 너무도 진술하고 감동적이어서 여러 친지들과 지인들의 눈물을 자아내게 한다.

예를 들면 자신이 중학교 3학년 무렵의 반항기 때, 어머니가 싸 주시는 도시락 반찬이 매일 꼭 같은 것이라 하여 투정을 부리고 엎어버렸는데, 어머님은 성 한번 내시지 아니하고 감싸주시고 몰래 눈물을 훔치시던 모습이 눈에 선하다는 등의 내용이다. 아버지에게 올리는 내용은 더욱 감동적일 경우도 있다. 아버지의 사업이 어려워 파산지경에 있으면서도 자식들이 경제적으로 부자유스러울까 염려하여 자신은 입지도 먹지도 않으면서 가족들을 위해 의연한 모습을 잃지 않으셨던 아버지에게 감사한다는 등의 내용이다. 또 다른 경우는 자신들의 가족사를 있는 그대로 드러내어 모든 하객들의 마음을 숙연하게 만들기도 한다. 자신이 어렸을 때 친어머니가 일찍 타계하시고 새어머니가 들어오셨는데, 자신이 낳은 자식처럼 이렇게 고이 길러 성가시켜주셔서 감사하다는 눈물어린 내용이 그것이다. 이러한 결혼식에서는 많은 사람들이 공감대를 형성하고 감동의 눈물을 흘리게 된다. 더러는 눈물을 참느라 고개를 숙이거나 아예 흐느껴 우는 사람들도 있다.

결론적으로, 반성과 참회의 눈물을 흘리며 메시지를 낭독하는 그들의 모습에서 필자는 일본인들이 대단히 진솔하고 정직하며 착한 사람들이라는 인상을 받을 수 있었다. 진정한 참회의 눈물 앞에 감정을 가진 인간이라면 누구나 공감하고 감동을 받게 되는 것이 인지상정이기 때문이다. 만약 그 자리에서 변명으로 일관하거나 자신의 일방적 주장으로 정당성을 확보하려 한다면 어느 누구도 공감하지 않을 것이며 감동의 눈물 또한 흘리지 않을 것이다.

이러한 경우는 개인과 국가의 경우에도 마찬가지라 여겨진다. 예를 들면 우리는 민주주의의 표상으로 미국의 링컨 대통령이 행한 게티즈버그 연설을 자주 인용한다. 그 연설이 우리를 감동시키고 세계인이 절찬하는 것도 연설의 배경에 남북전쟁이라는 커다란 시련이 있기 때문이다. 링컨은 남북전쟁에서 얻은 교훈을 되새기고 선열들의 피 흘린 대가가 헛되지 않도록 하자고 역설했다. 그리고 철저한 자기반성의 바탕위에 진정한 민주주의를 이 땅에 심어가자고 역설한 것이 마음을 움직인 요소이다. 링컨 역시 그 자리에서 자신의 일방적 주장을 내 세운다든지 남부지역의 주민들을 적으로 몰아 공격적인 발언으로 일관했다면 아무런 감동도 공감도 얻지 못했으리라 본다.

더 나아가 국가와 국가의 관계도 마찬가지일 것이다. 자신들의 국가가 저지른 전쟁범죄에 대해 진정한 반성의 자세를 취하고 다시는 그런 잘못을 반복하지 않겠다는 결의를 다지는 국민에게 세계인들은 박수와 성원을 보내게 되고, 경의를 표하는 것은 당연한 이치이기 때문이다. 우리는 이러한 예로 독일의 경우를 자주 인용한다.

전후 25년이 지난 1970년, 당시 빌리 브란트 서독총리는 폴란드의 바르샤바 유대인 게토를 방문했을 때 무릎을 꿇고 눈물로 사죄했다. 백 마디의 말보다 천 마디의 조약문보다 더 강력한 사과의 표시였다. 세계의 언론이 그의 행동을 '인류양심의 표상'이라며 격찬했다.(본문 내용에서)

일본 역시 전후 여러 차례에 걸쳐 주변국들에게 자신들의 전쟁범죄로 인해 고통을 안겨준 점에 대해 사과의 발언을 반복해 왔다. 그러나 그들은 그 사과의 말이 끝나자마자 발언을 뒤집는 망언을 하거나 배신적 행동을 반복해 왔기에 세계인들은 일본을 의심의 눈으로 바라보는 것이다.

그러나 필자는 일본인들의 결혼식 모습에서 그들이 가진 긍정적 희망의 싹을 보았다. 철저한 자기반성을 통해 거듭나겠다는 결의를 다지는 그들의 모습은 일본을 긍정적으로 이끌 수 있는 희망 그 자체였기 때문이다. 따라서 필자는 일본인 대부분이 지난 전쟁을 성찰하고 올바른 판단을 내려 세계인을 감동시키는 국민으로 거듭날 것으로 믿고 싶다. 일본 국민 개개인이 가지고 있는 정직하고 법질서를 존중하며 타인을 배려하는 고상한 소양이 국가적 단위로까지 승화되리라 믿고 싶기 때문이다.

이제 미래를 보자

역사적으로 일본은 우리와의 관계가 순탄치만은 않았던 특별한 외국이었다. 그러나 그 사회 자체가 특별한 것은 아니다. 특히 한국인들의 눈에는 더욱 그렇게 비친다. 우선 언어적으로 동일계열의 뿌리를 가지고 있어서 이질감이 덜하다. 그리고 그 문화의 뿌리 또한 우리와는 유사성이 많다. 그렇기는 하지만 세부적으로 들어가면 확연하게 차이가 나기도 한다.

아무튼, 인간의 모듬살이 모습은 어느 곳이든 내부적인 모순과 왜곡된 구조를 가지지 않는 사회는 없을 것이다. 그러나 그 사회의 모순과 갈등을 풀어나가는 방식은 조금씩 다른 듯하다. 특히 일본 사회는 정제된 미학적 가치관을 중시하는 전통이 있어서 그 사회 이면의 모습을 잘 드러내지 않는다. 따라서 자신들의 내면적 도덕률을 중시하여 정직, 친절, 신용을 개인이 덕목으로 삼으며, 가정교육과 학교교육의 기본이 '남에게 폐를 끼치지 마라'로 요약된다. 또한 그들의 생활은 절제와 겸양, 배려와 질서를 중시한다. 상당한 자기 통제와 인내를 요하는 미학이라 할 것이다.

필자는 이 책에서 오랜 기간 이러한 많은 일본인들을 접하면서 얻은 경험과 이야기를 통해 일본 사회의 내면을 보다 깊이 있게 이해할 수 있는 기회를 제공하고자 노력하였다. 필자의 경험이 비록 주관적인 한계에서 벗어나지 못한다 할지라도 상당한 객관성을 확보하기 위해 여러 도서와 현장답사를 주저하지 않았다. 다만 한국인이라는 정체성이 사안의 분석에서 결정적인 영향을 미치기도 했지만 그것은 오히려 책 읽는 재미를 더하는 요소로 작용하리라 본다. 더불어 앞으로 이 책의 후속편으로 현대 일본 사회와 문화에 대해 보편적인 가치관을 바탕으로 적극적인 미래를 이야기하는 글들을 엮어갈 생각이다. 이제 미래를 만들고 준비하는 것은 우리들의 몫이자 책임이기 때문이다.

끝으로 본 서가 출간되기까지 힘을 모아주신 여러분에게 감사의 말씀을 전하려 한다. 먼저 처음부터 끝까지 관심과 격려를 아끼지 않으신 진주교육대학교 곽재용 교수님께 감사의 말씀을 드린다. 그리고 책의 출간을 위해 물심양면으로 도와주신 야치요 병원 강인수 박사님, 원고를 보고 선뜻 출간을 결정해 준 문예원의 홍종화 사장님께 심심한 감사의 인사를 전한다.

2009년 8월
히로시마한국교육원에서
임 일 규

차례 _ 현대일본사회 혼네 깊이 읽기

들어가며 _ 5

제1장 일본인이 보는 역사 _ 17
일본을 침략국가라는 것은 누명이다? · 18 | 교육칙어로의 회귀 · 22 | 일본의 역사기술과 증거주의의 허실 · 28 | 다시 부활하는 임나일본부설 · 32 | 일본은 전쟁 피해국인가? · 37 | 왜곡의 역사 · 41 | 야구선수 이치로와 역사인식 · 49 | 일본은 왜 야스쿠니 신사에 열광하나? · 53 | 악행은 '남 탓' 선행은 '내 덕' · 56 | 끈질긴 식민지 시혜론 - 한글은 일본인이 만들었다? · 60 | 사무라이인가 싸울아비인가? · 64 | 일본, 친구인가? · 71 | 일본과의 거리 · 79

제2장 강자를 위한 나라 _ 87
일본의 두 얼굴 · 88 | 주신구라와 일본의 무사도 · 93 | 할복을 미화하는 일본인 · 97 | 히로시마와 나가사키에서 본 일본사회 · 101 | 다테마에와 혼네 · 107 | 일본인의 사과와 충고 · 110 | 침략근성의 원형 모모타로 이야기 · 113 | 한류 붐과 혐한류 · 120 | 한 줄로 세우는 일본교육 · 125 | 이지메에 몰린 극한상황 · 128 | 강자를 위한 나라 · 132 | 납북자 문제와 일본 매스컴 · 136 | 일본 언론의 자유도 · 140 | 편견에 사로잡힌 일본인들 · 143 | 대학등록금 제도의 모순 · 148 | 한류와 아베수상 부인 · 150 | 동남아의 반일과 친일 · 154 | 위협적인 일본의 군사력 · 161 | 상업포경이냐 조사포경이냐? · 166 | 차별의 대명사 부라쿠민 · 171 | 일본의 우익단체 · 176

제3장　　　　황실과 서민 _ 179
　　　　　　불행한 신데렐라 마사코 황태자비 · 180 | 황실전범 · 184 | 고이즈미 칠드런 · 188 | 도박에 중독된 서민들 · 192 | 일본에서 만난 종교인들 · 196 | 일본의 도련님 정치와 극우파들 · 203

제4장　　　　한·일관계사 속의 인물들 _ 211
　　　　　　독도문제와 구보타 간이치로 망언 · 212 | 이순신과 도고 헤이하치로 · 216 | 윤동주 시인의 시비 앞에서 · 220 | 이세·헤이안 신궁에서 · 223 | 귀 무덤과 도요토미 히데요시 · 229 | 가미가제와 여몽연합군 · 238 | 임진왜란과 항왜 김충선 · 243 | 전쟁광을 존경하는 일본 · 247 | 조선과 중국은 일본의 악우다? · 250 | 명성황후 시해사건과 우범선 · 257 | 일본인이 가장 존경하는 위인 · 264 | 조선선비의 대의명분과 일본인의 실리 · 272 | 일본에 살아있는 신라명신 장보고 · 277

제5장　　　　일본사회의 개혁과 변화 _ 283
　　　　　　세키가하라전투와 헌법개정 · 284 | "우향우로 달려라!"고 외치는 교육개혁 · 288 | 영화와 군사대국 · 291 | 일본교육의 난해한 화두-영어전면수업 · 294 | 신용사회의 위기와 내부고발자 보호법 · 297 | 비판받는 여유교육 · 300 | 생사람 잡는 일본경찰 · 303 | 전통과 도덕의 딜레마 · 308 | 초등교사 부정임용사건과 교육개혁 · 313 | 일본의 망년회를 보면서 · 318 | 일본에서 본 필리핀 영화 · 320 | 43년 만의 학력고사 부활과 교육개혁논쟁 · 326

제6장   한·일 교류의 해법과 일본에서 배울 점 _ 331

일본사회 지도층의 '노블레스 오블리주' · 332 | 낙서와 법치국가 · 336 | 일본의 불교탄압과 문화재 보호법 · 339 | 교토의 게이샤들 · 343 | 노벨상과 일본의 장인정신 · 346 | 도오리마 사건과 일본정부의 대처 방식 · 350 | 브랜드화에 성공한 일본의 농산물 · 353 | 기초와 기본교육 충실'과 일본인의 준법정신 · 355 | 일본스모와 정통숭상 정신 · 358 | 고 이수현군과 한·일 관계의 명암 · 360 | 한·일 친선과 통신사 왕래 400주년 · 363 | 전통의 향수에 젖어 있는 일본 · 367 | 일본 스모와 야오초 의혹 · 370 | 야구와 전통축제로 열광하는 일본의 여름 · 373 | 혼을 불어넣는 일본의 장인정신 · 378 | 독도문제의 해법 · 384 | 일본어가 유창한 한국의 유지들 · 388

제7장   재일동포 그들을 잊어서는 안 된다 _ 393

민족통일의 염원과 현실 · 394 | 재일학도의용군과 6.25 · 398 | 궁지에 몰린 조총련 · 401 | 북송가족을 가진 비애의 재일동포들 · 405 | 추성훈 선수를 통해 본 재일동포 · 413

나오며 _ 420

제1장
일본인이 보는 역사

일본을 침략국가라는 것은 누명이다? | 교육칙어로의 회귀 | 일본의 역사기술과 증거주의의 허실 | 다시 부활하는 임나일본부설 | 일본은 전쟁 피해국인가? | 왜곡의 역사 | 야구선수 이치로와 역사인식 | 일본은 왜 야스쿠니 신사에 열광하나? | 악행은 '남 탓' 선행은 '내 덕' | 끈질긴 식민지 시혜론-한글은 일본인이 만들었다? | 사무라이인가 싸울아비인가? | 일본, 친구인가? | 일본과의 거리

| **일본을 침략국가라는 것은 누명이다?** |

일본항공자위대 다모가미 도시오田母神俊雄 막료장(참모총장)이 쓴 '일본은 침략국가 이었는가?' 라는 논문을 둘러싸고 2008년 연말을 기점으로 일본 정가는 회오리에 휩싸였다. 문제의 발단은 아파 그룹이라는 민간 건설회사가 주최하는 논문공모에 다모가미 막료장이 응모했고, 이 논문이 최우수상을 수상함으로써 세간에 알려지게 되었다. 그는 논문에서 과거 일본의 한반도 식민 지배와 중국 등에 대한 침략행위를 정당화 하면서 '우리나라가 침략국가라는 것은 누명' 이라며 자신의 일방적 주장을 펼치고 있다.

또한 무라야마村山富市 전 수상이 1995년 식민지 지배와 침략전쟁을 인정하고 '참기 어려운 고통과 슬픔을 안겨 준데 대해 깊이 반성하는 입장에 선다' 는 담화는 일본국민이 합의에 이를 수 있을지 의문이 간다라며 비판적인 입장을 분명히 했다. 이에 더하여 그는 일본국이 행한 지난 전쟁 때의 모든 행위는 조약에 의한 합법적인 것이며, 은혜를 베푸는 식민정책을 수행했다고 강변하고 있다.

이 사실이 밝혀지자 일본 방위성 장관은 하는 수 없이 정부의 정강에 반하는 발언을 한 그를 경질하고 퇴임시키는 선에서 마무리했다. 그러자 일본 야당들은 일제히 공격의 포문을 열고 여당의 책임론을 들고 나왔다. 결국 야당의 요구로 참의원의 증인환문에 응한 그는 더욱 강경하게 자신의 주장을 펼쳤다. "일본을 나쁜 나라로 규정한다면 자위대원들의 사기가 떨어져 일본방위도 불가능해 질 것"이라며 오히려 국회의원들을 호통 치기까지 했다. 그러나 이러한 오만불손한 태도에 대해 어떠한 불이익이나 제재도 가하지 않았다. "퇴직금을 반납할 의사가 있느냐?'는 질문에도 자신이 그대로 사용하겠다고 당당히 밝히면서 누가 나를 제지할 수 있으면 해보라는 태도였다.

또한 그는 이러한 의사 개진이 자유 민주국가가 표방하는 개인의 언론자유에 속하는 것이기에 하등의 문제가 될 것이 없으며, 이 정도의 발언도 할 수 없다면 북한과 다를 바 없다고 말하기도 했다. 아마 그는 마음먹고 평소의 생각을 발표한 듯 했고, 자신이 지금까지 걸어온 인생역정 자체가 보수우익의 생각을 실천하는 길이었음이 아사히신문 등의 추적으로 밝혀지기도 했다.

그럼 여기서 문제가 된 그의 논문 속으로 잠시 들어가 보자.

- 미합중국 군대는 미·일안보조약에 의해 일본국내에 주둔하고 있다. 이것을 미국에 의한 일본침략이라고는 말하지 않는다. 2국간 합의에 의한 조약에 기반을 두고 있기 때문이다. 우리나라는 전전戰前 중국대륙과 한반도를 침략했다고 하지만, 실은 일본군이 이들 나라에 주둔한 것도 조약에 기반을 두었다는 사실은 의외로 알려져 있지 않다.
- 우리나라는 장제스蔣介石에 의해 중일전쟁에 휘말린 피해자일 뿐이다.
- 만약 일본이 침략국가라고 말한다면, 당시의 열강이라 불리는 국가 중에서 침략국가가 아닌 나라는 어느 나라인지 묻고 싶다.
- 당시 열강으로 불리어지는 국가 중에 식민지 내지화內地化를 꾀한 국가는 일본뿐이다. 우리나라는 타국과 비교하여 말한다면 극히 온건한 식민통치를 한 것이다.
- 전후 일본에서는 만주와 한반도의 평화스러운 삶이 일본군에 의해 파괴되었다고 말해지고 있다. 그러나 실제로는 일본정부와 일본군의 노력에 의해 현지인들은 당시까지의 압정으로부터 해방되었고, 생활수준 또한 현격하게 향상되었다.

- 그런데 일본이 중국대륙과 한반도를 침략했기 때문에 이윽고 미일전쟁에 돌입하여 300만이라는 인명의 희생자를 내고 패전을 맞았다. 일본은 되돌릴 수 없는 잘못을 범했다고 말하는 사람이 있다. 그러나 이것들도 지금은 미국에 의해 교묘하게 걸어온 함정이었다는 것이 판명되고 있다. 실은 미국도 코민테른(Communist International 국제공산당)에 조종당한 것이다.
- 그런데 대동아전쟁 이후 많은 아시아 아프리카 제국이 백인국가의 지배로부터 해방되었다. 인권평등의 세계가 도래하였고 국가 간의 문제도 회담에 의해 해결되어가고 있다. 이것은 러일전쟁, 그리고 대동아전쟁에서 싸운 일본의 힘에 의한 것이다. 만약 일본이 그 당시 대동아전쟁에서 싸우지 않았다면 현재와 같은 인권평등의 세계가 도래하는 것이 100년, 200년 늦어졌을 지도 모른다. 그런 의미에서 우리들은 일본국을 위해 싸운 선조, 그리고 국가를 위해 존엄한 목숨을 바친 영령들에 대해 감사하지 않으면 안 된다. 그 덕분으로 오늘날 우리들은 평화롭고 풍요로운 생활을 영위할 수 있는 것이다.
- 도쿄재판은 저번 전쟁의 책임을 모두 일본에게 덮어 씌우려 한 것이다. 그리고 그 마인드 컨트롤은 전후 63년이 지나도 일본인을 흔들리게 하고 있다. 일본군은 강해지면 반드시 폭주하여 타국을 침략한다. 그러므로 자위대는 가능한 한 움직이기 어렵도록 해 두지 않으면 안 된다는 것이었다.
- 다른 나라의 군과 비교하여 자위대는 팔다리가 묶여 몸을 움직일 수 없는 상태에 있다. 이 마인드 컨트롤로부터 해방되지 않는 한 우리나라가 스스로의 힘으로 국토를 지키는 데에서 영원히 안전되지 않는다.
- 지금도 역시 대동아전쟁에서 우리나라의 침략에 의해 아시아제국에게 견딜 수 없는 고통을 주었다고 생각하는 사람들이 많다. 그러나 우리들은 많은 아시아 제국이 대동아전쟁을 긍정적으로 평가하고 있다는 사실을 인식해

둘 필요가 있다. 일본군을 직접 접한 많은 사람들이 일본군에게 높은 평가를 하고 있으며, 일본군을 직접 보지 않은 많은 사람들이 일본군의 잔학행위를 퍼뜨리고 있는 경우가 많음도 알아두지 않으면 안 된다. 일본군의 군기가 타국과 비교하여 얼마나 엄중했는지는 많은 외국인이 증명하고 있다. 우리나라가 침략국가라는 것은 누명이다.

논문의 내용은 일본인의 자기만 아는 섬나라 근성이 여과 없이 적나라하게 드러나 있다. 논문이라기보다는 차라리 블랙 코미디를 연상하게 한다. 일본이 일으킨 대동아전쟁 때문에 인류평등이 100년, 200년 앞당겨졌다는 주장은 그 압권에 속할 것이다. 참으로 고소를 금할 수 없는 내용일 뿐이다.

물론 이 논문은 전형적인 일본우익의 억지에 불과하지만, 막료장 자신의 말처럼 개인자격이라면 문제가 되지 않을지도 모른다. 언론자유라는 명분으로 비켜갈 수 있기 때문이다. 그러나 국가원수의 명령을 받는 막료장의 신분으로 국가의 정강정책에 반하는 논문을 발표하는 행위는 누가 뭐라 해도 반국가적 행위일 뿐이다. 아소 수상도 즉각적으로 이 문제가 정치적으로 비화되는 것을 막기 위해 일본 정권의 정강기반도 무라야마 전 수상의 담화에 입각해 있음을 천명하고 진화에 나섰다.

그러나 우려스런 것은 이러한 표면적인 움직임에 반하여 많은 정치인과 국민들이 다모가미 막료장의 견해에 동조하고 마음속으로 응원의 박수를 보내고 있다는 현실이 문제이다. 아베 전 수상은 시빌리언 컨트롤(Civilian Control 문민통제)이란 어려운 용어를 쓰면서까지 문민에 의한 군의 통제가 가능하다고 역설했다. 그러나 이는 사실상 우익들의 언어수사에 지나지 않는다고 아사히신문을 비롯한 여러 매체들은 우려를 표명하며, 이번 기회에 확실히 매듭을 지어야 한다고 사설에서 밝히기도 했다.

사실, 중일전쟁 당시 이시하라 간지石原莞爾참모를 비롯한 이타가키板垣征四郎 등의 일본 군부는 정부의 방침에 구애받지 않고 먼저 전쟁을 도발 해 놓고 정부의 추인을 받는 행위를 거듭했다. 이를 상기한다면 일본이 과연 문민통제가 가능한 나라인가에 대해 의구심을 가지지 않을 수 없다. 오히려 지금의 일본정부가 취하는 미지근한 처벌이 더 위험하다고 보는 게 정확할 것이다. 왜냐하면 자위대라는 방어적 개념의 임의군대가 명실상부한 '국가 수준의 군' 으로 승격되었을 때 다모가미 막료장의 발언 같은 상황이 재연되지 않으리란 보장은 없기 때문이다. 더 나아가 이들 '막가파 군인' 들이 자신의 신념을 내세워 국가의 통제와 헌법을 우습게 알고 이웃국가와 분쟁을 저지르지 말라는 보장 또한 없기 때문이다.

문제가 된 아파그룹이란 건설회사도 무슨 목적으로 이러한 논문을 공모했는지, 300만 엔의 거금을 상금으로 지급한 것도 의문이 가는 부분이다. 우익들의 활동을 간접적으로 지원하기 위한 한 방편일 가능성이 높아 보인다. 또한, 이 공모에 응한 234편의 논문 중에 97편이 항공자위대 장교들의 논문이란 사실도 문민통제와는 거리가 멀어 보인다. 아예 다모가미 막료장은 이 절차까지 무시한 것으로 밝혀졌고 이 그룹 사장을 자신과 친분이 있다하여 전투기에 시승시킨 일까지 있었다고 한다. 일본이 표방하는 문민통제를 무색하게 하는 일이다.

| 교육칙어로의 회귀 |

일본 여당은 2006년 12월 15일 '야스쿠니파' 의원들의 오랜 숙원이던 교육기본법 개정에 성공했다. 그리하여 상당수 일

본 국민들은 난제로 여겨오던 교육개혁이 성공궤도에 진입한 것처럼 들떠 있었던 적이 있다. 개정안이 발의될 당시까지만 해도 야당의 강한 반발로 국회통과가 어렵다고 전망돼 왔는데 의외로 쉽게 통과가 됨으로 인해 여당의 축인 자민당과 공명당이 만세를 부른 것이다.

발의 당시, 개정안의 주요골자는 '나라를 사랑하는 마음'으로 표기하자는 자민당과 '나라를 중요하게 여기는 마음'으로 표기하자는 공명당의 의견이 맞지 않아 결론을 낼 수 없었다. 몇 번의 중재를 거쳐 결국 중의원과 참의원이 합의하여 '우리나라와 향토를 사랑하는 마음'으로 통과되었다.

이러한 개정의 밑바탕에는 교육기본법에 애국심조항을 삽입하여 '애국심'을 법으로 강제하겠다는 발상이 깔려있다고 볼 수 있다. 당시 아베安倍晋三수상은 그의 취임사에서 이미 교육기본법 개정을 역설했다. 개정의 이유로 일본인들이 제2차 세계대전 후 줄곧 '자학사관'에 사로잡혀 있었는데, 이것은 일본의 자존심을 심히 손상하는 일이므로 이의 회복을 위해서도 교육기본법 개정은 필수라는 논리로 국민들에게 호소한 바 있다.

개정 이후 일본사회는 소위 '애국심' 논쟁으로 한동안 나라가 떠들썩했지만, 그 논쟁의 끝은 결국 극우파들과 자민당이 의도하는 대로 결론을 내고 말았다. 강자에게 복종하는 것이 미덕인 일본인들의 성정을 감안한다면 '애국심'을 전면에 내세운 개정안은 반대할 명분자체를 꺾을 수 있는 호재 중의 호재였기 때문이다. 일교조와 일부 시민단체가 국회상정을 앞두고 반발의 움직임을 보이기는 했지만 역부족이었다. 한마디로 '애국하자는 데 반대하는 사람은 매국노다'라는 멍에를 씌울 수 있었기 때문이다. 그저 아무것도 모르는 국민들은 자민당의 의도대로 개정안이 통과되도록 여론에 휩쓸려 이들을 규탄하기에 이르렀다.

이러한 움직임에 앞서 이미 일본 문부과학성은 교육기본법 개정의 사전작업

의 일환으로 거금을 들여 '마음의 노트心のノート'라는 책을 만들어 전국의 초·중·고등학생들에게 무료로 배포했다. 이 책의 배포 이유는 소년흉악범죄가 매년 증가할 뿐만 아니라 학교에서의 도덕수업이 제대로 이루어지지 않기 때문이라고 밝혔다. 그러나 이 말은 명분일 뿐 목적은 분명히 다른 데 있음을 우리는 이 책을 읽으면서 금방 알아낼 수 있다.

　이 책은 '일본회의'라는 극우단체가 주관하여 기획한 책이다. 얼핏 보면 심리학자를 동원하여 부드럽고 재미있는 내용으로 도입부분을 장식해 놓아 누가 보아도 아이들의 도덕성 함양에 지대하게 기여할 책으로 인식하게 되어 있다. 그러나 뒷부분으로 가면 일본 정신을 강조하고 애국심을 배양하며 일본국가인 '기미가요君が代'를 찬양하도록 구성해 놓고 있어 도덕성 함양이 곧 애국하는 길이라는 등식으로 연결하고 있다.

　또한 이 책의 배후에 있는 '일본회의'라는 단체는 이른바 왜곡·날조된 교과서를 만들어 지난 2005년 교과서 채택 시에 10% 이상의 채택학교 달성목표를 세운 '새로운 역사를 만드는 회'의 모체에 해당하는 극우집단이다. 그러니 이 단체의 성격은 설명할 필요도 없이 극명하다. 이들의 노림수 또한 정확히 파악할 수 있다. 이들은 스스로 '본 회의 노력으로 마음의 노트 작성이 결정되었다'고 그들의 홈페이지에 당당히 밝히고 있기도 하기에 더욱 그러하다. 그러나 정작 그런 결정이 문부과학성의 교과서 검정 담당자들이 알고도 이를 현장에 배포했는지 아니면 부독본이라 검정이 필요 없다고 생각했는지 우리로서는 알 길이 없다. 다만 이 책이 교묘하게 천황제를 찬양하고 '애국심을 마음에 품고 천황을 경애하는 아이'로 기르는 것을 목표로 한다는 점이 마음에 걸리는 부분이다. 이는 바로 제국주의 시대의 '교육칙어'와 다를 바 없기에 우려의 생각을 가지지 않을 수 없는 것이다.

　만약 '마음의 노트'를 현장에 배포했을 때 현장 교원들이 강하게 반발했다면 일본여당은 다른 방향으로 목표를 수정하거나 교육기본법 개정을 포기했을지도 모른다. 그런데 현장 교원들은 이러한 교묘한 사전 포석에 조직적인 저항 한 번 제대로 하지 않았다. '부독본인데 어때?' 라는 안일한 대처로 일관했다. 이런 반응을 보이자, 일본 여당은 이제야 말로 개정의 분위기가 무르익었다고 판단하고 자신 있게 밀고 나간 것이다.

이러한 교육기본법 개정이 순수한 목적의 애국심을 강조하는 선에서 머무른다면 하등 우려할 이유가 없다고 본다. 그러나 한국인인 우리가 느끼기에는 왜곡교과서 문제, 야스쿠니 신사참배, 평화헌법 개정, 교육기본법 개정, 자위대를 자위군으로 승격 시키려는 움직임 등 일련의 사태에서 보여 지듯이 일본사람들은 자기도 모르는 사이에 차츰차츰 '제국주의의 망령'에 홀려가는 듯한 느낌을 지울 수 없다.

우리들의 이런 우려에 대해 일본인들은 이렇게 말할 것이다. "에이, 이렇게 자유가 보장되고 인권이 살아있는 국가에서 제국주의라니 말도 안 되는 소리요!"라고. 맞는 말이다. 일본은 자유 민주국가이고 시장경제를 바탕으로 하고 있기에 누가 보아도 제국주의와는 거리가 먼 것처럼 보인다. 그렇지만 정작 평화헌법이 개정되고, 자위대가 자위군으로 자리 잡고, 교육기본법에 명시된 '애국심' 으로 단결된 국민들로 일본열도가 힘을 발휘한다면 그 정점은 누가 될 것인가를 생각해보면 쉽게 답을 찾을 수 있다. 바로 그들의 '천황폐하' 가 될 것이며 위정자들은 '천황폐하의 뜻을 받들어' 라는 명분으로 또 한 번 침략전쟁에 국민을 동원하는 악몽 같은 시나리오가 가능하다.

이번에는 가미가제 특공대처럼 무모한 국민동원은 없겠지만 그럴듯한 명분을 내세워 국민을 전쟁에 나가지 않고는 배기지 못하도록 종용할 가능성이 높다. 이러한 견해에 대해 일본인들은 '피해의식에 젖은 반도 인들의 과민반응' 이라며 폄하할지도 모른다. 그러나 결국은 그 쪽으로 방향타를 돌리고 있는 것이 현재의 위정자들이며 일본이 걸어가고 있는 길이다.

이제 평화헌법이 개정되고 개정된 교육기본법에 근거하여 현장의 선생님들은 애국심으로 무장된 학생들에게 이렇게 물을 것이다.

"일본은 자유와 인권이 보장된 나라인가?"

"그렇습니다. 자유와 인권이 헌법에 보장되어 있습니다"

"그러면 자유와 인권이 보장된 일본을 사랑하는가?"

"물론입니다. 누구보다도 자유민주국가인 일본을 사랑하며 긍지 높은 애국심을 가지고 있습니다"

"그렇다면 애국하기위해 너는 자유와 평화 그리고 인권을 우리만 누리는 것이 옳다고 생각하는가?"

"아닙니다. 세계의 모든 사람들이 자유와 평화가 보장되고 인권을 누릴 수 있는 세상이 오면 좋겠습니다"

"그건 참 옳고 바른 생각이다. 그렇다면 북한이 자유와 평화 그리고 인권이 보장된 국가라 생각하는가?"

"아닙니다. 자유와 인권이 유린되고 있는 곳이라 생각합니다. 그리고 우리 일본인들을 납치하여 공작원 훈련을 시킨 나라입니다"

"그렇다면 그 자유와 평화를 빼앗고 인권을 짓밟으며, 일본인을 납치한 자가 누구라 생각 하는가?"

"북한의 지배자들이라고 생각합니다"

"그러면 애국심을 가진 제군들은 북한의 지배자들을 척결하고 인민들에게 자유와 평화를 안겨주며 인권을 보장해 주는 성스러운 일에 앞장설 수 있는가?"

"예? 성스러운 일? 전장에 나가라고요?"

"전쟁이 아니다. 세계의 자유와 평화를 보장하고, 위정자의 폭압에 시달리는 인권을 도로 찾아 그들에게 인간다운 삶을 보장해 주자는 것이다. 다만 상대가 무장하고 있으니 신변안전을 위해 무기를 소지하고 떠나는 것일 뿐이다. 또한 이 일은 천황폐하의 세계동포주의 사상과도 일치하는 일이다"

"천황폐하? 예! 알겠습니다. 충성을 다하겠습니다. 덴노헤이카 반자이!"

이 수업은 다소 비약적인 표현이 많을지도 모른다. 그렇지만 이런 수업이 곧 '애국수업'이라며 시범수업을 실시하고 법을 근거로 정부에서 강제한다면 일본은 스스로 전장에 뛰어들지 않을 수 없을 것이다. 이미 일본은 헌법 제9조의 평화헌법을 교묘히 개정하여 '유사헌법有事憲法'이라는 모호한 법으로 자위대를 세계 여러 지역에 파병하고 있다. 그러므로 한 발 더 나아가 헌법 제9조를 개정하여 '자위군'을 가질 수 있게 되면 당당하게 일본군을 '세계평화 유지군'으로 명명하며 합법적으로 주변국들에 파견할 수 있게 된다. 여기에 더하여 국제연합의 상임이사국 자리까지 손에 들어온다면 그야말로 금상첨화라 여기고 이제야말로 일본이 세계를 향해 도약할 때라고 '애국심'을 더욱 부추길 것은 명약관화하다.

그러나 우리는 이러한 일련의 움직임을 경계하지 않을 수 없다. 왜냐하면 그들은 제2차 세계대전 때 저지른 자신들의 죄과에 대해 철저한 자기반성을 한 번도 한 일이 없기 때문이다. 그저 변명으로 일관해 왔을 뿐이며 시간이 지날수록 해괴한 논리로 자신들의 침략행위를 정당화 하는 데 열중하고 있을 뿐이다. 자기반성이 없었다는 것은 바로 같은 일을 되풀이 할 수 있다는 증거이기도 하며, 또 다른 명분으로 침략 전쟁을 정당화 하고 주변국들의 인명을 잔혹하게 짓밟을 가능성이 높기 때문이다.

| 일본의 역사기술과 증거주의의 허실 |

일본 문부과학성이 지난 2007년 3월 30일 공표한 2006년도 교과서 검정결과를 두고 적지 않은 논란이 일었다. 논란의 발단은 지리·역사·공민에서 제2차 세계대전 말기 미·일간의 공방전이었던 오키나와전沖繩戰시 집단 자살한 주민들의 기술내용이었다. 문부과학성이 '일본군이 강제적으로 집단 자살로 몰아갔다'라는 부분을 삭제하도록 일방적인 지시를 하달하자 반발이 인 것이다.

문부과학성은 삭제의 이유로 일본군이 강제했다는 명백한 증거가 없고 현재 이를 둘러싼 명예훼손 재판이 진행 중인 점 등을 들었다. 이 조치로 개정되는 책은 고등학교 2, 3학년이 사용하는 교과서 224점이며 수정에 응하여 이미 합격한 교과서가 222점이고 불합격한 교과서는 2점에 지나지 않는다고 밝혔다.

일본의 자료에 따르면 오키나와전투는 미군과의 교전 중 유일한 일본 본토전이고 일본인 18만 명이 희생된 비참한 전쟁이었다. 당시의 전투는 압도적인 미군의 화력 앞에 일본군은 '군관민 공생공사'라는 슬로건을 내걸고 육탄전으로 대항하며 맞싸웠다. 이때 민간인과 주민들에게도 무기를 제공했음은 물론이고, 최후의 한 사람까지 철저히 저항하는 형태로 전개되었다. 이 과정에서 미군의 포격에 의해 수많은 민간인이 희생되었고, 끝내는 마지막까지 항복하지 않고 자살로 생을 마감한 사람이 6백여 명이 넘는다고 한다.

일본군이 명백한 문서로 자살을 강요한 증거가 없다 하더라도 자살용 수류탄과 청산칼리의 제공은 군의 개입 없이는 이루어 질 수 없는 일이다. 따라서 당시의 민간인 희생자 가족과 시민단체는 이 조치에 대해 크게 반발하고 나섰다. 그리고 이들은, 살아남은 사람들의 생생한 증언으로 현장의 지휘관들이 '구두로 자살을 강요한' 증거가 이미 확보되어 있다고 발표했다. 그리고 지금도 그 희생자 가족들이 현장의 험악한 분위기를 기억하고 있다고도 했다. 그럼에도 불구하고 교과서에서 군의 강제성을 부인하는 기술을 요구하는 것은 또 다른 역사 왜곡이라며 분노를 감추지 않았다.

급기야는 2007년 9월에 들어와 오키나와 주민대표회의가 소집되고 전 주민이 참가하는 규탄대회를 열기에 이른다. 이 대회 당일, 11만 명이라는 전후 최고의 군중이 참여하여 일본정부의 '역사왜곡'을 규탄하며 오키나와의 나하那覇시내를 행진했다. 일본 국내의 역사왜곡에 대해 이렇게 큰 반발을 보인 것은 처음 있는 일이기에 당시의 아베내각은 당황한 빛을 감추지 못했고, 왜곡한 교과서의 재검토를 약속하기에 이른다. 이후 아베내각이 실각하고 후쿠다내각이 성립되자 2008년 5월에 오키나와전의 군 개입을 시인하는 기술을 허용하도록 조치했다. 그러나 오사카서적을 비롯한 많은 교과서 출판사들의 기술내용은 이전의 내용과는 많은 차이가 있고, 그 수준 또한 애매한 점이 많다. 전형적인 일본인들의 조삼모사 작전이라는 느낌을 준다.

사실 일본교과서의 기술내용에서 증거주의를 채택하는 것은 겉모습만으로 판단하면 가장 합리적이고 객관적인 것처럼 보인다. 그러나 문서나 사진·영상 등으로 남아있는 증거가 불확실하다하여 일본군이 자행한 역사적 사실이 없어지거나 사라지는 것은 아닐 것이다. 당시 아베수상이 미국하원의 종군위안부 결의안 채택 시에 한 발언은 증거주의의 일환으로 보면 틀리지 않을 것이라 본다. "종군위안부의 동원에 강제성은 없었다", "사실에 기반을 두고 있지 않다. 의결되더라도 내가 사죄하는 일은 없을 것이다."라는 일련의 발언이 그것이다. 이는 군이 개입하거나 강제로 연행한 것이 아니라 민간인 업자에 의해 행해진 일이기에 정부가 책임질 사안이 아니라는 뉘앙스를 풍기기에 충분하다. 시간이 더 경과하면 이러한 발언이 증거로 다시 채택되는 모순도 일어날 수 있을 것이다. 즉 우리가 당시 이런 말을 할 때 "당신들이 수긍하고 침묵했지 않느냐?"는 억지를 부릴지도 모른다.

또한 우리나라에서 한동안 문제가 되었던 '요꼬이야기'도 일본역사기술에서 채택하고 있는 증거주의의 한 방편이라 여겨진다. 물론 이 책이 소설적 형태를 취하고 있지만 이 책의 부제가 '용기와 생존의 실화(True story of courage and survival)'로 씌어져 있는 점에 주목하면 쉽게 작가의 노림수를 파악할 수 있을 것으로 본다.

사실에 바탕을 두지 않은 픽션이 소설의 구성요소라 하지만 이 책의 내용은 상당부분 가해자 일본이 피해자 일본으로 둔갑해 있음을 보고 우려를 금하지 않을 수 없다. 특히 당시의 상황과 정반대인 남한에서의 강간(rape)위협에 시달린 이야기와 수많은 성폭행 장면을 목격했다는 기술이 그것이다. 필자는 성폭행을 피하기 위해 남자로 위장하여 서서 소변을 보았다는 기록을 남기고 있는데 이는 명백한 거짓말이며 날조이다.

그의 소설이 거짓이라는 증거는 우리국민 모두가 역사를 통해서 익히 알고 있는 사실이기도 하지만, 확실한 정황을 알아보기 위해 당시 한반도에 전개된 숨 가쁜 역사 속으로 다시 한 번 되돌아 가 보자.

당시 한반도에 남아있던 일본인들은 조선총독부의 지휘 아래 8월 25일에는 자신들의 신변보호를 위해 '경성내지인세화회京城內地人世話會'를 조직했다. 9월 2일에는 귀국에 따른 여러 준비사항과 절차, 주의점 등을 알리는 회보를 발간하기에 이른다. 이후 인천을 통해 들어온 미군에 의해 9월 9일까지 일본군은 무장해제가 완료되고 미군은 일본군과 민간인의 철수에 적극 협력하기로 한다. 총독부 직원을 비롯한 재한 일본인들은 9월15일에 이미 없어진 '내지인'이라는 이름을 없애고 '경성일본인세화회'로 이름을 변경하여 한국인들의 반발을 사지 않도록 조치를 취한다. 이어 9월 28일에는 철수에 따른 재산권 문제 등의 법률문제를 해결해 주는 법률상담부를 설치했다. 연이어 만주 등지에서 중국인들의 습격을 피해 한반도로 들어오는 일본인들을 구제하기 위해 서울에 이재민 구제병원을 설치했다.

10월 20일이 되자 '왜노소탕본부倭奴掃蕩本部'라 칭하는 단체로부터 서울시내에 '잔류 일본인에게 고함'이라는 비라가 뿌려지는 일이 벌어졌다. 이에 미군은 이 단체의 활동을 막기 위해 10월 25일 왜노소탕본부를 기습수색하고 불온 비라를 압수한 다음 관련자들과 단체의 중심인물들은 연행하고 해산을 명한다.

본격적인 일본인들의 철수는 10월 23일부터 인천과 부산항을 통해 시작되어 1946년 12월 27일 일본인 세화회 회원 전원이 마지막 철수를 단행 할 때까지 1년 3개월의 기간에 걸쳐 실시되었다. 이것이 당시의 역사적 상황이다.

한반도 내에서 이루어진 일본인의 철수는 이처럼 일사분란하게 끝났고, 이 과정에서 한국인에게 습격당하거나 살해당한 희생자는 전무하다. 이미 미군이 한반도를 장악하고 있었고 북에는 소련군이 진주해 있었기에 만주일대에서 벌어진 처참한 학살과 강간 같은 일은 한반도에서 자행되기 어려운 상황이었음을 알 수 있다. 또한 북한지역의 일본인들은 일본인 세화회의 활동으로 1945년 12월 30일까지 남한지역으로 이동이 완료되었다. 당시 한국에 남아있던 일본인들은 이웃의 한국인 주민들이 혹시라도 일본인을 습격하거나 일본인 거주지에 방화하는 일이 일어나지 않도록 도와준 일화는 수없이 많다. 동네청년들이 일본인들에게 대놓고 욕을 하거나 공격적인 말을 하면 이웃주민들이 막아주고 보호해 주었다는 사례는 구전으로만 들어도 그 수가 상당하다.

더 나아가 이러한 와중에도 일본인들은 자신들의 이웃인 한국인들에게 집과 재산을 상당한 값으로 매각하기도 했다. 이러한 기록은 다른 어느 국가에도 없는 사례이므로 일본인들이 주목해야할 일이기도 하다.

이상과 같은 한반도의 당시 상황과는 다르게 악의적인 소설로 자신들의 침략행위에 물 타기를 시도하는 일본인들의 끈질긴 자기합리화의 몸부림을 보면 오히려 측은한 생각까지 들게 한다. 그러나 이들은 앞으로도 이러한 물 타기를 지속적으로 시도할 것이고 결국에는 그것을 또 다른 증거로 삼으려 할 것이다.

E. H. 카는 『역사란 무엇인가?』에서 '역사는 되풀이 된다'고 했다. 지금 전개되고 있는 일본인들의 일련의 발언과 기록들은 다른 면에서 본다면 또 다른 역사적 증거를 준비하고 있는 것처럼 보인다. 다만 우리가 바라는 것은 침략의 역사가 아닌 평화의 역사가 되풀이되기를 소망할 뿐이다.

| 다시 부활하는 임나일본부설 |

일본의 역사교과서는 전후 일본의 패전에 의해 자신들의 과거사에 대한 반성과 전쟁의 비참함을 강조하는 양심적인 기술에서부터 출발했다. 그러던 것이 점차 경제적으로 자신감을 회복하고, 자위대를 창설하는 등 국력이 신장되자 서서히 왜곡의 본색을 드러내기 시작했다. 주변국들의 우려를 무시하고 1970년대를 기점으로 왜곡된 교과서를 만들어 현장에 투입한 것이 그것이다. 이러한 사태가 계속되자 우리나라를 비롯한 중국 등이 일본역사교과서에 대한 왜곡사실을 지적하고 시정해 줄 것을 외교채널로 요구하기에 이르렀던 점은 우리가 익히 알고 있는 사실들이다.

이러한 주변국들의 항의가 빗발치고 일본국내의 양심세력들이 반발하기에 이르자, 1980년대 후반에 들어와 울며 겨자 먹기 식으로 왜곡부분을 조금씩 수정하는 방향에서 서술되어 왔다. 그러던 것이 1990년대에 들어오면서 '새로운 역사교과서를 만드는 회'가 우익들의 주장을 일방적으로 수용한 왜곡 교과서를 내놓아 검정을 통과함으로써 일본의 역사교과서는 다시 한 번 왜곡의 길에 들어서게 된다. 현행 일본의 초·중·고 역사교과서의 대부분은 매년 조금씩 이들의 주장에 다가서기 시작하여 상당부분 '새로운 역사교과서를 만드는 회'의 후쇼사扶桑社판 역사교과서에 접근하고 있다.

그 내용 중에서 명백한 왜곡기술을 현행 후샤사판 중학교 역사교과서의 예를 들어 제시해 보기로 하자.

백제를 도와서 고구려와 싸우다.

고대 한반도 국가들이나 일본은 중국의 동향에 의해 크게 좌우되었다. 220년에는 한나라가 멸망한 후 약 400년간 중국에는 많은 작은 나라로 나뉘거나 남북으로 나뉘어 싸우는 내란시대가 계속되어 주변 여러 국가들에게 미치는 영향력이 많이 약화되었다.

그런 가운데 4세기이후 한반도 북부의 고구려가 점차로 강대해졌다. 고구려는 4세기 초에 한반도 내에 있던 중국영토인 낙랑군을 공격하여 멸망시키고 4세기 말에는 한반도 남부의 백제까지도 공격했다. 백제는 야마토조정에 구원을 청했다.

일본열도 사람들은 원래 귀중한 철의 자원을 찾아서 한반도 남부와 깊은 교류가 있었으므로 야마토조정은 바다를 건너 한반도에 출병했다. 그 때 야마토조정은 한반도 남부의 임나(가야)라고 하는 곳에 거점을 구축했다고 한다.

야마토조정의 군세는 백제를 도와서 고구려와 심하게 싸웠다. 고구려의 광개토대왕(호태왕) 비문에는 그 사실이 기록되어있다.(중략) 야마토조정이 일부러 남조의 조공국이 된 것은 고구려에 대항하고 한반도 남부와의 관계를 유지하기 위함이었다.

신라의 대두와 임나(가야)의 멸망

한반도는 3개의 나라가 분립되어 있었는데 6세기가 되면 한반도 남부에서는 신라가 세력을 확장한다. 고구려나 신라에게 압박받은 백제는 신라에 대항했지만 힘든 입장에 처한다. 백제로부터는 구원을 청하는 사자가 잇달아 일본열도로 왔다.

신라는 임나까지도 위협하게 되었다. 582년에 결국 임나는 신라에게 멸망당하고 야마토조정은 한반도에서의 거점을 잃는다.

그런데 후쇼샤에서 발간한 이런 왜곡교과서의 정당성을 뒷받침해주는 책이 서기 720년에 편찬된 『일본서기』이다. 그들이 인용했다고 하는 일본서기의 내용을 살펴보면 고개가 갸웃거려지는 충격적 내용이 실려 있음에 놀라게 된다.

일본서기에 의하면 일본의 제26대왕인 게이타이 천황(繼体天皇 450?~531) 21년(527년), 당시의 일본정권인 야마토조정은 오우미近江毛野장군에게 6만의 군사를 주어 신라에게 빼앗긴 남가라南加羅·연기탄㖨己呑을 회복하라 명하고 임나任那로 진군시켰다. 이 계획을 탐지한 신라는 규슈지방 북부의 유력자인 이와이磐井에게 뇌물을 주고 야마토 정권을 방해하도록 요청했다.

이에 이와이는 군사를 일으켜 불의 나라火の国와 풍의 나라豊の国를 제압하고 왜국과 조선반도를 연결하는 해로를 봉쇄한 다음 조선반도 제국諸國에서 오는 조공선을 침몰시키고 오우미군에 대항하여 교전했다. 이 때 이와이는 오우미에게 "너는 한 솥밥을 먹는 사이다. 너 같은 놈의 지시에는 따를 수 없다!"라고 했다 한다. 오우미가 이끄는 정부군은 이와이가 이끄는 반란군의 군세에 밀려 고전을 거듭했다. 이런 사태가 지속되자, 야마토정권에서는 다시 평정군 파견에 대하여 협의하고 게이타이천황이 오오토모大伴金村·모노노베物部麁鹿火·유루이키許勢男人 등에게 자문을 구했다. 이 때 모노노베가 천거되어 528년 11월11일, 이와이군과 지쿠시筑紫三井郡에서 교전했다. 격렬한 전투 끝에 모노노베가 이끄는 정부군이 이와이군을 제압하고 난은 평정 되었다.

난후亂後 529년 3월, 야마토 정권은 오우미장군을 임나의 아라安羅에 파견하여 신라와 영토교섭을 하게 했다.

이 교과서는 이러한 일본서기의 '명백하고도 움직일 수 없는 자료'를 바탕으로 서술했기에 하등의 왜곡내용이 없다고 주장하고 있다. 그러나 일본국내에서도 일본서기의 내용은 윤색된 소설에 불과하다며 사실로 받아들이지 않는 학자들이 많다(특히 쓰다(津田左右吉) 등의 학자들). 학계에서도 정설로 인정하느냐에 대한 논란이 끊이지 않고 있다. 그럼에도 불구하고 '임나일본부설' 그대로 인용하여 일제강점기 시대의 정당성을 주장하려는 의도는 상당한 위험성을 내포하고 있다고 보아야 할 것이다.

일본서기가 윤색되었다고 주장하는 재일사학자 이진희 교수는 일본서기보다 먼저 출간된 『고사기古事記 (712년)』의 내용에는 '이와이가 천황의 명령에 복종하지 않고 무례한 점이 많으므로 죽였다'는 구절 밖에 없는 점을 든다. 그리고 『筑後國風土記』『國造本記』 등에도 한 줄 정도의 간단한 기록만 있고, 일본서기에서처럼 상세한 기록이 보이지 않는 점도 든다. 즉 일본서기는 일본국내의 반란사건 또는 일본국내의 고대국가 형성과정의 세력다툼을 한반도와 관련 있는 것처럼 윤색하여 기술했다는 점을 분명히 한 것이다.

또한 당시의 일본이 고대국가의 굳건한 율령체제를 갖추었는지도 의문시되는 시점에서 강력한 중앙집권체제를 정비한 한반도의 어느 국가를 침략하여 거점을 확보했다는 사실도 의문시 된다고 보고 있다. 일본이 자랑하는 '쇼토쿠타이시聖德太子'가 12관등을 정하고 율령을 정비한 것이 서기612년 전후라 보고 있다. 그런데 이보다 훨씬 이전인 서기500년경의 한반도에 '야마토 정권'이 거점을 확보했고, 서기527년에 6만의 군대를 동원했다는 것은 상식적으로도 이해가 가지 않는 너무나 심한 허구라는 이야기다.

또한 일본서기에서도 여러 장에 걸쳐 소상하게 기록해 놓은 서기660년의 백제와의 관계가 아이러니하게도 일본의 '임나일본부설'을 부정하는 근거가 된다고 보기도 한다. 서기663년에 일본은 국가의 명운을 걸고 백제부흥운동을 돕기 위하여 3만의 대군을 동원했다. 당시의 사이메이 천황齊明天皇과 태자 나카노오에中大兄가 직접 이들과 함께 세토내해를 항해하여 임시수도인 다자이후(지금의 후쿠오카부근)로 이동한 기록을 남기고 있다. 이 당시에 국가의 명운을 걸고 동원한 군대가 3만인데, 140년이나 앞선 527년에 야마토조정이 6만의 대군을 동원했다는 기술자체가 허구라는 걸 증명한다고 보는 것이다. 또한 일본학자들 간에도 서기 527년경에 강력한 중앙집권적 정권이 일본열도에 실제로 존재했는지, 존재했다면 그 지역이 어디인지도 분명하지 않은 시대에 6만의 군대를 동원할 힘이 있었는지에 대해서는 회의적인 학자들이 많다.

일본의 학자들 중에는 일본서기에서 고대율령국가를 건설한 영웅으로 추앙받는 '쇼토쿠타이시聖德太子'라는 인물 역시 가공의 인물에 지나지 않는다고 주장하는 가쿠슈인대학 도오야마遠山美都男같은 학자들도 있다. 그 증거는 일본서기의 근간이 되는 여러 고서들에서 발견된다고 하며 책으로도 출간된 경우가 많다. 더욱이 아직도 일본학계에서 논란이 끊이지 않는 점으로 보아 일본서기는 여러 점에서 그 사실史實의 기록을 의심받는 역사서라 해도 과언이 아니다.

이러한 모든 사실을 덮어둔다고 하더라도 일제강점기 시절, 그렇게도 많은 시간과 비용을 들여 이마니시今西龍, 도리이鳥居龍藏, 구로이타黑板勝美 등의 학자들이 '임나일본부' 유적을 발굴하려 했지만 실패하고 말았다는 교훈을 그들은 벌써 잊은 것처럼 보인다. 그렇지 않다면 토지의 작가 고 박경리씨의 말처럼 '고래심줄 같은 몰염치'로 뻗치고 있는 것일 뿐이다.

| 일본은 전쟁 피해국인가? |

"아야, 아야!"

"어머니 살려줘요!"

"물, 물! 살려주세요!"

빛바랜 흑백 화면 속에는 비명소리와 차마 눈뜨고는 보지 못할 처참한 광경이 그대로 펼쳐진다. 바로 히로시마 평화기념 공원 원폭기념관에서 그들이 세계를 향해 내보내는 메시지의 첫 부분이다. 그들은 일본이 세계에서 유일한 원폭 피해국이며 제2차 세계대전의 전쟁피해국이라는 점을 철저하게 강조하고 있다. 자신들이 우리 민족과 중국 등 주변국들에게 끼친 피해와 잔혹사에 대해서는 일언반구 말이 없다. 다만 그들 일본인들이 말하고 싶은 메시지는 "선량하고 정의로운 일본국민은 전쟁의 피해자이며 서양의 침략전쟁에 맞서 싸웠을 뿐이다"라는 자신들만의 일방적 주장이다.

1980년대 처음 일본에 발을 디딘 필자는 청년시절부터 지금까지 일본인들과 같이 공부하고 생활하는 중에 일본인들은 전쟁책임에 대해 어떤 생각을 가지고 있는지 질문해 보는 일이 가끔 있었다. 이 경우, 그들 중 대부분은 어색한 표정을 짓거나 '일본인은 전쟁피해자'라고 대답하는 사람이 많았음을 경험으로 알고 있다. 그들은 그 증거로 히로시마와 나가사키의 원폭투하를 들곤 했다. 우리는 "세계에서 유일하게 원자폭탄을 맞았으니 전쟁피해국임이 틀림없지 않느냐"는 주장이다. 왜 원자폭탄을 맞아야했으며 그 원인이 무엇이었는지에 대한 이야기는 일체 하지 않는다. 결국 제2차 세계대전의 전쟁책임은 누구에게 있는지 애매모호한 대답만하고 얼버무리고 넘어간다.

그들도 전쟁책임이 일본의 왕인 히로히토 전 천황에게 있음을 잘 알고 있을 것이다. 그렇지만 그들의 절대적인 정신적 지주이자 국민과 함께 그 어려운 전쟁 중에 "참을 수 없는 것을 참고, 견딜 수 없는 것을 견딘 '천황폐하'"에게 감히 전쟁책임을 묻는 것은 불경 중의 불경이기에 마음대로 말을 할 수 없을 뿐이다.

2006년에는 히로히토 전 천황이 1976년, 자민당 단독으로 야스쿠니신사에 A급 전범을 합사한 사실에 대해 대단히 불쾌하게 생각하고 합사이후에는 한 번도 참배하지 않았다는 사실이 밝혀져 진위여부에 대한 논쟁으로 뜨거웠던 적이 있다. 천황이 참배하지 않은 사실을 들어 전쟁책임은 전쟁을 주도한 A급 전범들에게 있는 것이며 천황은 전쟁을 싫어하고 평화를 애호하는 '성군'이었다고 주장하는 사람들도 생겨나고 있는 현실이 지금의 일본이다.

이제 전쟁이 끝난 지도 64년, 한·일 국교정상화 44년이 되는 이 해에 우리는 일본인의 생각을 정확하게 알지 않으면 또 다시 과거의 굴욕을 반복할 수밖에 없다는 생각이 머리를 스쳐갔다. 이런 전율에 가까운 생각이 든 곳은 그들이 세계평화를 위해 세웠다는 히로시마 평화기념 공원에서였으니 아이러니라 할 것이다.

2005년 8월4일 저녁 늦게 가방 하나만 달랑 들고 일본에 도착하여 바로 호텔에 들었다가 다음날 아침 일찍 기상하여 평화기념 공원 내에 있는 '재일한국인 원폭피해자 위령비'를 찾아갔다. 원래 부임일이 8월 10일 이지만 며칠 빠르게 온 것은 이 비석 앞에서 8월 5일 민단 주관으로 위령제가 열린다는 소식을 전해 들었기 때문이다. 신임 교육원장으로서 이 행사에 꼭 참석하여 우리민족이 당한 수난의 역사를 현상에서 확인하고 그들과 아픔을 같이하고 싶은 생각 또한 컸기 때문이기도 하다.

오전 10시가 되자 일본전국에 산재해 있는 민단 간부들과, 부인회, 청년회 임원들, 그리고 일본 지방자치단체의 정치인들과 중앙정계의 국회의원 비서 등이 동참한 엄숙한 식이 거행되었다. 먼저 일제말기에 강제징용, 정신대 등으로 끌려와 차별과 중노동에 시달리다 처참하게 희생된 영령들을 위무하는 무용이 있었는데, 제목은 잘 모르겠으나 분위기에 정확히 맞는 세련된 춤 같았다. 아마 한국에서 초청되어온 무용단일거라 짐작했다. 그런데, 며칠 후에 만난 청년회원 자신이 그 멤버의 일원이라는 말을 듣고 히로시마가 일본의 다른 지역보다 민족의식이 강하고 한국인으로서의 긍지를 잃지 않고 살아가는 사람이 많다는 사실을 새삼 인식하게 되었다.

위령제는 한 시간 가량 이어졌는데, 민단 간부들의 기념사가 끝나고 결의문 낭독을 끝으로 식이 모두 끝났다. 나라 잃은 백성으로 노예와 같이 '강제징용'되어 일본 땅으로 끌려와 갖은 고생을 다하다가 원폭에 희생되신 영령들 앞에서 민단원들은 다시는 이러한 치욕의 역사, 처참한 전쟁의 피해는 없어야 한다고 결의를 다지고 있었다. 일본인들도 있으므로, 일본인들이 듣기에 거북한 말들은 모두 한국어로 하고 들어도 무관한 말들은 일본어로 하는 지혜도 감지되었다.

점심 식사 후, 자투리 시간이 있어 평화기념 공원의 여기저기를 둘러보았다. 서두에서 기록한 평화 기념관과 본래 히로시마 산업 장려관이었던 원폭 돔 등을 차례로 둘러보고, 그렇게 크지 않은 조각상 앞에 섰다. 여기가 바로 일본인 원폭희생자 위령비다. 그 앞에서 나는 일본인의 역사인식이 보편타당한 세계시민의 상식으로는 이해가 가지 않는 편향된 곳으로 기울고 있음에 대해 여러 가지로 생각하는 시간을 가질 수 있었다.

이제 일본은 명실상부한 세계경제의 중심국 중 하나이며, 이지스 함을 다섯 척이나 보유한 군사대국이기도 하다. 그런 힘을 배경으로 유네스코에 이 평화 공원도 세계에서 유일한 원폭피해국임을 내세워 1996년 '세계문화유산'으로 등록 하는데 성공했다. 그런 성공의 자신감이 자신들의 역사인식에 대해서도 영향을 미치기 시작했다. 제2차 세계대전은 일본과 구미세력간의 충돌로 발생한 것이며 일본은 동양의 이익을 지키기 위해 전쟁에 참여했고 '정당하고 자랑스러운 전쟁이었다' 라는 인식의 확산이 그것이다. 일본 수상의 야스쿠니신사 참배, 기회 있을 때 마다 나오는 그들의 뻔뻔한 망언들은 이러한 그들의 본심을 있는 그대로 드러내는 서막에 불과할 뿐이다.

한 발 더 나아가 '새로운 역사를 만드는 회' 라는 단체는 소위 후쇼샤扶桑社판 역사교과서를 만들어 "일본의 역사인식은 자학사관에서 벗어나야한다!"고 외치고 있다. 더 나아가 제2차 세계대전을 미화하고, 한국 등의 식민지 지배는 피해보다는 전근대적 봉건사회에서부터 민주화된 현대사회로 이행시키는데 지대한 공헌을 했다는 이른바 '식민지 시혜론' 을 펼치고 있다.

2007년에는 전쟁피해에 대한 요미우리 텔레비전의 조사로 일본인의 역사인식이 큰 변화를 보이고 있음이 밝혀지기도 했다. 8월6일 히로시마원폭투하 기념특집으로 방송된 이 날의 주제는 '일본은 원폭 피해에 대해 미국에 배상을 청구해야하는가?' 라는 주제였다. 발제자와 토론자의 열띤 공방을 거쳐 내린 집계 결과는 58대 42로 '해야 한다' 였다.

2009년 4월3일, 미국의 오바마 대통령은 체크의 프라하에서 행한 연설에서 "핵무기를 사용한 유일한 국가로서 도의적 책임을 느낀다"고 하여 일본은 더욱 고무되기도 했다. 아마 이대로 가면 일본은 머지않은 장래에 전쟁피해국으로 둔갑하여 미국으로부터 보상금을 받아내는 일이 벌어질지도 모른다. 정말 그들의 왜곡된 생각대로 '새로운 역사' 를 만들 수 있을지는 우리가 눈여겨 지켜보아야 할 일이다. 아마 인류의 양심이 살아있는 한 그들의 시도는 일본이라는 섬 안에서 찻잔속의 태풍으로 끝날 일이지만.

| 왜곡의 역사 |

2000년 11월 15일, '구석기 유물 발굴 날조' 기사가 마이니치신문에 보도되자, 일본 고고학계는 혼란상태에 빠지고 말았다. 이 사건은 2000년 여름과 가을, 일본의 한 지역인 소신후도자카總進不動坂유적과 다카노모리高森유적 발굴 조사 중에 일어났다. 당시 '동북구석기문화연구소' 부이사장이었던 후지무라 신이치藤村新一가 구석기유물을 자신이 직접 만들어 몰래 현장에 묻어 두었다가 다시 여러 사람과 함께 발굴현장에서 파내는 행위를 하다가 마이니치신문 취재반의 카메라에 포착된 엄청난 조작 사건이다.

정말 이 사건은 일본의 학계뿐만 아니라 양심적인 일본국민들에게 부끄러움을 느끼게 할 정도의 '감추고 싶은' 대사건인 것이다. 그런데 왜 이 고고학자는 전기 구석기 시대의 유물이 일본 땅에 존재한다는 사실을 '날조를 해서라도' 밝히고 싶은 것이었을까? 우리의 상식으로는 도저히 이해가 안가는 행동이라 여겨질 뿐이다.

그러나 왜곡된 일본인의 시각에서 보면 그러기에 충분한 일본인만의 독특한 역사인식이 존재한다는 점을 알아야 한다. 그들의 유전인자 속에 아예 정착해 버린 '고대사에 대한 열등의식'(미국의 석학 존 카터 코벨의 견해)이 이 사건 속에 속속들이 그 본래의 모습을 드러내고 있기 때문이다. 이미 일본 학계에서는 전기(30~60만 년 전), 중기(4~30만 년 전)의 구석기 시대에는 일본열도에 사람이 산 흔적이 없는 것으로 결론짓고 있었다. 그런데 이 학자가 발굴한 곳에서는 주먹도끼, 타제석기 등 구석기 전기의 유물이 다량으로 출토 된 것이다. 이러한 점으로 미루어 그가 얼마나 치밀하게 역사조작을 시도했는지 짐작이 가는 일이다.

일본학계에서는 이 유물이 발견된 1980년 이후 20여 년간 교과서를 새로 집필하는 등 구석기 전기의 유물을 중심으로 일본열도의 오랜 역사에 대한 자부심으로 넘치고 있었다. 발굴된 유물을 한 곳에 모아 유물전시관을 짓는 등 학계 전체가 활기에 차 있었음은 물론이다.

또한 시바 료타로司馬遼太郎, 에가미 나미오江上波夫같은 지극히 일본적인 외골수 역사학자는 『기마민족국가』에서 한반도의 고대국가의 성립이 4세기 전후이며 일본의 고대국가 성립 역시 거의 비슷한 4세기 전후로 설정해 놓고 있다. 그러한 근거로 『일본서기』의 소설 같은 날조기사를 든다. 이 역시 섬나라 일본인다운 발상의 하나로 볼 수 있다. 어떤 사료를 인용하여 대조할 때는 반드시 다른 사료와의 연관성을 참고해야 함에도 불구하고 우리역사서의 『삼국사기』나 『삼국유사』, 중국의 수많은 사료는 아예 무시하고 자신의 주장만 옳다는 모순을 전개하고 있다. 이 역시 일본인이 가지고 있는 고대사에 대한 열등의식의 발로로 여겨진다. 이것은 한국보다 고대국가 성립이 늦었다는 단순한 사실마저 날조하여 우위에 서고 싶은 일본인의 뿌리 깊은 열등의식의 발로이며 우리가 경계심을 갖지 않을 수 없는 대목이다.

사실 일본역사 속의 '고대사 날조사건'은 그 뿌리가 너무도 깊고 오래되어서 어느 것이 진실이고 어느 것이 가짜인지도 구별이 어려운 그런 상태라 보아야 옳을 것이다. 그 첫 번째 날조가 바로 일본이 자랑하는 가장 오래된 역사서 『일본서기』(720년), 『속 일본기』(725년)의 내용이다. 속 일본기는 일본서기를 더욱 왜곡한 자료이며 일본서기와 중복되는 곳이 많다. 자료의 신빙성 또한 떨어지기에 여기서는 일본을 대표하는 일본서기만 간략히 이야기 하려 한다.

먼저 일본서기의 편찬과 내용 에 대해서 개략적으로 살펴보면, 일본서기는 일본의 제40대 덴무 천황(天武天皇 673~686)의 칙령에 의해 황권을 옹호하고 일본이라는 국가의 위상을 드높이기 위해 쓰이어진 책이라 할 수 있다. 일본서기의 내용을 이해하기 위해서는 이 책의 편찬배경을 어느 정도 알아야 하겠기에 단편적이기는 하지만 간략하게 정리해 보자.

일본역사에서 자주 등장하는 인물이 나카노 오에中大兄라는 사람이다. 이 사람은 황태자로 있을 당시 황제인 어머니 사이메이 천황齊明天皇과 함께 3만이라는 대군을 백제부흥을 위해 금강 하구로 보내게 된다. 당시의 일본 국력으로 보아 3만이라는 대군의 동원은 국가의 명운을 건 대역사였을 것으로 판단된다. 그는 전쟁에 대비해 임시 수도를 한국 땅과 가장 가까운 현재의 후쿠오카의 다자이후大宰府로 옮겼다. 그리고 의자왕이 중국으로 끌려가고 없는 자리에 일본에 거주하고 있던 왕자 풍장(豊璋, 일본서기에는 인질로 표현하고 있음. 삼국사기에는 '부여 풍'이라 표기)을 백제로 보내 주류성에서 농성중인 귀실복신(鬼室福信, 삼국사기에는 무왕의 조카로 표기함, 뒤에 부여 풍과의 대립으로 척살 당함)과 합류하게 했다.

잠시 여기서 일본서기의 내용을 그대로 읽어보면, 당시의 상황을 아주 상세하게 기록해 놓았는데 원문의 내용은 대략 다음과 같다.

660년 7월 18일 백제멸망
660년 10월 귀실복신이 백제왕조를 재건하기위해 왜국에 다음과 같이 요청하여왔다.
- 631년부터 인질로 왜국에 있는 왕자 풍장을 국왕으로 삼기위해 송환해 달라.
- 왜국에서 백제부흥을 위해 원군을 보내 달라.
이 요청에 따라 왜국의 사이메이 천황은 백제왕조의 부흥을 약속하고 스스로 아스카飛鳥에서 후쿠오카로 이동.
660년 12월 아스카 출발
661년 5월 9일 후쿠오카 도착
663년 8월27일 왜국군대 금강하구 도착
      백제왕 풍장과 함께 돌격전 개시

8월28일 군선400여척이 불에 타고 대패, 풍장은 도망감

이렇게 하여 백제부흥을 위해 출병한 왜군은 완전히 패배하였다. 남은 병력과 백제의 유민은 필사적으로 백제를 탈출했다. 천신만고 끝에 일본에 도착한 이들을 이끌고 나카노 오에는 본래의 수도였던 아스카로 돌아오려고 하였다. 그러나 구 귀족들의 아성으로 들어가는 것은 권력자로서는 매우 위험한 일이므로 다른 수도를 정해 이주하여 덴지 천황天智天皇으로 즉위하게 된다.

즉위 후, 새 수도에서 정치를 펼치다가 병으로 죽고 그의 아들이 천황의 지위弘文天皇에 오르게 된다. 이후, 본래의 수도 아스카에 웅거하고 있던 덴지 천황의 동생이 반란을 일으켜 조카를 죽이고 덴무 천황天武天皇으로 즉위한다. 조카를 죽이고 황위에 오른 덴무 천황은 자연히 정통성의 문제에 약점을 안게 됨은 정해진 수순이었다. 어느 나라건 정통성이 약한 정권은 자신의 정통성을 확보하기 위해 역사에 남을 큰일을 획책하는 일이 많다. 그들은 자신의 행위를 역사적 필연으로 만들기 위해 고심한 흔적을 우리는 역사 속에서 자주 목격하기도 한다. 일본서기의 편찬도 그런 연유에서 출발하게 되는 것이다.

따라서 왕권의 정통성을 세우기 위해 고대사를 자신과 일본이라는 국가에 유리하도록 쓰고, 자신이 조카를 죽이고 왕위를 찬탈한 대목에 가서는 상세한 정당성을 주장하도록 하는 그런 역사서라 보면 틀림없다.

그런데 문제가 되는 것은 고대사 부분의 신라에 관한 내용이다. 이 내용을 인용하여 일본의 일부학자들은 식민지시대의 정당성을 확보하는 자료의 하나로 삼으려 하였다.

이제 일본서기의 황당한 내용 속으로 들어가 보자. 문제의 부분은 일본서기의 진구황후기神功皇后紀전반의 부분이다. 앞에서 왜국군대가 백제부흥을 위해 원군을 보낸 기사와 그 내용은 비슷하면서 연대는 400년 정도 앞으로 설정해

놓았다는 게 다른 점이다.

  구마소(熊襲, 일본의 옛 지명으로 현재 어디인지 학설이 분분하다)를 토벌하기위해 지쿠시筑紫의 궁으로 이동했을 때, 황후는 "신라는 금은보화가 많은 아름다운 나라이므로, 만약 자신에게 제사지내면 신라가 반드시 복종하게 되며, 구마소도 스스로 항복할 것이다"라는 스미요시 대신住吉大神의 계시를 받았다. 그러나 남편 주아이 천황仲哀天皇이 계시에 따르지 않아 즉시 신의 벌을 받아 죽었다.
  그리고 나서 진구황후는 머리를 스스로 묶어 올려 남자복장을 한 후 군선에 오르니, 크고 작은 고기들이 배를 밀어 단번에 신라의 해안에 닿게 하였다. 그 공격이 너무나 거세었으므로 신라왕은 벌벌 떨면서 "지금부터 영구히 천황의 신하가 되어 봄가을에는 말고기와 가죽으로 제사 지내며, 매년 남녀를 제물로 바치고 제사 지내겠나이다"라고 맹세했다. 그래서 황후는 신라왕을 용서하고 의기양양하게 돌아왔다.

  이 내용은 결국 일본 군국주의자들에게 한국침략을 정당화시켜주는 크나큰 구실로 작용했다. 더 나아가 일본군사령부는 일본서기의 기사에 억지로 끼워맞추기 위해 만주에 있는 광개토대왕 비문을 조작하기에까지 이른다. 워낙 급히 조작하다보니 '왜가 신묘년에 바다를 건너와 백제와 신라를 격파하고 신민으로 삼았다(倭以辛卯年來渡海破百殘□□□羅以委臣民)'라는 어처구니없는 과장까지 하게 된다. 얼마나 그들이 고대사에 대하여 끈질기고도 집요한 열등의식을 가지고 있는가의 실례實例가 된다 할 것이다.
  그러나 우리나라의 『삼국사기』나 『삼국유사』 어디에도 이러한 기사는 보이지 않는다. 그 당시 한반도와 일본의 국력과 문화차이를 감안한다면 도저히 있을 수 없는 일이라는 상식 또한 그들은 이해하려 하지 않는다. 문화전파의 속도는 현대사회로 올수록 빨라지지만, 고대사회로 올라갈수록 그 속도는 대단히 느리다는 것은 사학계의 상식에 속하는 일이다. 따라서 당시 한반도의 고대국가들은 이미 국가의 체제가 튼튼하게 잡혀 있었다는 게 중국의 사서나 발굴된 유물로 굳혀진 정설인 것은 부인할 수 없다. 당시까지 일본은 국가단위가 아닌 부족국가의 범위를 벗어나지 못한 상태에 있었다는 것이 사학계의 정설이다. 따라서 부족국가인 일본이 한반도의 어느 고대국가를 복속시킨다는 건 누가 보아도 무리가 따른다 할 수 있다. 오히려 그 반대라면 충분한 가능성이 있고 사실상 그런 상황이었을 개연성은 충분히 존재한다고 볼 수 있다.

예를 들면 일본이 '백제의 형제국' 또는 '같은 나라'였다는 설에 대해 반대를 주장하는 재일사학자 이진희 교수와 한국외대 홍윤기 교수 등의 학설을 살펴보자.

먼저 '일본日本'이라는 나라의 국명을 어느 때부터 사용했는가의 문제부터 추적해 보니, 백제가 망하고 난 후 13년이 지난 673년에 와서야 겨우 나라이름을 '일본'이라고 한 것이 아닌가. 이는 일본이 그 당시까지 백제의 속국 내지는 '같은 나라'가 아니었을까 라는 의구심을 자아내게 한다. 왜 그렇게도 고대사에 대해서 활발한 연구와 고증학적으로 수많은 자료들을 확보하고 그들의 자주성을 자랑하는 일본인들이 국가의 호칭을 673년 이전에는 사용하지 않았을까? 의문이 가는 부분이다.

또 한 가지 의문점은 그들이 백제의 부흥을 위해서 아무런 조건 없이 국가의 명운을 걸고 3만이라는 대군을 왜 백제로 보냈을까 라는 의문점이다. 결정적으로 그들이 금과옥소처럼 들먹이는 『일본서기』에는 백제의 멸망에 대해 "백제의 주유성이 마침내 항복하였다" 이 때에 국인國人이 서로 "주유가 항복하였다. 이 일을 어떻게 할 수가 없다. 백제의 이름은 오늘로 끊어졌다. 조상의 분묘가 있는 곳을 어찌 또 갈 수가 있겠는가?"라고 기술하고 있다. 이 문장을 보면, 분명 기술하는 주어가 백제 사람의 입장이고, 당시까지 국명이 없었던 일본은 백제와 국체가 같은 동일국가가 아닌가를 의심하기에 충분하다.

다음으로 일본의 국명이 710년부터 '나라奈良'라고 불리어지고 이 시대를 '나라시대'라고 부른다. 이 말은 한반도 사람들이 건너가 나라를 건설했기 때문에 '나라' 즉 '국가'라는 한국어 이름을 도입한 게 아닌가라는 질문에 그들은 역시 명확한 답을 하지 못하고 있는 실정이다.

이런 저런 전후 사정을 참조하여 '일본서기'의 내용을 분석해 보면 '진구황후기'는 결국 편자가 임의대로 써놓은 희망사항이라는 결론에 도달하게 된다. 그러한 결론에 도달하는 이유는 여러 가지 당시의 정황들이 이를 뒷받침 한다 할 것이다.

먼저 일본서기의 저자 중의 한 사람인 오오노 야스마로太安万侶가 백제가 멸망할 당시 일본으로 건너간 백제관료의 아들이라는 점이 이를 의심하게 하는 요인 중의 하나이다. 백제에서 망명해 온 아버지로부터 백제멸망에 대한 이야기와, 자기들의 나라 백제를 멸망시킨 신라에 대한 원망 섞인 이야기를 수없이 들었을 개연성은 충분하다. 따라서 그러한 원망들을 카타르시스적 차원에서 '일본서기'에서는 반대로 우리가 옛날에 너희들을 지배하였노라고 써놓은 것이다. 이러한 한반도국가들에 대한 증오심에서 기술하다 보니 당연히 한반도는 조공국의 지위로 폄하하여 기술하게 되었고, 중국은 대등한 관계로 기술하는 허장성세의 기록이 일본서기의 줄기를 이루게 되었다고 본다.

또한 전 서울대 신용하 교수는 오오노 야스마로가 일본서기를 편찬할 당시 무녀의 구술을 토대로 고대사 부분의 한반도관계를 서술한 점으로 미루어 '진구황후기'는 무녀의 한풀이식 저주에 불과하다고 본다. 이것을 정사로 보는 일본역사학회의 주장은 일제강점기시대의 침략적 자세에서 조금도 변하지 않았음을 나타내는 증거로 보고 있다.

또한 일본서기에는 한반도의 백제와 신라의 전투장면과 장소까지 정확하게 기록해 놓은 부분을 여러 군데서 발견할 수 있다. 우리의 역사서에서조차 기록해 놓지 않은 시시콜콜한 전투까지 기록해 놓은 의도는 무엇인지를 한 번 반추해 보면 그들의 역사서가 이상하다는 생각을 지우기 어렵다. 자국의 역사를 기록하면서 남의 나라에서 이루어진 전투를 그렇게 상세하게 기록할 필요가 있는지, 또한 무슨 의도로 그런 기록을 남겼는지 의심의 눈으로 바라보지 않을 수 없는 것이다. 중앙대 박범훈 교수는 이러한 기록 자체가 백제에서 건너온 유민들의 한풀이 기록이라는 증거의 일부라고 주장한다.

다음으로 현재의 일본어를 살펴보면 백제를 '쿠다라' 라고 읽는데, 이것이 또한 묘한 느낌을 주기에 충분하다. 왜 고구려는 '고꾸리', 신라는 '시라기' 라는 비슷한 음으로 읽으면서 백제만 유독 전혀 엉뚱한 '쿠다라' 라고 읽는가 라는 점이다. 이에 대해 양국의 언어를 비교 연구한 전 한양대 김용운 교수 등의 의견을 빌리면 다음과 같은 추정이 가능하다.

'쿠다라' 라는 음은 한국어의 옛 말 '쿤나라' 에서 온 말이며, 현대어로 고치면 '큰 나라' 라는 의미가 된다. 그렇다면 백제가 '큰 나라' 라면 '작은 나라' 어느 나라일까? 당연히 일본이라는 결론에 도달하게 된다. 당시까지 국가의 이름을 사용하지 않았던 점 등을 감안 한다면, 우리말의 '큰집' 과 '작은집' 의 관계가 아니었을까 라는 추정이 가능한 것이다.

이 밖에도 '쿠다라나이(물건이 시시하거나 볼품이 없다)' 라는 언어도 쿠다라 즉 '백제의 물건이 아니면 품질이 좋지 않다' 라는 의미이며, '아마쿠다리(낙하산 인사)' 라는 용어도 그 기원이 백제에서 온 사람들에서 출발한다고 한다. 백제멸망 후 건너온 백제의 관료들을 바로 그대로 일본의 관료로 임명하였기에 '하늘에서 내려온 큰 나라 사람' 이라는 의미의 '아마쿠다리' 가 이 때부터 생겨났다고 한다.

2001년 12월에는 일본의 아키히토明仁 현 천황이 "개인적으로는 간무 천황桓

武天皇의 생모가 백제 무령왕의 자손이라고 기록된 것과 관련해 한국과의 연緣을 느낀다"고 하여 『속 일본기』의 기록을 확인하고 고백한 일이 있다. 이 날 기자회견을 지켜본 일본 우익과 왜곡 사학자들은 대경실색했다. 천황이 자신의 입으로 백제계임을 밝히고 말았으니 놀라는 것도 무리는 아닐 것이다. 그러나 이미 이러한 일본 고대사의 진실에 관해서는 우에다 마사아키上田正昭 교토대 명예교수를 비롯한 많은 일본의 양심적인 사학자들이 밝혀놓은 사실을 재확인 한 결과에 지나지 않을 뿐이다.

그러나 이러한 여러 가지 정황에도 불구하고 일본인들은 한반도보다 일본이 더 역사가 길고, 예부터 더 우수한 종족이 살고 있었던 곳이라고 강조하고 싶은 것이 그들의 속마음일 것이다. 그리고 그 속마음의 근본은 역시 역사에 대한 끝없는 열등의식이 자리하고 있다는 결론을 우리는 오랜 역사 속에서 발견 해 낼 수 있다.

| 야구선수 이치로와 역사인식 |

일본의 야구영웅 스즈키 이치로鈴木イチロ―선수가 지난 2006년 3월2일 WBC컵 아시아지역 예선리그 한국전을 앞두고 "한국선수가 앞으로 30년간 일본을 이기지 못할 것이라는 사실을 일깨워 주겠다"고 비아냥거리며 큰소리쳤다. 그러나 야구공은 둥근 것이고 야구는 혼자 하는 경기가 아니기에 이치로 선수의 허세와는 정반대로 한국에게 3대2라는 스코어로 역전패했다. 일본은 열도전체가 망연자실했다. 어째서 약체로 평가되던 한국에 진단 말인가! 일본야구의 자존심은 어디로 갔단 말인가! 일본 야구팬들은

정말 땅을 치고 통곡하고 싶었을 것이다. 이치로 선수는 경기에 지고 나서도 "굴욕적이다!"라며 한국전에서 진 것이 너무나 아쉬운 듯한 표현을 했다.

그렇지만 나는 일본인들이 그렇게 통분해할 필요는 없다고 본다. 이미 일본 야구는 한국보다 객관적으로 한 수 위임에 틀림없고, 세계적으로도 그러한 사실을 인정받고 있기에 착실히 자신의 실력을 발휘한다면 한국에 또다시 지라는 법은 없기 때문이다. 문제는 야구실력이 아니다. 일본인의 마음속에 자리 잡고 있는 한국과 한국인에 대한 미움과 비하의 증오심이다. 이치로 선수가 성숙한 세계시민으로서의 휴머니티를 발휘할 수 있는 보편타당하고 국제적인 인격교육을 받았다면 한국인에 대한 노골적인 이런 발언은 하지 않았을 것이라 본다.

같은 시점, 한국선수들의 인터뷰내용은 "일본 프로야구에서의 경험이 통했다"(이승엽 선수), "이치로 선수도 나를 잘 알고 있고, 나도 이치로 선수를 잘 알고 있다"(박찬호 선수) 등으로 어디에도 일본을 얕잡아보거나 대항하는 발언은 보이지 않는다. 일본인이 아무리 야비한 발언을 하건 거기에 하나하나 토를 달거나 더 심한 욕설로 대항하면 똑같은 인간이 되고 만다는 걸 잘 알고 있기 때문이다. 그만큼 한국인들은 기본적으로 어른스럽고 성숙한 국제적 매너를 몸에 지니고 있다는 결론이다.

일본인들 중에는 한국의 역사교육이 일본에 대해 일방적으로 증오심을 가지게 하고 적개심을 심어주는 '반일교육'으로 일관 한다고 비판하는 사람이 많다. 어느 정도 맞는 말이다. 필자는 이 말에 대해 부정하거나 "그렇지 않다"고 변명할 생각은 없다. 왜냐하면 지금 행해지고 있는 한국의 국사교육은 일본의 왜곡된 국사교육에 비하면 지극히 보편타당하며 국제적으로도 검증 가능한 것이기에 말이다. 만약 일본인들이 임진왜란과 일제강점기시대에 한국인이 당한 치욕처럼 똑같은 일을 당했다면 과연 어떨까를 그들은 염두에 두고 비판해야 할 것이다.

사실 일본의 국사교육은 한마디로 자신들에게 유리한 기록들만 추려서 정리한 듯한 느낌을 지울 수가 없다. 보편적이고 타당한 전체적 흐름은 무시한 채 어느 한 부분, 한 사실만 부각시켜 자신들에게 유리하게 해석하고 사안을 희석시키는 교묘한 기술로 일관하고 있는 것이다. 그러니 한국을 침략하고 한국인들을 학살한 사실이나 한민족 말살정책을 자행한 사실들은 묻어두고 '조선을 독립국으로 만들어준 일본', '일본의 식민지가 아니었으면 중국의 변방이나 야만국으로 남아있을 한국', '식민지 시대의 산업발달과 기간산업의 확충', '근대사회로의 이행에 기여한 식민정책', '창씨개명은 조선인 스스로 원했다', '주체성이라고는 없는 민족', '민족이라 말하기 부끄러운 한국인', '강제연행, 종군위안부는 없었다.' 등 자신들의 입맛에 맞는 부분만 추려서 전체의 역사인양 왜곡하고 있다. 이러한 교육을 받은 일본인들은 당연히 이치로 같은 젊은이를 길러낼 수밖에 없다고 본다.

또한 우리는 한국사를 펼치는 순간부터 피가 거꾸로 쏟는 듯한 분노를 느끼지 않을 수 없는데 그 부분이 바로 일본에 관한 역사적 기술 들이다. 삼국시대 이전부터 왜의 침략에 골몰해온 선조들의 수난의 역사가 먼저 우리를 분노케 한다. 『삼국사기』, 『삼국유사』에 등장하는 왜의 침략사실은 그 수를 헤아릴 수 없을 정도로 많고, 왜의 침입에 시달리던 신라가 고구려 광개토왕의 원병에 의해 기사회생한 사실을 우리는 광개토왕비문의 해석을 통해 잘 알고 있다. 또한 얼마나 왜의 침략이 집요했으면 문무대왕은 죽어서도 동해바다의 용이 되어 신라를 지키겠노라고 유언했겠는가!

중세에 들어오면 고려사의 반 이상이 왜구의 침탈에 대항한 기록이고 종당에는 왜구의 침입으로 약해진 국가를 신흥무반세력인 이성계가 쿠데타로 집권하는 사태로까지 발전했음을 우리는 잘 알고 있다. 그 이후 삼포왜란, 임진왜란으로 이어지는 조선사와 강화도조약에서부터 경술국치로 나라를 잃은 암흑의 시대까지 일본은 언제나 침략자의 얼굴을 우리역사에서 드러내고 있다. 결국에는 우리 민족을 말살하기위해 창씨개명을 강요하여 이 지구상에서 한국인은 역사 속으로 사라지게 하는 정책을 시행하였고, 종군위안부를 차출하여 한민족의 '씨를 말리는' 악랄한 정책을 폈으니 우리가 일본을 좋아하지 않는 것은 어쩌면 너무도 당연한 것인지도 모른다. 응당 한국인이라면 국사를 배우면서 일본에 대해 분노하고 다시는 이런 치욕을 당해서는 안 된다는 결의를 다지고 국민적 단결을 호소하는 것은 국민의 기본이요 도리이기에 말이다.

그러나 일본인들이 왜 한국인을 싫어하는지 나는 아직 그 정확한 이유를 알지 못한다. 자기들이 한국을 침략하고 짓밟아놓고 한국인을 미워한다면 누가 들어도 적반하장이요 모순이 아닌가! 일본인들은 대부분 "한국인이 일본을 싫어하니까 우리도 싫어한다"라고 대답한다. 말도 안 되는 소리다. 먼저 자신들의 침략행위를 진정 마음속으로 반성하고 나서 한국인에 대해 반일감정을 가지지 말라고 당당히 요구하는 것이 맞는 것이며 그것이 일본인이 취해야할 도리이다.

일본인들은 "언제까지 사과의 말을 해야 한국인들이 그만둘 것인가", "이젠 사과하는데도 지쳤다"라고 한다. 맞는 말이다. 일본의 정치인들은 기회 있을 때마다 사과를 해왔다. 해방 후 몇 십번도 넘을 것이다. 그러나 한국인이 진정 원하는 것은 백 마디 사과의 말보다 진정한 반성의 자세를 행동으로 보여주는 것이다. 말만 '다테마에(가식)'로 번지르르하게 하고, 돌아서면 야스쿠니 신사참배나 반성의 말을 뒤집는 망언 등으로 약을 올리는 배신적 행위로는 한국인의 신뢰를 살 수가 없다.

역사교육도 마찬가지다. 한국의 국사교육이 반일교육으로 일관한다고 하지만 한국인들은 분명한 선을 그어 국사교육에 임한다. 과거사는 지나간 일이기에 우리세대에서는 '용서할 수 있다' 그러나 '잊어서는 안 된다' 라는 교육지침이다. 일본인들의 국사교육에서는 이런 교육지침이 보이지 않는다. 그저 역사적 사실만 나열되어 있다. 교사의 사관에 따라 달리 가르치라는 것인지 적당히 얼버무리고 넘어가라는 것인지 짐작이 가지 않는다.

아무튼 양국의 젊은이에게서 나타나는 반응을 보면 아무리 일본이 자국의 국사교육이 보편타당하다고 우겨도 심하게 '왜곡' 되어 있음을 웅변으로 증명해 주는 결과를 우리는 이치로 선수의 발언으로 확인할 수 있다.

| 일본인은 왜 야스쿠니 신사에 열광하나? |

2006년 8월 15일 아침 7시 40분경 연미복을 입은 고이즈미 준이치로小泉純一郎 일본수상이 야스쿠니 신사를 전격 참배했다. 자신의 임기를 불과 두 달 남기고 행한 도발적 만행은 한국인과 중국인 등 아시아 제국들의 반발을 사기에 충분한 행동이었다. 그는 주변국들의 반발을 의식해서 5년의 임기동안 '마음의 문제' 등 교묘한 말로 자신의 참배를 희석시키는 발언을 해왔다. 그런데, 이 날은 아예 당당하고 자신 있게 자신의 참배에 대한 정당성을 주장하고 나섰다. 아마 2개월여 밖에 남지 않은 그의 임기이기에 마지막으로 자신의 공약을 실천한다는 의미도 있었을 것이고, 일본 전몰유족회의 자민당 지지도 의식했을 것이다. 그러나 그 무엇보다 그의 본심은 일본이 제2차 세계대전을 통해 자행한 잔학행위와 침략전쟁을 미화하고 일본을 재무장시켜 세계의 패자霸者로 재도약시키려는 야심에 있다.

그러면 왜 우리나라와 중국은 일본정치인들의 야스쿠니신사 참배에 대하여 그토록 민감한 반응을 보이며 반발하는 것일까? 의외로 이 질문에 명쾌히 대답하는 사람들은 드물다. 그저 매스컴에서 보도하니 안 되는 걸로 알고 있다는 정도의 답변이 돌아올 뿐이다. 그러나 조금만 관심을 기울이면 단번에 그 이유를 명백히 알 수가 있을 것이다.

　야스쿠니신사는 1869년 6월에 도쿄 쇼콘샤東京招魂社로 출발하여 1879년 6월4일 지금의 이름인 야스쿠니신사로 바꾸기 까지 대부분 일본국내의 전쟁에서 사망한 영혼들을 달래는 장소로 이용되어 왔다. 그 후 청·일전쟁과 러·일전쟁에서 사망한 자들을 합사合祀하였고 이 때부터 명실상부한 전몰자의 위령시설로서 국민들에게 각인되기 시작했다. 그러다가 제2차 세계대전 때 일본의 가미가제특공대는 비행기에 탑승하기 전에 "야스쿠니에서 만나자!" 라는 말로 죽음의 공포를 극복했다고 한다. 부연하자면 이런 이야기가 전해져올 정도로 야스쿠니는 일본인의 가슴에 국가를 위해 순국한 전몰자의 영원한 안식처로 자리 잡았다는 것이다. 우리나라처럼 국립묘지와 같은 국가적 시설이 없고 '神道' 라는 종교적 색채가 가미된 일본의 야스쿠니신사는 다른 나라사람들이 보기엔 너무도 애매한 형태의 위령시설로 비춰질 뿐이다. 따라서 다른 종교나 종파들이 이 시설에 대해 강력한 반대투쟁을 벌일 법도 한데 일본에서는 그런 반대 움직임은 감지되지 않는다.

　1945년 8월 15일, 일본천황의 무조건 항복 선언에 이어 1946년 전범재판이 도쿄에서 열린다. 재판에 참석한 판사는 연합국 대표로 미국, 중국, 영국, 소련, 오스트레일리아, 캐나다, 프랑스, 네델란드, 인도 등 11개국 이었다. 이 재판은 2년간 계속된 끝에 일본천황의 전쟁책임을 묻지 않는 대신 전쟁책임자로 도조 히데키東條英機 등 28명을 처형하는 선에서 막을 내린다. 이들이 소위 말하는 A급 전범들이다. 이후 1952년 샌프란시스코 강화조약이 체결될 때까지 일본은 명실상부한 독립국으로서의 주권을 행사할 수 없는 국가였다.

　그러던 일본이 전쟁이 끝나고 세월이 흐르자 1976년에는 이들 A급 전범들을 야스쿠니신사에 국민의 동의 없이 자민당 단독으로 합사했다. 합사 이후 일본 수상으로서는 처음으로 나카소네 야스히로中曾根康弘가 참배를 강행하기에 이른다. 이 때 한국과 중국의 강력한 반발에 직면한 나카소네는 한 번으로 끝을 내고 다시는 참배하지 않았다. 그렇지만 각료들은 계속해서 참배를 해오고 있는 것이 지금의 일본이다. 또한 기회 있을 때마다 망언을 일삼고 있는 것도 우리가 이미 잘 알고 있는 사실 중의 하나이다.

그러나 누가보아도 일본을 대표하는 수상이 야스쿠니신사에 참배하는 것은 제2차 세계대전을 정당화하는 행위이다. 또한 이러한 행위는 곧 그들의 침략전쟁을 미화하고 주변국들과의 조약에 의한 국제법을 무시하는 처사로 이어지는 것이 된다. 일본의 침략행위로 고통 받은 주변국들이 이를 간과하고 묵인하지 않는 것은 당연한 것이며 반발 또한 지극히 당연한 것이다.

이런 문제점을 해결하기 위해 우리나라와 중국은 '이분법二分法'을 제시하고 일본의 실천을 요구하기에 이른다. 이분법은 전쟁을 주도한 전범들의 행위는 처벌받아 마땅한 범죄자들이나, 자신의 의사와 관계없이 동원된 전몰자와 구분하여 따로 위령시설을 만들라는 요구였다. 이 요구에 고이즈미는 "적극적으로 검토 하겠다"는 답변을 우리 대통령과의 가고시마鹿兒島 정상회담(2003)에서 한 바가 있으나 이를 실천할 의지가 전혀 없었다는 걸 지금에 와서야 확인할 수 있다. 이것이 바로 일본 정치인들의 김 빼기 작전인 것이다. 사실상 일본인들의 '적극적인 검토' 운운하는 답변은 예스가 아닌 "노"의 대답임을 일본에서 살아 본 사람들은 경험으로 익히 알고 있는 사실이기도 하다.

그런데 재미있는 사실은 이미 죽은 소화천황昭和天皇이 이러한 A급 전범을 합사한 행위에 불쾌감을 표시하고 합사 이후에는 한 번도 참배하지 않았다는 사실이 밝혀져 화제가 된 적이 있다. 이는 그를 모시던 궁내청의 측근이 메모를 공개함으로서 알려졌는데 이러한 사실에 대해서 일본 여당은 애써 외면하려는 눈치가 역력하였다. 우리가 진정한 전범으로 알고 있던 소화천황이 A급 전범에 대해 불쾌감을 가졌다는 것도 다소 의문이 가는 일이다. 또한 천황가의 일이라면 초등학교 6학년 정도로 말을 잘 듣는 자민당이 이를 외면하고 무시한 행위는 정말 아이러니한 에피소드라 하지 않을 수 없었다.

아무튼 이제 일본은 또 다시 군국주의의 부활을 위해 조금씩 극우 쪽으로 방향을 잡아가고 있다. 반대파의 목소리도 있지만 고이즈미에 이어 차기 수상에 오른 아베역시 방금이라도 전쟁을 일으킬 듯한 극우의 발언을 서슴없이 해댔던 사실이 그것이다. 현 정권의 정강정책 역시 주변국의 반발을 우려하여 대놓고 극우 쪽으로 나아가고 있지는 않지만 속내는 역시 같다는 데에 우리는 주목해야 할 것이다.

| 악행은 '남 탓' 선행은 '내 덕' |

도쿠시마현德島県 나루토시鳴門市에 가면 제1차 세계대전 때 포로로 잡힌 독일 군들을 수용한 반도坂東포로수용소가 재현되어 있다. 본래 이 수용소는 이미 그 흔적조차 찾기 힘들 정도로 폐허가 되어 있었다. 그러나 자신들이 베푼 선행을 찾아내 크게 미화하고 각색하는 일본인 특유의 성정이 독일과의 '우호친선의 해'를 맞아 그 빛을 발하게 됨으로써 영화세트장으로 되살아난 것이다.

1914년 제1차 세계대전 때, 일본은 영국과 동맹을 맺고 중국내에서 열강들과의 패권다툼에 들어간다. 이 때 칭따오에 주둔중인 독일 군들을 기습한 일본군은 4천7백여 명의 독일 군을 포로로 확보한다. 이 포로들을 일본 각지에 있는

12개 포로수용소로 이송하여 수용하기에 이르렀고, 이 곳 반도수용소에도 1천여 명이 이송되어 온다. 포로학대가 다반사처럼 자행되던 다른 수용소와는 다르게 이 수용소에는 소장 마츠에 도요히사松江豊壽가 포로들의 처우에 관한 규정인 헤이그 조약을 철저히 준수했다. 아울러 주민들과의 교류도 허가하여 인간적인 대우를 해 주었다. 독일 군 포로들은 언어와 습관, 문화가 다른 지역주민들과 민족의 벽을 넘어 소박한 인간애를 이어가면서 수용소 생활을 자유롭게 보낸 것이다. 그러던 중 독일제국이 무너지고 파리강화회담이 성립되자 포로들은 자유의 몸이 된다. 풀려나게 된 포로들은 마츠에 소장과 직원들, 그리고 지역주민들에게 감사한 마음을 전하기 위해 일본에서 처음으로 베토벤의 교향곡 제 9번 합창 중에서 '환희의 찬가'를 연주하기에 이른다.

이것이 영화로 만들어진 실제의 스토리다. 영화 속에서 마츠에 소장은 긴 콧수염을 기르고 있다. 그 인자한 모습과 인류애에 넘치는 표정이 일본인의 관대함을 표현한 것이라 여겨 영화제목도 '바루토노 가쿠단' (콧수염의 낙원)으로 붙였다. 이 영화는 2003년 기획에 들어가 독일과 일본에서의 촬영을 마치고 2006년 11월경에 완성되어 일본 전역에서 1년 여에 걸쳐 상영되었다.

여름휴가를 이용해 그들이 선전하는 영화촬영장을 직접 보려는 생각으로 우리 일행은 이 수용소를 찾았다. 정문에서 구 일본군 병사의 모습을 한 젊은이가 총검을 장착하고 차렷 자세로 우리를 맞는 모습이 무언가 어색해 보이기도 했다. 독립기념관에서 우리의 독립투사들과 우국지사들을 잔인하게 학살했던 구 일본군들의 만행을 화보로 기억하는 우리들은 그리 유쾌한 기분은 들지 않았다. 그렇긴 하지만 내부를 둘러보기로 하고 자원봉사자들의 안내에 따라 안으로 들어갔다.

자원봉사자는 책임자와 안내원을 제외하고 모두 이 지역의 초등학교 6학년 학생들이었다. 이들을 여기에 동원한 것은 일본인이 베푼 선행을 어릴 때부터 알게 하여 일본인이 역사적으로 다른 나라에 대하여 많은 것을 베풀고 좋은 일을 했다는 사례를 직접 체험하게 하는 데 그 목적이 있는 것처럼 보였다. 실제 자세한 설명에 열을 올리는 한 학생에게 질문해 보니 "선조들의 선행이 자랑스럽다"라고 당당하게 대답했다. 그들의 교실에서 이루어지는 역사교육이 어떠할지는 보지 않고도 짐작이 가는 일이다.

일본에서는 이 영화 이외에도 자신들이 베푼 선행에 대하여 모든 국민이 다 알도록 반복해서 텔레비전이나 신문에서 특집으로 꾸며 보도하고 있다. 그 중의 하나가 제2차 세계대전 당시 6천여 명의 유태인들을 국외로 탈출시켜 그들의 학살을 미연에 방지한 스기하라 치우네杉原千畝라는 외교관의 일화이다.

스기하라는 당시 폴란드와 국경을 접하고 있던 리투아니아에 일본총영사관 영사대리로 근무하고 있었다. 1939년 폴란드가 독일의 침공으로 무너지고 독일의 점령 하에 놓이게 되었다. 이렇게 되자 폴란드 국내에 거주하던 유태인 3백 5십여만 명은 점령과 동시에 박해를 피해 국외 탈출을 시도한다. 목숨을 걸고 탈출에 성공한 유태인들은 리투아니아의 일본총영사관으로 몰려들어 도움을 요청하기에 이른다. 처음 영사관에 몰려온 인원은 1백여 명에 지나지 않았으나 시간이 지날수록 그 인원은 늘어나 6천여 명에 이르게 되자 총영사관은 혼란상태에 빠져든다.

당시 본국의 방침은 동맹국인 독일과의 관계악화를 우려하여 비자발급을 내주지 말라는 원칙에 입각해 있었다. 그로서는 고민에 빠지지 않을 수 없었다. 인도주의적 입장에서 국가의 방침에 반하여 저들의 국외탈출을 도와주어야 마땅한지, 공무원으로서 국가의 명령을 따르는 것이 도리인지를 놓고 심각한 고민을 한 것이다.

이후 그는 인도주의적 입장에 서서 모든 유태인에게 일본으로 갈 수 있는 비자발급을 시행하고, 자신 역시 영사관을 폐쇄하고 리투아니아를 떠나 일본으로 돌아온다. 비자를 가진 유태인들은 일본을 경유하여 미국 등 제 3국으로 망명하여 화를 면했고, 이스라엘은 스기하라씨의 은혜에 감사하기 위해 예루살렘의 야드바셈에 기념식수를 해두고 그 정신을 기리고 있다. 또한 일본에서는 그의 고향인 기후현岐阜県 야오츠초八百津町에 스기하라 기념관을 지어 그가 발급한 비자와 기념품 등을 전시하여 그의 박애정신을 널리 선전하고 있다.

이 두 가지 사례에서 일본인들이 세계인들에게 전하고 싶은 말은 '일본인은 신사이며 박애주의자이다' 라는 메시지이다. "보라! 전쟁 중에도 포로들을 우대했고, 궁지에 몰린 유태인들을 구해낸 훌륭한 일본인이 이를 증명하고 있지 않은가!"라고 그들은 소리 높여 외치고 있다. 그들이 제2차 세계대전 때 아시아인 2천여만 명을 학살한 행위와 난징사건, 7.13부대의 생체실험, 조선인 강제징용, 위안부 강제동원 같은 파렴치한 행위는 일본인이 행한 일이 아니라 주변국들이 꾸며낸 조작극이라 말하고 싶은 것이다. 박애주의자이며 신사인 성스러운 천황폐하의 군대가 그런 악질적인 행위를 할 리가 없다고 시치미를 떼는 일이다.

이러한 일본인의 심리를 스위스의 바투(Friedemann Bartu)는 『추한 일본인(Ugly Japanese)』라는 책에서 많은 예화를 제시하며 비판하고 있다. 그는 일본인들이 인류 보편의 가치관과 도덕성을 가지고 있는 것이 아니라 어떤 한 사건이나 부분을 확대해석하여 전체를 왜곡하는 잘못된 역사관을 가지고 있다고 말한다. 우리는 이 책을 통해서 서양인이면서도 정확하게 일본인의 심리를 분석했다는 느낌을 받을 수 있으며 인류의 보편적 가치관은 동서고금을 통하여 동일함을 확인 할 수 있다.

이어령 역시 『축소지향의 일본인』에서 이러한 일본인의 심리를 잘 분석해 놓고 있다. 그의 논리에 따르면 일본인은 작은 것이나 치밀한 부분에 한해서는 대단히 짜임새 있게 일을 처리해 나가고, 작은 단위의 준법정신이나 규범은 잘 지킨다. 그러나 축소가 아닌 확대지향의 경우에는 가치관의 혼란을 초래하여 평소의 도덕성과 준법정신을 잃고 만다는 것이다. 그 실례가 제2차 세계대전 때 일본군이 저지른 만행이라고 분석한다. 그들이 확전을 해 가는 도중에 벌어진 가치관의 혼란은 궁극적으로 광기로 치달아 일본국민과 주변국의 수많은 사람들이 무고한 목숨을 잃는 결과를 초래한 것도 일본인의 속성에서부터 출발한다고 보고 있다.

이제 일본에서는 자신들이 저지른 전쟁책임에 대하여 이런 저런 이야기를 하는 것 자체가 어려운 사회적 분위기가 형성되어가고 있다. 그들은 더 나아가 '작은 선행은 크게 큰 악행은 작게' 하려는 안간힘을 쓰고 있는 것처럼 보인다. 스기우라의 일화와 반도포로수용소 영화세트장을 선전하는 자원봉사자의 땀 맺힌 얼굴에서 그 처절한 몸부림을 확인할 수 있었다.

| 끈질길 식민지 시혜론 - 한글은 일본인이 만들었다? |

일본 학자들 중에는 통계학적 수치를 들이대며 일제강점기시대가 결코 한국인들에게 나쁜 것만은 아니었다는 사실을 증명하기 위해 자신의 일생을 바치는 사람들이 더러 있다. 그들은 냉철한 사고와 비판정신을 기본으로 하는 학자이면서도 천황을 숭배하고 사상적으로는 일본인의 우월주의에 빠져있는 극우파에 속하는 어용학자들이다. 이들이 내세우는 이론은 한국의 학자들이 말하는 '식민지 수탈론'은 지극히 감정적이며 학문적 고증을 거치지 않은 허점투성이의 이론이라고 반론한다. 또한 일제강점기 시대를 통하여 일본은 한국을 사실상 근대화 시켰다는 이른바 '식민지 근대화론'

을 내세운다. 이에 더하여 한국민의 소득을 높이고 삶의 질을 높였다는 통계 자료를 바탕으로 소위 '식민지 시혜론'을 주장하고 있다.

이 주장의 중심인물들이 바로 '새로운 역사교과서를 만드는 회'와 '일본회의'에 소속된 후지오카藤岡信勝를 중심으로 한 어중이 교수들이거나 이들의 주장에 심정적으로 동조하는 극우세력들이다. 이들은 동아시아의 식민지였던 한국과 대만 등의 국가가 다른 독립국이었던 나라들보다 앞서서 근대화를 달성할 수 있었던 것은 일본의 식민지였기 때문이라는 결론을 내리고 있다. 이들이 제시하는 '식민지 근대화론'의 근거로 첫째, 식민지화에 의하여 전근대적이며 전제적인 경제구조가 철저하게 파괴되고 해체되어 새로운 근대적 경제구조로의 이행이 용이해 졌다는 점. 둘째, 그 토대위에 경제적으로 다른 식민지에 비하여 더욱 밀접하게 종속되는 과정이 빨랐다는 점. 셋째, 이러한 종속의 과정에서 일본의 자본과 기술이 그대로 이전되어 자본주의 경제체제가 급속하게 발달할 수 있었다는 점을 든다. 이러한 특징을 고스란히 공유하고 있는 국가의 전형이 한국과 대만 등이라 본다. 바로 이러한 국가가 독립 후에 경제발전을 빠르게 달성할 수 있게 한 근간은 일본의 식민지였기 때문에 가능한 일이라 주장한다.

또한 이들은 우리 농민들이 제대로 된 등기문서 없이 농토를 소유하고 있는 점을 악용하여 토지를 수탈한 소위 '토지조사 사업'을 '토지개혁'으로 미화하고 그들의 개혁이 없었으면 '영원한 미개국으로 남아있었을 것'이라 주장한다. 이들의 말을 그대로 인용하면 '자본주의화를 위해서는 전근대적 토지소유관계를 폐지하고 자본주의에 적합한 토지소유관계를 만들어 내지 않으면 안 되는데 식민지치고 이렇게 철저하게 토지개혁을 단행한 국가는 없다'는 것이다. 소위 '토지조사사업'으로 우리의 국유지를 수탈하고 동양척식회사라는 일제의 주구회사에게 토지를 빼앗긴 농민들이 만주로 연해주로 유랑의 길을 떠난 사실을 이들은 애써 외면하고 있는 것이다.

이에 더하여 이들은 '식민지 공업화론'을 들고 나와 자신들의 주장을 끼워 맞추기 식으로 합리화하고 있다. 이들이 제시하는 자료에 의하면 일제강점기 시기 국내총생산량(GDP)은 1912년부터 1927년 사이에 연평균 5.4%성장했고, 1928년부터 1937년 사이에는 연평균 4.15%씩 성장했다. 이러한 성장치는 당시 자본주의 국가의 평균성장률을 웃도는 것이라는 주장이다. 뿐만 아니라 이는 일본 본토의 경제성장을 상회한다는 것이다. 구체적인 금액으로 환산한 통계를 보면 1920년대에 2~3억 엔대에 머무르던 공업생산량이 1939년에는 20억 엔대를 돌파했고, 자본불입금도 1920년대에 2억 엔에 머물던 것이 1939년에는 120억 엔을 넘었다. 인력의 성장이라는 측면에서도 1933년의 노동자 수가 21만 4천명이던 것이 1943년에는 175만으로 증가했다. 그 중의 93%는 한국인이었고, 기술자 역시 1944년까지 9천명에서 2만3천명으로 대폭 증가했다. 이러한 증가율 역시 일본에서 건너온 일본인 기술자의 증가율을 능가하는 비율이라는 것이다.

이와 더불어, 최근 들어 일본에서 한류 붐이 불기 시작하자 이를 저지하기 위해 극우파들을 중심으로 '혐한류'라는 만화를 인터넷으로 판매하여 무려 80만부라는 판매고를 올렸다. 이 책의 내용 또한 식민지시대를 왜곡하고 날조하는 일을 서슴지 않고 있다. 이 책은 만화가 가지는 상상력과 허구성을 총동원하여 말도 안 되는 주장으로 일본젊은이들을 부추기고 있다. 이 책의 내용을 간단히 인용해 보면 한 마디로 고소를 금할 수 없는 내용으로 점철되어있음에 놀라게 된다.

이렇게 하여 일본국민이 된 조선인은 큰 이익을 얻게 되었다. 자신들의 힘으로는 불가능했던 근대화를 일본의 자금과 기술, 일본인의 피와 땀으로 달성할 수 있게 된 것이다. 그러므로 현재의 한국은 일본이 만들었다고 해도 과언은 아니다.

이 시대에 조선어는 필수 교과목으로 지정되어 조선어가 제대로 된 문법체계를 가지고 현대적인 언어로 탈바꿈하도록 총독부는 그 바탕을 제공하였다. 그러므로 조선어를 세종대왕이 만들었다는 주장은 잘못 된 것이며 사실상 한국인들이 사용하고 있는 현대의 한국어는 일본인들의 손에 의해 새롭게 만들어져 보급되었던 것이다.

창씨개명은 조선인들이 일본인과 동등한 권리를 향유하기 위해 총독부와 일본정부에 탄원해 오는 등 스스로의 원에 의해 이루어 졌다. 창씨개명으로 인해 조선인들은 일본인과 똑같은 권리를 누리게 되었고 국회의원에 당선된 조선인도 나오는 등 완전한 일본인으로서의 권리를 향유하게 되어 천황의 은혜에 감사하는 조선인이 늘어났다.

이러한 그들의 주장을 일본인들은 무언의 동조로 화답하는 사람들이 많다. 그리고 이들의 주장을 정설로 받아들여 한국인들과의 대화 시에 은근히 한국인들이 일본인을 싫어하는 이유를 모르겠다고 꼬집기도 한다. "우리는 이렇게 은혜를 베풀었는데 정작 한국인들은 배은망덕하게도 은혜를 원수로 갚는 행동을 하느냐?"라는 태도이다. 그러나 백번 그들의 통계적인 수치가 옳고 그들의 주장이 어느 부분에서는 일본인으로서는 그렇게 생각 할 수도 있다손 치더라도 그들은 너무도 뻔뻔하고 후안무치하다.

간단히 말해서 그들이 들이대는 통계적 수치도 당시의 자금흐름을 살펴보면 그 성장과 노동생산성의 과실이 모두 자기 자신들의 이익을 위해서 조선인들을 착취했다는 결론을 얻을 수 있음에는 어떤 변명을 할지가 궁금해진다. 예를 들어 식민지시대를 통하여 그들이 한반도에서 물러갈 때까지 조선에 투여한 자금은 6억 엔에 지나지 않는다. 그러나 일본으로 유출된 자금은 통계적으로 드러난 것만 302억 엔에 달하고 물자로 유출된 140억 엔을 합하면 무려 440억 엔을 상회한다. 이 밖에도 수많은 지하자원의 유출과 200만에 달하는 강제징용의 노동력은 통계에서 제외하고 있다는 사실도 간과해서는 안 된다.

국권을 강탈하고, 독립 운동가를 살해하고 조선민중을 억압한 예는 우리가 알고 있는 사실만 열거하라 해도 수백 가지를 넘을 것이다. 진정 그들이 조선인을 위한 식민통치를 했다면 왜 우리민족의 자존심을 짓밟는 강제합병을 했는지, '민족말살정책'은 무엇 때문에 시행했는지 명확히 대답하지 않으면 안 된다. 또한, 여성들은 왜 '종군위안부'로 동원하여 일본군의 성노리개로 삼았는지, 강제징용으로 200여 만의 조선젊은이들을 전쟁터로 몰아간 것은 무슨 이유인지 등등 그들이 저지른 만행에 대하여 먼저 제대로 된 설명이 우선되어야 한다. 얄팍한 통계자료로 그들의 만행을 가리려는 수작은 누가 보아도 유치한 발상에 불과한 것이며 손바닥으로 하늘 가리는 행위에 불과하다.

| 사무라이인가 싸울아비인가? |

일본하면 언뜻 떠오르는 것들 중의 하나로 '사무라이'를 들 수 있을 것이다. 그들의 사극이나 영화에서 일본식 상투를 틀고 장검을 찬 전통적인 모습으로 등장하는 '사무라이'를 우리는 쉽게 연상 할 수 있기 때문이다. 그런데 최근에 와서 일본인들은 사무라이가 고구려와 백제에서 존재하던 '싸울아비'가 전해진 것이라는 주장에 대해 대단히 불쾌해 하고 있다. 일본고유의 전통에 입각하여 사무라이 계급이 형성되었고 그것을 유

지·발전시켜온 것이 일본인들인데 어느 날 갑자기 일본고유의 것이 아니고 고대 한반도의 어느 국가에서 전래되어 오던 것을 모방한 것처럼 이야기 하는 것은 어불성설이라는 주장이다.

　일본학계에서는 사무라이뿐만 아니라 고대문화의 전래자체가 한반도에서 일방적으로 전해졌다는 주장은 지나치며 사실상 중국으로부터 전해진 것들이 더 많다고 보고 있다. 더 나아가 현재의 일본 고유문화는 일본 스스로가 발전시킨 독창적인 문화라는 생각이 일본의 주류를 이룬다고 보면 틀리지 않는다. 이런 일본인들에게 사무라이가 한반도 고유의 제도 중의 하나이고 그것을 일본이 모방하여 계승한 것이라는 주장은 자존심을 심히 상하게 하는 일이라며 거친 말을 숨기려 하지 않는다.

　사실 '사무라이' 가 '싸울아비' 로부터 유래한다는 말은 그 발음의 유사성으로 보아 상당한 신빙성으로 다가온다. 그러나 1983년 이 설을 처음으로 제기한 김용운교수의 『한국인과 일본인』을 보면 우리의 역사서인 『삼국사기』나 『삼국유사』 등에 이런 구절이 있다는 근거자료를 제시하지 않고 있다. 다만 음운 상으로 보아 그럴 것이라는 것이고 실제로 싸울아비가 고구려와 백제에 존재했다는 가설만을 배경으로 제시하고 있다. 이는 분명한 고증을 요하는 일본 역사학회의 증거주의자들에게는 턱없는 가설에 불과하다. 이후 한국과 일본에서 상당수의 사람들이 이 설을 인용했고 2002년에는 이 설에 근거하여 백제의 무사가 일본에 건너와 무사도를 전했다는 한·일 합작영화가 제작되기에 이른다. 이렇게 되자 '싸울아비' 가 곧 사무라이라는 등식이 더욱 확고한 정설로 퍼져 나가기 시작한 것이다.

　일본이 제시하는 사무라이의 전형은 16세기에 들어와 성립된 비교적 새로운 용어로 기록해 두고 있다. 가마쿠라鎌倉시대로부터 무로마치室町시대에 이르기까지 '사부라이サブライ' 라 불리던 것이 헤이안平安시대에는 '사부라히' 로 불리어졌다. '사부라히'는 '섬기다, 봉사하다'의 의미를 가진 '사부라우候う'의 명사형인 '사부라후'에서 음변된 것으로 추정하고 있다. 이후 '사무라이侍'라는 말이 일본사회에 정착하게된 것은 본격적인 막부정치가 막을 연 에도시대 직전의 일이다. 이전까지는 귀족과 장군 등의 가신인 상류계급만을 일컬었으나, 이때부터는 지위에 관계없이 무사전체를 칭하는 말로 정착된 것으로 보고 있다. 따라서 일본이 만약에 '싸울아비'를 모방하여 이 제도를 만들었다면 처음부터 무사만을 칭하는 용어로 사용되었을 것이다. 그런데 당초에는 무사뿐만 아니라 법률, 사무 등에 종사하는 중하급기능관원들도 사무라이로 부른 점 등으로 미루어 보아 사무라이가 싸울아비에서 기원한다는 것은 맞지 않다고 본다.

그러나 일본인들의 이런 심정을 이해 못하는 바는 아니다. 단지 일본인들은 모든 면에서 일본보다 열등하다고 생각하는 한반도로부터 문화를 받아들였다는 사실 자체마저 싫은 것이다. 가능하다면 그러한 기억조차 지워버리고 싶은 심정처럼 보인다. 만약 한국이 세계의 중심국가로 부상해 있는 위치라고 가정하면 이러한 태도는 언제 그랬냐는 듯 그들의 천성그대로 한반도 지상주의로 변해 있을 가능성 또한 배제할 수 없다. 역사 속에서 언제나 실리와 배신을 반복해 온 그들의 태도가 이를 증명해 주고 있기 때문이다. 우익을 대표하는 많은 학자들은 한반도가 중국의 문화 경유지 정도의 역할만 했을 뿐, 정작 한국문화라고 내세울 만한 것이 하나도 없다는 주장도 서슴지 않는다. 원류로부터 '빨대(한반도)'를 통하여 문화를 흡수했다는 가당찮은 주장이다.

사실 일본인들이 아무리 부인하려고 해도 일본고대문화에서 한반도의 영향은 지대한 것이었고 부인하기 어려운 증거들이 수없이 많다. 농사기술에서부터 문자의 전래, 생활문화 전반에 걸친 한국문화의 영향은 사실상 일본고대문화의 근간이었다. 그러한 영향의 크기는 수량화나 고증이 필요 없을 정도이다. 그러나 일본인은 부인 가능한 건더기만 있다면 어떤 구실로든 부인하고 싶고 반론을 펴고 싶은 것이다.

  천자문을 전해 주었다는 왕인박사의 도일에 관한 기록도 최근에 와서는 고증이 불가능하다 하여 가공의 인물이라며 부인하는 학자들이 등장했다. 그 이유로 왕인의 도일에 관한 기록이 『고사기』, 『일본서기』, 『속일본기』에는 있으나 한국의 어느 역사서에도 왕인에 해당하는 인물이 없다는 점을 들고 있다. 그리고 왕인이 생존한 시점에는 천자문이 편찬되지 않았고 이것을 전했다는 기록은 후대에 들어와 『속일본기』를 편찬할 때 많은 귀화학자들을 대표하는 사람으로 왕인이라는 가공의 존재를 만들어 넣은 것이라는 학설이다.

  또 한 가지 예로 일본 『만요슈万葉集』를 들 수 있다. 만요슈는 일본최고의 노래가사집인데 이 가집歌集의 해석은 현대 일본어로는 불가능하다는 점이다. 일본의 고대 만요어万葉語와 고대 한국어로 풀어야 그 뜻을 제대로 알 수 있다는 책과 학설이 많다. 그럴 수밖에 없는 것이 20권에 해당하는 이 가집에 실려 있는 가사는 장장 130(629~759년)여년에 걸쳐 지어졌고 그 수는 자그마치 4,516수에 이른다. 이 중에는 한반도에서 건너간 사람들이 부른 많은 노래가 당시의 만요어로 기록되어 있기 때문이다. 만요어는 히라가나와 가타가나로 불리는 지금의 일본문자가 사용되기 이전의 문자이기에 한자를 차용하여 표기했던 우리나라의 이두와 같은 문자로 보면 된다. 따라서 만요슈가 고대한국어로 씌어졌다는 학설 또한 많은 학자나 재야 연구가에 의해 주장되어 왔다. 이들의 주장은 만요어 자체가 이두문자와 상당히 닮아있고 발음 또한 한국어로 표기하면 그 본래의 의미에 쉽게 접근 할 수 있기 때문이라는 것이다.

  본래 노래라는 것이 부르는 자신만 알아듣는 가사라면 노래로서의 가치가 없다. 부르는 내용을 듣는 사람들이 금방 알아들을 수 있어야 비로소 감정의 전달이 가능한 것이다. 따라서 당시의 노래는 수많은 한반도로부터의 도래인渡來人들에 의해 한국어로 불리어 졌고, 그 노래를 듣는 사람 역시 도래인 이었다는 추측이 가능하다. 당시의 황족과 지배계급을 이룬 상류사회의 대부분이 백제계와 한반도로부터의 도래인이라는 일본의 여러 기록은 이를 뒷받침하고 있기도 하다.

그러나 일본의 수많은 학자들은 이를 전면 부인하고 있다. 특히 전문적인 학자는 절대 그럴 리가 없다는 주장을 펼친다. 그 증거로 무수히 많은 가사를 인용하여 의미도 맞지 않는 일본어로 풀이하는 집요함을 보이기도 한다. 일본지상주의에 함몰된 견강부회의 억지에 지나지 않을 뿐이다. 우리의 향가를 처음 풀이한 학자가 한국인이 아닌 일본인 학자 오구라 신페이小倉進平라는 사실과 이집트의 로제타스톤을 해석해낸 사람이 이집트인이 아닌 프랑스인 샹폴리옹이었다는 사실은 흥미로운 일이다. 일본인 역시 한국어로 해석이 가능하다는데 대해 그렇게 과민반응을 보일 이유는 없다고 본다. 자신들의 언어와 편협한 학문적 시각으로는 도저히 풀 수 없는 난제도 외국인의 시각에서 보면 간단히 풀릴 수도 있기 때문이다.

다른 이야기를 또 하나 해 보자. 교토의 고류지廣隆寺에 가면 일본의 국보 제1호 미륵보살 반가사유상이 있다. 우리나라의 국보 제83호 금동미륵반가사유상과 그 크기나 형태가 너무 유사하여 모방작이 아닐까 하는 생각을 가지게 한다. 1980년대 초, 한 학생이 이 불상에 접근하여 아무렇게나 만지는 바람에 손가락 하나가 떨어져 나가는 사건이 발생했다. 마침 일본의 한 학자가 그 손가락을 수거하여 정밀조사 한 결과 이 불상의 재질이 '금강송'이라 불리는 적송임이 밝혀진다. 당시 일본에서 자생하는 적송과는 다른 재질이었던 것이다. 일본역사학회는 발칵 뒤집어졌다. 명색이 일본의 국보 제1호가 일본인이 만든 작품이 아닐지도 모른다는 충격은 실로 컸을 것으로 짐작된다. 추적결과 여기에 사용된 적송은 경상북도 청송군 주왕산 일대에 자생하는 것으로 알려졌다. 이렇게 되자 일본의 학자들은 입을 다물 수밖에 없었다.

그러나 차츰 세월이 흐르자 완성품을 신라에서 들여왔다는 추정이 가능한

『일본서기』의 쇼토쿠태자聖德太子에 관한 기록을 부정하고 일본인이 독창적으로 만들었다는 설을 뒷받침할 근거를 찾기 시작했다. 온갖 과학적인 방법을 다 동원하여 일본인의 손으로 만들었다는 근거를 제시하는데 일생을 바친 학자들이 수두룩하다. 그들의 논지는 재질 자체는 한반도 것일지라도 분명히 만든 사람은 일본인이라는 주장이다. 일본인들이 얼마나 자존심을 상했는지는 이들의 집요한 노력에서도 느껴진다.

그런데 공교롭게도 고류지와 호류지法隆寺 답사를 위해 교토에 머물고 있는 동안 한국에서 비보가 날아들었다. 방화로 인해 남대문이 불탔다는 것이다. 우리의 국보 제1호가 불탔다는 뉴스는 일본인들에게도 중요한 뉴스였다. 일본매스컴들은 연일 톱뉴스로 보도했다. 동행한 일본인과 여행 중에 만난 일본인들은 필자에게 위로와 격려의 말을 아끼지 않았다. 그러나 필자는 솔직히 미륵보살 반가사유상을 둘러보는 내내 기분이 가라앉아 있었고 그들의 위로와 격려가 오히려 가시처럼 가슴을 찔러오는 기분이 들었다. 일본인들은 그들의 조상이 만들지 않았을지도 모르는 문화재를 저토록 소중하게 보존하고 그 가치를 찬탄하는 사람들이 수 없이 많은데 비해, 우리는 불이 난 것도 아니고 우리 손으로 불을 질렀다는 이 모순을 어떻게 설명해야 옳을지 머리가 멍해져 올 뿐이었다.

우리가 문화재를 아끼고 보존해야 하는 이유는 그 문화재 하나하나에 선조들의 삶과 얼이 녹아있기 때문이다. 이는 특정한 종교나 사상과 이념 같은 마음의 경계를 초월하는 문제이다. 현재를 사는 우리 세대는 선조들이 남겨놓은 문화재를 소중히 보존하고 그 정신을 높이 기려야 될 뿐만 아니라 다음 세대에게 전해 주어야할 책무가 주어져 있는 것이다.

아무튼 일본인들은 자신들의 조상이 이룩해 놓은 문화유산에 대한 긍지와 자부심은 대단하다. 외부의 침입이 없었던 섬나라라는 특수성에 힘입어 수많은 문화재 역시 고스란히 보존되어있다.

그러나 현재를 사는 일본인들은 이렇게 많은 자신들의 고대문화유산에서 한국문화의 영향력을 최소한으로 축소하거나 은폐하는데 온 정열을 다하고 있다는 인상을 자주 받는다. 그들의 문화재를 대할 때마다 그런 느낌은 더 강하게 다가온다. 고류지의 정면에 있는 석판의 각자도 한반도로부터 미륵보살반가사유상이 전래되었다는 근거가 될 수 있는 구절은 글자를 알아볼 수 없도록 지워 버렸다. 석판 자체를 바꾸기는 곤란했던 모양이다. 이런 사례는 일일이 열거하기가 어려울 정도로 많다. 필자는 이러한 일본인들의 속마음을 우리 한국인과 중국인의 역사인식차이에 대비해 보면 그럴 수도 있다는 생각이 들기도 했다.

일전에 어느 '동아시아역사학회' 모임에 갔다가 일본의 T대학에 재직 중인 중국인교수의 '명·청과 조선의 관계'라는 발표를 들었다. 이 발표를 통해 중국인들의 역사인식이 우리와는 판이하게 다름을 알고 기분이 좋지 않았던 기억이 있다. 그의 발표요지는 조선이 주권국이 아니고 중국의 종속국가였다는 취지의 내용이었다. 그 근거로 조선왕조실록에 기록되어 있는 수많은 동지사와 조공사의 파견, 왕의 책봉을 명나라와 청나라에서 윤허해준 점 등을 들었다. 사실상 그의 논문은 한반도의 역사자체가 중국의 지방정부에 지나지 않는다는 소위 '동북공정'의 중국 측 주장을 그대로 반복하고 있는 듯 했다.

그는 발표의 서두에서 현재 일본에서 인기리에 방영중인 '대장금'의 내용이 한국인이 벌이는 역사왜곡의 결정판이라며 중국인으로서 상당히 기분 나쁘다는 말로 시작했다. 당시 조선은 중국의 속국이었는데 주권국가인 것처럼 표현한 궁중생활의 표현이 그것이라고 했다. 그리고 '의서'나 '의술'이 모두 중국의 것인데 극중의 주인공이 창의적으로 개발한 듯이 설정해 놓은 것은 사실과는 다른 명백한 역사왜곡이기에 중국인으로서는 고소를 금치 못했다고 했다. 참으로 황당한 느낌이 들었다. 중국은 아예 한국문화 전부가 자신들의 문화 그 자체로 보는 오만함을 드러내고 있는 것이다. 소위 학문을 하는 학자라는 사람들이 학술발표라는 장을 빌려 이런 황당한 소리를 해대니 듣는 우리들로서는 감정이 북받쳐 말을 듣고 있기가 거북할 정도였다.

그러나 냉정히 생각해 보면 우리가 중국인들의 이러한 주장에 기분이 언짢아지듯이 일본인 역시 자신들의 고대문화가 한반도의 영향이라는 주장에 대해 기분이 좋지 않음은 역지사지의 심정으로 보면 이해가 가기도 한다. 그렇다 치더라도 일본의 고대문화에 대해 한국학자들이 주장하는 '영향'이라는 용어와 중국학자들이 주장하는 '종속'의 의미는 하늘과 땅 차이만큼 큰 것이다. 우리는 중국인의 오만방자한 주장처럼 일방적으로 일본고대문화가 한국문화의 아류나 종속문화라는 주제넘은 소리는 하지 않는다. 다소 우리의 주장이 일본인들의 감정을 자극할지도 모른다. 그렇지만 일본고대문화에서 한반도의 영향이 지대했다는 사실자체마저 부정하려 드는 것은 일본인들의 지나친 소아병적 반응이라 여겨진다.

| 일본, 친구인가? |

중국의 『사기』 범수열전에 '원교근공遠交近攻'이라는 말이 있다. 위나라의 책사 범저가 진나라의 소양왕에게 '먼 나라와 친하고 가까운 나라를 공략하라'는 뜻으로 올린 책략을 말하는데 일본이 취하는 방위전략의 기본이 바로 이것이라 한다. 한·일관계가 원만하지 못하고, 중국과의 관계가 삐걱거릴 때마다 자민당 '야스쿠니파 의원들'이 여과 없이 내뱉는 용어 중의 하나이기도 하기에 주목할 필요가 있다. 물론 여기서 원교의 대상은 미국이고 근공의 대상은 한국과 중국이다.

본래 세계의 역사는 중세까지만 해도 국경을 접하는 이웃국가 사이가 원만한 경우는 극히 드물었다. 그저 으르렁거렸고, 이웃 마을이나 고을을 쳐서 정복하고 약탈하는 악순환의 반복이 이어져 왔을 뿐이다. 세계문명국의 앞장이라 자처하는 유럽 국가들도 이 원칙에서 벗어난 일은 없었다. 오죽했으면 영국과 프랑스는 100년간이나 전쟁(1337~1453 백년전쟁 또는 장미전쟁)의 수렁에서 헤어나지 못하고 투쟁을 벌였을까! 그 후의 역사도 별반 다를 바 없었다. 서구열강들은 산업혁명으로 축적한 힘을 바탕으로 약소국에 대한 침탈을 당연시 하는 약육강식의 역사, 피비린내 나는 살육과 약탈이 더욱 조직적으로 자행되는 역사가 반복되어 왔을 뿐이다.

지금의 세계도 얼핏 보면 선진문명국들이 평화를 유지하고 있는 것처럼 보일지도 모른다. 그러나 그 속 내막을 들여다보면 갈등은 언제나 잠복하고 있고, 인간이 갖는 편견과 오해가, 민족을 달리하고 국경을 달리함으로 인해 더욱 고착화 되는 경향도 있다. 지금 이 시간에도 중동지역과 아프리카 등에서 벌어지고 있는 민족분쟁과 종교분쟁이 그것이다. 이 분쟁들은 옛날의 약탈전쟁과 그 양상은 다르다고 하지만 오히려 더 해결하기 어려운 수렁으로 들어가고 있는 듯하다. 이러한 현상은 인간이 사는 세계가 동물과 다름없는 힘의 세계이기 때문일 것이다. 특히나 국제관계는 더욱 그렇다. 인간 개인 간에는 도덕, 이상, 자유, 평등, 민주, 평화 등 좋은 덕목들을 가치관의 정점에 두면서도 민족, 국가, 종교가 개입되면 이러한 이상적인 덕목들은 구두선에 불과해 진다. 그저 종잇장 같은 이권이나 낡아빠진 사상, 증오를 전파하는 종교나 자민족의 생존권이라는 명분 아래 박이 터져라 싸우기 시작하는 것이다. 참으로 단순하고 명쾌한 답을 얻을 수 있는 것이 국제관계 즉, 약육강식의 힘의 세계이다.

영국과 프랑스를 여행하면서 우리는 이러한 힘의 관계를 더욱 뼈저리게 느낄 수 있는 현장을 확인할 수 있다. 영국의 대영제국박물관과 프랑스의 루브르박

물관에 전시되어있는 문화재의 80%이상이 이집트 등의 약소국으로부터 약탈해 온 물건들이라는 사실이다. 또한 프랑스 파리의 중심에 있는 콩코르드 광장 옆에는 이집트로부터 나폴레옹 침략군이 약탈해 온 '오벨리스크 탑'을 하늘높이 세워놓고 자신들의 국력을 과시하고 있다. 한마디로 문화선진국의 한복판에 야만문화를 자랑하고 있는 모순이 인류문화의 참모습인 것이다.

그리고 노태우 정부 때, 프랑스의 테제베를 한국에 도입하면서 그 대가로 한국정부는 프랑스가 병인양요(1866)때 약탈해간 외규장각 도서를 반환받기로 맺은 각서를 대부분의 우리 국민들은 잘 알고 있다. 그러나 그들은 이 핑계 저 핑계를 대면서 아직까지 돌려주지 않고 있다. 자신들이 세계 문명국의 첨단을 걷는다면서도 그들은 과거의 약탈사를 자랑스럽게 여기고 민족의 긍지로 삼고 있다. 자신들이 누리는 부와 문화적 사치는 다른 민족의 고통과 피로 이루어져 있다는 사실을 그들 역시 모르고 있지는 않을 것이지만 국제관계라는 틀에서는 시치미를 떼고 억지를 부리고 있는 것이다.

냉철히 생각해보면 유럽제국에 빼앗긴 문화재는 일본에 빼앗긴 문화재에 비하면 정말 극히 작은 부분에 불과하다. 진정 값나가는 우리문화재는 거의 모두가 일본이 약탈해 갔다고 해도 과언이 아닐 것이기에 말이다. 일본의 박물관에 전시되고 있는 '고려불화 전시회'와 '조선도자기' 전시회에서 만나는 우리 문화재는 입이 다물어지지 않을 만큼 그 수가 많다. 어디 이것뿐이겠는가? 고려와 조선사를 통해서 그들이 약탈해간 문화재와 인적, 물적 자산은 그 또한 얼마나 많았던가. 하물며 일제강점기 때 삼천리 강토 전체를 일본이 마음껏 유린했으니 말해 무엇 하랴!

결국 이러한 모든 역사적 정황에서 살펴볼 때, 국제관계에서의 귀결점은 힘의 관계로 모아진다. 힘이 없으면 당하는 것이고 힘이 있으면 당하지 않는다는 진리는 오랜 인류역사가 증명해 주고 있다. 우리와 일본과의 관계도 마찬가지다. 역사 속에서 우리와 일본의 관계는 언제나 힘의 관계로만 존재해 왔다. 우리가 강할 때 그들은 선량한 친구로 있어왔고 우리가 약할 때 그들은 언제나 적의를 드러내고 우리를 침략했다. 지금의 한·일관계도 마찬가지다. 우리가 약하면 그들은 언제나 그랬듯이 친구의 가면을 벗고 침략자의 얼굴을 다시 드러낼 것이다. 물론 이러한 예는 일본에만 국한되는 것이 아니라 주변국 모두에게 해당되는 사실이다.

다시 유럽의 예로 돌아가 보자. 지금의 유럽을 보면 유럽연합이라는 큰 틀로 그 흐름이 잡혀가고 있는 듯이 보인다. 그러나 한 발 다가서서 바라보면 그들도 엄연한 힘의 관계에 의해 움직이거나 그런 형태를 취하고 있음을 볼 수가 있다. 전후 처리문제를 논할 때에도 늘 독일과 일본의 태도는 비교대상이 되고, 우리 역시 일본을 비판하면서 독일의 예를 원용하기도 한다. 그러나 독일도 자세히 보면 힘이 강한 프랑스와 영국 등에 대해서는 그렇게 깍듯이 전후처리와 사과를 하면서도 자신들이 침략하고 짓밟았던 폴란드와 다른 여러 작은 동유럽국가에 대해서는 다소 다른 태도를 취하고 있음을 알면 고개가 갸우뚱 거려진다. 이런 움직임은 최근에 일어난 몇 가지 사실로 드러나고 있는데 그 귀추는 아직 지켜보아야 할 것이다. 인류문화사의 발전을 역행하는 움직임이라 예의 관심을 끄는 일이다.

전후 25년이 지난 1970년, 당시 빌리 브란트 서독총리는 폴란드의 바르샤바 유대인 게토를 방문했을 때 무릎을 꿇고 눈물로 사죄했다. 백 마디의 말보다 천 마디의 조약문보다 더 강력한 사과의 표시였다. 세계의 언론이 그의 행동을 '인류양심의 표상'이라며 격찬했다. 전후 독일에서는 "아우슈비츠는 없었다"는 거짓말을 하면 최고 징역 5년에 처하는 법을 제정하는 등 전후처리를 깔끔하게 한 것으로도 잘 알려져 있다. "종군위안부는 없었다" 등 자신들의 전범사실 자체를 모두 부정하고 싶어 하는 일본과는 대비되는 행동이었고 주변국의 신뢰를 살만한 움직임으로 보였다. 이후 통일된 독일도 이러한 자세를 흩트리지 않고 견지해 오고 있음은 물론이다.

그러나 최근에 와서 폴란드와 독일 관계는 전후처리 문제와 역사인식 문제를 둘러싸고 적지 않은 갈등을 노출하고 있다. 문제의 발단은 독일이 2006년 8월부터 베를린에서 전시하고 있는 '추방자전시회'로부터 야기되었다. 이 전시회를 열면서 안젤라 메르켈 수상은 독일이 침략한 역사보다 '당한역사'를 강조함으로 인해 주변국들의 비난을 사기에 이른다.

내용은 이렇다. 독일은 패전 후 포츠담 선언에 의해 폴란드, 체코, 루마니아 등 자신들의 점령지역으로부터 추방되기 시작했다. 이들 추방자의 수는 무려 1,200만 여명에 달하고 추방되는 과정에서 살해되거나 기아, 질병 등으로 죽은 사람들이 200여만 명을 상회한다고 한다. 이 통계는 독일정부가 1986년에 조사한 것이다. 전후 독일에서는 이러한 수많은 추방자들의 권익을 보호하고 생활을 안정시키기 위해 '추방자협의회'가 결성되었다. 그리고 이들 단체는 독일인들이 제2차 세계대전을 통하여 가해자가 아닌 '피해자'란 주장을 굽히지 않고 있다.

현재 독일사회는 시간의 경과와 더불어 "이제는 우리도 말할 수 있다"는 움직임이 일고 있다. 가해자의 얼굴만 강조하는 독일의 역사교육이 사실은 "우리도 당했다"는 이들의 주장을 수용하는 쪽으로 방향을 조금씩 수정하고 있는 것이다. 이의 일환으로 열린 '추방자전시회'에서 메르켈 수상은 폴란드 등의 국가에서 추방된 사람들의 죽음과 고통을 열거하고 자신들의 피해사실을 이슈화하겠다고 공언한 것이 도화선이 되었다. 이런 독일의 움직임에 대해 레흐 카진스키 폴란드 대통령은 "대단히 악의적이고 도발적인 전시", "독일은 폴란드에 대한 도발을 계속하고 있다" 등의 발언을 하며 불편한 심기를 드러낸 것으로 외신들은 전했다. 이러한 반발은 예상된 일이었다. 그러나 독일은 물러서지 않고 독일하원의장이 폴란드 하원의장에게 서한을 보내 "역사에 대해 열린 마음을 가질 것"을 요구했다. 이와 동시에 독일의 신문들은 폴란드 대통령을 조롱하는 기사를 실어 폴란드의 국민감정을 더욱 악화시켰다.

이러한 일련의 과정을 살펴보면 역시 그 배경에는 국력이 도사리고 있음을 알 수 있다. 간단히 말해서 폴란드나 체코 등의 국력이 독일에 미치지 못하기 때문에 일어나는 악순환일 뿐이다. 자신들이 침략하고 주권을 유린해 놓고 만만한 국가를 상대로 적반하장의 엉뚱한 소리를 하기 시작한 것이다. 영국과 프랑스에 대해서는 일언반구 말조차 꺼내지 않는 것과는 대비되는 일이기에 더욱 주목받는 일이기도하다. 이런 점에서는 일본과 독일이 다를 바 없음을 느끼게 하는 부분이기도 해서 입맛이 씁쓸하다.

일본역시 독일과 같이 패전 후 만주와 한반도에서 민간인을 철수시켜야 했다. 당시 한반도에 남아있던 일본인들은 조선총독부의 지시 하에 일사분란하게 철수했으므로 문제가 없었으나 중국의 만주지방에 거주하던 일본인들이 문제가 되었다. 1945년 8월9일 소련이 전격적으로 일본과의 전쟁에 뛰어들어 만주지방을 점령하자 일본은 속수무책으로 당하고만 있었다. 이미 원폭투하로 본국이 혼란에 빠져있었고 전체적으로 패색이 짙은 전황 하에서 만주에까지 힘을 분산할 여력이 없었던 것이다.

당시 만주에 거점을 둔 일본관동군은 70여만 명이었는데, 이들 중 약 66만여 명이 싸움 한 번 제대로 해보지 못하고 소련군의 포로가 되어 시베리아에 억류되었다. 민간인들 역시 극도의 혼란상태에 빠져들어 각자의 살길을 찾아 탈출을 시도하거나 대도시인 창춘長春, 센양瀋陽 등으로 모여들었다. 만주에 진주한 소련군과 공산군계열의 팔로군이 이들을 습격하고 중국인들이 자경단을 조직하여 복수전을 감행함으로 인해 상당수의 일본인들이 이 와중에 희생된 것으로 알려져 있다.

만주의 대도시로 몰려든 일본인들은 재만 일본인거류민단을 중심으로 뤼순

旅順항을 통해 일본으로 철수를 서둘렀다. 그러나 30여만 명에 달하는 일본인 거류민들을 한꺼번에 이송하기에는 역부족이었다. 1945년 9월부터 46년 5월까지 수용소에서 추위와 굶주림으로 죽은 사람들도 상당수에 달했다. 소련의 관리 하에 있던 수용소는 식량공급을 하지 못하도록 소련당국이 지시를 내렸기 때문이다. 일본정부는 이러한 거류민들을 차례로 뤼순 항을 통해 귀국을 시켰으나 전후의 혼란과 중국의 내전발발 등으로 인해 어쩔 수 없이 많은 사람들을 현지에 남겨두고 철수를 일시 중단할 수밖에 없었다. 남겨진 일본인 부녀자들은 중국인의 첩이 되어 살아남는 길을 택할 수밖에 없었고, 아이들은 중국가정에 입양되어 길러졌다. 이들이 소위 중국잔류 부인과 고아들이다. 이들의 정확한 숫자는 파악되지 않고 있지만 일본정부는 약 6천여 명을 귀국시켰고, 지금 현재도 이들을 귀국시키는 사업을 계속하고 있다. 일본이 일으킨 침략전쟁은 아직도 끝나지 않은 셈이다.

또한 소련군에 의해 시베리아에 억류되었던 일본군 포로들은 공산정권 치하에서 강제노역에 시달리다 1959년에 와서야 겨우 마지막 귀국자가 일본 땅을 밟을 수 있었다. 일본은 이 사실을 반복적으로 국민들에게 알리고 자신들이 '당한 과거'를 강조하고 있다. 중국과 소련의 비인도적행위를 반복해서 비난함으로 인해 국민들의 인식을 바꾸려는 장기적인 음모를 획책하고 있다. 한마디로 자신들의 범죄행위에 대한 '물 타기'인 것은 말할 것도 없다. 실제 일본의 젊은이들은 자신들의 침략전쟁에 대하여 거의 모르고 있는 사람들이 많거나 안다고 해도 자신들이 당한 역사만 알고 있는 경우가 많다. 이러한 현상은 일본이 저지른 범죄행위는 숨기고 자신들이 당한 일들만 강조하는 그들의 잘못된 역사교육이 그 기본에 깔려있기 때문이다. 아울러 역사적으로 일본의 국민성이 자신들만 아는 섬나라근성에 물들어 있기 때문이기도 할 것이다.

그러나 일본이 소련과 중국을 비난하고 요코이야기 등의 날조된 소설을 통하여 귀환자들이 한국인에게 성폭력을 당하고 살해당했다는 주장은 가당치 않다. 이런 주장을 하기 전에 자신들은 정말 전후처리를 양심적으로 그리고 인도적으로 했는지를 스스로 돌아보아야 하는 것이 도리에 맞다. '강제징용', '종군위안부' 등의 문제는 차치하고라도, 전후 사할린에 억류된 한인들의 한을 그들은 어떻게 설명할 것인가? 전쟁 시에는 자신들의 필요에 의해 15만이라는 엄청난 한국인을 강제 연행하여 사할린의 탄광에서 비참한 노역에 종사하도록 종용했다. 그래놓고는 전쟁이 끝나자 일본인이 아니라는 이유로 배에 태워주지 않았던 자신들의 행위를 세계의 시선은 그렇게 곱게 볼 리가 없음을 스스로 알아야 한다. 아직도 일본은 이 문제에 대해 인도적인 입장을 적극적으로 취하지 않고 있음은 그들의 속내가 어떠한지 짐작이 가는 일이다.

또한 한국으로 귀환하기위해 마이즈루舞鶴항에 일시 정박 중이던 우키시마마루浮島丸를 폭파한 의혹을 사고 있는 일본의 행위도 비난받을 행위임에 틀림없다. 그러나 그들은 그들의 속담처럼 '냄새나는 곳에는 뚜껑을 덮는' 행위를 계속하고 있다. 시간이 갈수록 이러한 경향은 더할 것이다.

그러나 이러한 모든 문제를 해결하는 기본열쇠는 누가 뭐라 해도 '힘'이다. 물론 말은 간단하지만 '힘'을 기르는 일은 그렇게 쉬운 일은 아닐 것이다. 현재를 사는 우리들의 피나는 노력과 처절한 과거로부터의 교훈을 잊지 말아야 함은 물론이다.

요컨대 그들은 앞으로도 우리에게 강한 군사력과 경제력을 바탕으로 억지와 협박을 일삼을 가능성이 높다. 극우파들이 자주 입에 올리는 원교근공정책도 그들이 힘을 가졌을 때는 위협으로 다가올 것이지만 반대로 우리가 힘을 가졌을 때 그들은 친구가 될 수 있을 것이다. 왜냐하면 우리는 남의 나라를 이유 없이 침략한 일이 한 번도 없는 평화애호민족이기 때문이다.

사실 우리가 평화애호민족이라 자처한다면 일본인들은 그들의 경사된 심성

그대로 차가운 조소로 일관할지도 모른다. 그러나 공자의 7대손인 공빈이 남긴 『동이열전』을 근거로 든다면 객관성을 넘어 공감으로 이어질 것이라 본다.

'그 나라는 비록 크지만 남의 나라를 업신여기지 않았고 그 나라 군대는 강성했지만 남의 나라를 침범하지 않았다. 풍속이 순후해서 길을 가던 이들이 서로 양보하고, 음식을 먹는 이들이 먹을 것을 서로 나누며, 남자와 여자가 따로 거처하여 서로 섞이지 않으니 이 나라야 말로 동방의 예의바른 군자국이 아니겠는가!' 라는 구절은 이미 우리가 어린 시절부터 들어오던 말이다. 이는 곧 우리민족이 단군이래로 평화를 사랑하고 예의를 중시하는 문화민족임을 나타내는 증거자료 이다.

진정 평화를 사랑하는 민족이 우리민족이라는 사실을 역사라는 창을 통해 일본인들이 통찰할 수만 있다면, 사실상 그들은 정말 좋은 이웃을 옆에 두고 있는 셈이다. 그 반대인 우리는 늘 그들을 친구로 두기위해 '부국강병'의 기본을 잃지 않는 끊임없는 노력이 필요할 것임을 되새기는 것은 기우가 아닐 것이다. '평화를 원하면 전쟁에 대비하라'는 로마의 군사전문가 베게티우스의 말이 실감나는 순간이다.

| 일본과의 거리 |

비판서로 유명한 칸트는 그의 저서 『판단력 비판』에서 숭고미에 대해 설명하며 "피라미드의 크기에서 완전한 감동을 얻으려면 너무 가까이가도 안 되고, 거기에서 너무 멀리 떨어져서도 안 된다"라고 했다. 이 말을 좀 더 구체적으로 설명하면 너무 가까이가면 전체적 통찰이 어렵

고 너무 멀리가면 상세한 부분의 미를 잃는다는 것으로, 사물을 보는 판단의 거리를 이야기 하는 것 같다. 우리는 이러한 사물의 판단거리를 원용하여 일본과 우리와의 이상적 거리를 생각해 볼 수 있다.

우리는 흔히들 일본과의 관계를 '가깝고도 먼 나라'라고 말하는 경우를 자주 접한다. 실제적 거리는 가까운데 마음의 거리는 멀다는 뜻이다. 그만큼 일본과의 관계는 일본의 일방적인 침략행위로 빚어진 역사적 굴절이 많기 때문에 언제나 객관적인 사안 보다는 가해자와 피해자의 입장에서 상대를 보려는 의식이 강하기 때문일 것이다. 이러한 국가 간의 껄끄러운 관계는 이웃국가일수록 마음에서부터 더 먼 거리에 있는 경우가 많다. 특히나 영토분쟁이 끊이지 않는 지역일수록 이러한 경향은 더욱 강하다.

인간 개인 간에도 이러한 경우가 더러 있다. 예를 들어, 어느 시골에서 행실이 그리 방정하지 못한 처녀가 여러 남자와의 염문을 뿌리고 다니다가 어느 날 다른 지역으로 시집을 가서 옛날 일은 말끔히 청산하고 잘 살고 있다고 치자. 그런데 처녀시절 한 마을에 살았던 친구가 우연히 이 지역으로 거주지를 옮기게 되고 어느 모임에서 만나게 되었다 치면 어떻게 될까? 이 경우 대부분의 사람들은 자신의 과거가 탄로 날 것이 두려워 거주지를 옮겨온 친구를 멀리하거나 공격하는 행동을 취하는 경우가 많음을 우리는 자주 목격한다. 자신의 좋지 않은 과거사에 대해 혹시나 여기저기에 이야기하고 다니지나 않을까 노심초사하는 마음에서 고향친구가 눈에 가시 같은 존재가 되고, 적이 되고 만다. 이런 사람일수록 자신의 과거사를 모르는 주위의 인물들에게는 호감을 사기위해 선심을 베푸는 경우가 많다. 원교근공의 전략이 개인 간에도 존재하는 것이다.

일본인의 입장에서 보면 한국인이 밉게 보이는 이유가 이와 유사하다. 자신들이 저지른 과거의 침략행위에 대하여 시시콜콜 정확하게 알고 있을 뿐만 아니라 기회 있을 때마다 잊지 않고 조목조목 턱을 괴는 한국인이 눈에 가시 같이 보이는 것이다. 지리상으로도 가까울 뿐만 아니라 교통의 발달에 힘입어 교류가 확대됨에 따라 방귀 뀌는 소리까지 자연스레 알게 되는 세상이 되자 더욱 이러한 경향은 심화되고 있다. 따라서 서로가 서로의 약점을 잘 알고 있기에 껄끄러운 관계로 연결되는 경우가 많아진다. 특히나 일본처럼 한국에 대하여 역사적으로 수많은 약탈과 침략행위를 거듭한 나라들은 21세기 문명국을 지향하는 이 시대에 들어와서는 더욱 그 '지우고 싶은 과거사'의 경향이 강해진다. 다만 어떤 시각에서 자신들의 과거사를 보는가는 시대와 개인의 사관에 따라 달라질 것이다. 그렇다고 하여 있었던 사실까지 은폐하거나 조작하는 행위까지도 사관으로 인정할 수는 없다. 대체적으로 일본인들은 자신들의 과거사를 영광으로 보는 시각과 자학적으로 보는 두 가지 시각을 동시에 가지고 있다. 이들 중, 앞의 것은 강조하고 뒤의 것은 지우고 싶은 심정이 강하다고 보면 틀리지 않는다. '지우고 싶은 과거사'의 예를 든다면 왜구의 약탈행위와 난징사건, 7.31부대의 생체실험과 종군위안부 동원 등일 것이다.

거리상으로 먼 지구 반대편의 국가라면 역사적으로 이해관계가 얽힐 가능성이 적으므로 피라미드를 멀리서 보듯이 그 실체보다는 이미지로 파악하기 쉽다. 따라서 유럽이나 남미국가들은 한·일 관계에 대하여 전문가가 아닌 이상 피상적인 것 밖에 인지하지 못하는 경우가 많다. 우리가 그들을 보는 눈 역시 같은 수준이기 때문이다.

이러한 관점에서 한국과 일본의 거리는 시대와 상황에 따라 조금씩 달라져 왔다. 그렇지만 늘 우리는 일방적으로 베푸는 입장에 있었고 그들은 받아가는 입장에 섰던 경우가 많았다. 특히 고려 말에서 조선시대를 통하여 그 거리는 신축을 거듭했음을 우리는 어렴풋이 알고 있다.

거슬러 올라가보면 이성계가 조선을 건국하고 정도전과 조준 등의 측근들이 건의한 '사대교린' 정책을 택한 것도 현대의 우리가 어떤 판단을 하든 상관없이 그 시대를 살아온 자신의 역사적 체험에 바탕을 둔 것으로 볼 수 있다. 이성계가 살았던 고려 말은 그야말로 외족의 침입으로 난세가 끊이지 않았던 시기였음을 우리는 잘 알고 있기도 하다. 그 자신이 말을 몰고 누빈 전장이 고려의 동북지방에서부터 남부지방까지 미치지 않은 곳이 없을 정도였으니 말이다. 더욱이 그의 일생을 통하여 왜구의 침입이 없었던 날이 며칠 없었을 정도로 일본의 도발은 일상화 되어 있었다.

고려사에는 1380년, 삼남지방에 창궐하던 왜구를 물리치기 위해 이성계와 정몽주를 파견하여 이들을 섬멸한 기록이 보인다. 이 전투를 황산대첩이라 부르며 지금도 그 전적비가 남원의 운봉지역에 남아 있다. 고려사에는 이 밖에도 왜구들이 일본의 쓰시마와 규슈일대에 근거를 두고 가을 수확기가 되면 어김없이 쳐들어와 약탈과 살육을 일삼으므로 상당한 고심에 빠진 흔적들을 찾아낼 수 있다. 심지어는 왜구의 세력이 크게 성장하여 고려를 자신들의 배후병참기지로 만들 계획까지 세웠다는 기록이 일본에서 발견될 정도로 그 세력은 막강했다. 따라서 고려조정은 이를 물리치는데 진력하지 않을 수 없었다.

왜구들이 이렇게 창궐하게 된 데는 일본의 국내사정과 밀접한 관계가 있다. 당시 일본은 가마쿠라 막부가 몰락하고 각 지방의 영주들이 패권을 다투는 남북조시대에 접어들었기 때문에 중앙정부의 통제가 불가능했던 점이 그 원인의 하나이기도 하다. 이들 세력은 일본의 혼란을 틈타 규슈와 세토나이카이瀨戶內海를 무대로 해적집단을 조직하고 자신들의 패권확대를 위해 고려의 해안을 침범하여 물자와 인력을 약탈해 갔다. 급기야는 고려조정의 심장부까지 쳐들어와 약탈을 일삼고 고려군의 추적을 피해 달아날 정도로 대담무쌍 했다. 이에 대한 고려조정의 근본대책은 화공和攻 양면작전이었다. 먼저 외교적으로는 정몽주를 패가대(지금의 후쿠오카)에 파견하여 왜구를 근절시켜 줄 것을 요구하고, 국내적으로는 최영과 이성계 등에게 군사를 주어 이들을 섬멸하기에 이른다.

이런 경험을 가진 이성계는 동북지방의 여진족과 남부지방의 일본을 달래기 위해 교린정책을 실시한 것이다. 그들을 섬멸하지 않는 이상 침략을 계속할 것이기에 이들과의 관계개선을 통하여 내치를 안정시키겠다는 정책은 어쩌면 정확한 정세 판단에 기인한 것인지도 모른다. 수많은 전투를 통하여 어차피 그들과 대결해 보아야 이득이 없음을 일찍 간파한 것으로 짐작해 볼 수 있다.

그러나 이성계의 교린정책에도 불구하고 조선건국 후 상당한 시간이 흐를 때까지도 그들의 해적행위는 근절되지 않았다. 1419년에는 조선의 남해안과 서해안을 거쳐 충청도 서천지방과 황해도 해주해안까지 침범하여 약탈을 자행했다. 이에 세종대왕은 삼군도체찰사 이종무로 하여금 쓰시마 토벌을 단행하게 한다.

쓰시마 토벌군은 지리에 익숙하지 못해 규수일대의 응원군까지 가세한 왜구들의 기습작전에 말려 고전했으나 곧 그들을 격퇴하고 상륙작전에 성공한다. 상륙에 성공한 조선군은 장기적으로 주둔지를 마련하고 그들을 지구전으로 소탕할 채비에 들어갔다. 그러자 왜구들은 강화를 청하고 철군을 바라므로 이를 받아들이고 철군함으로서 그들의 활동을 위축시키는 성과를 거둔다.

그러나 그 이후에도 일본인들은 무분별하게 조선의 각지에 출입하므로 이의 통제를 위하여 부산포(동래), 내이포(웅천), 염포(울산) 등 삼포를 개항하고 왜관을 설치하여 교역과 접대의 장소로 삼는다. 그리고 무역이 끝나면 즉시 돌아가되, 항거왜인이라 하여 장기거주자는 60명으로 제한했다. 그러나 일본인들은 이마저 지키지 않았고 계속 삼포에 들어와 그 수가 해마다 증가하여 삼포왜란이 일어나기 직전에는 수천 명에 달했다는 기록이 『조선왕조실록』에 남아있을 정도이다. 그들의 불법 경작과 주변지역 백성과의 마찰로 조선조정은 골치를 앓아야 했다. 이들의 경작지에 대하여 엄중한 과세를 하자는 의견도 대두되었으나 회유책의 일환으로 면세혜택을 주는 선에서 묵과한 것이다.

그러다가 중종 대에 들어와 법령대로 처리하고 엄한 통제를 가하기 시작했다. 그러자 1510년 항거왜인 오바리시大趙馬道와 야쓰고奴古守長 등이 쓰시마 도주의 아들 소宗盛弘를 대장으로 삼아 4,000여 명의 도적떼를 이끌고 부산을 공격하여 첨사 이우중을 살해했다. 그리고 여세를 몰아 제포를 공격하여 첨사 김세균을 납치한 뒤 웅천과 동래를 포위하고 난을 일으킨다. 이것이 소위 삼포왜란이다. 삼포왜란은 조선관군의 즉각적인 토벌작전으로 평정되고 왜인들은 모두 쓰시마로 도주했다. 이 난으로 조선 측은 군민 272명이 피살되고 민가 796호가 불탔으며, 왜선 5척이 격침되고 295명이 참획되었다. 이후 1512년에 다시 일본과 조약을 체결하고 조선의 국법을 준수할 것을 조건으로 그들의 거주와 무역을 재가한다. 이선치선이무제도(以善治善以武制盜: 착하게 행동하면 좋게 다스리고, 도적질을 하면 무력으로 다스린다)라는 교린의 원칙을 그대로 이어간 것이다.

이런 조선의 배려에도 불구하고 1592년 일본은 침략의 마수를 드러내어 임진왜란을 일으키게 되고 또 한 번 조선과 일본의 거리는 멀어지게 된다. 그러나 조선과 일본은 전쟁이 끝난 9년 후인 1607년에 다시 국교를 회복하고 통신사를 파견하여 일본과의 거리를 좁힌다. 12차에 걸친 조선통신사의 왕래와 3차에 걸친 일본통신사의 왕래로 양국의 거리는 상당히 가까워져 있었다. 이 기간이 약 200여년에 달한다. 이러한 우호적인 단계를 거쳐 다시 일본에서는 정한론자들이 득세하기 시작했고, 결국에는 한반도를 강점하여 우리를 짓밟았던 것이다.

사실 일본에게 교린정책을 펴고 통신사를 파견한 일은 현대문명사의 입장에서 보면 국가 차원의 배려라는 관점에서 상당히 좋은 예에 속할 것이다. 지구상의 어느 나라가 조선통신사에 버금가는 대규모 우호사절단을 파견했는가를 비교해 보면 금방 그 의의를 알아낼 수 있다. 따라서 요즘 들어 외교적 용어로 자주 등장하는 선린우호관계가 우리가 일본에게 베푼 만큼 그들도 베푸는 마음을 가졌다면 과연 지난 전쟁과 같은 잔악한 일들이 일어날 수 있었을까를 일본인들은 자성해 보아야 한다고 본다. 그것은 일본인 자신들이 선택할 문제이지만 그 영향은 이웃인 우리에게 지대하게 미칠 것이기 때문이다. 또한 그 자성의 방향에 따라 또 다른 화해와 상쟁의 불씨가 될 수 있기 때문이기도 하다. 고려와 조선을 통하여 그들을 항상 아우르고 달래 온 모든 정책들이 사실상 저들과의 거리를 좁히기 위한 노력들이었기에 우리는 저들의 노력이 우리와 같았는가를 묻고 있는 것이다.

앞으로도 우리는 피라미드를 감상하는 적정한 거리처럼 일본과의 거리를 어디까지 좁혀야 하는지도 지난 역사를 돌아보며 신중히 고찰해야 할 시점에 와 있다고 본다. 물론 우리만 일방적으로 그들과의 거리를 좁히기 위한 노력과 성의를 다해야 하는지도 분명히 집고 넘어가야할 일임은 두말할 필요도 없으리라.

제2장
강자를 위한 나라

일본의 두 얼굴 | 주신구라와 일본의 무사도 | 할복을 미화하는 일본인 | 히로시마와 나가사키에서 본 일본 사회 | 다테마에와 혼네 | 일본인의 사과와 충고 | 침략근성의 원형 모모타로 이야기 | 한류 붐과 혐한류 | 한 줄로 세우는 일본교육 | 이지메에 몰린 극한상황 | 강자를 위한 나라 | 납북자 문제와 일본 매스컴 | 일본 언론의 자유도 | 편견에 사로잡힌 일본인들 | 대학등록금 제도의 모순 | 한류와 아베수상 부인 | 동남아의 반일과 친일 | 위협적인 일본의 군사력 | 상업포경이냐 조사포경이냐? | 차별의 대명사 부라쿠민 | 일본의 우익단체

| 일본의 두 얼굴 |

고이즈미小泉純一郎 전 일본수상이 2006년 1월 5일, 발 빠르게 연두교서를 발표했다. 예년과 다르게 자신에 찬 모습과 오만한 얼굴로 야스쿠니靖国 신사 참배를 비판한 한국과 중국정부를 향해 "야스쿠니 신사 참배는 마음의 문제이기에 한국이나 중국정부가 운운할 일이 아니다"라며 강하게 반박하는 내용을 담았다. 정말 이름 그대로 일본우익 정치인의 대표자다운 행동이요 표본이라 하지 않을 수 없었다.

일본 정치인들의 동양인에 대한 우월의식에서 기인한 오만불손한 망언들은 그 수를 헤아릴 수 없을 정도로 많아 일일이 열거하는 일조차 번거로울 정도이다. 다만 어떻게 보면 그들은 자기반성이란 단어를 모르는 것처럼 보일 때도 있고, 과거의 침략행위에 대한 자성自省을 금기사항처럼 여기는 파렴치한으로 여겨지기도 하여 은근히 울화가 치밀기도 한다. 이러한 일본정치인들의 행보에 대해 마이크 혼다 미국하원의원은 "일본인은 자신들의 과거사에 대해 반성하고 부끄러워 할 줄 알아야 한다"고 일침을 가하기도 했다. 혼다 의원은 알려진 대로 '종군위안부' 결의안을 미국하원에 제출하여 만장일치로 통과시킨 장본인이자 일본인 4세이다. 같은 일본인이라는 민족적 정체성보다도, 그는 일본이라는 섬 안에 사는 사람들의 편협한 사고에 대해 우려와 실망감을 숨기지 않는 열린 사고를 가진 사람이다.

고이즈미의 연두교서도 이러한 혼다 의원의 우려를 실제적으로 확인시켜주는 일본의 오만한 얼굴 중의 하나에 지나지 않는다. 여태까지의 관례에 의하면 정치 외교적 수사를 적당히 섞어서 '선린우호'를 강조하고 자신들의 과거 침략행위에 대한 약간의 사과 발언도 곁들여 한·일관계의 현안과 미래를 이야기하는 것이 통상적이었다. 그러나 이제 전후 60년 이상이 경과하자 자신감에 찬 그들만의 진짜 하고 싶은 검은 속내를 드러내기 시작한 것이다.

그런데 이러한 그의 오만한 얼굴과는 대조적으로, 강자인 미국의 부시 대통령 앞에서는 "미국과의 우호관계가 밀월단계에 들어갔다"는 등 갖은 아양과 비굴한 웃음으로 대하는 고이즈미의 얼굴을 떠올리는 일은 그리 어렵지 않다. 우리는 이러한 고이즈미의 행태를 통해 일본인의 철저한 이중성과 상황에 따라 달라지는 그들의 두 얼굴을 관찰 할 수 있다.

사실 일본인만큼 계급의식이 투철하고, 그 계급에 맞는 예의와 도리를 중시하는 민족도 없을 것이다. 그러다 보니 그들은 언제나 서열을 매기는 습관이 형성되었고 강한 상대에게는 번듯한 명분을 내세워야 했으며, 약자에게는 이 명분을 강제하는 습관이 자연스레 형성되었다고 본다. 이러한 영향이 모든 문화에 미쳐 '화和'라는 문자와 '도道'라는 문자에 매료되는 민족이 된 것 같다는 생각이 든다. 일본인이 사용하는 문자를 한 발 다가가서 자세히 살펴보면 일본을 나타내는 모든 글자에서 '화'라는 문자가 들어가지 않는 곳이 없을 정도이고, '도'라는 문자가 고상한 정신과 집중력을 요하는 모든 분야에서 철저히 사용되고 있음을 깨닫는 것은 그리 어렵지 않다. 자신들이 일본인이라고 이야기 할 때 그들은 '와진和人'이라 쓰고 일본정신을 말할 때도 그들은 '야마토다마시大和魂'라 쓰며, 일본전통 과자를 '와가시和菓' 종이를 '와시和紙'라고 쓴다. 이러한 예는 헤아리는 것 자체가 무의미 할 정도이다.

이와 동시에 그들은 유도, 검도, 무사도, 서도, 다도茶道 등에서 보여 지듯이 모든 분야에서 그 기본정신이 되는 도를 강조한다. 서양의 에티켓이나 젠틀맨십을 번역할 때도 그들은 '신사도'로 의역했을 정도이다. 그러나 그들의 '화'와 '도'는 겉으로 드러내는 사실상의 명분일 뿐이다. 그 명분의 가면을 벗고 나면 고상하고 멋진 '화'와 '도'를 구실로 약자와 적을 평가하고, 무시하며, 이지메하고, 짓밟으며 쾌감을 느끼는 도구로 전락하는 경우가 많았음을 우리는 그들의 역사 속에서 자주 목격한다. 강화도 조약에서부터 경술국치에 이르기까지 맺은 그 수많은 조약에서 구문에 새겨진 미사여구가 바로 이러한 일본인의 '화'와 '도'이고, 조선을 강점한 행위가 바로 그 가면 속의 참 얼굴이다. 물론 인간사회 어디에건 이러한 경향이 없을 수는 없을 것이다. 그러나 일본의 경우 이러한 경향이 비판적 수용이나 철저한 자기성찰의 과정을 거치지 아니하고 자연스럽게 전승되어 왔고, 지금도 이어져 오고 있다는데 문제가 있어 보인다.

제2차 세계대전이 끝나고 일본에 주둔한 극동군 사령관 맥아더는 일본인을 이렇게 평했다고 한다. "강자에게는 한없이 비굴하고 약자에게는 한없이 오만한 민족"이라고. 정말 일본인을 정확하게 꿰뚫어본 촌철살인의 표현이며, 일본인의 두 얼굴을 여지없이 간파한 노장의 예리함이 묻어나는 탁견이라 여겨진다. 맥아더보다 앞서 일본을 개화시킨 페리 제독과, 일본의 초대 총영사로 부임했던 해리스도 비슷한 견해를 피력했음은 잘 알려진 사실이다.

비근한 예로 일본인들은 약자에 대한 이지메와 거짓말로 사기 치는 행위를 아무런 죄의식 없이 행해온 전통이 존재한다는 점이 이를 뒷받침한다. 니토베 이나조新渡戶稻造는 1900년에 『무사도』를 저술하고 그 서문에 '적을 이기기 위해서는 적의 허를 찌르는 전략이나 침략을 선이라고 생각하는 것이 무武의 정신이다'라고 당당히 밝히고 있기도 하다. 이 책이 당시 일본의 베스트셀러였다고 하니 일본의 정신이 어디에 있는지 짐작이 가는 일이다.

역사적으로 살펴보아도, 그들은 전국시대를 통하여 '무사들의 거짓말은 병법'이라는 묵시적 합의가 사회전체의 도덕률을 이루었고, 사무라이 계급은 이의 적극적 실천가들이었다. 당시, 일본 내의 약자를 토벌하거나 다른 나라를 침략할 때에도 항상 비겁한 방법으로 상대를 꺾는 것을 정당한 것으로 삼았다. 질서와 도덕, 의리를 중시하는 유교적 무사도정신은 강자들에게만 필요한 것이고, 약자에게는 도덕이나 의리 같은 거추장스런 명분은 필요 없고 단지 힘만이 능사로 보았기 때문이다.

예를 들어 그들의 사무라이나 닌자忍者가 적을 공격할 때에도 언제나 몸을 숨기고 있다가 상대가 방심한 틈을 타, 등 뒤에서 기습하여 죽이는 것이 우리가 알고 있는 그들의 공격 방법이다. 이러한 전통은 임진왜란을 위시하여 청·일 전쟁 때의 기습공격, 러·일 전쟁 때의 동해 해전과 블라디보스토크 기습공격, 중·일 전쟁 때의 노구교사건, 미국의 일요일을 노린 진주만 기습에 이르기까지 거의 모든 전쟁에서 그들은 선전포고 없이 적의 방심한 틈을 타 일거에 기습공격하여 전투력을 무력화시켰다.

물론 세계의 전쟁사가 비인간적이고 반이성적인 잔인함으로 점철되어 있음은 공통의 사실일 것이다. 그리고 상대를 제압해야하는 전쟁이라는 비상시국 하에서는 어느 국가든 상식에서 벗어난 비상수단을 강구하기 쉬우며, 그러다 보면 자연스레 등 뒤에서의 공격도 자행되게 마련이다. 문명화된 21세기의 이라크전이나 아프가니스탄에서 벌어지는 전쟁에서도 이러한 예는 무시하기 어렵다. 그러나 우리가 일본의 침략전쟁을 비난하는 이유는 그 잔인함과 비겁함에서 유독 일본만이 다른 여러 나라가 취한 태도보다 그 정도가 지나치다는데 문제가 있는 것이다. 유교적 명분을 중시하는 우리 한국인이나, 기사도 정신에 충실한 서구인들이 보면 정말 있을 수 없는 비겁한 일이기에 맥아더는 그렇게 평했을 것이라 본다.

이러한 비겁한 '등 뒤에서의 공격'이 전통처럼 이어져 현대의 야쿠자 영화에서도 항상 적의 보스를 제거하거나 조직원을 제거할 때에도, 변소에 가거나 목욕을 하거나 하는 무방비상태의 방심한 틈을 타 예리한 칼로 급소를 찔러 죽이는 잔인함을 보인다.

또한, 약자에 대한 그들의 오만하고 잔인한 성정性情은 부라쿠민 해방 운동가 다카하시高橋貞樹가 쓴 『피차별 부락 1천년사』에도 잘 나타나 있다. 그의 이야기에 의하면 사무라이가 도노사마(殿樣, 일본전국시대의 번주)로부터 칼 한 자루를 하사받으면, 그 칼이 잘 드는지를 시험하기위해 지나가는 백성들의 목을 쳐본다는 것이다. 그러니 일반 백성들은 사무라이만 보면 그저 엎드러서 "고멘나사이('죄송합니다'라는 인사말이나, 본래의 뜻은 살려 달라는 뜻)"를 연발하며 살아 남기위해 벌벌 떨지 않을 수 없었다고 한다. 이미 이 시대부터 일본인들은 오만한 강자와 비굴한 약자가 존재하기 시작했던 것이다. 따라서 그러한 것이 전통처럼 이어져 오늘날에 와서도 그 형태는 달라졌지만 문화변용의 모습으로 일본사회를 관통하고 있다고 본다.

또한 일본의 비평서로 잘 알려진 『국화와 칼』의 저자 베네딕트 여사가 일본인 포로들의 이중성에 대해서 표현해 놓은 부분 역시 일본인의 두 얼굴을 비교해 볼 수 있는 자료 중의 하나로 평가할 수 있다. 제2차 세계대전 중 일본인 포로들은 미군에 의해 체포되어 심문을 받으면, 장교나 사병을 막론하고 묻지 않는 정보까지 스스로 제공하는 적극성을 보이는데 놀랐다고 한다. 가미가제특공대처럼 자기 몸을 던져 국가에 충성을 다하는 일본인들이 어째서 이렇게도 저항 한번 없이 술술 군사기밀을 불어대는지 미군들은 의아해 하지 않을 수 없었다는 것이다.

베네딕트여사는 이러한 일본인들의 이중성을 일본 전국시대까지 거슬러 올라가 분석하는 치밀함을 보이고 있다. 그의 이야기에 의하면 일본 군웅할거의 전국시대 때, 일반 백성들은 장군들이 생사를 건 싸움을 시작하면 도시락을 싸 들고 산위에 올라가 구경을 했다고 한다.

우리 한국인들 같으면 어느 한 편에 들어가 죽어라 싸웠을 텐데, 이들은 달랐다. 왜냐하면 당시의 일본백성들은 누가 이기든 상관없이 강자의 편에 고개 숙이고 붙으면 살아남을 수 있다는 확신이 있었기 때문이다. 제2차 세계대전 때의 일본인 포로들도 포로의 신분이 되는 순간 미국이 강자임을 인식 했을 것이고 곧바로 주인을 바꾸어 강자에 굴복하고 복종하는 자세를 취하는 일본인 특유의 기질을 발휘했던 것에 불과하다고 본다. 현 일본 정치인들의 정치 외교적 자세 역시 이러한 강자와 약자에 대한 이중적 잣대를 그대로 적용하고 있는 것이라 보면 크게 틀리지 않는다.

결국 그들의 이중적 잣대가 약자로 보이는 우리나라에 대한 독도 영유권 주장 등의 외교적 압력으로 다가 올 것이다. 그러나 이미 역사적 경험으로 그들의 술수를 알고 있는 우리 국민들이 그렇게 쉽게 그들에게 무릎을 꿇지 않는다는 사실도 명심해야 한다. 한국인의 저항정신은 일본국민들이 전국시대와 제2차 세계대전 후에 취했던 행동과는 정반대의 끈질긴 것이란 걸 그들도 역사를 통해서 알지 않으면 안 된다. 이렇게 말하는 이유는, 일본이 외교적 수사가 아닌 진정한 이웃국가로서의 선린우호를 원한다면 국가 상호간에도 위협과 압력이 아니라 배려와 이해로부터 출발한다는 외교적 기본을 지켜주길 바라기 때문이다.

| 주신구라와 일본의 무사도 |

일본의 12월은 47인의 사무라이가 펼치는 복수혈전 속으로 국민전체가 빠져드는 시점이다. 그 복수혈전의 제목이 바로 '주신구라忠臣蔵'다. 주신구라는 일본 에도시대인 1703년에 실제로 있었던 사건을 배경으로 연극화된 것이 그 시발이라 한다. 맨 처음 무대에 올린 공연이 당시의 관객들에게 열화 같은 각광을 받게 되자 여러 분야로 전파되기에 이르렀다. 이어서 차츰 각색되고 윤색되어 재미를 더한 결과 오늘날까지 일본인들의 심금을

울리며 드라마나 영화로 전해지고 있다.

　사실 일본 역사 속으로 들어가 보면, 여러 번藩으로 갈리어 각축전을 벌였던 전국시대에는 사무라이들의 전성시대였다고 해도 과언이 아닐 정도로 그들은 역사의 전면에 자주 등장한다. 그들의 주군은 충성스런 무사들의 목숨을 담보로 전쟁을 수행했고, 그 보답으로 안정된 생활을 보장했다. 위험이 상존하는 전장에서 사무라이들의 존재는 주군에게는 없어서는 안 될 믿음직한 보루이기도 했다. 이와 동시에 의리와 충성심으로 무장한 그들의 행동과 철학은 무사도라는 이름으로 칭송되었다. 그러나 에도시대에 접어들면서 세상은 안정을 되찾았고 사무라이들은 더 이상 칼을 쓸 필요가 없게 되었다. 에도막부는 이들의 횡포를 사전에 차단하기 위해 가이에키改易라는 신분개혁을 자주 단행하기에 이르렀다. 이로 인해 사무라이들의 불만은 점점 높아가기 시작했다. 이 조치는 무사들이 사사로운 잘못만 저질러도 봉록과 저택을 몰수하고 평민신분으로 전락시킨 일을 말한다. 에도 초기까지만 해도 사무라이들은 주군의 절대적인 신봉을 받으며 승승장구했다. 그러나 에도 중기에 이르면 이런저런 일로 봉록과 저택을 몰수당한 사무라이들이 평민신분으로 전락하여 로닌(浪人 떠돌이 무사)이 된 수가 적지 않게 등장한다. 이러한 로닌의 증가는 바로 사회 불만세력을 형성하기에 이르렀고, 그 정점에서 일어난 사건이 바로 주신구라의 모티브가 되는 아코 번赤穗藩의 복수전인 것이다.

　도쿄의 국립극장에서 11월부터 3개월에 걸쳐 매년 공연되는 이 연극의 무대는 1701년으로 거슬러 올라간다. 1701년, 에도의 최고 의전담당관인 기라 요시히사吉良義央가 아코 번의 다이묘인 아사노 나가노리浅野長矩에게 뇌물을 바치지 않는다고 다그친다. 이에 앞서 기라는 아사노의 처에게 희롱을 하고 모욕을 준 일이 있었다. 이런 저런 감정이 쌓여있던 아사노가 기라에게 칼을 휘둘러 복수를 꾀한다. 그러나 기라의 부하들이 제지하는 바람에 부상을 입히는 선에서 그치고, 체포되어 구금되는 신세가 되고 만다. 아사노는 상관을 배반한 죄로 당시의 5대 쇼군 도쿠가와 쓰나요시德川綱吉로부터 할복을 명받고 아코 번의 재산은 모두 몰수당한다. 이에 따라 번에 소속되어 있던 사무라이들은 모두 떠돌이 로닌의 처지로 전락하게 된다.

이런 처지가 되자 아코 번의 사무라이 지도자 오이시大石內蔵助는 할복한 아사노의 동생에게 불명예로 오명을 쓴 가문을 다시 재건하고 주군의 원수를 갚아야 한다고 역설한다. 이러한 그의 제안에 아코 번의 모든 사무라이들이 옛 주군의 번으로 속속 결집하고, 모여든 120명의 사무라이들은 그 날로부터 복수를 위한 준비에 들어간다.

연극은 이 때부터 대단원의 막을 향해 숨 가쁘게 전개된다. 이들의 와신상담을 더욱 극적으로 부각시키기 위해, 간페이라는 사무라이는 자신의 아내를 유곽으로 팔아넘긴다. 또 다른 사무라이는 자신의 연인과 복수를 떠나기 전날 밤 부부의 연을 맺는 등의 에피소드를 복선에 깐다. 더욱 극적인 것은 복수를 하고 나면 자신이 죽을 것이니 아내와 이혼을 감행하고 어린자식의 목숨도 내어놓는 장면이 그것이다. 이렇게 혼신의 힘을 다해 복수를 준비했지만 배신자도 속출하여 마지막 복수전에 뛰어든 사무라이는 47명에 불과했다.

2년 후인 1703년, 드디어 복수전을 결행할 날이 다가왔다. 함박눈이 부슬부슬 내리는 12월 14일 밤, 아코의 사무라이 47명은 기라의 저택으로 잠입하여 원수의 목을 베는 데 성공한다. 이들의 기습공격은 너무나도 주도면밀했기에 네 명만 부상을 입는 선에서 복수전은 싱겁게 끝났다. 기라 쪽은 16명이 사망하고 20여명이 부상당했다. 전광석화 같은 일본식 기습작전이었다. 복수가 끝난 후, 오이시는 막부 감찰관의 저택으로 인편을 보내 자수의 의사를 전하고 주군의 무덤 앞에 기라의 목을 바친 뒤 막부의 처분을 기다린다. 막부는 고심 끝에 이들 '아코 의사赤穗義士'들에게 할복자살을 명하고, 그들은 기꺼이 할복한다. 연극은 여기에서 끝난다.

　연극을 보는 내내 일본인들은 47인의 무사들이 복수의 칼을 휘두르는 장면이나 극적이 장면에 다다르면 박수를 치면서 눈물을 흘리기도 하고 큰 소리로 환호성을 지르며 이들 사무라이들을 성원했다. 아직도 일본인의 가슴에 사무라이의 무사도 정신이 생생하게 살아 숨 쉬고 있어서일까? 아니면 저러한 복수가 지금을 살아가는 현재의 일본인들의 기본심성에 정확히 일치한다는 뜻일까? 칼로 목을 베고 할복을 감행하는 무사들의 잔인한 모습이 우리의 정서와는 다소 다른 느낌이 들어 그들의 환호성을 이해하기가 쉽지 않았다.

　물론 인간이 사는 모습은 시대와 환경에 따라 다르게 나타날 수 있을 것이다. 한 사회가 안고 있는 모순을 해결하는 방법 역시 민족과 국가와 시대에 따라 다를 수 있다고 본다. 그러나 대의명분이란 면에서 본다면 이들 47인이 칼을 뽑아 복수혈전을 감행한 그 원인이 너무나 사소한 개인적인 감정에서 출발한다는 모순이 도사리고 있다. 뇌물을 바치지 않았다는 오해와 자신의 아내에게 고관의 직분을 이용하여 욕심을 품었다는 이유정도라면 당시의 법으로도 충분히 해결 가능하다는 모순이 그것이다. 진정 무사도를 숭상하는 사무라이라면 그 이름에 걸맞게 결투를 신청하여 일대일의 승부로 끝낼 일이 아닐까라는 의문 역시 지우기 어렵다. 사실 이것이 사무라이들이 목숨을 내던진 충의요, 의사의 모습이라면 조소거리에 지나지 않을 일이다.

　최근에 와서는 그들이 칼을 뽑은 명분은 다른데 있다는 설들에 더 무게가 실리는 듯하다. 고베 대학의 노구치 다케히코野口武彦 교수 등은 47인의 사무라이가 칼을 뽑은 이유는, 당시의 쇼군 도쿠가와 쓰나요시가 지금까지 이어오던 무인숭상의 정치에서 문치로 기울어가는 유약함에 반기를 들기 위해 감행한 혁명이라 해석하기도 한다. 그 이유로, 그들이 복수를 끝내고 막부의 처분을 기다렸다는 점을 든다.

그러나 정말 그들이 충의로 뭉쳐진 의사인가에 대해서는 아무리 후세인들이 각색을 하고 재해석을 한다하더라도 흔쾌히 고개를 끄덕이기는 어렵다. 일본 NHK 교육방송에서는 2008년에도 12월 14일을 전후해서 3회의 특집을 구성하고 학생들을 대상으로 이들 '아코 의사'들의 충의를 강조해서 방송하면서 본받을 행동으로 칭송했다. 그렇지만 이들의 행동이 진정 자라나는 청소년들에게도 장려할 만한 일인지는 새로운 차원에서 재해석이 필요한 시점이란 생각이 들기도 했다. 아무튼 '충신의 창고'라는 의미로 오랫동안 장려되고 전승되어온 주신구라는 일본인이 아닌 우리의 정서로 그들을 이해하기에는 어딘가 한계가 있음이 분명하다.

| 할복을 미화하는 일본인 |

1970년 11월25일 미시마 유키오三島由紀夫는 육상자위대의 쿠데타를 재촉하는 선동적 연설을 한 후 "천황폐하 만세!"를 세 번 외치고 할복자살한다. 당시 일본사회는 갑작스레 벌어진 충격적 사실에 어리둥절했다. 뉴스를 접한 일본인들은 미시마의 행동을 비판하는 사람들과 그의 행동을 지지하는 사람들의 양론으로 들끓기 시작했다. 최초의 의견은 역시 미시마의 행동은 '시대착오적인 생각'이라는 보편성이 여론의 중심이었고 일본 매스컴 또한 대부분 같은 논조를 취했다. 그러나 시간이 지나면서 그의 행동을 미화하는 사람들이 등장하기 시작했다. 특히 우리가 잘 알고 있는 소설가 가와바타 야스나리川端康成와 지금의 도쿄도지사 이시하라 신타로石原慎太郎가 그의 죽음을 애석해 하면서 현장을 방문한 것으로 알려져 있을 정도로 분위기는

달라졌다. 결국 그의 행동은 당시의 일본사회에서 주류로 이어지던 이성적 분위기와는 달리 시간이 흐름에 따라 조금씩 변질되기 시작하여 일본 극우파들에게 힘을 실어주는 쾌거로 미화되기에까지 이르게 된다.

사실, 미시마는 행동하는 소설가로 잘 알려진 그의 명성만큼이나 유별난 사람이었다. 우리나라에도 그의 소설 『금각사』와 『미시마유키오 소설전집』등이 출간되어 있을 정도로 정열적인 집필활동을 한 사람이기도 하다. 도쿄대학 법학부를 졸업하고 행정고시에 합격한 수재이기도 한 그의 일생은 보통 사람들의 평범한 삶과는 조금은 다른 이색적인 길을 걸어온 사람으로도 묘사되어 있다.

청년 시절인 1945년, 미시마는 입영통지를 받고 당시의 전황으로 보아 살아 돌아오기 힘들다는 상황판단 하에 유서를 써 놓고 본적지에서 입대했다. 그러나 공교롭게도 입대 전에 걸린 감기가 잘 낫지 않아 군의의 진찰을 받아본 결과 '폐 침륜'이라는 진단이 내려져 어쩔 수 없이 귀향하게 된다. 이 때의 군에 대한 소극적 태도가 그의 일생동안 복잡한 생사관을 가지게 했는지도 모른다는 이야기도 있다. 아마 이후의 그의 행동으로 미루어 보아 그는 '군면제'가 일생의 열등의식으로 자리 잡은 듯하다. 그러므로 그는 그 보상심리로 보디빌딩을 하여 우람한 근육질 몸매를 만들어 왔고, 항상 '사내다움'을 입에 달고 다녔다. 뿐만 아니라 씩씩한 자태와 의리와 충성을 중요시하는 사무라이 정신을 찬양하는 행동을 좋아했다고 전해진다.

그리고 이러한 그의 행동을 좀 더 과격한 상태로 몰아간 몇 가지 사건들로 인해 상당한 스트레스에 시달린 흔적이 보인다. 맨 처음 일어난 사건은 법정 소송이다. 발단은 자신이 쓴 소설 『향연이후宴の後』에 등장하는 주인공이 실존인물을 묘사했다하여 프라이버시 침해로 고소당해 패소한 일이 그것이다. 여기에다 다른 사람이 쓴 소설에 대해 비평을 썼다가 우익으로부터 협박장이 발송되고 신변의 위협을 받는 일이 벌어지기도 했다. 이 협박장 때문에 상당기간 경찰

의 신변보호를 받으면서 그는 더욱 과격한 성격으로 변해간 것으로 보인다.

그러나 아이러니 하게도 그가 육상자위대 동북방면 총감실을 점거하고 총감을 인질로 잡은 후 자위대 장교들에게 행한 말은 우익들에게 힘을 실어주는 결과를 초래한다. 즉, "제군들은 무사가 아닌가? 무사라면 자신을 부정하는 헌법을 어찌하여 지키는가?"라는 절규를 남기고 할복한 행동은 아직도 일본사회의 헌법개정 화두로 남아있기 때문이다. 결국 그의 할복이 우익들의 헌법개정요구를 정당화 시키는 구실로 등장하고만 것이다.

사실은 자신이 우익들의 협박에 시달렸고, 우익을 좋게 평가하지도 않았던 그가 결국은 우익의 논리를 대변하는 행동을 한 것은 그가 쓴 소설 속 주인공들의 다양한 성격만큼이나 복잡한 생각을 하게 한다.

이제 미시마가 할복을 한지도 상당한 시간이 흘렀다. 그리고 시대와 도덕적 가치관도 많이 변했다. 일본사회의 흐름도 세계의 조류와 변화에 따라 시시각각으로 변해 가고 있다. 그러나 아직도 변하지 않는 그들의 미학이 있다. 할복에 대한 그들의 동정적 미학이다. 지금도 일본의 정치가나 사회적 지도자들은 미시마와 같은 할복은 아니지만 형태를 달리한 할복을 기도하는 일이 종종 벌어지고 있다.

2007년 5월28일 마츠오카松岡利勝 농림수산장관이 자신이 관련된 임업관련 부정이 수사단계에 접어들자 자민당에게 누가 되지 않으려는 생각으로 전적인 책임을 지고 자살한 사건이 그 대표적 사례이다. 이는 아무리 부정하려해도 형태가 다른 또 하나의 할복으로 해석할 수밖에 없어 보인다. 전후 일본의 정치인이나 사회 지도자가 자살한 건수는 다른 국가에 비하여 그 수가 엄청나게 많음도 이러한 '할복의 미학'이 사회의 전면에 흐르고 있기 때문으로 해석해야 마땅하다고 본다.

이러한 '할복의 미학'을 엿볼 수 있는 이케하라池原守의 『맞아죽을 각오로 쓴 한국 한국인 비판』의 내용을 잠시 들여다보자. 이케하라는 이 책을 통해 여러 가지 사례를 제시하면서 한국인들의 잘못된 사회풍조를 비판하고 있다. 그 중의 하나로 비리에 연루된 사회 책임자들의 태도를 든다. 일본의 사회지도층은 자신이 비리의 모든 책임을 지고 자살로서 마감을 하고, 이렇게 함으로 인해 다른 연루자들을 보호하는 행동을 하는데 비해 한국인들은 굴비 엮이듯이 모두들 잡혀들어 간다는 표현을 하고 있다. 이 표현 역시 일본사회의 할복에 대한 전통이 그대로 이어져 오는 한 사례로 보인다. 책임을 지고 죽는 한 사람의 죽음이 곧 다른 사람을 보호한다는 미학을 강조하고 있는 것이다.

일본사회의 할복에 대한 뿌리는 상당한 시간을 거슬러 올라가야 만날 수 있다. 일본의 자료에 의하면 일본역사에서 처음 할복을 기도한 인물은 헤이안시대(794~1185)의 무사인 미나모토源爲朝로 알려져 있다. 미나모토는 210Cm의 거한이었는데 성질이 포악하고 거칠어서 섬으로 유배되었다가 다시 그 곳에서도 난폭한 짓을 계속하므로 관군이 그를 토벌하러오자 할복했다고 한다.

역사에 기록된 처음의 할복 이후 전국시대에 이르기까지 일본의 할복은 그다지 주목받는 행동이 아니었다. 그러던 것이 전국시대에 들어와 수많은 전투와 배신이 난무하는 군웅할거의 난세가 되자 할복자살이 주목받기 시작했다. 당시의 무사들은 전투에서 사로잡혀 포로가 되면 절개를 지키는 의미에서 할복을 기도했다고 한다. 그러나 모두가 할복을 기도한 것이 아니고 대부분은 자신의 주군을 배반하고 적의 편에 가담하거나 살아남는 길을 택했다. 그 후 세키가하라關ヶ原 전투에서 승리하고 전국을 통일한 도쿠가와 막부가 들어서고서야 할복의 관행이 무사계급을 중심으로 서서히 정착되기 시작했다.

일본의 역사에 등장하는 할복의 이유는 여러 가지로 다양하다. 먼저, 전쟁이나 책무를 맡은 자가 그 책무를 성실히 이행하지 못했거나 패배했을 경우에는 징벌의 성격으로 할복을 명했다. 그리고 자신의 결백을 증명하기 위해 스스로 할복을 자처하는 경우도 있었다. 주군이 죽으면 따라죽는 할복도 유행처럼 번져갔다. 나중에는 망신당한 무사가 자신의 명예회복을 위해 할복하는 경우도 있었다. 이런 저런 이유로 할복하는 경우가 늘어나서 결국에는 도쿠가와 막부의 집권기인 에도시대에는 할복이 남용된 시대라고 볼 수 있을 정도로 그 사례가 빈번했다.

그런데 이 할복의 미학이 문명의 개화기인 20세기에 들어와서도 식지 아니하고 그대로 전수되어 왔다는 데에 우리는 주목할 필요가 있다. 시대가 변하고 가치관이 변하고 삶의 방식이 달라지면 잔인한 폐습은 사라지기 마련이지만 일본에서만은 유독 그 빛을 잃지 않고 있는 것들이 많음을 우리는 여러 가지 사례를 통해서 이미 알고 있다. 그 중의 하나가 바로 제2차 세계대전 때 일본군이 취한 행동이다. 일본군은 전쟁의 패색이 짙어지자 스스로 할복자살한 장교가 수없이 많았음을 우리는 전쟁기록으로 확인 할 수 있다. 이오지마硫黃島 전투와 오키나와 전투 등에서 옥쇄명령을 하달 받은 일본군들의 상당수가 할복으로 그 생을 마감했으니 참으로 지독하다는 생각을 떨쳐버릴 수 없다. 마지막에는 가미가제특공대로 차출되어 "천황폐하 만세!"를 외치며 적 함대에 내려박혀 초개같이 목숨을 던진 그들의 정신은 역시 대대로 이어져오는 할복자살의 변용에 다름 아니라는 생각이 든다.

| 히로시마와 나가사키에서 본 일본사회 |

일본 히로시마에 가면 먼저 눈에 띄는 것이 '평화(Peace)'라는 한자와 영어일 것이다. 거리 이름에서 심지어 식당이름까지

온통 '평화'라는 글자가 들어가지 않는 곳이 거의 없을 정도이다. 그들이 문화유산으로 등록한 원폭 돔과 공원 이름도 역시 '평화공원'이며, 교육도 역시 '평화교육'이다. 히로시마의 모든 사람들이 그렇게 평화를 사랑하고 전쟁을 싫어하며, 두 번 다시 원폭 투하 같은 비극은 없어야 한다고 매년 8월이면 시가 전체가 여기저기에서 행해지는 행사와 퍼포먼스로 몸살을 앓는다.

그런데 조금 더 접근해서 그들의 행사 내용과 교육내용을 들여다보면 고개가 갸우뚱거려지지 않을 수 없다. '평화! 평화!'를 외치면서도 사실은 자신의 반성은 없고 상대의 반성만 요구하는 아집의 틀 속에 갇혀있음을 보게 되어 역시나 하는 씁쓸한 웃음을 자아내게 한다.

2005년 7월 26일 평화공원의 한 가운데 놓여있는 위령비의 글자가 우익단체 세이신주쿠誠臣塾의 구성원인 한 청년(嶋津丈夫, 당시 27세)에 의해 망실되어 있음을 청소하는 관리인들이 발견하게 된다. 비석의 글자는 여러 곳이 망실된 것이 아니고 단 한 글자만 집중적으로 때려서 보이지 않게 지워 버렸던 것이다. 왜 하필이면 한 글자 만일까? 거기에는 한 글자를 둘러싸고 그 글자가 구체적으로 지칭하는 '주체'가 누구인지 논란이 분분했기 때문이다.

그럼 여기서 왜 그런 논란이 일게 되었는지 원래 있었던 비석의 원문을 한국어로 번역해서 읽어 보기로 하자.

편안히 잠드소서. 잘못은 되풀이 하지 않을 테니까. (安らかに眠って下さい。過ちは繰り返しませぬから)

여기에서 논란이 인 곳은 '잘못過ち'이라는 글자이다. 이 글자가 지칭하는 잘못을 행한 주체가 미국이냐 아니면 일본이냐는 것을 둘러싼 논쟁이 일본의 우

익과 일본의 지식층으로 번져갔다. '일본 속에서 일본인이 쓴 비석이 이렇게 굴욕적일 수 있느냐' 는 등의 의견이 일본인들의 마음을 움직였을 것으로 짐작된다. 사건 후, "분명히 원폭투하는 미국의 잘못임에도 불구하고 일본인의 반성을 요구하는 이런 문구는 용서할 수 없다."는 범인의 말이 세간에 전해졌다. 그러자, "속 시원하다!" 라는 말과 함께 마음속으로 박수를 보낸 일본인들이 많았다는 네티즌들의 통계는 일본인들의 본심이 어떤지 짐작할 수 있는 자료일 것이다. 또한 인터넷상에서는 "그래 잘 부숴버렸어, 일본인은 잘못 없어 만세!" 등 네티즌들의 열화 같은 격려문이 쇄도했고 노골적인 반미구호도 이어졌다.

이러한 와중에 곧바로 범인이 체포되었다. 파괴된 비석 역시 그대로 둘 수 없어 2005년 12월 16일, 현청 등의 관계기관이 이 비석을 복원하여 제 자리에 안치시켰다. 그러나 새로 복원한 비석은 이 글자가 우익들의 위협에 굴복했는지, 아니면 이 기회에 일본인의 속마음을 그대로 표현하기로 마음먹었는지 글씨가 묘하게도 애매모호한 글씨체로 변해져 있었다. 일본인도 무슨 글자인지 처음 보는 사람은 잘 구별이 안 간다고 한다. 잘못過ち이라는 글자인지 아니면 다른 글자인지를 구별하지 못할 정도의 고어체 글자라는 것이다. 왜 이런 글씨체로 복원했는지에 대해서 우리로서는 그들의 본심을 알 수 없기에 추상적인 짐작만 할 뿐이다.

2007년 6월 30일에는 규마九間章生 방위성 장관이 원폭투하는 "당시 미국의 입장에서 보면 어쩔 수 없었다.(쇼가나이 고또다)"라는 발언 하나로 장관직에서 물러났다. 규마 장관의 발언은 레이사와麗沢 대학 비교문명문화 연구센터(치바현 소재)에서 행한 강연회에서 행해졌는데, 미국의 나가사키 원폭투하는 '일본을 항복시키고 소련을 저지시키기 위한 것' 이라는 연설 속에서 행한 즉석 발언이었다. 당시의 일본여론은 들끓었다. 특히 히로시마와 나가사키의 시민들은 원폭투하의 정당성을 부여한 '극히 불순한 발언' 이라며 당시의 아베 수상에게 파면시킬 것을 요구했다. 아베는 어쩔 수 없이 경질시키는 선에서 마무리 지었다. 마침 규마씨의 선거구가 나가사키 제2선거구인 관계로 차기선거에서는 반드시 낙선시키겠다고 나가사키의 시민단체들은 공언하기도 했다.

이런 일련의 움직임에서 보듯이 원폭투하의 정당성에 관한 일본 내에서의 논의는 이제 금기시 되고 있는 것이 일본에 특파되어 있는 세계 언론들의 결론이다. 미국의 여론도 1945년 8월에는 85%의 국민이 정당성을 인정하고 정부의 결단에 지지를 표명했다. 그러나 2005년 원폭투하 60주년 기념으로 CNN이 조사한 여론조사에서는 57%만이 미국의 정당성에 찬성을 표했을 뿐이다. 더욱이 38%가 반대표를 던진 점도 일본국내의 극우파들에게는 고무적인 일로 여겨지고 있다.

이에 힘을 얻은 히로시마 시에서는 원폭투하일인 8월6일에 각국의 대사를 초청하여 기념식 들러리 세우기에 더욱 공을 들이고 있다. 그 숫자는 일본의 국력과 경제력에 힘입어 매년 조금씩 증가하여 2008년에는 64개국의 대사가 이 기념식에 참석했다. 그들은 이제 일본이 전쟁의 가해자가 아닌 피해자로 둔갑하는 현장에 증인으로 함께하고 있는 것이다.

그리고 또 하나, 이 평화공원에는 원폭투하로 목숨을 잃은 2만 여명의 한국인들을 위한 위령비가 있다. 이 비석이 여기에 자리 잡기까지에는 죽어서도 차별을 받아야했던 재일동포들의 애환의 역사가 있기에 살아있는 우리 세대들은 이 비석 앞에 서면 가슴이 뜨거워지고 숙연한 마음이 들 수밖에 없다.

1970년 4월에 재일본 대한민국민단 히로시마현 지방본부는 동포들의 원혼을 달래기 위해 한국인원폭희생자위령비를 제작했다. 그러나 히로시마시의 거부로 평화공원 내에 세우지 못하고 평화공원 밖 후미진 곳에 겨우 세워 놓을 수밖에 없었다.

히로시마시는 거부 이유로 '평화공원 내의 새로운 위령비 건립은 방침에 위반 된다'는 핑계였다. 그러나 이 말은 한국인 위령비가 평화공원 내에 건립되는 걸 어떠한 구실을 만들어서라도 막아보려는 그들의 치졸한 속셈을 드러낸 서막에 불과할 뿐이었다. 그 후 29년의 세월이 흐른 1999년 7월21일에 와서야 겨우 지금의 자리에 설 수 있었으니, 그들의 차별의식이 얼마나 집요하고 강한지 짐작 할 수 있는 일례라 할 것이다. 그 후 누군가에 의해 이 비석은 다시 한 번 페인트로 테러 당하는 '차별'을 겪게 된다. 이 비석 앞에 설 때마다 정말 자신들의 과거사에 대해 조금도 미안해하거나 반성하는 기색이 없는 그들의 행동에 측은한 마음이 들 정도이다.

이 글을 쓰고 있는 현재까지도 일본인의 한국인에 대한 차별의식은 곳곳에 산재해 있어 죽은 영혼에게까지 그 영향을 미치는 곳이니 살아있는 사람들이야 오죽했으랴! 집을 얻으려고 해도 한국인이라면 어떤 구실을 대든 거절하기 때문에 시내에서 벗어난 변두리 지역으로 밀려나야했다. 또한 최근에 없어진 지문날인 제도, 취직, 결혼 등 사회생활의 전반에 걸쳐서 눈에 보이지 않는 차별을 겪어야 하는 재일동포들의 생활은 그야말로 천신만고, 각고의 나날이라 표현하는 것이 맞을 것이다.

아무튼 사회적 차별은 공공연한 것이 아니고 은밀하게 이루어진다. 뿐만 아니라 일본인들 자체가 '가식과 본심建前と本音'이라는 표정관리를 선천적으로 잘하기 때문에 어지간해서는 그들의 본심을 파악할 수 없다. 처음 일본에 온 사람들은 일본인의 친절함과 상냥한 표정, 높은 질서의식, 상업적 수단에서 출발한 신용에 감탄하여 신사적이고 멋진 문화인으로 착각하기 쉽다.

그러나 몇 년에 걸쳐서 그들과 같이 살다보면 말하는 투만 보아도 그들의 '본심'을 알게 된다. 물론 일본인 모두가 그런 이중적인 생각을 가진 사람들은 아니다. 어느 사회든 선한 자와 악한 자가 섞여 살기 마련이기에 대체적인 경향을 이야기 하고자 하는 것일 뿐이다. 다음 사건에서 등장하는 나가사키長崎시장은 일본인들 중에서도 바른 소리를 할 줄 아는 용기 있는 사람이기도 하기에 더욱 그렇다고 해야 할 것이다.

 나가사키시장 모토지마(本島等' 당시67세)씨는 1990년 12월 정례 시의회에서 "전후 43년이 지난 지금, 그 전쟁이 무엇이었는가? 라는 반성은 충분하다고 생각합니다…(중략) 제가 실제로 군대생활을 했고, 군대교육에 관계한 면에서 본다면 천황에게 전쟁책임이 있다고 저는 생각 합니다"라고 발언 한 것이 문제의 발단이 되었다. 같은 날 기자회견에서도 "천황이 중신들의 의견을 받아들여 좀 더 빨리 결단을 내렸다면 오키나와 전투도 히로시마, 나가사키의 원폭투하도 없었을 것이란 걸 역사의 기술에서 보아도 명백하기 때문입니다"라고 거듭 주장했다.
 혼지마 시장의 발언은 일본국민 사이에 찬반양론으로 의견이 갈리는 기폭제가 되었다. 시장도 "각오하고 한 말입니다"라며 발언의 철회는 일체 없음을 시사했다. 이에 대해 전국의 우익단체가 항의활동을 시작했고, 나가사키시에 우익들의 선전차가 집결하여 시장을 향해 성명과 삐라를 뿌리는 등 험악한 사태가 전개 되었다.
 그러던 중 나가사키의 우익단체소속 다지리(田尻, 당시40세)가 1991년 2월18일, 자신의 권총으로 시청에서 나오는 모토지마 시장을 저격했다. 시장은 다행히 목숨은 건져 병원에 이송되어 3개월 만에 퇴원하였으나, 이후 험악한 분위기를 견디지 못하고 시장 직을 사퇴했다. 다지리는 경찰조사에서 '소화천황에게 전쟁책임이 있다' 등의 발언에 대해 분개, 반발하기 위해 총격을 가했다고 자술했다. 이후, 2000년 형기만료로 출소한 후, 같은 우익단체의 창시자와 양자의 연을 맺고 지금은 일본 젊은이의 영웅 대접을 받으며 이 단체의 제 2인자가 되어 있다.

 이 사건이 난지 벌써 20년 이상의 세월이 흘렀다. 그 동안 일본은 어떻게 변했을까? 정말 세상의 상식이 통하고 자기들만의 평화가 아닌 이웃국가와의 공존과 인류 전체가 수긍하는 긍정적인 방향으로 사고의 전환이 이루어 졌을까? 이에 대한 대답은 지금의 일본을 보면 분명한 답을 얻을 수 있을 것으로 본다. No! 라는 세계인의 대답을.

분명 전쟁책임은 일본에게 있고 그 당시의 명령자는 천황이었기에 천황에게 책임이 귀속됨은 상식에 속하는 일이다. 그러나 이제는 이런 상식도 감히 입 밖에 내는 사람이 드물고, 우익들의 준동은 더욱 거세어져만 가기에 일본은 또 한 번 갈 데까지 가겠다는 생각을 굳힌 것으로 보인다.

| 다테마에와 혼네 |

일본을 방문하는 여행객들은 대부분 일본에 대한 좋은 인상을 가지고 돌아간다고 말한다. 그 이유를 물어보면 일본의 거리가 말끔히 청소되어 있어 항상 청결하다는 인상을 주는 점, 친절하며 인사성이 바른 국민, 규칙과 질서가 생활화 되어있는 사회, 남에게 폐를 끼치지 않는 예의바른 사람, 작은 일에도 정성을 다하는 철두철미함 등을 들며 칭찬하기를 주저하지 않는다.

그러나 정말 밖으로 나타난 이것만이 일본의 전부일까? 아닐 것이다. 어느 사회건 그 사회가 가지는 허와 실은 존재하는 법이고 그런 측면에서는 일본 역시 자유롭지 못하다. 오히려 일본에서 오래 산 외국인들은 일본사회의 이중성과 이지메현상 등에 대하여 심각하게 지적하고 우려스런 상황으로 표현하는 사람들이 더 많다. 대표적인 외국인으로 E.M 레인골드와 패트릭 스미스를 들 수 있다. 특히 레인골드는 타임지 특파원으로 10여 년간 일본에 거주한 경험을 토대로 『국화와 가시』라는 책을 저술했다. 이 책은 일본민족성의 상호 모순된 이원적 체계에 대해 각계각층의 증언을 바탕으로 담담하게 서술하고 있다. 그러나 그 주된 흐름은 일본사회의 치부를 파헤친 신랄한 비판에 있다. 일본에서 오래 거주한 사람일수록 이 책을 읽으면서 그의 탁월한 통찰력에 공감하는 사람이 많다는 사실 또한 간과해서는 안 된다.

흔히 일본인을 이야기할 때 다테마에建前(가식)와 혼네本音(본심)를 구분하기가 어려운 사람들이라고 표현한다. 인사치레와 겉치레로 표현하는 말을 진실로 믿어서는 안 된다는 이야기도 자주 듣는 말이다. 인사치레로 "집에 놀러오라"는 말을 진심인줄 알고 찾아갔다가 문전박대를 당했다는 에피소드 또한 일본에 사는 외국인들로부터 자주 들을 수 있는 이야기이다.

상황에 맞는 인사말, 상대에 맞추는 친절한 태도, 자신의 생각은 숨긴 채 아부하는 표현, 싫다는 표현을 솔직히 하지 않는 상냥한 표정, 한 마디로 인간관계 전체가 좋게 포장되어 있는 다테마에의 사회이기에 상대가 어떤 생각을 하고 살아가는지 누구도 알지 못하는 것이다.

사실 인간이면 누구나 어느 정도의 가식은 가지고 있다. 우리나라 역시 조선의 선비들은 이 가식과 체면치레가 지나쳐서 수많은 폐단을 야기했다는 사례를 이규태는 『한국인의 의식구조』에서 밝히고 있기도 하다. 현재의 우리사회 역시 어느 정도는 가식이 엄연히 존재한다. 그러면서 왜 우리는 "일본의 다테마에만 문제로 삼는가?"라는 반문을 하게 된다. 거기에 대한 대답으로 일본사회의 다테마에가 병적인 이지메로 발전해 가는 징검 다리 역할을 하며 그 심각성이 도를 넘기 때문이라는 일본 사회학자들의 견해를 들 수 있다. 지나침은 미치지 못함과 같다는 말이 여기에도 적용되는 것이다.

다테마에와 혼네의 구분이 지나친 일본인들은 자신들은 잘 느끼지 못하는 사이에 가식으로 포장된 사회를 형성하고 이것을 당연한 것으로 받아들이는 풍조가 형성된 것이다. 가식으로 포장된 사회는 그 자체가 거짓이며, 거짓으로 모든 관계를 형성해 가는 생활은 자연적으로 인간미를 상실하고 인간답지 못한 인생을 살아가기 쉽다. 현재의 일본사회는 사회전체가 자신의 치부는 절대로 노출하지 않고 가식적인 인간형성을 침묵으로 가르치고 있는 것처럼 보인다.

이러다 보니 인정이 메마르고 인간의 존엄성과 생명의 존귀함을 모르고 자살자가 속출하는 사회가 되었다는 생각을 하게 된다. 아침에 일어나 뉴스를 보면 이지메에 몰려 자살하는 학생들이 늘어가고, 일본에서만 유독 자주 발생하는 무차별적 살인사건인 도오리마通り魔 사건의 보도가 끊이지 않는 곳이기도 하다. 드라마나 뉴스가 온통 살인사건으로 도배 되다시피 하고 칼로 베고 토막을 내는 잔인한 장면이 그대로 노출되는 곳이 일본이니 청소년들이 보고 배우는 것은 당연한 이치이다.

사회전체의 구성 면에서도 마찬가지다. 범죄단체인 폭력조직이 버젓이 간판을 달고 활동가능한 곳이 일본의 특수성이기도 하다. 2007년 1년간 폭력조직으로부터 협박을 당하거나 금품을 요구받고 경찰에 신고한 건수가 4,671건에 이른다는 범죄 통계는 일본이라는 나라의 다테마에와 그 뒤에 숨어있는 혼네의 차이를 느끼기에 충분하다 할 것이다.

또한 지난 2007년 4월16일 발생한 나가사키長崎市 시장 이토 잇쵸伊藤一長씨 암살사건은 일본사회가 숨겨진 폭력에 얼마나 무방비 상태에 있는지를 느끼게 해 준다. 이 사건은 그들이 자랑하는 민주주의와 국민의 의식수준이 '아름다운 나라 일본'을 표방하는 아베 수상의 정치적 슬로건에 먹칠을 하는 단초를 제공했다고 보여 진다. 또한, 나가사키 시장의 저격은 이번이 처음이 아니다. 전 시장 역시 1993년 폭력조직의 저격으로 인해 중상을 입고 구사일생으로 살아난 바 있다. 이러한 사실을 상기 한다면, 일본사회의 꾸며진 다테마에의 이미지와 어두운 뒷골목의 본 모습은 많은 차이가 난다 할 것이다.

이런 일본의 이면을 있는 그대로 본다면 누가 감히 일본을 '본받을 만한 좋은 나라'라고 칭찬할 수 있겠는가? 속은 곪을 대로 곪아있고 겉만을 아름답게 포장한 허와 실을 우리는 구분할 줄 알아야 한다. 일시적 여행으로 일본을 관광하면 그럴 수 없이 좋아 보인다. 당연하다. 다테마에 문화인 일본의 좋은 곳만 보고 좋은 이야기만 해 주기 때문이다. 뒷골목과 후미진 곳 그리고 그들의 그늘진 혼네의 이면을 볼 수 있다면 좋은 나라 일본의 이미지는 달라져 보일 것이다.

| 일본인의 사과와 충고 |

일본에서 오래 생활하다보면 일본인들의 개별행동과 집단행동에 상당한 간격이 있음을 느낄 때가 많다. 개인적으로 만나는 일본인들은 대부분 상냥하고 친절한 사람들이다. 오히려 지나친 친절이 가식적으로 비쳐져 '과공비례過恭非禮'를 느낄 때가 더러 있다. 예를 들어 전차나 대중교통을 이용할 때나 사람들로 붐비는 백화점 등에서 어쩌다가 조금이라도 부딪히게 되면 대부분의 일본인들은 깜짝 놀란 듯이 "죄송합니다!", "미안합니다!"를 연발하며 연신 고개를 숙인다. 그 태도는 마치 죽을죄라도 지은 것처럼 보여 사과를 받는 사람이 오히려 민망할 정도이다.

이러한 일본인들이 자신들의 국가나 단체가 저지른 잘못에 대해서는 좀처럼 사과하거나 반성할 마음이 없다는 정반대의 태도에 놀라게 된다. 오히려 반성이나 사과보다는 한 술 더 떠서 왜곡하거나 변명으로 일관하는 경우를 우리는 그들의 역사인식에서 자주 목격하게 된다.

지난 2007년 6월 26일, 찬성39 반대 2표의 압도적 표차로 미국하원의 외교위원회가 일본군 위안부 강제동원 결의안을 채택했다. 이 과정에서 일본인들이 보여준 태도는 이러한 그들의 역사인식을 단적으로 드러낸 극히 작은 상징에 불과하다.

처음 아베 수상은 미국하원에서 결의안 채택움직임이 일자 "(위안부 강제 동원이) 사실에 근거하지 않았기에 결의 되더라도 사과하지 않겠다"라고 못을 박았다. 그러다가 야당과 국제여론의 집요한 추궁에 밀려 부시 미대통령과의 정상회담에서는 사과와 유감의 뜻을 전하는 등 유화적인 태도를 보였다. 그러면서 막후에서는 일본의 정치인과 학자 등 60여명이 워싱턴포스트지에 '진실(Facts)'이라는 제목으로 일본군위안부에 대한 전면 부인 광고를 게재했다. 결과적으로 미국하원을 자극하여 결의안 채택을 촉진하는 역효과를 냈지만 이 광고는 일본인들의 잘못된 집단인식을 엿볼 수 있는 사례 중의 하나로 기억될 것이다.

결국 아베 수상의 여러 가지 외교노력에도 불구하고 최종적으로 수상의 공식 사과를 권고하는 결의안이 채택되는 결과를 초래했다. 이렇게 되자 미국에서 행한 정상외교시의 사과 발언을 뒤집고 "다른 나라 의회에서 결의된 사안에 대하여 언급하지 않겠다"라며 불편한 속내를 그대로 드러내 보이기도 했다. 이 역시 그들의 집단적 역사인식이 과거사의 진정한 반성이나 사과에 있지 않음을 느끼게 하는 사례 중의 하나에 불과하다.

이러한 인식은 정치인들에게만 국한된 것은 아니다. 대부분의 일반인들도 일상생활에서 대화를 나누다 보면 정치인들과 인식을 같이함을 알 수 있다. 지식인을 대표하는 대학교수들 중에도 일본의 전쟁책임에 대해 왜곡된 그들만의 견해를 피력하는 사람들이 많다. 특히 지한파나 친한파로 알려진 지식인 중에는 일본의 전쟁책임에 대하여 개인과 국가를 극명히 구별하여 '국가가 저지른 범죄를 이유로 개인을 죄인으로 몰아가는 것은 잘못된 일이다' 라는 궤변을 늘어놓는 경우를 자주 본다.

그들은 "내가 일본인으로 태어나기 이전에 우리 조상들이 저지른 범죄이고 국가가 주동이 되어 이루어진 범죄이기에 나 개인에게 일본인의 과거사를 물어 책임을 지우려 하는 것은 부당한 생각이다"라고 변명한다. 또한, 오히려 "당신처럼 한국에서 잘못된 반일교육을 받아온 사람들이 일본의 역사교육이 왜곡되었다거나, 일본인들이 과거사를 반성하지 않고 사과할 생각도 없다는데 대해 공격하는 것은 본말이 전도된 일이다. 따라서 지금을 사는 현재의 일본인 개인에게는 사죄할 책임이 없다."라며 자기 합리화에 몰두한다.

그러나 과연 그들의 주장대로 일본인 개개인에게는 과거사에 대한 책임이 없을까? 물론 2천만 명에 달하는 아시아인의 학살, 731부대의 잔혹한 생체실험이나 강제징용, 위안부 문제, 난징사건, 창씨개명을 통한 민족말살정책 등이 현재의 일본인들에 의해 저질러진 범죄행위가 아님은 자명하다. 그러나 그렇다고 하여 자신들에게 책임이 없다는 궤변을 늘어놓는 것은 죄와 책임조차 구별 못하는 어리석은 생각일 뿐이다. 설령 현재의 일본인들이 무고하다할지라도 그들에게 분명한 책임이 있는 것이다. 지금의 일본 위정자들이 일본군 위안부문제에 대해 스스로 부인하고 '왜곡'하는 행위를 하도록 지지한 사람들이 일본인 개개인이기에 결국 그 책임은 현재의 일본인 개개인에게 귀결되기 때문이다.

몇 년 전 이케하라 마모루池原守라는 일본인이 『맞아죽을 각오로 쓴 한국 한국인 비판』이라는 책에서 한국인들이 '염치가 없고 단결력이 부족하다'고 지적하고 있다. 개인의 질서의식과 국가적 단결이라는 덕목에 있어서 한국인인 우리들이 반성해야 할 점이 많음을 스스로 깨닫고 있었기에 상당한 공감으로 읽은 기억이 난다. 그러나 필자는 다른 나라 사람이면 몰라도 일본인은 우리에게 그런 충고를 할 입장이 아니라고 본다. 지금도 일본군 위안부 문제나 전쟁책임을 묻는 국제사회의 비난을 애써 외면하고 자기들만이 통하는 궤변이나 왜곡에 몰두하는 그런 태도로는 한국인을 설득시킬 수 없기 때문이다.

진정 그들이 세계 속의 선진국민으로 인정받고 싶다면, 일본인 개개인이 가지고 있는 정직하고 상냥한 긍정적 소양을 국가적 단위로까지 승화시키는 노력이 필요하리라 본다. 과거사에 대한 왜곡과 변명으로 일관하거나 적반하장 식으로 억지주장을 일삼는 태도는 일본인 상호간에는 통할지 몰라도 국제사회에서는 인정받기 어렵다는 사실도 일본국민 스스로 깨달아야 할 것이다.

| 침략근성의 원형, 모모타로 이야기 |

일본을 대표하는 민화おとぎ話는 단연 모모타로 이야기일 것이다. 모모타로 이야기는 일본인들의 마음속에 담겨져 있는 기본정신을 알아보는 좋은 자료이다. 뿐만 아니라 어떤 생활패턴과 행동패턴을 선호하는지도 알아볼 수 있는 적절한 자료 중의 하나이다. 일본인이면 모모타로 이야기는 당연히 알고 있어야 하는 민화이고, 우리 나라사람들이 알고 있는 흥부전이나 심청전 정도의 수준을 능가하는 이야기로 보면 된다.

워낙 유명한 이야기다보니 각 지방별로 모모타로 이야기가 따로 존재할 정도로 이설들도 많다. 그 이설들 역시 시작하는 부분과 끝나는 부분은 같은데 모두들 도깨비나 악인의 정벌에 나서서 그들을 퇴치하고 개선한다는 정해진 스토리로 끝난다.

이야기 속으로 들어가 보면

옛날 하고도 아주 먼 옛날, 할아버지와 할머니가 살고 있었습니다. 할아버지는 산으로 풀 베러가고 할머니는 시냇가에 빨래를 하러 갔습니다. 어느 날 할머니가 세탁을 하고 있을 때, 상류에서 큰 복숭아가 떠 내려왔습니다. 할머니는 그 복숭아를 건져내어 집으로 가져와 먹으려 했습니다. 그 순간 복숭아 속에서 남자아이가 뛰어나왔습니다. 이 아이를 모모타로桃太郎라 부르고 소중하게 키웠습니다. 모모타로는 무럭무럭 자라서 튼튼하고 씩씩한 젊은이가 되었습니다. 어느 날 모모타로는 도깨비 섬(鬼ヶ島, 오니가시마) 정벌을 결심하고 원정에 나서기로 했습니다. 할아버지 할머니는 경단(吉備団子, 기비단고)을 만들어 모모타로를 배웅했습니다. 원정도중에 개, 원숭이, 꿩을 만나 행동을 같이하기로 했습니다. 그리고 도깨비 섬에 건너간 모모타로는 도깨비들을 토벌하고 보물을 가득 싣고 개선했습니다.

얼핏 보면 평범한 동화처럼 여겨질지도 모른다. 그러나 이 이야기는 도깨비 섬을 정벌하고 보물을 약탈하는 것을 정당화하고 미화하는 이야기에 지나지 않을 따름이다. 필자는 이 이야기 속에 일본인들의 숨겨진 심성이 그대로 드러나 있다고 해도 과언이 아니라고 본다. 왜냐하면 세계에서 유일한 원폭 피해국이기에 누구보다 평화를 지킬 줄 아는 국민이라 선전하는 그 허구의 외침이 여기서는 반대의 얼굴을 드러내고 있기 때문이다. 또한 일본인이야 말로 '평화를 실천해온 유일한 민족'이라 말하는 국수학자들의 자만 역시 모순이라 말하지 않을 수 없다.

침략과 약탈을 당연시하는 모모타로 이야기를 그들의 아이들에게 대대로 전하는 일본인들의 심성은 아무리 평화의 얼굴로 분단장을 하더라도 그 근성이 금방 드러나고 말 것임은 두말할 필요조차 없다. 겉으로는 평화를 외치면서 그럴듯한 명분으로 타국을 침략하고 약탈하기를 밥 먹듯 해온 그들의 역사가 이를 증명하고도 남기에 말이다.

마치 이를 증명이라도 하듯 2008년 11월에는, 다모가미 도시오田母神俊雄라는 항공자위대 막료장이 '일본을 침략국가라는 것은 누명이다' 라며 당당하게 자신들의 과거사를 부정하고 나섰다. 한반도의 식민지배와 중국 등의 침략은 조약에 의한 정당한 것이었다고 강변하고, 국회에 출석하여 국회의원들을 일갈했으나 아무 제재도 받지 않았다. 이 사례는 그들의 집단적 침략근성이 국민전체를 무의식적으로 침략전쟁을 미화하고 왜곡하여 정당화하는 방향으로 이끌어 가는 과정에 있음을 보여주는 극명한 사례일 것이다.

 이러한 정황에서 볼 때, 일본의 역사는 한마디로 '차별과 침략을 정당화해 온 역사' 라는데 이의를 제기하기는 어려울 것이라 본다. 조몬시대繩文時代로부터 시작되는 그들의 역사는 야요이시대弥生時代에 들어온 기마민족에 의하여 인종자체가 달라질 정도로 철저하게 정복자와 피지배자의 관계로 형성되어 갔다. 한・중・일의 동양사학을 연구한 미국의 석학 존 카터 코벨(Jon Carter Covell)은 야요이시대를 연 기마민족이 한반도로부터 건너온 부여족임을 확인하고 있기도 하다. 그는 그러한 증거가 되는 유물로 조몬인들의 유골이 대부분 화살이나 창, 칼 등에 찔린 흔적을 가지고 있다는 점을 제시한다. 이는 곧 일본의 역사가 애초부터 정복자의 칼 앞에 무릎을 꿇어야하는 피지배자와 그들을 정복한 강자들로 구성되어졌음을 시사한다. 일본이 가지는 지리적 특성상, 여러 섬들을 정복하는 과정에서 자연스레 지배계급은 정복한 지역의 원주민들을 노예로 삼거나 차별하는 상하관계를 형성해 나갔던 것이다.

 일찍이『삼국지 위지왜인전』에서는 이러한 일본의 '차별과 침략의 역사' 를 간략하게 확인 할 수 있는 기술이 있다. 그 내용은 '야마타이국邪馬台国의 여왕 히미코卑弥呼가 나라를 다스리고 있고, 지배자가 지나가면 일반백성은 머리를 조아리고 길에 엎드린다. 남자들은 문신을 하고皆面黥面文身……'

 물론 당시의 고대국가들이 모두 지배자와 피지배자로 구성되어 지배자의 힘이 큰 것은 공통의 사실임에는 틀림없다. 그럼에도 불구하고『삼국지 위지 왜인전』에서는 유독 부여나 옥저, 동예, 맥, 마한, 진한, 변한 등을 기록한 동이전에서는 그 자구조자 찾아볼 수 없는 '지배자와 피지배자'의 관계를 상세히 기록해 놓았을까를 반추해 보면 해답은 쉽게 나온다.

『고사기古事記』에서는 구체적으로 이자나미노 미코토伊邪那美命라는 여신이 신랑의 세계인 인간 세계에 대해 "하루에 1천 명씩 목 졸라 죽이겠다"라는 주문을 걸었다. 이에 대하여 이자나기노 미코토伊邪那岐命는 "하루에 1천 5백 명씩 낳는 집을 짓겠다"라고 맹세하는 구절이 나온다. 정말 일본인은 역사의 출발에서부터 인명을 경시하는 풍조가 일상사처럼 이어져 왔음을 느끼게 하는 구절이라 하지 않을 수 없다.

『일본서기』 역시 이러한 역사를 그대로 반영하고 있다. 거의 모든 신화와 역사들이 '정벌과 약탈'로 이어져 있다 해도 과언이 아니다. 우리나라와 관련 있다는 진구神功황후기나 수많은 날조기사도 '정벌'이라는 단어와 '보물조공'이라는 단어를 어김없이 사용하고 있음을 확인할 수 있다.

고대국가 성립 후에도 그들은 피를 부르는 정벌과 살육을 통해 영토를 넓혀 나갔다. 지리상으로 섬으로 형성된 그들의 영토가 침략전쟁 없이는 영토 확장이 불가능했기 때문이기도 할 것이고, 무사나 칼이 지배하는 힘의 역사가 큰 줄기를 이루고 있기도 하기에 그러하리라 짐작은 간다. 그러나 역사전체가 그들이 내세우는 21세기의 진정한 지구촌의 평화를 이야기하기에는 너무도 동떨어진 진한 피비린내를 풍긴다. 그러한 역사는 무로마치시대室町時代에 들어와 절정을 이루게 된다. 중앙정부의 위력이 약해지자 각 지방의 영주들끼리 영토 확장을 둘러싸고 벌이는 살벌한 투쟁이 시작되어 120여 년간 일본열도는 강자만이 살아남는 치열한 피바람 속에 휘말린다.

그 피바람이 멈추자 이제는 눈을 조선으로 돌려 임진왜란과 정유재란을 일으킨다. 참으로 침략이 생활화 되어있는 민족이란 생각을 지울 수 없다. 이후 오키나와와 홋카이도를 자신의 영토로 병합할 때까지 사실상 일본열도에서 '정벌'이라는 단어가 역사의 전면에서 사라진 일이 한 번도 없었다. 급기야는 그 침략근성이 최고조에 달하여 우리나라를 강점하고 중국을 침략하고 종내에는 태평양전쟁을 일으켜 약자인 주변국의 국민 2천만 명을 학살하는 광기를 부리게 된다. 아울러 자국민 역시 340여만 명이 목숨을 잃는 참극으로 막을 내린 것은 우리가 역사를 통해서 잘 알고 있는 사실이다.

그렇게 침략전쟁에 광분한 나머지 온 국민이 죽음의 늪에서 고통당하는 뼈저린 교훈을 얻었음에도 불구하고, 여전히 그들은 침략을 정당화하고 왜곡하며 변명하기에 주저하지 않는 모습을 보면 참으로 무서운 느낌마저 들지 않을 수 없다.

모모타로 이야기는 일본인들의 이러한 침략근성이 우연히 형성된 것이 아니며 오랜 역사를 통해서 면면히 이어져 오고 있다는 증거를 제시하고 있다.

이 모모타로 이야기의 배경이 되는 장소로는 오카야마시의 기비츠신사吉備津神社, 다카마츠시의 모모타로신사桃太郎神社, 아이치현 이누야마시의 모모타로신사 등이 유명하다. 그 중에서도 모모타로 이야기에 가장 적합한 지역으로 일본의 학자들은 오카야마의 기비츠신사 주변을 들고 있다. 그 이유로 모모타로 이야기에 등장하는 경단의 이름이 '기비단고吉備団子'인데 지금도 이 경단은 오카야마의 명물이기도하며 오카야마 지역의 옛 지명이 기비吉備인 점도 이런 정황을 뒷받침한다고 본다.

그런데 이 모모타로 이야기의 배경이 되는 기비츠 신사에는 모모타로 이야기 이외에도 또 다른 전설적 이야기가 전해 온다. 그 이야기의 내용이 우리나라와 직접적인 관련이 있고, 백제의 멸망과 그 이후의 일본과의 관계를 단편적으로나마 추정해 볼 수 있는 자료이기에 간략하게 간추려 보자.

아주 오랜 옛적에 다른 나라로부터 이 기비국吉備國에 하늘을 날아온 자가 있

었습니다. 그 자는 일설에 의하면 백제의 황자皇子로 이름은 우라溫羅로 불리고, 눈은 늑대 눈처럼 번들거리고 빛나며, 머리카락은 붉게 타는 듯하고 키는 1장4척에다가 완력은 사람의 능력을 초월할 정도로 강할 뿐만 아니라 성격은 거칠고 흉악하기가 이를 데 없었습니다. 우라는 아라야마新山에 성을 쌓고 수도로 향하는 배와 부녀자를 습격하였으므로 사람들은 우라가 사는 성을 기노죠鬼の城라 부르고 공포에 떨었습니다.

조정에서도 이 소식을 듣고 이름 있는 장군을 보내 토벌하려 하였으나 재빠르게 둔갑법을 써서 공격하는 우라에 밀려 모두들 수도로 도망해 오기 바빴습니다. 이에 무예로 명성이 높은 메이五十狹斧彦命를 파견하기에 이르렀습니다. 대군을 이끌고 기비국에 내려온 메이는 기비의 나카야마中山에 진을 친 다음 가타오카야마片岡山에 성을 쌓고 싸울 준비에 들어갔습니다. 이윽고 메이는 우라와의 싸움에 들어갔습니다. 메이가 활을 쏘면 힘센 우라가 바위를 던져 막는 통에 화살은 모두 바다에 떨어지고 말았습니다. 그래서 메이는 꾀를 내어 한 번에 두 발의 화살을 쏠 수 있는 활을 만들도록 명하여 쏘도록 했습니다. 그러자 한 발의 화살은 여느 때와 마찬가지로 우라가 던진 바위에 맞아 바다에 떨어졌으나 다른 한 발의 화살은 보기 좋게 우라의 왼쪽 눈을 관통했습니다. 우라는 비명을 지르며 꿩으로 변해 산속으로 달아났습니다. 이를 본 메이는 매로 변하여 추격했습니다. 잡힐 듯하자 이번에는 우라가 급히 잉어로 변해 강으로 뛰어들었습니다. 자신의 왼쪽 눈에서 나온 피로 강이 모두 붉게 물들었기에 이 강을 혈흡천血吸川이라 부르며, 이 강에 들어가 재빨리 도망치는 우라를 죽이기 위해 메이는 가마우지로 변해 부리로 쪼아 잡을 수 있었습니다.

이 이야기는 사실상 실화에 가까운 느낌을 준다. 기비츠 신사의 북서쪽 4km 지점에는 백제의 유민들이 쌓은 기노죠鬼の城가 거대한 규모로 남아 있다. 이는

일본에서 찾아보기 어려운 조선식 석성임이 일본고고학계의 발굴조사에서 확인 된 바 있기에 그 신빙성은 더욱 높아진다. 또한 이 신사의 신비한 가마솥의 아궁이에는 백제 왕자의 머리가 묻혀있다고 전하고 있기도 하다. 이로 보아 이 지방에서 백제의 유민들이 지역에 웅거하는 토호세력을 규합하여 반란을 획책했고, 당시의 중앙정권이 이를 토벌했다는 가정이 가능하다.

역사적으로도 서기 663년에 일본군들이 백강전투(금강하구)에서 패하고 일본으로 귀환 할 때 수많은 백제 유민들을 데리고 일본에 건너온 사실이 이를 입증하고 있기도 하다. 『일본서기』에는 백제 유민의 기록이 여러 군데서 발견되고 구체적인 벼슬까지 기록되어 있다. 『삼국사기』에도 의자왕 17년(657년)에 41명의 아들에게 좌평의 벼슬을 내리고 각기 식읍을 주었다는 기록으로 보아서도 왕자들의 수가 엄청나게 많았음을 알 수 있다. 따라서 그 중의 한 왕자가 일본에 건너와 오카야마지역에 정착했고 위에 나오는 이야기의 주인공이 된 것은 아닌지 추정해 본다.

요컨대 이 곳 뿐만 아니라 일본의 곳곳에 이러한 처절한 싸움의 피 비린내가 진동하며 정복과 피지배구조의 역사가 일본사를 관통하고 있다는데 우리는 주목할 필요가 있다.

일본인들은 자신들이 저지른 수많은 한반도 침략에 대해 변명에 가까운 정당성을 내세울 때 지형학적인 모습을 자주 인용한다. 한반도가 대륙에서 일본을 겨냥하는 주먹이나 칼의 형태를 취하고 있기에 일본이 전수방어의 개념으로 선제공격을 감행하여 그 기운을 꺾어야 한다는 주장이다. 그들의 침략자적 근성을 얼버무리는 터무니없는 주장이요 적반하장의 구차한 변명일 따름이다.

역사적으로 보아도 한반도는 일본에게 주먹이나 단도의 형태를 취한다기 보다는 '젖'의 역할을 해 온 것이 사리에 맞다. 지정학적으로 보아도 대륙에서 튀어나온 유방의 형태를 취하고 있고, 일본은 누워있는 아이의 형태를 취하고 있다고 볼 수 있기 때문이다. 따라서 고대사 속의 한반도인들은 끊임없이 대륙의 선진문물을 전해주었고, 그들은 그것을 아이들이 누워서 편안히 젖을 빨듯이 받아갔음을 부인하지 못할 것이기 때문이다.

그럼에도 불구하고 그들은 언제나 우리에게 배반의 칼을 겨누었고 침략자의 얼굴로 한반도에 상륙했다. 지금도 그들은 침략자의 얼굴을 감추려 하지 않는다. 독도에 대한 그들의 태도와 울릉도까지 측량하겠다는 침략적 자세는 누가 보아도 선천적인 호전성을 의심하지 않을 수 없기 때문이다. 그에 더하여 '적기지 선제공격'을 목표로 자위대를 '보통국가의 자위군'으로 승격시키려고 술수를 부리며 주변국을 은근히 위협하고 있는 것도 이러한 사태들의 연장선이라 보아 무방할 것이다.

이러한 일본인의 침략근성은 근본적으로 그들이 침략과 약탈을 당연시하는 집단적 무의식에서 출발하며, 그러한 무의식을 대표하는 것이 모모타로 이야기로 형상화되어 있다고 본다. 우리의 흥부전이나 심청전 등의 민화에 흐르는 화합과 정, 모두를 아우르는 평화의 문화는 일본인에게는 낯간지러운 정신인지도 모른다.

그러면서도 그들은 세계평화를 내세우고 국제연합의 상임이사국으로 진출하여 평화의 파수꾼이 되겠다고 역설하는 자기모순에 빠진다. 참으로 자가당착이며 아이러니라 아니할 수 없다.

| 한류 붐과 혐한류 |

2002년경부터 일본에서 불기 시작한 한류 붐이 그 피크를 지났다고는 하나 아직도 일본에서의 위세는 수그러들지 않고

있다. 한류 붐의 긍정적 영향으로 일본인의 한국인과 한국에 대한 부정적 이미지도 상당부분 개선되어가고 있고, 한국을 알자는 움직임도 조금씩 일어나고 있다.

이러한 한류 붐의 견인차 역할을 하는 주역이 바로 한국드라마와 영화이다. 처음 '겨울연가冬のソナタ'를 비롯한 수많은 한국드라마가 일본의 안방을 누비고, 한국영화가 인기리에 일본영화관에서 상영되자 한국의 문화예술 수준이 세계적이라는데 일본 사람들은 놀랐다고 한다. 여태껏 한국 문화와 한국인에 대한 무시와 조롱 일변도의 우월감으로 살아온 일본인들로서는 상당한 충격이기도 했을 것이다.

한국의 영상매체는 같은 문화권으로 정서가 닮아 있으므로 감동이나 이해도 또한 비슷하기에 주부들 층을 중심으로 한국 마니아가 많이 늘어났다. 어쩌다 한국의 배우나 가수가 일본에 오면 대단한 인기와 관심을 끌어 방송매체들도 부산을 떨고, 주부들이 환호성을 지르는 등 한국 '오빠부대'의 흉내를 내고 있다. 민간외교와 이웃국가와의 문화를 통한 우호친선 증진이라는 측면에서 일본인들의 이러한 변화는 정말 고무적이고 바람직한 현상으로 받아들여진다.

이에 앞서 이미 한국에서는 우리가 잘 알고 있듯이 김대중 정부 때부터 일본문화개방이 단계적으로 이루어져 이제는 전면개방 단계에 들어가 있다. 이에 따라 일본문화와 일본을 좋아하는 청소년들이 많이 늘어났고, 일본에서 유행하는 음악, 잡지, 영화 등이 아무런 여과장치나 규제 없이 그대로 직수입되어 우리 안방을 점령하고 있기에 일본에서 한류 붐이 잠시 일어났다 해서 부산을 떨 필요는 없을 것이란 생각도 든다.

요컨대 한·일 양국의 문화교류는 이제 막을 수 없는 봇물처럼 흐르고 있고, 더 많은 교류로 두 나라간 장벽의 높이를 조금씩 낮춰가는 노력이 필요하리라 본다. 이미 유럽은 나라간의 장벽을 없애고 유럽연합으로 가고 있는 마당에 서로가 서로를 불신하고 견제하는 것은 지구촌의 영원한 '촌놈'으로 남을 가능성이 크기 때문이다.

그러나 일본사회의 정치계나 사회전체의 흐름을 살펴보면, 일본은 아직도 한국과 중국 등 이웃국가들과 우호친선 관계를 선도적으로 주도해 갈만한 '성숙한 민주시민'의 자질을 갖추지 못한 것처럼 보인다. 어쩌면 그럴 생각조차 가지고 있지 않은 것처럼 보이기도 한다. 경제적으로는 이미 세계를 이끌만한 능력을 갖추고 있으면서도 정치 사회적으로는 아직도 이웃국가에 대해 '등 뒤에서의 공격'을 당연시 하거나, 근거 없는 원색적 비난에 동조하고 그늘에 숨어서 키득거리며 카타르시스를 느끼는 '촌놈'들이 있기 때문이다.

그 '촌놈'들의 철없는 짓거리는 일본사람 전체는 아니라고 본다. 그러나 아소 타로麻生太郎 수상(당시에는 외상)같은 일본정부의 대표자가 '촌놈'과 꼭 같이 "천황이 야스쿠니靖国신사를 참배하는 것이 맞다"고 한국과 중국을 노골적으로 자극하는 파렴치한 발언을 한 것은 자기만 아는 섬나라 '촌놈'의 전형이라 하지 않을 수 없다.

그는 천황이 참배해야 하는 이유로 "야스쿠니신사의 영령들은 전쟁 시에 천황폐하만세! 라고 했지 총리대신만세! 라고 한 사람은 없다"고 하는 논리를 전개했다. 그런데 이 발언은 이미 물속에 가라앉은 제2차 세계대전의 전쟁책임론을 외교의 탁자로 불러내어 새로운 분쟁의 불씨를 지필지도 모른다.

일본인을 부정적으로 보는 일부 한국인들은 인본인의 이미지를 원숭이처럼 잔꾀가 많고 약삭빠른 유형의 인간으로 폄하하는 경우가 더러 있다. 아소 전 수상의 발언이야말로 우리나라 사람에게 그런 부정적 일본인의 이미지를 다시 한번 확인시켜준 '약은 수'의 극치라 할 것이다. 그러나 얄팍한 임시변통으로 사태를 반전시키려 꾀를 내다가 자충수에 휘말리는 모순에 빠지듯이, 그의 발언은 제2차 세계대전의 책임론이라는 보다 근원적인 문제를 제기하고 있음을 알아야 한다.

　일본 내에서는 이에 더하여 한국을 근거 없이 비난하는 '만화 혐한류嫌韓流'라는 책이 80만부나 팔리는 등 모처럼 일기 시작한 한류 붐에 찬물을 끼얹는 악의적인 일이 끊임없이 일어나고 있다. 이 '만화 혐한류' 라는 책은 장을 펼치는 순간 눈에 들어오는 제목부터가 섬뜩하다. '알면 알수록 싫어지는 나라 한국', '한국인에 의해 더럽혀진 월드컵 축구의 역사', '전후 보상문제-영원히 요구되는 돈과 오만', '재일한국인의 내력-강제연행은 없었다.', '일본문화를 훔치는 한국', '한글과 한국인-한글은 세종대왕이 만든 독창적인 문자가 아니고 일본통치시대에 보급했다'……. 제목만 보아도 한국인을 자극하는 악의에 가득 찬 내용임을 알 수 있다.

　그들이 책의 전면에 밝히고 있듯이 이 책은 일본의 여러 출판사에서 출판을 거부한 책이다. 정말 양식 있는 출판사라면 이런 날조된 허위를 유포하는 책은 출판하지 않는 것이 맞는 일이고 당연히 거부당했을 것이다. 그런데 출판사도 저자도 제대로 밝히지 않은 이 책이 인터넷을 통해 80만부 이상 팔리고, 속편까지 나온다고 광고하고 있으니 일본인의 병적인 악취미를 보는 것 같아 입맛이 씁쓸하다.

　책의 내용을 살펴보면 만화가 가지는 특유한 상상력과 비약을 통해 한국의 역사를 턱없이 폄하하거나 한국인을 야비하게 경멸하는 내용 일색이다. 거기에다 '강제연행은 없었다.', '식민지 시대가 없었으면 영원한 미개인으로 남아있을 한국인' 등 청·일 전쟁에서부터 제2차 세계대전까지의 역사인식 자체가 무지의 극치이고, 자기중심의 유치한 발상이 너무 많다.

　우리가 우려하는 것은 이 책에서 전하고자하는 왜곡된 '한국인 상像' 이 일본 젊은이들에게 그대로 심어져 잘못된 한국인의 이미지를 각인시키지 않을까 하는 점이다. 아마 그들이 집요하게 한국인을 폄하하고 경멸하는 배경에는 일본인들의 우월감도 작용하고 있겠지만 무엇보다 그들의 섬나라 근성인 자기중심적 사고관에서 벗어나지 못하고 있기 때문이기도 할 것이다. 그들이 주장하는 '아름다운 나라 일본'이나 '민주국가의 모범'이 타국을 중상하고 모략하며 근거도 없는 사실을 왜곡·날조하는 이런 저급한 일이라면 우리는 일본인들의 기본정신을 의심하지 않을 수 없다.

이 책보다 앞서 1993년에 출판되어 100만부 이상이나 팔린 『추한 한국인』이라는 책도 바로 이런 왜곡, 억지주장과 맥을 같이하는 책이다. 우리나라에서도 일본을 비판하는 책들이 나오기는 했다. 대표적인 책으로 전여옥의 『일본은 없다』라는 책이다. 그러나 우리 나라사람들은 균형 감각과 합리적인 자기 통제력이 있어서 일본을 좋게 보는 『일본은 있다』라는 책과 일본인들이 쓴 한국을 비판하는 책(예를 들면 『맞아죽을 각오로 쓴 한국 한국인 비판』)도 베스트셀러가 되었다.

그러나 일본은 우리와 판이하게 다르다. 일본인 자신들의 반성을 촉구하는 책이나 한국을 좋게 평가하는 책이 베스트셀러가 되는 일은 없다. 앞으로도 일본이라는 국체가 존재하는 한 그런 일은 일어나기 힘들 것이다. 그들은 말로는 '우호친선', '선린외교'라고 번듯하게 내세우지만 속마음은 정반대의 생각을 가지고 있다고 판단하면 틀리지 않는다. 이는 일본에서 오래 거주한 사람들의 공통된 견해라는 여러 통계조사가 증명하고 있다.

그런데 이상한 것은 일본에서 100만부라는 엄청난 기세로 팔린 이 책의 저자가 불분명하다는 사실이고, 이번에 만화로 출판된 책도 저자나 출판사가 불분명하다는 공통점이다. 『추한 한국인』의 저자는 박태혁 이라는 가공의 인물로 되어있는데, 한국의 매스컴이 추적한 결과, 일본인이 쓰고 한국인의 이름을 도용한 것으로 드러났다. 정말 일본인다운 수법이라 하지 않을 수 없다. 한국인의 이름을 도용하여 한국을 비방하는 글을 쓰면, 일본인들은 더욱 진실로 믿을 것이고 한국인이 한국인을 비방하니 대리만족도 얻을 수 있는 이중의 효과가 있는 것이다.

그늘에 숨어서 키득거리며 『추한 한국인』을 읽으며 희열에 빠지고, 만화 『혐한류』를 탐독하며 왜곡된 사고를 정설로 인식하는 '추한 촌놈' 일본인들을 볼 때면 미래의 한·일관계에 대한 걱정에 앞서 그들의 편향된 사고에 측은한 생각마저 든다.

| 한 줄로 세우는 일본 교육 |

히로시마에 와서 얼마동안 당시 중학교 2학년인 막내 아이의 교육 때문에 상당한 고민을 했다. 어느 학교에 보내야 아이가 제대로 된 교육을 받을 수 있을 것인가에 대해 여러 사람의 의견도 들어보고 실제로 저번에 일본에 왔을 때의 경험도 상기하면서 신중히 결정하기로 했다. 조언을 해 준 영사들을 비롯한 상사주재원 등 다른 선임자들은 하나 같이 미국인이 운영하는 국제학교(HIS)에 보내라 권했고 그들의 자녀들도 국제학교에 보내고 있었다.

처음에는 망설이지 않을 수 없었다. 국제학교는 경영자가 미국인이기에 영어로 수업을 전개할 뿐만 아니라 학비 또한 만만찮게 비싼 곳이기 때문이다. 그래도 이번 기회가 일본에 오는 마지막 기회 일지 모르고 아이에게도 국제학교는 좋은 경험이 될 거라 여겨 무리를 해서라도 이 학교에 입학시켰다.

그런데 문제는 이 학교가 시 외곽에 위치해 있어서 아침 일찍 아이를 스쿨버스에 태워 보내야 한다는 점이다. 교육원의 일 자체가 야간강좌 위주로 편성되어 있으므로 아침에 일찍 일어나기가 여간 어려운 일이 아니다. 그런데도 오전

여덟시까지 스쿨버스가 오는 신칸센역에 바래다주어야 하니 이중의 고역이 아닐 수 없었다.

그렇지만 세상의 부모들이 모두 그렇듯이 껍데기만 남은 몸으로라도 부모는 자식을 위해 사는 것이 숙명이 아니던가? 괴로움을 무릅쓰고 아이와 함께 매일 아침 일찍 신칸센역 앞에 갔다. 처음에는 적응하기가 어려웠고 고달픈 느낌이 들었지만 시간이 지나자 차츰 익숙해졌다. 아이도 처음에는 언어소통의 어려움에 고생을 했지만 시간이 지나자 차츰 안정을 찾아가고 자신의 위치를 확보해 갔다.

그런데 재미있는 사실은 아이와 함께 이런저런 이야기를 하면서 학교에 가다보면 미처 내가 깨닫지 못하거나 오랜 일본생활의 타성에 젖어 간과하고 마는 사실들을 아이의 눈으로 확인시켜 준다는 점이다. 일본도 겨울이면 상당히 춥다. 그런데도 일본의 아이들은 초·중·고 모두가 교복을 입고 등교한다. 그 중에서도 유치원 아이와 초등학교 저학년 학생들이 반바지나 짧은치마 차림으로 웅크리고 등교하는 모습이 우리 아이의 눈에는 이상하게 비치는 모양이었다.

또한 조그만 아이들이 똑같은 교복에 똑같은 란도셀이라는 가방을 메고 다리가 시퍼렇게 되어 병아리처럼 떨면서 가는 모습이 이상한지 "아빠, 일본 아이들이 불쌍해 보여요"라고 했다. 내 눈에는 이미 익숙해져 있기에 대수롭지 않게 보아왔고 관심을 두지 않았기에 신선한 충격이 아닐 수 없었다.

히로시마는 위도가 제주도보다 조금 높은 정도의 위치이기에 기온은 영하로 내려가는 일이 드물다. 그런데도 추위는 한국보다 더 느껴진다. 그 이유는 일본의 집구조가 한국과는 다르기 때문이다. 일본은 겨울에 난방을 하는 시설이 아예 없다. 바닥이 다다미로 깔려있는 방과 후스마라는 얇은 벽, 그리고 문도 이중문이 아니기에 바깥의 한기가 그대로 방안에 전달된다. 등 따시고 배불러야 되는 우리 한국인들로서는 얼음장 같은 한기가 뼛속까지 스며드는데 온기 하나 없는 이불속으로 들어가야 하는 일본의 겨울은 그야말로 고역이 아닐 수 없다.

그런데 주위의 일본인들에게 물어보면 그들은 그 추위를 작은 난로 하나로 견뎌낸다는 것이다. 어떤 집은 난로 없이 작은 판 밑에 전구가 붙어있는 고다츠라는 전열기구 하나로 겨울을 나기도 한다. 잠자리에 들 때에는 뜨거운 물로 목욕을 하고 그 온기로 잠자리에 들면 아침까지 거뜬하다는 설명인데 우리는 그렇게 해보니 밤새 웅크리고 새우잠을 잘 수밖에 없었다. 일본인의 인내력에 감탄할 지경이라고 하면 적당한 표현일지 모르겠다.

아이들에게 짧은바지나 짧은치마를 입혀서 보내는 것도 어릴 때부터 인내심과 근성을 길러주고, 추위에 싸워 이겨 감기에 걸리지 않는 튼튼한 몸을 만들어 준다는 그들의 설명에 나는 고개를 갸웃거리지 않을 수 없었다. 사실 저번 92년에 일본 오카야마岡山에 왔을 때 두 아이를 일본학교에 보내면서 나는 적잖은 갈등을 느껴야 했다. 그 중의 하나가 아이들의 복장 문제였다.

오카야마에는 국제학교가 없기에 집 근처의 일본초등학교에 딸아이 둘을 함께 보냈다. 여름에는 별 문제가 없었으나, 겨울이 되자 아이들이 교복만 입고 학교에 가야하니 감기에 쉽게 걸렸다. 추워서 떨고 있는 모습이 측은하기도하여 두꺼운 바지에 외투를 입혀 등교시켜 보았다. 그랬더니 당장 담임선생님이 학부모를 호출하여 "정해진 규칙을 깨는 일을 하면 안 된다"라며 선진국의 문화는 "규율을 지키고 준법정신을 생활화 하는 데서부터 출발한다."고 일장훈시를 했다.

집에 와서 두 아이에게 설명을 했더니 3학년인 위의 아이는 수긍을 하고 다음날부터 추위에 이기기 위한 혹한훈련에 들어갔다. 그러나 아직 1학년인 작은 아이는 고집을 피우며 추워서 학교에 가기 싫다고 하니 어쩔 수 없이 다시 두꺼운 옷을 입혀서 학교에 보냈다. 그러자 이번에는 담임과 교장이 함께한 자리에서 "규칙을 지키지 않으면 우리 학교에는 다닐 수 없으며, 당신 자녀 하나로 인해 학교의 전통이 무너져서는 안 된다"라며 일본인 특유의 딱딱한 표정으로 두 번 다시 그런 일이 없을 거라는 각서를 쓰게 했다. 한국인으로서 좀 기분이 좋지 않았지만 한 사람뿐인 내가 일본인 다수를 상대로 싸운다 해도 이길 수도 없는 일이었다. 그러기에 편법으로 두꺼운 외투를 입혀 학교 앞까지 데려가 거기에서 외투를 벗기고 학교로 들여보내는 일을 2년간이나 반복하였다. 아마 그 학교가 시 외곽에 위치한 시골학교라 학교의 경영자나 선생님들이 한국에 대한 편견이나, 더 고루한 사상을 가지고 있었는지도 모른다.

그러나 일본에서 살다보면 온 국민이 눈에 보이지 않는 거미줄 같은 규제 속에서 집체훈련을 받고 있는 것 같은 느낌을 종종 받는다. 일본인들은 그것이 당연한 것처럼 받아들이지만 외국인들이 보면 아직도 군국주의시대의 잔재가 개선이나 개혁이라는 과정을 거치지 않고 그대로 사회전체를 관통하고 있는 듯하다.

| 이지메에 몰린 극한상황 |

지난 2006년 2월17일 이탈리아 토리노에서 개최된 동계올림픽에서 쇼트트랙 여자 1500미터 준결승 경기가 열렸다. 이때 일본 NHK 아나운서는 경기를 중계하면서 한국선수들이 앞 선수를 젖히려 하자 자신도 모르게 "이께나이!(안돼), 이께나이!(안돼)"를 연발했다. 순간 옆에 있는 해설자가 그 말을 묻어버리기 위해 "한국 선수들 정말 강하군요. 그렇지 않아요?"라고 말을 제지시켰다. 그제서야 정신이 들었는지 말을 바꾸어 한국선수들의 정황을 그대로 전하기 시작했다. 이 상황을 냉철히 표현하면 "조센징 안 돼! 안 돼!"가 바로 그들이 정녕 하고 싶은 본심인 것이다.

일본의 공영방송인 NHK 아나운서가 그런 본심을 자기도 모르게 드러내는데, 일본의 일반적인 국민들이 한국을 미워하고 견제하려는 마음이야 오죽하겠는가! 이들이 취하는 타인혐오, 인국혐오의 공통된 심리를 역사적으로 거슬러 올라가 보면, 집단에 의한 이지메의 형태로 일본사회에 오래전부터 존재해 왔고 그 뿌리가 너무나 깊음을 알 수 있다.

일본이라는 사회는 오랜 예로부터 무라村라고 하는 기초단위를 중심으로 횡으로 종으로 얽혀진 사회이고 그 사회의 바깥사람은 '요소모노(타관사람)'라 하여 철저한 차별을 당연시 하는 사회이다. 그러므로 요소모노를 차별하고 이지메 하는 문화에 길들여진 일본인들이 보여주는 집단적인 가학행위는 그야말로 세계적인 명성(?)을 얻고 있는 것이다. 다음 사례에서 그 명성을 다시 한 번 확인해 보자.

2006년 2월15일 시가현滋賀県 나가하마시長浜市에서 유치원아이 둘을 한꺼번에 칼로 찔러 죽이는 끔찍한 사건이 발생했다. 용의자는 중국에서 7년 전에 시집온 데이 모토코(鄭元子 34세 가명)라는 사람으로, 같은 유치원에 다니는 장녀(5세)와 밑에 아들하나를 둔 평범한 전업 주부다. 신문 보도에 의하면 처음 시집 올 때는 상당히 밝고 주위사람들과 잘 어울리는 사람이었다고 한다. 그러던 그가 장녀를 유치원에 입학시키고 나서는 "말이 통하지 않아 고민이다. 아이가 그룹으로부터 따돌림을 당한다."라고 한다든지, "다른 사람과 교재하려면 휴대전화를 사야 하나요?" 등의 이야기를 하면서 주변 사람들로부터 소외감을 많이 느껴온 것으로 알려졌다.

스스로 성격도 예민해지고 난폭해져서 밤에 잠을 이루지 못하거나, 갑자기 성을 내어 물건을 집어던지는 등 최근에 와서는 불안정한 정신상태가 연속되었다고도 한다. 그러던 중 일본 전국에서 어린아이를 대상으로 한 엽기살인사건이 자주 발생하는 바람에 이 유치원도 아이들을 보호하기위해 그룹을 지어 학부모 한 사람이 교대로 등하교를 시키기로 결정했다.

처음에는 데이 용의자도 그룹에 들어가 같이 등하교를 시켰으나 2개월 후에는 "개인적으로 등하교 시키겠다"고 그룹에서 빠져나갔고, 다시 9월에는 그룹으로 돌아왔다. 그 후 여러 번 유치원 선생님과 원장에게 자신의 아이가 "이지메를 당하고 있지 않은가?"라고 상담을 신청해 왔고, 선생님은 조사결과 "그런 사실이 없다"라고 대답했다고 한다. 그런데 데이 용의자는 자신의 아이가 "이지메를 당하고, 따돌림을 당하고 있다. 이렇게 보고만 있어서는 아이에게 희망이 없다"라는 생각을 한 것 같고, 그 결과 이런 끔찍한 살인사건을 일으키게 된 것으로 경찰은 추정하고 있다.

아이를 잃은 부모의 심정은 무엇으로 위로한들 보상이 될 것이며 그 애절한 심정은 억장이 무너지고 하늘이 내려앉는 아픔일 것이다. 정말 죄 없이 희생된 아이들의 명복을 진심으로 빌어주고 싶다. 그러나 우리는 여기서 평범한 주부인 이 용의자가 왜 이런 끔찍한 범죄로까지 치달을 수밖에 없었는지 그 배경을 추정해 보아야 하고 그것이 일본사회가 안고 있는 병적인 이지메와 어떻게 연결되는지 고찰해 보지 않을 수 없다. 그러한 고찰이 진정 일본이 무엇이며 일본이 안고 있는 사회적 병리가 무엇인지를 이해하는데 도움이 되기 때문이다.

당시 일본의 공중파 방송들은 특집방송을 만들어 전문가들의 의견을 내보냈다. 대부분의 전문가들이 데이씨 개인의 부적응 성격 탓으로 돌리고 있었지만 내가 보기엔 일본인들의 집단 이지메가 원인인 것이 틀림없어 보였다. 왜냐하면 일본인들은 스스로 인식하지 못하고 있지만 그들의 정해진 '집단' 밖의 사람에 대한 냉대와 차별은 상상을 초월할 정도로 끈질기고 집요하다. 당하는 사람은 극심한 정신적 스트레스를 받거나, 정신이 이상해질 지경으로까지 치달을 수 있고 심하면 자살에 까지 이르기 때문이다. 특히나 일본 속에서도 시골에 속하는 나가하마시 정도의 작은 집단에서는 당연히 외국에서 시집온 사람은 주목의 대상이 되었을 것이다. 따라서 '말이 통하지 않는 답답함'에 더하여 일본인들이 싸늘하게 쏘아붙이는 말 한 마디 한 마디가 비수처럼 가슴에 박혔을 것임에 틀림없다.

한국에서 일본으로 시집온 재일동포들도 그들의 이야기에 의하면 처음 얼마 동안은 일본에서 태어난 우리 동포와 주위의 일본인들에게 심한 이지메를 당한다고 한다. 그 이지메가 20년이 지나도 없어지지 않고 완벽한 일본어가 가능할 때까지 지속된다고 하니 정말 얼마나 외국인이 일본에서 살기가 어려운지 실감이 간다 할 것이다. 그런 문화에서 살아온 사람은 또 다른 이지메의 대상이 나타나면 자기가 당한 복수를 그 대상에게 하기 쉬우므로 이지메는 더욱 없어지기 어려운 사회적 병리로 남아있게 된다. 마치 엄한 시어머니에게 시집살이한 며느리가 자신의 며느리에게 더욱 엄하게 하는 것과 마찬가지 현상이다.

일본을 비판하기에 앞서 우리의 현실을 보자. 과연 우리사회에는 이지메가 없는가? 당연히 우리 사회에도 이지메가 존재한다. 우리의 마을단위의 집단에서 보여 지는 '텃세'가 바로 이 이지메의 원조이다. 그러나 우리의 텃세는 20년 30년 이어지는 지속성을 가지고 있지 않다. 단시간 적이고 일회성이다. 이것은 우리 사회가 정情의 문화에 기반을 두고 있기 때문이며 예로부터 과객문화의 정착과 외지인과 외국인을 손님으로 여기는 미풍양속이 남아있기 때문이다. 그러나 일본은 그렇지 않다. 그들의 문화는 그들이 그토록 좋아하는 와和의 문화이다. 같은 사상, 같은 행동, 같은 문화를 가진 동일집단이 중요한 것이다. 즉 그들은 자기사회에 동화同化될 때까지 '요소모노(타향사람)'에게 이지메를 계속하는 것이다.

| 강자를 위한 나라 |

일본은 법적으로나 제도적 측면에서 경제적 사회적 약자보다 강자가 유리한 나라이다. 세계의 모든 민주국가에서는 서민을 우선시 하고 가난한 자를 보호 하는 복지정책을 펴고 있고 그러한 추세를 우리는 잘 알고 있다. 그런데 일본에서 생활해 보면 선진 민주국가임을 자랑함에도 불구하고 강자와 가진 자에게 유리하도록 법률적·제도적 뒷받침을 하고 있는 현실에 직면하고 놀라게 된다. 물론 자유 시장경제를 추구하는 민주국가의 대부분이 개인 간의 경쟁을 당연시 한다는 건 기본적 상식이지만, 법적으로 강자에게 유리하도록 뒷받침하는 국가는 그리 많지 않을 것으로 본다.

24년 전 처음 일본에 도착해서 얼마동안 생활하면서 얼핏 본 일본은 복지제도나 사회적 안전망이 잘 정비되어 있음에 부러운 마음이 들었다. 기초생활복지 지원금제도 등이 이미 도입되어 있었고 절대빈곤층에 대한 국가의 지원이 미치지 않는 곳이 없을 정도였다. 그러나 이번에 일본의 사설 영어학원에 막내 아이를 보내면서 일본사회의 모순점을 발견하고 상당한 충격을 받았다.

일본이나 우리나라나 영어를 배워야 한다는 강박관념은 꼭 같기에 일본에서도 영어회화 학원을 찾는 것은 그리 어렵지 않다. 그 중에서도 가장 큰 규모를 자랑하는 곳이 NOVA라는 학원인데 전국규모로 텔레비전에서 정기적으로 광고를 할 정도로 유명하다.

우리 아이도 영어회화가 충분하지 못하여 원어민에게 영어를 배우면 좀 나아질까하여 이 학원에 등록을 하러 갔다. 한 6개월 정도 배우면 충분할 것 같다는 생각에 아이를 데리고 학원창구에 갔더니 상담자가 나와서 6개월로 계약하면 비싸게 먹히니 2년 계약을 하라는 것이다. 그리고 2년을 계약하여 중도에 해약하면 싸게 먹히니 걱정 말고 그렇게 하라고 했다. 우리가 외국인이고 또 일본의 제도에 대해 잘 모르니 시키는 대로 하겠다고 말한 다음 자신들이 내미는 일정 규격의 서류에 사인을 했다.

그런데 문제가 발생하고 말았다. 아이가 세 번 정도 이 학원에 다녀 보더니만 마음에 들지 않는다고 그만두겠다는 것이다. 아이를 타일러도 가지 않겠다고 하니 할 수 없이 해약을 할 수 밖에 없었다.

좀처럼 시간을 낼 수 없어 전화로 해약하겠다는 통보를 하니 창구 직원이 한 달 후에 정리가 가능하므로 그 때 오라는 것이다. 계약 시에 매월 수강료는 은행구좌에서 빠져나가도록 해 놓았기에 다음 달에 빨리 해약을 해야 돈이 인출되지 않는다는 생각 때문에 정해진 날짜에 정확히 맞추어갔다. 그랬더니 4개월 정도 더 구좌에서 인출해야 위약금을 합한 돈이 되므로 그 때 연락하겠다고 했다. 할 수 없이 그렇게 기다릴 수밖에 없었고 일본사회의 신용도를 믿어보기로 하고 4개월 후에 올 연락을 기다리고 있었다.

그런데 아무 연락이 없는 것이 아닌가! 은행계좌에서 돈은 어김없이 빠져나가고……. 이런 상태가 정확하게 12개월 진행되었다. 할 수없이 학원에 찾아가 연락을 받지 못했다고 항의하자 그때서야 연락을 취했으나 연락이 되지 않았기에 어쩔 수 없이 계약대로 구좌에서 돈을 인출할 수밖에 없었다는 대답을 했다. 그리고 이제부터 정리하는데 1개월이 걸리니 다음 달에 오라는 것이다.

다음 달에 열이 오를 대로 올라 학원에 갔다. 그러자 해약하는데 조건이 필요하다는 것이다. 먼저 보이스 카드(voice card)를 모두 반환 할 것, 교과서를 모두 반환 할 것, 수강카드를 모두 반환 할 것을 요구했다. 이미 시간이 오래된 탓에 보이스 카드는 없어졌고 교과서만 남아있었다. 그러자 보이스 카드료는 사용하지 않아도 현금과 같으므로 분실 시에는 모두 지불해야 한다고 했다. 깨알 같은 규정을 내밀며 내어놓은 청구서가 무려 23만 8천엔이나 되었다. 세 번 수강하고 한화 300만 원 이상을 지불해야 하는 억울한 일을 당한 것이다.

어쩔 수 없이 청산하고나와 일본인 변호사를 찾아갔다. 30분 상담에 1만 엔을 주고 상담하니 결론적으로 그만두라는 것이다. 일본의 재판은 그야말로 긴 시간과 돈을 필요로 하니 얼마동안 체류할 외국인은 돈과 시간을 빼앗기기에 들인 시간과 돈에 비하면 이기더라도 실익이 전혀 없으니 참고 지내는 수밖에 없다며 한 가지 방법으로 소비자 고발센터를 알려주었다.

이도저도 안되겠다는 생각으로 포기하고 지내는 도중 2007년 2월 16일 NOVA의 일제수색이 시작되었다는 보도가 나왔다. 전국에서 10만 건이 넘는 건수가 노바의 해약에 의한 부당성을 고발 내지는 신고했다는 것이다.

나도 이 기사를 보고 혹시나 어느 정도 반환을 받을 수 있을지 모른다는 기대감에 포기하고 버려두었던 서류를 들고 소비자 고발센터에 갔다. 소비자 고발센터에서는 외국인이고 이런 억울한 일을 당했으니 책임을 지고 꼭 해결에 나서겠다고 했다. 그러나 일본인의 다테마에(가식)에 또 한 번 속고 말았다. 그 담당공무원은 친절하게 그렇게 말했지만 정작 실제적으로는 아무것도 해결된 것이 없었다. 부당하게 갈취당한 돈을 한 푼도 돌려받지 못했음은 물론이다. 기대를 걸었던 내가 어리석었음을 일본문화를 제대로 이해하는 요즘에 와서야 겨우 느끼게 되었다.

또 한 가지 예로 일본에서는 전세나 달세로 집을 빌릴 때 일방적으로 집주인에게 유리하도록 법적인 뒷받침이 되어 있다. 필자가 1993년 고베시神戶市의 포트아일랜드에 아파트를 얻어 살다가 1년 2개월 만에 오카야마로 발령이 나는 바람에 갑자기 이사해야 하는 일이 벌어졌다. 아직 일본의 실정을 잘 모르는 우리들로서는 집을 소개해 준 부동산회사가 하는 대로 맡겨둘 수밖에 없었는데, 집주인이 보내온 청구서를 보고 정말 깜짝 놀라지 않을 수 없었다.

계약기간이 2년인데 1년2개월 만에 이사하니 위약금으로 월세의 3개월 치에 해당하는 보증금敷金은 당연이 떼이는 것이라 치더라도, 집 수리비로 123만 엔을 요구해 오니 어안이 벙벙해 졌다. 그 당시의 돈으로 123만 엔이면 우리나라 아파트 33평형 리모델링 비용과 맞먹는 거금이다. 부동산 회사에서도 기가차서 말이 안 나오는지 중재에 나섰고 결국 주인의 양보(?)로 88만 엔을 지불했다. 정말 억울하기 이를 데 없는 일이었다.

지금도 일본의 집에 살면서 못하나 치지 않으며, 벽지하나 더럽히지 않는다. 우리나라의 세입자들이 시간의 경과에 따라 자연적으로 더럽혀 지거나 마모되는 손실에 대해서는 변상을 하지 않음은 물론이고, 보일러가 고장 나거나 변기가 부서지거나 하는 조그마한 수리 건까지 모두 주인이 부담해야 되는 것과는 정반대이다.

고베에 파견 올 때 이미 예비교육을 통해 일본의 집에 대해서 누차 강조하여 들어 왔기 때문에 최선의 주의를 다하여 집을 관리하였다. 그러나 강자 편에 일방적으로 유리한 일본의 법과 외국인이라는 핸디캡, 그리고 이미 이사를 했기 때문에 주인의 입회하에 수리할 곳을 협의하는 절차가 없었기 때문에 더욱 불리해질 수밖에 없었다.

아무튼 우리는 외국인이니 그렇게 당했다고 치자. 그런데 일본인들은 어떠한가? 일본인들은 적극적으로 나서서 법적으로 소송을 벌이거나 시민단체가 나서서 호소하는 사람이 거의 없다. 기껏해야 소비자 고발센터에 신고하는 정도로 그치는 것이 대부분이다. 그저 강자인 정부가 정해놓은 대로 따르면 되는 것이지 그게 무슨 문제인가라는 인식이다. 이미 일본인들의 인식에는 정부와 강자의 말과 제도가 법 이전의 규율인 것이며 진리인 것이다. 강자에 대항하는 것은 악덕이고 부정한 것이라는 생각이 머릿속에 들어 있는지도 모른다.

또한 부동산임대법이 상대적으로 강자인 주인에게 유리하도록 되어있음에도 뜯어고치거나 합리적으로 개정할 생각을 하지 않는다. 부동산 문제 토론회에 출석한 자민당의 한 의원은 부동산 시장의 위축을 염려하여 이 법을 더욱 집주인에게 유리하도록 개혁(?)해야 한다는 주장을 하는걸 보아도 일본은 서민을 위한 나라가 아님을 알 수 있다.

| 납북자 문제와 일본 매스컴 |

일본 매스컴은 2005년부터 1978년 8월 전북 군산 선유도에서 북한공작선에 의해 납치되었던 김영남 씨(당시 16세)에 대해 연일 특집을 내보내거나 심층 분석 프로그램을 방영하고 있다. 이러한 특집이나 추적 분석프로그램을 편성하여 내보내는 이유는 일본인 납북자 요코타 메구미橫田めぐみ라는 여성의 남편인 김영남 씨가 현재 평양시내에 살고 있다는 정보를 입수했기 때문이다.

　일본의 자료에 의하면, 요코타 메구미씨는 일본인 납북자 중에서도 맨 먼저 납북사실이 확인되어 1990년대 초반부터 일본 언론에 부각된 인물이다. 이 여성은 1977년 11월15일 중학교 1학년 때(당시 13세) 니가타시新潟市의 자택 근처에서 귀가 중에 납치된다. 집 근처의 공터에 은신 중이던 공작원이 요코타 씨에게 발견되자, 자신의 신분이 노출될 것을 우려해 북한의 지령에 관계없이 납치해 갔다고 한다. 따라서 이 공작원은 지령 없이 개별행동을 했다는 이유로 북한정부의 처분을 받았다고 하는데, 그 처분의 구체적인 내용은 알 수가 없다.

　요코타 씨는 북한에 납치된 후 1986년 7월까지 초대소에서 조선어와 현지적응에 필요한 체험 등을 배우며 지냈다. 이후 1986년 8월13일 당시 회사원인 김철주와 결혼하고 김혜경이라는 딸을 출산했다. 출산 후 심한 우울증에 시달리다 1993년 3월13일 평양 시 승호병원에 입원 했으나 동 병원 내에서 목을 매 자살했다고 한다.

 이러한 자료는 일본정부의 대북압박에 의해 북한정부가 제공한 자료이며, 김정일은 이미 일본인 납치사실을 2002년에 공식적으로 시인한 바가 있다. 따라서 일본정부는 요코타 씨의 유골 반환을 요구하게 되었고 북한정부는 동씨의 유골을 일본에 넘겨준다. 그런데 문제는 이 유골이 가짜라는 것이 일본의 DNA감정에서 판명되었고, 북한은 그럴 리 없다고 하는 공방이 이어져 오고 있다. 우리 언론들도 일본을 비판하고 북한 편을 드는 듯한 기사를 여러 번 본 일이 있기도 하다.

 한편, 일본 언론들은 일본의 대학에서 실시한 DNA감정결과가 정확하다는 전제 하에 두 가지로 추측 하는 보도를 하고 있다. 그 하나는 아직 요코타 씨가 북한의 어딘가에 살아있고 북한이 거짓으로 다른 사람의 유골을 제공했을 가능성이다. 다른 하나는 이미 사망했으나 유골의 흔적을 찾을 수 없어 어쩔 수 없이 다른 사람의 유골을 제공했을 가능성이 그것이다. 그리고 김영남의 딸 김혜경도 일본 외무성이 혈액을 입수하여 오사카의과대학에 DNA감정을 의뢰한 결과 99.5%의 확률로 친자임이 확인되었다.

 이후 금강산에서 김영남씨의 가족과 한국의 가족이 상봉하는 극적인 장면도 있었고, 2006년 5월 28일에는 한국의 가족이 일본을 방문하여 요코타 메구미의 부모와 만나기도 했다. 기구한 운명으로 맺어진 사돈 간의 만남이었다. 이 자리에서는 한국의 '납북자 가족회' 의 대표도 함께하여 한국과 일본의 납북자 문제에 서로의 힘을 합치기로 결의하기도 했다.

 또한 지난 2009년 3월에는 KAL기 폭파범 김현희 씨와 북한에 납치되어 일본어를 가르친 '다구치 야에코(田口八重子 이은혜)' 라는 인물의 오빠인 이즈카 시게오(飯塚重雄)씨와 다구치씨의 아들 이즈카 고이치로(飯塚耕一郎) 씨가 부산에서 면담하는 극적인 일도 있었다.

　그동안 일본인 납북자에 대한 일본정부의 태도는 역대 우리정부의 무관심과는 극히 대조적이었다. 일본정부는 자국민의 안전과 보호라는 차원에서 집요하게 북한에 대해 압력을 행사하고 있다. 물론 조일국교정상화 회담에서 유리한 고지를 점하고 일본 국민들을 선동하여 군사대국화로 갈 수 있는 더할 수 없는 좋은 자료이기에 적극성을 보이는 지도 모른다. 매스컴의 태도 또한 일관성을 유지하고 있고, 정부의 노력에 협력하여 잊을 만하면 특집을 내보내는 집요함을 보이고 있다.

　또한 민간차원에서 전국의 실종자를 파악한 결과 약 100여명에 이르는 행불자가 북한에 의한 납치피해자로 추정 집계됐다. 뿐만 아니라 이들은 '북조선에 납치된 일본인을 구출하기위한 전국협의회'와 '북조선에 의한 납치피해자가족 연락회'를 결성하여 정부의 협력 하에 긴밀히 활동하고 있기도 하다. 김영남씨 건도 일본인들의 집요한 추적으로 밝혀진 것이다. 아울러 일본정부는 16명의 납치피해자를 확인하고 송환을 요구하여 5명은 이미 일본으로 송환받았다. 그리고 나머지 11명은 사망한 것으로 북한정부로부터 통보받은 바 있다.

　이러한 일본정부의 노력은 일본국민에게 신뢰감을 주기에 충분하다. 나아가 일본이라는 국가에 대해 일본국민 스스로가 자부심을 가질 수 있게 하는 두드러진 성과이기도 하다. 물론 이 지구상의 모든 국가들이 자국민을 보호하고 안전을 보장하는 것이 국가가 져야할 보편적인 의무이며 상식임에 틀림없다. 그러므로 일본정부의 이러한 노력은 지극히 당연하고 마땅한 일인지도 모른다.

　그러나 이러한 일본정부의 일관된 대북정책과 일본매스컴의 집요한 보도태도는 우익들의 노림수와 궤를 같이한다는 분석도 있다. 일본 언론과 우익들이 납치문제를 이슈화시키는 것은 '일본이 결코 안전하지 않다'는 것을 일본전체의 국민들에게 확산시키는 일이다. 그리고 이러한 여론을 바탕으로 헌법 개정에 박차를 가하고자 하는 것이다.

일본 헌법 제9조는 '일본은 영원히 자위대 이외의 군대를 가질 수 없다'라고 못 박고 있다. 이를 두고 일본에서는 '보통국가의 헌법'으로 개정해야 한다는 우익들의 목소리가 높았고, 여론은 이들을 지지하는 방향으로 움직였다. 그 결과 이제 1년 후이면 헌법 개정의 가부를 묻는 국민투표가 실시될 예정이다. 이런 일본의 움직임에 유리한 작용을 하는 것이 북한의 미사일 발사와 핵실험, 납치문제 등이다. 따라서 일본정부와 매스컴은 북한의 위협을 확대 해석하여 헌법 개정의 명분을 얻고자 하는 것이다.

북한은 현재 GNP가 일본의 300분의 1에 불과하다. 그러니 일본이 북한과 전쟁을 한다고 가상설정을 해 보아도 도저히 사흘을 버티기 힘들 정도의 상대밖에 안 된다고 본다. 따라서 현대전에서 핵을 보유하고 있다 하여도 발사하기 전에 이미 방해 전파에 의해 아무것도 작동할 수 없는 상태가 될 것이다. 오히려 그것이 북한을 궁지로 모는 장애가 될 가능성이 크다. 그런 것을 잘 알고 있는 일본의 매스컴들이 왜 북한을 불량 국가로 지목하고 계속 이슈화 하는 것일까? 물론 일본인을 납치하고 그들을 대남공작원과 대일본 공작원들의 교육에 이용했으니 당한 일본인들로서는 분개할 것이다. 그렇지만 그들이 우리 민족에게 저지른 과거사에 비하면 약과에 불과하다는 생각도 든다.

이제 그들은 북한을 이용하여 우익의 목적을 충실하게 달성시키고 있다는 조짐이 여기저기서 드러나고 있다. 사실 김정일이 직접 밝힌 '일본인 납치'라는 멋진 이슈는 일본인을 하나로 묶는데 더할 나위 없는 좋은 조건을 제공한 셈이다. 그러니 몇 년을 두고서라도 이슈화하고 보도할 수밖에 없는 것이다.

| 일본 언론의 자유도 |

국경 없는 기자클럽이 2006년 11월 15일, 세계 168개국의 2006년도 언론자유도를 발표했다. 이 조사는 세계 각국에 주재하는 외국기자들에게 설문지를 보내 그 결과를 집계한 것으로 상당한 국제적 권위와 신빙성이 인정되는 통계로 정평이 나 있기도 하다. 이 조사를 살펴보면 재미있는 사실을 발견할 수 있는데 한국이 37위에 랭크되어 있는데 반해 아시아의 선진국임을 자랑하는 일본이 51위로 떨어져 있다는 결과이다. 평소 한국에 대한 좋지 않은 기사거리만 생기면 한국을 비하하고 무시하며 언론을 통해 비아냥거리기를 밥 먹듯 하는 그들의 수준이 오히려 한국보다 낮게 평가된데 대해 일본 언론인들은 큰 충격을 받았을 것이다.

그러나 나는 일본의 언론인들이 한국보다 그 자유도가 낮게 평가된데 대해 통분해할 필요는 없다고 본다. 왜냐하면 국경 없는 기자클럽의 판단은 그야말로 객관적이기 때문이다. 아마 일본에서 5년 이상 생활해 본 외국인들은 누구라도 이 통계자료에 대해 상당부분 수긍을 하고 "역시나!"라는 공감의 탄식을 자아낼 것이다. 그렇게 말할 수 있는 이유는 이 통계자료에서 밝힌 일본의 오프 레코딩(Off recording 기자들이나 언론사 간의 보도통제합의)에 우익에 관한 기사와 천황가에 대한 철저한 배려가 들어있다는 점을 들 수 있다.

사실 일본에서 오래 생활하다보면 자연스럽게 느끼는 일이지만 일본의 언론들은 우익들의 보도에 대해서는 대단히 신중하며 과감한 보도를 피하거나 민감한 부분은 피해가는 경향을 보인다. 또한 천황가의 동정이나 천황에 대한 보도는 국민정신을 한데로 모으는 선동 자료로 이용하거나 애국심을 강제하는 수단으로 이용할 뿐만 아니라, 나쁜 뉴스는 아예 보도하지 않는다는 원칙을 고수하고 있다.

그럼 이러한 사실들 중 천황가에 대한 신중한 보도태도는 우리가 익히 잘 알고 있기에 생략하기로 하고, 일본 우익이 관련된 다음 두 가지 대표적 사건을 통해서 일본 언론의 자유도를 살펴보기로 하자.

제1화 자민당 국회의원 가토 코이치加藤紘一씨 자택 방화사건

2006년 8월15일, 일본자민당 국회의원 가토씨 자택이 화염에 휩싸여 전소되는 사건이 발생했다. 그는 자민당의 간사장을 지낸 인물로 자민당 내의 상당한 실력자이며 고이즈미 전 수상의 야스쿠니 신사참배를 비판한 중도세력으로 잘 알려진 인물이다. 평소에도 여러 텔레비전과 신문사 등의 언론사에 출연해 고이즈미의 야스쿠니 신사참배를 강도 높게 비판한 자민당의 중진이기도 하다. 특히 이날은 NHK 대담프로에서 "미국일변도의 외교로 아시아 여러 나라를 무시하고 (관계를)부수어서는 안 된다."는 주장을 하고 나서 집으로 돌아가던 참이었다. 다행히 화재현장에는 80대의 그의 노모가 자리를 비운 터라 인명피해는 없었으나 누가 보아도 방화의 흔적이 역력한 인위적 사건이었다. 불타고 있는 집에서 얼마 떨어지지 않은 곳에 60세 가량의 남자가 할복자살을 기도하여 의식불명에 빠져있는 걸 목격한 것은 방화 후 두 시간이 지난 때였다. 이 남자는 도쿄에 본부를 두고 있는 우익단체의 핵심대원으로 고이즈미에 비판적인 가토씨의 발언에 항의하기 위해 방화를 기도하고 스스로 할복한 것으로 보여 진다고 각 언론사들이 보도했다.

여기까지는 세계의 어느 나라에 못지않은 공정한 언론보도로 여겨 무방할 것이다. 그러나 그 다음날부터 각 언론사의 태도는 완전히 달라졌다. 일체 이 사건의 후속 내용을 보도하지 않음은 물론 가토씨의 방송 출연도 가타부타 말 한마디 없이 차단되고 말았다. 방화범은 누구이며, 정확한 소속은 어디며, 생사는

어떻게 되었는지 등의 후속보도가 전혀 없이 유야무야 되고 만 것이다. 뉴스거리가 되는 사건 하나가 발생하면 지나칠 정도로 파헤치고, 집요하게 물고 늘어지는 평소 일본의 보도행태와는 사뭇 다른 태도라 하지 않을 수 없다. 아마 우익의 보복이 두려운 언론사들이 쉬쉬하며 '보도통제'를 합의한 냄새가 짙은 그런 사건이라 여겨진다.

제2화 아사히신문 한신지국阪神支局 습격사건
1987년 5월 3일 일본의 헌법기념일인 이 날, 아사히신문 한신지국에 공기총을 든 괴한이 침입했다. 그는 고시리小尻知博라는 기자를 살해하고 옆에 있던 이누카이犬飼兵衛기자에게 전치 3주의 중상을 입히고 달아나는 테러를 자행했다. 사건 직후 '적보대赤報隊'라는 극우단체가 자신들의 범행이라고 주장하며 "우리들은 모든 아사히 사원들에게 사형을 언도하는 바이다"라는 성명서를 발표하기에 이른다.

이에 앞서 동년 1월 24일, 아사히신문 도쿄본사 2층 창문에 2발의 공기총 탄환이 발사되는 사건이 발생했다. 이 역시 '적보대'라는 극우단체의 소행으로 "우리는 일본국내외에 준동하는 반일분자들을 처형하기위해 결성된 실행부대이다. 1월 24일 아사히신문사에 가한 행동은 그 제 일보一步이며, 반일여론을 육성해 온 매스컴을 처형하지 않으면 안 된다"라는 범행성명을 팩스로 보내온다. 그 후에도 아사히신문 나고야 본사 사원기숙사 권총 발사사건, 시즈오카靜岡지국 폭탄사건 등 일련의 범행모두가 '적보대'의 소행임이 그들의 성명으로 밝혀졌다.

그러나 이 사건보다 더 중요한 사실은 사건을 해결해야할 책무를 맡은 일본경찰이 취한 행동이다. 일본경찰은 이 사건이 백주에 공기총으로 기자를 살해하고 유유히 사라진 대담한 테러사건이며, 팩스로 자신의 신분을 노출시킨 명백한 증거가 있음에도 불구하고 범인을 검거하지 못했다는 사실이다. 더욱이 범인을 지근거리에서 목격한 중인이 많음에도 불구하고 2002년 5월 3일 소멸시효를 넘기고 말았다. 정말 범인을 몰라서 못 잡은 것인지 알고도 일부러 안 잡은 것인지 이해가 안 가는 사건종결이라 말하지 않을 수 없는 것이다. 백주에 다른 사람이 보고 있는 상황에서 공기총으로 기자를 살해하고 도주했다는 사실도 치안이 극도로 안정되어 있다는 일본의 국가적 프로파간다와는 현격한 차이가 있어 보인다. 아무튼 영원한 미제사건으로 종결된 이 사건은 다른 어떤 힘이나 배경이 수사를 방해했다는 의심을 사기에 충분하다.

이러한 여러 사건들이 겹치고 겹쳐 일본 언론들은 이제 우익에 대한 심층취재나 비판기사는 금기시 하는 경향으로 이어져 가고 있는 것이 현실이다. 한마디로 사회정의를 실현해야할 언론사가 우익의 협박에 겁을 먹었거나 심정적으로 우익의 선동에 동조하고 있다고 보는 것이 옳을 것이다. 또한 일본에 주재하고 있는 외국기자들도 이러한 일본기자클럽의 태도에 처음에는 이상한 느낌을 받기도 하고 위화감을 느낀다고도 한다. 그러나 시간이 지날수록 그들의 무언의 압력에 의해 천황가나 우익에 대한 취재는 포기하는 형태를 취하지 않을 수 없다는 것이 자칭 선진국 일본이 언론자유도 51위에 랭크되는 이유이다.

| 편견에 사로잡힌 일본인들 |

우리는 일본인들의 사고관이 G8을 선도하는 선진국으로서의 수준이기를 기대하고 한껏 예의를 갖추어서 그들과 대화에 임할 때가 많다. 우리가 이런 수준 높고 고상한 일본인 상을 기대하는 것은 그들이 아

시아에서는 선두주자로 세계가 부러워할 경제부흥을 이룩했고 민주국가의 모범이라 자부하고 있기 때문이다.

또한 그들은 세계의 여러 언론매체를 통하여 국가이미지와 일본문화의 우수성을 홍보하여 좋은 이미지를 심는데 성공했다. 아울러 유럽과 아시아 그리고 다른 여러 지역에서 일본상품이 호평을 얻는데도 성공했으며, 일본인의 친절, 정직, 신용의 이미지를 심는데도 성공했다. 그러므로 우리는 늘 일본문화와 일본인을 따라가기에 급급했고, 여러 분야에서 일본의 흉내를 내는데 주저하지 않았었다. 그런 가운데서도 역사적으로 당한 민족적 피해의식 때문에 가슴속 한 구석에는 목에 가시가 걸린 듯한 감정으로 일본인과 일본문화를 비판해왔다. 이런 심리적 반일감정과는 반대로 사회전반에는 일본인들의 정직, 친절, 신용, 질서의식, 단결정신 등을 본받자는 묵시적 흐름도 있었다. 지금도 이러한 흐름은 그대로 이어지고 있고, 여러 언론매체들의 보도 내용도 그러하다.

그렇지만 정작 그들 속에 들어가 함께 생활해 온 재일동포나 오랜 기간 일본에서 살아본 사람들의 경험담에 의하면, 일본인들의 의식수준이나 민도民度가 그들의 선전과는 정반대편에 서 있음을 확인할 수 있다. 물론 일본인 중에도 여러 부류의 사람들이 있을 것이고, 개인에 따라서도 교양의 정도와 인격의 고하가 다를 것이라 본다. 그러나 아래에 소개하는 일화들을 종합해 볼 때 일본인들은 한국인에 대하여 어딘가 왜곡되고 잘못된 고정관념에서 조금도 벗어나지 않고 있음을 확인할 수 있다. 또한 그들의 편협한 사고가 밖으로 드러나는 일상에서의 상냥함과는 전혀 상반된 것임을 알 수 있게 해주는 일화들이기에 정리해 두고자 한다.

제1화 택시기사와 유학생과의 대화

히로시마대학 박사과정에 유학 중인 최영실(여 30세, 가명)이라는 학생이 어느 날

시내에 볼일이 있어 택시를 타게 되었다. 일본의 택시기사들은 대부분 일반회사에서 정년퇴직을 하고 재취업한 사람들이라 나이가 상당히 많다. 어떤 택시회사에는 65세가 넘는 사람도 상당수에 이른다고 하니 젊은 기사가 많은 우리나라의 택시를 상상하면 비교가 되지 않는다. 아무튼 이 날도 나이가 많은 기사가 운전을 했는데 승객이 젊은 아가씨이고 일본어가 어눌하니 한국인이냐고 말을 걸어왔다고 한다. "그렇다"는 대답과 함께 자연스레 대화가 이어지게 되었다.

"한국 사람들은 참 이상해요"

"왜요?"

"모처럼 우리 천황폐하가 한국을 사랑해 줬는데도 독립하고 말았으니 정말 불행하게 되었지요. 그렇지 않아요?"

"예? 왜요?"

"본래 일본인과 한국인은 한 민족인데 천황폐하의 품속에서 보호받으며 살면 좋을 텐데 독립하고 말았으니 바보 같은 일이란 말입니다"

"그럼 중국이 일본을 침략하고 지배해도 좋다는 말입니까?"

"아니 그것과는 다르지요"

"일본이 한 짓과 무엇이 다르다는 말이에요?"

대화는 여기에서 끊어졌고 그 여학생은 더 이상 앉아 있을 수 없어 택시를 세우게 하고 차에서 내렸다고 한다. 짧은 대화이지만 일본인들의 시대에 뒤떨어진 고정관념을 엿볼 수 있는 일화라 할 것이다.

제2화 교회 목사의 한국인 비하 이야기

한국에서 일본으로 유학 오는 학생들 중에는 한국기독교인들의 특유한 신앙 습관을 그대로 지니고 있는 사람들이 더러 있다. 김영순(여 31세, 가명)이라는 여학생도 그런 독실한 기독교인 중의 한 사람이라, 처음 일본에 와서 얼마 지나지 않았을 때 일요일이 되면 반드시 교회에 가야한다는 강박관념에 사로잡혀 일이 손에 안 잡힐 정도였다는 것이다. 히로시마시내의 여기저기를 찾아보아도 교회는 보이지 않고 한국인들이 모이는 교회가 어디에 있는지도 몰라 하루 종일 걸어서 겨우 한 일본인 교회를 찾을 수 있었다고 한다.

반가운 마음에 하나님의 순한 양은 세계 어디나 통하리라 여기고 서슴없이 들어가 한국에서 유학 온 학생이라 자신을 소개하고 예배를 보았다고 한다. 예배가 끝난 후 귀한 손님인 한국인유학생을 환영하기 위해 신자들과 목사가 함께 식사를 하게 되었고, 이런 저런 이야기를 나누며 분위기가 무르익을 무렵 목사가 김영순 학생에게 느닷없이 이런 말을 던졌다고 한다.

"우리 어린 시절만 해도 조센징이 일본인과 같은 자리에서 식사 한다는 건 꿈도 꿀 수 없었지."

아닌 밤중에 홍두깨 격으로 무슨 말인지 몰라 어리둥절해 있으니, 일본인 신자들은 목사에게 눈치를 주고 말을 제지시키려고 안간힘을 다하는데도 막무가내로

"암. 세상이 참 좋아졌지 이렇게 조센징과 마주보고 밥을 먹는 세상이 되었으니……"

여기까지는 그래도 참을 수 있었는데 목사는 마지막 결정타를 날려서

"아무리 세상이 바뀌었다고 해도 조센징의 그 더럽고 수준 낮은 피는 속일 수 없지. 그 비굴하고 불결한 피가 변할 수가 있겠어. 포장만 바뀌었을 뿐이지."

더 이상 자리에 앉아있기가 어려울 지경이라 변소에 가는 척하고 그 자리를 벗어났다고 한다. 정말 일본인들의 뿌리 깊은 편견을 보는 것 같아 이 이야기를 듣는 내내 입맛이 씁쓸했다.

제3화 기노시타 에미코木下惠美子의 가족이야기

기노시타 에미코(여 일본인 31세, 일본단기대학 졸업)는 히로시마한국교육원에서 3년째 한국어를 배우는 성인반 학생이다. 그녀는 5년 전부터 재일한국인 남성을 만나 결혼을 약속하고 교제 중에 있다. 교제중인 남성 이영준은 32세 이고 일본의 메이지대학明治大學을 졸업한 수재일 뿐만 아니라 인물도 좋고 한국어도 잘하는 보기 드문 인재이다. 현재 한국과 관련 있는 일본회사의 서울지부에서 근무하는 관계로 이메일과 전화로 사랑을 확인하고 있다면서 아직도 결혼을 못하고 있는 자신의 처지를 한탄하며 다음과 같은 이야기를 들려주었다.

　　에미코가 이군과 사귄지 2년이 다 되었을 무렵 두 사람은 나이도 들고 하여 결혼을 약속하고 양가부모님께 인사를 드리기로 했다. 먼저 신랑 쪽에 인사를 드리고 신부 쪽에 인사를 드리기 위해 연락을 했다. 물론 에미코는 자신이 결혼할 상대에 대하여 여러 차례 부모님께 말씀을 드렸고 그 때마다 재일한국인이라는 이유로 극렬한 반대에 부딪혔다고 한다. 그래도 이미 결혼하기로 작정을 한 이상 만나주리라 여기고 이군과 함께 집으로 갔더니 냉정하게 문 앞에서 재일한국인과는 상종하기 싫으니 들어오지 말라고 하면서 쫓아 보냈다고 한다.

　　몇 번 설득하고 결혼하겠다고 하여도 끝내 반대의사를 거두어들이지 않으니 본인으로서는 답답할 지경이었다. 결국 철도공무원이셨던 어머님이 재일한국인과 결혼하면 그날로 집안이 망한 걸로 알고 자살하겠다고 협박을 하고 나서는 바람에 할 수 없이 집을 나왔다고 한다. 현재는 '후쿠야'라는 백화점에서 점원으로 근무하면서 독립된 생활을 하고 있지만 부모님과의 관계는 단절 상태에 있다고 한다.

　　이 이야기를 들으면서 우리는 일본인들의 뿌리 깊은 차별의식과 편견이 어느 정도인지 짐작할 수 있다. 필자가 객관적으로 판단해 보아도 가문이나 재산, 학력, 용모 등 모든 점에서 남자 쪽이 월등해 보였다. 그런데도 단지 재일한국인이란 이유 하나만으로 결혼을 반대하는 일본인의 비뚤어진 정서를 우리는 이 이야기를 통해서 다시 한 번 확인할 수 있다.

| 대학등록금 제도의 모순 |

지난 2006년 12월 7일 일본최고 재판소(우리나라의 대법원에 해당)에서는 우리 한국인이 보기엔 지극히 당연한 판결이 있었는데 일본에서는 이것이 세인들의 관심을 집중시켰다. 판결내용은 일본의 사립대학에 합격한 후 입학을 사퇴한 수험생들이 선납한 입학금과 수업료 등의 반환을 학교 측을 상대로 청구한 상고심에서 원고일부승소 판결을 내린 것이다.

또한 최고재판소는 '재학계약'에는 소비자 계약법이 적용된다는 전제하에 동법 시행 후의 2002년 입시이후 3월 31일까지 입학을 사퇴한 수험생에게는 원칙적으로 수업료를 전액 반환하도록 대학 측에 명했다. 동법 시행 전의 입시에서는 반환 의무는 없다고 하여 입학금에 대해서는 반환을 인정하지 않았다.

소송인들의 주장에 의하면 학교 납입금 반환 소송은, 전국 약 350명의 수험생이 약 150개교를 대상으로 제기하고 있어 오랜 시간이 걸릴 것으로 예상했다. 그런데 당시의 최고재판소가 일본사법사상 최초로 발 빠르게 통일 판단을 내렸다는 것이다. 사립대의 일부는, 학교 납입금의 납부 기한을 국·공립대 후기 일정의 합격자 발표(3월 하순)보다 앞당겨 설정하고 있지만, 이 판결로 재검토하거나 앞당기는 방향으로 일정을 조정했다.

정말 우리가 보기엔 당연한 판결임에도 불구하고 지금까지 일본은 대학등록금을 반환받는다는 것은 생각조차 안하고 살아온 것이다. 이러한 일본의 대학

등록금 정책은 보기에 따라서는 강자에게 일방적으로 유리하도록 되어있는 법률이라는 생각이 들 수밖에 없는 일이다.

그 구체적 예를 들면 우리나라에서는 A, B, C대학에 동시 지원하여 모두 합격했을 경우, 입학등록금의 납입시기가 다르더라도 걱정할 필요가 없다. 이미 제도적으로 A, B대학에 등록금을 지불한 상태라도 C대학에 합격하여 이 대학에 입학하고 싶으면 A, B대학에 등록금지급 환불요청을 하면 즉시 환불해 주기 때문이다.

그러나 일본에서 그런 생각으로 등록금을 지불했다가는 황당한 일을 당하게 된다. 일본에서는 한 번 납입한 등록금은 한 푼도 돌려주지 않고 학교에 귀속되기 때문이다. 강자인 학교가 일방적으로 유리하게 되어있는 것이다. 따라서 돈이 많은 사람은 여러 대학에 지원하여 예비적으로 한 두 대학에 등록금을 내고 자기가 유리한 대학에 다시 등록금을 낼 수 있지만 돈이 없는 서민은 한 대학밖에 지원할 수 없다는 결론에 도달하게 된다.

법적 제도적으로는 자유롭게 어느 대학이든 실력에 맞춰 갈 수 있도록 문호가 개방되어 있지만 실제 대학에 지원할 때는 이런 제약 때문에 여러 대학에 지원 한다는 것은 사실상 어렵게 된다. 일본의 사립대학은 등록금이 한 학기에 75만엔 정도이고 입학금이 50만엔 정도이므로 2개 이상의 대학에 보험을 넣듯이 등록을 해둘 수 있는 사람은 역시 부자들만 가능한 일이다.

이 판결도 완벽한 것이 아니어서 입학금은 반환할 의무가 없으므로 앞으로도 일본의 대학들은 이 판결에도 불구하고 입학시즌이 되면 입학금에 해당하는 부분은 불로소득으로 챙길 수 있다. 즉 이 판결에서도 일본의 대학등록금 제도가 입학금 따로 수업료 등을 포함하는 등록금 따로인 점을 감안하여 입학금은 돌려주지 않아도 된다는 원고 일부승소 판결을 내렸다는 점이다. 또한 국공립대학은 이 판결에서 제외되니 여전히 입학금과 등록금을 돌려받을 수 없다.

아무튼 이 판결로 반환받은 금액은 전국적으로 197억 엔으로 추정 된다고 하니 놀라운 액수라 할 것이다.

특이한 사실은 이 판결로 가장 많은 금액을 반환받은 학생이 830만 엔(한화 약 1억 2천만 원)이라고 하니 일본의 학부모들은 자녀를 대학에 보낼 때가 가까워지면 경제적인 부담 때문에 잠이 안 올 지경이라는 말이 현실로 다가오는 것이다.

| 한류와 아베수상 부인 |

2006년 9월 26일 일본극우파의 대부 아베신조가 예상대로 일본자민당의 대표자격으로 수상 자리에 올랐다. 수상에 오르기까지 그의 행적을 살펴보면 그야말로 극우적인 행보 일색이었다. 그리고 자신들의 전쟁책임을 회피하는 발언에서 한 발 더 나아가 전쟁피해국임을 연상시키는 발언들을 서슴지 않고 해 온 전후 세대를 대표하는 극우정객이었다.

그는 일본국회(중의원)에서 행한 정책기조연설을 통해 '아름다운 나라 일본美しい国日本'이라는 말을 30분 동안에 무려 12번이나 했다. 또한 이런 나라를 만들기 위해서는 헌법을 개정하여 자위대를 보통국가의 위상에 맞는 자위군으로 승격시켜야한다고 하며 정책방향 전체를 개혁(Innovation), 개방(Open)으로 끌고 가겠다는 포부를 밝혔다.

이 이야기를 듣는 순간 필자는 1988년 구소련의 고르바초프가 정책기조로 내세운 페레스토로이카(개혁), 글라스노스트(개방)가 떠올랐다. 당시 소련은 공산주의 정책의 실패로 경제가 파탄지경에 이르렀고 수많은 소련사람들이 인근 유럽국가로 빠져나가던 시점이었다. 그러니 어쩔 수 없이 이런 정책을 취하지 않을 수 없었고 개방만이 소련을 구할 수 있다고 대다수의 국민들이 이전부터 갈망하고 있었던 것이다. 그러나 일본은 이미 거주이전의 자유를 구가하는 나라이다. 해외여행객이 연간 900만 명을 상회할 뿐만 아니라 민주주의의 첨단을 걷는다고 스스로 자부하는 '민주국가'이다. 그럼에도 불구하고 무엇을 개방하겠다는 것인지 조금은 어리둥절했다. 아마 국가의 중요정보들을 국민에게 개방한다는 의미와 많은 세계인들이 일본을 방문하는데 어려움이 없도록 비자제도를 개선하겠다는 의도일 것으로 짐작할 수는 있다. 그러나 아무리 보아도 소련이 이미 써먹은 용어를 교묘하게 영어로 바꾸어놓았을 뿐 내용은 알맹이를 구분하기 힘든 애매함으로 일관하고 있다는 인상을 지울 수 없었다.

외교에 있어서도 지금까지의 수동적 입장에서 과감히 벗어나 일본이 리더십을 발휘하여 주장하는 외교를 펼쳐야 한다고 강조했다. 이를 위해서는 미국과 같은 보좌관 제도를 두고 NSC(국가안보회의 National Security Council)를 가동해야 한다고 역설했다. 일본인의 모방성을 여기서도 엿볼 수 있는데 내각책임제 국가인 일본이 대통령 중심제인 미국의 제도를 모방하겠다니 대단히 모험적인 시도처럼 여겨지기도 했다. 아베의 극우적 행보로 보아 강력한 리더십을 발휘하기 위해서는 NSC 같은 기구가 필요함을 느꼈을지도 모른다. 그러나 외교안보 분야와 주요정책분야에서 이미 보좌관을 임명하고 가동하는 상태에서 기존의 각료들과 마찰을 빚고 말았다. 자신의 의도와는 달리 강력한 리더십을 발휘하기가 쉽지 않았고 결국은 많은 물의 끝에 중도하차하고 만다.

재임 중 야스쿠니신사 참배여부에 대해서는 직접적인 언급을 피하고 "야스쿠니에 잠들고 있는 영령들은 모두가 일본을 위해 싸운 분들"이라는 모호한 발언으로 넘어갔다. 이 발언은 곧 일본 극우파들의 주장과 일치하는 것이기도 하다. 정확하게 표현하자면 야스쿠니 참배는 당연하다는 표현이지만 상황에 따라 갈 수도 안갈 수도 있다는 모호한 표현이었다. 일본인의 이중성은 세계인이 인정하는 전매특허이기도 하기에 아베의 연설에서도 유감없이 그 진가를 발휘했다고 보면 틀림없을 것이다.

아베는 이런 극우적인 발언을 하면서도 아이러니하게도 '세계인으로부터 신뢰받고 사랑받는 나라 일본'이 되어야 한다고 태연히 말하기도 했다. 다른 나라 사람이 들으면 정말 귀를 의심하지 않을 수 없는 일이기도 하다. 자기주장 다하고, 일방적으로 내 말에 따르라고 눈을 부라리는 행동을 누가 신뢰할 것인가. 자위대를 무장시켜 강력한 군대를 가진 국가가 되면 군사적으로 위협하면서 세계인으로부터 신뢰와 사랑을 받겠다는 것인가? 아니면 막강한 경제력으로 돈을 뿌리며 신뢰와 사랑을 강요할 것인가? 이해가 안가는 망상에 빠진 것처럼 느껴질 뿐이었다. 좀 더 정확히 표현하자면 일본인의 희망사항에 불과하고 공허한 소리에 지나지 않는다는 느낌을 주기에 충분했다.

정말 일본인이 '세계인으로부터 신뢰받고 사랑받는 나라 일본'이 되기 위해서는 일본인들 자신이 무엇을 해야 하는지 스스로에게 물음표를 던져보아야 한다고 본다. 먼저 자신들이 저지른 전쟁책임을 회피하고 침략행위를 정당화하는 발언을 하면서 적반하장의 태도를 취하면 주변국으로부터 신뢰를 받을 수 없다는 건 일본인들도 잘 알고 있을 것이다. 두 번째로 자위대를 재무장하여 군사강국이 되고자 하는 의도가 다분히 침략근성의 발로에 기인한다는 건 주변국은 물론 세계가 다 아는 사실이다. 이런 사실을 은폐하고 주변국을 '선제공격'하겠다는 생각으로 사랑받겠다는 생각은 모순일 것이다.

또한 일본 헌법 제9조 '일본은 영구히 군대를 가질 수 없다'를 개정할 때 은근슬쩍 제20조 3항도 끼워 넣기식 개정을 하겠다는 것도 문제로 보인다. 이러한 시도는 양심적인 일본 국민은 물론 한국과 중국 등 주변국들의 의심과 분노를 사기에 충분하다. 일본국 헌법 제20조 3항은 '국가 및 그 기관은 종교교육 기타 어떠한 종교 활동도 해서는 안 된다.'고 되어 있다. 이것을 '국가 및 공공단체는 사회적 의례 또는 습속적 행위의 범위를 넘는 종교교육, 기타 종교적 활동, 특정종교에 대한 원조, 간섭행위 등을 해서는 안 된다' 는 느슨한 말로 수정을 꾀하려는 것이다. 이는 곳 야스쿠니 신사 참배가 '사회적 의례 또는 습속적 행위' 의 범주에 속하는 것이라 해석하여 한국과 중국의 반발에 대해 국내법으로 일축하려는 얕은 술수가 엿보이는 행위로 여겨진다.

이러한 아베의 강경한 극우적 정책은 이미 예견하고 있었던 것들이었지만 그의 사상적 뿌리는 그의 가계家系와 존경하는 인물들을 살펴보는 것만으로도 충분하다.

그의 극우적 행동은 A급 전범이었던 외조부 기시 노부스케岸信介와 그가 존경하는 인물 요시다 쇼인吉田松陰의 사상을 전수받아 그것을 현실정치에서 실현하고자 하는 것으로 추정할 수 있다.

그의 외조부 기시는 제2차 세계대전이 끝나고 A급 전범으로 지목되어 사형집행이 확정되었으나 미군정의 배려로 집행 이틀 전에 전격 석방된 인물이다. 석방 이유로 공산주의자의 소탕에 공로가 있고 제2차 세계대전말기에 미군에게 협력한 공로가 있다는 이유에서였다. 이후 일본정가의 중요인물로 부상하면서 1956년부터 62년까지 일본수상을 역임했다. 그의 사상은 위대한 대일본제국의 영광을 재현하는데 있었고 군국주의의 부활을 꿈꾸는 전형적인 천황주의자였다. 아베의 부친 아베 신타로安倍晋太郎도 장인의 사상에 영향을 받았고 외무대신을 역임하다 병으로 죽었다. 가계전체가 화려한 정치가들로 도배되어 있는 아베의 출신 성분은 극우 정치인으로 둘러싸인 가계라 칭해 손색이 없을 정도다.

그가 존경하는 인물 요시다 쇼인은 정한론征韓論을 주장하고 히데요시가 품었던 대륙진출의 꿈을 국체로 삼아야한다고 역설한 인물이다. 그의 사상에 영향을 받은 인물들이 바로 우리들이 익히 잘 알고 있는 메이지 유신의 정신적 지도자 후쿠자와 유키치福沢諭吉, 조선총독부 초대총독 이토 히로부미伊藤博文 등 천황주의와 대륙침략의 원흉들이다.

이런 인물을 존경하는 아베의 사상은 주변국들의 입장에서 보면 한마디로 위협을 느끼기에 충분하다고 볼 수 있다. 그런데 어찌된 영문인지 아베가 취임하자 우리나라와 중국이 영수회담에 응하겠다고 수락했다. 뿐만 아니라 그의 부인 아키에昭惠가 한류 팬이라는 등 회담분위기 띄우기에 매스컴들이 열을 올렸던 적이 있다.

당시 일본에서 이러한 본국의 움직임을 지켜보던 필자는 정말 우려와 실망감을 감출 수가 없었다. 아베는 자신의 정치적 입지를 넓히겠다는 생각으로 그의 부인을 교묘히 이용하고 있는 줄도 모르고, 그저 그의 부인이 한류 팬이라는 사실 하나만으로 숨겨진 흉계를 잊어버리는 한국인들의 단순함이 걱정되지 않을 수 없었던 것이다. 아베 부인이 겨울연가에 몰두하고 한국말 몇 마디 할 줄 안다는 사실에 어제까지의 감정이 눈 녹듯 사라지고 한·일관계가 훈풍을 맞으리란 어리석은 생각을 가지는 사람은 물론 없었으리라 본다. 그러나 만에 하나 그런 환상을 가지고 있는 사람이 있다면 하루라도 빨리 꿈에서 깨어나라고 말해주고 싶었을 정도였다. 일본은 어떠한 상황 하에서도 자신들이 먼저 손을 내밀어 상대국을 포용하고 양보하면서 실질적인 우호친선의 좋은 관계를 유지하고자 하는 의지가 없음을 우리는 간과해서는 안 되기 때문이다.

| 동남아의 반일과 친일 |

2007년 7월30일 미국하원 본회의에서 '위안부(성노예) 결의안'이 만장일치로 통과 되었다. 적어도 이러한 결의를 이끌어낸 미국의 한인단체와, 인류의 양심은 아직도 살아있음을 보여준 미국하원의 용기

있는 결단에 박수를 보내야 할 쾌거로 여겨진다. 이에 앞서 주미 일본대사 가토 료조加藤良三는 결의문 채택을 저지하기 위해 "미일양국 간에 장기적으로 유해한 영향을 미치게 될 것"이라며 노골적으로 미국정부에 경고성 메시지를 수차례 보냈다. 그에 더하여 일본의 유식자 회의는 워싱턴포스트지에 왜곡광고(The fact)를 게재하는 등 섬나라 일본다운 변명으로 일관하다 미국의 분노를 산 적이 있다. 그들이 게재한 '사실(The fact)'에는 '위안부의 동원에 강제성이 없었고, 급료도 장교를 능가하는 좋은 대우를 받았다'는 선전이 들어있다.

결의안이 통과되자마자 일본의 우익신문 요미우리와 마이니치는 일본인들의 반미 감정의 대두를 우려하면서 '일본보수파들이 원폭 투하와 도쿄 대공습 문제를 인권 문제로 간주해 미국에 사죄를 요구할지도 모른다'며 적반하장식 불쾌감을 드러냈다. 우익들은 아예 위안부 문제는 존재자체가 없는 것이기에 미국의 이런 태도는 "일본을 모욕하는 부당한 압박"이라며 반발했다. 심지어 "이런 모욕을 우리가 참아야 하는가?"라든가 "일본은 미국의 만행에 철저히 대항하여 내정간섭적인 발언이 계속되지 않도록 역공을 취해야 한다"는 주장도 공공연히 나왔다.

'독립총합연구소'란 극우단체는 위안부 결의안 채택의 배경에는 한국과 중국의 로비자금이 있기 때문에 일본 역시 돈으로 밀어붙이면 미국의회를 움직이는 건 문제가 되지 않는다는 주장을 하기도 했다. 이러한 모든 반응은 일본인들이 자신들의 과거를 청산하고 반성하기보다는 자신들의 과거사는 깨끗하고 정의로운데, 힘에서 밀려 억지춘향으로 사과를 강요당하고 있다는 생각에서 조금도 벗어나지 않고 있음을 시사하고 있는 것이다.

요컨대 이런 일련의 움직임을 이끌어가는 한국 국민들과, 경제적으로 세계의 중심에 서 있는 일본에 대하여 지속적인 사과를 받아내는 한국정부의 노력에 대해 동남아시아의 지식인들은 상당히 부러운 눈빛으로 바라본다. 그도 그럴 것이 동남아 국가들은 일본의 전쟁범죄에 대해 한 번도 제대로 된 사과를 받아 본 적이 없기 때문이다. 그나마 최근에 와서는 일본의 끈질긴 경제공세와 정치공세에 밀려 각종언론들은 일본의 과거사를 논하기보다는 일본의 공헌도를 칭찬하는 단계로 변질된 것이 현실이기도 하다. 그렇지만 이러한 사실에 대해 이의를 제기하거나 시민단체가 나서서 국민들의 각성을 촉구하는 운동을 전개하는 일 또한 없다. 정치인 역시 공공연히 친일행위를 하거나 일본의 왜곡된 역사 인식을 지지하는 발언을 해도 국민들이 반발하기는커녕 당연한 것처럼 받아들이는 단계에까지 이르고 말았다.

이러한 동남아 국가들의 반일과 친일의 과정은 국가의 이익이라는 명분아래 철저하게 일본의 의도대로 진행되어온 느낌이 강하다. 이는 일본인의 끈질긴 설득과 국가 이미지 홍보, 경제공세 및 정보공작이 동남아 국가에서 위력을 발휘하기 시작한 결과로 보여 진다.

이러한 실례로 1974년 인도네시아 자카르타에서 발생한 반일데모와 그 이후 일본의 공작에 의한 친일사례를 들 수 있다. 1974년에 발생한 반일 데모의 도화선은 인도네시아인이 제작한 반일영화의 상영금지조치였다. 데모에 참가한 군중 11명이 진압과정에서 사망했고, 데모는 폭동으로 변했다. 당시 인도네시아를 방문 중이던 다나카田中角榮 일본수상은 영수회담장에서 급히 회담을 중단하고 헬리콥터로 탈출하는 위기에 직면한다.

이 폭동의 도화선이 된 영화상영 금지사건은 일본의 다나카 수상이 인도네시아를 비롯한 동남아 5개국 순방을 6개월여 앞둔 시점에서 발생했다. 이 영화가 바로 '로무샤(ROMUSHA)'인데 영화는 인도네시아가 일본의 강제점령 하에 얼마나 고통을 당했는가를 보여주는 다큐멘터리다. 이 영화는 상영개시 3일 만에 상영중지 됐고, 필름은 정부당국에 압수당했다. 지금도 이 영화의 필름이 어디에 있는지 발견되지 않고 있다. 당시의 언론들은 '일본정부의 부당한 압력으로 영화가 납치되었다'라며 연일 대서특필하는 바람에 반일감정의 열기는 전국적으로 번져나가기 시작했다. 이어 마침 동남아 방문을 시작한 다나카 수상의 방문 일에 맞춘 반일 데모와 폭동으로 연결된 것이다.

　밝혀진 바에 의하면 이 사건의 배경에는 일본정부가 깊숙이 개입했음이 확인됐다. 구체적으로 살펴보면, 주駐인도네시아 일본대사관과 '후지상사富士商社'라는 정보기관이 인도네시아 정부고관들을 매수하여 영화상영을 중지하게 했다는 증거가 확보된 것이다. 이들이 정부고관에게 사용한 수법은 후지상사가 영화필름 전체를 거액의 돈으로 사들인다는 조건이었다. 부패한 정권을 교묘히 이용한 일본인다운 수법이었지만 인도네시아의 정부 관료들은 부정한 일본의 돈 앞에 국가의 위신을 팔고 말았다. 지불한 돈은 누구의 손에 들어갔는지 일본과 인도네시아의 국가기밀로 취급되어 아직도 행방이 묘연하다. 또한 감독에게는 한 푼도 주지 않았음이 33년이 지난 2007년에 와서야 겨우 밝혀졌다. 참으로 부패의 고리가 깊음을 알 수 있다.

　이후 일본은 끈질기게 ODA(Official Development Assistance: 정부개발원조)를 통해 인도네시아를 공략했다. 정부개발원조는 개발도상국가에게 저리로 빌려주는 돈을 말한다. 일본은 지난 97년부터 2006년까지 1천억 달러에 이르는 거금을 지원했다. 이는 ODA지원을 하는 나라들 중 미국 다음으로 많은 금액이다.

　일본정부는 정부개발원조를 이처럼 많이 지불하는 것은 '가난한 나라들을 도와 그들이 경제적으로나 사회적으로 보다 나은 생활을 할 수 있도록 하고 종국에는 자립의 길을 걸을 수 있도록 돕는데 있다'고 선전한다. 일본인들은 이러한 정부의 선전에 세뇌되어 세계 속에서 일본이 대단한 '공헌국'이라 자부하고 있다. 그러나 속을 들여다보면 그들이 내세우는 공헌보다는 철저하게 일본의 국익을 위해 사용되고 있음을 한 눈에 파악할 수 있기도 하다.

　그 첫째가 자금의 대부분이 동남아 국가들의 독재정권에게 지원되어 친일의

식을 전파하는데 직, 간접으로 쓰여져 왔다는 점이다. 그 실례로 일본의 자금지원이 투명하지 못한 점을 교묘히 악용하여 일본정부는 인도네시아의 수하르토 정권에게 막대한 ODA자금을 지원했다. 따라서 돈을 챙긴 독재정권은 일본이 남긴 잘못된 식민지 정책을 미화하는데 앞장섰다는 점이다. 더 나아가 독재정권은 일본이 은혜를 베푸는 국가라는 이미지 전환을 꾀하여, 일본의 인도네시아 지배는 피해보다는 시혜를 더 많이 베풀었다는 등의 친일교육에 힘을 기울여 왔다. 그 결과 친일사상이 국민 속에 확실하게 정착되어 사회전반에 확산되는 계기를 마련했다는 사실이다.

둘째, 정부개발원조라는 명목으로 일본에서 공해산업으로 골치를 앓던 모든 공장들을 인도네시아, 필리핀, 말레이시아 등으로 이전했다는 사실을 들 수 있다. 이런 공장을 이전하면서도 큰 선심을 쓰는 듯이 기술이전을 함께 해 주었다는 선전을 하고, 현지국가들에게는 천문학적인 ODA자금의 뇌물로 정권의 중추들을 조종할 수 있게 되었다.

이렇게 되자 동남아국민들은 그 내막을 모르고 일본의 은혜에 그저 감읍(?)하여 친일적 성향이 국민 속에 깊고 넓게 퍼져 나갈 수 있도록 협조적인 자세를 취하기 시작한 것이다. 최근에 와서는 인도네시아의 유도요노(Susilo Bambang Yudhoyono)대통령이 2006년 일본을 방문하여 "일본의 공헌도에 감사한다. 일본의 안보리 상임이사국 진출을 지지한다."라는 적극적 발언을 하여 일본에게 힘을 실어주고 있다. 또한 인도네시아의 중학교 3학년 역사교과서에는 일본의 식민지지배를 찬양하는 글도 실리는 등, 이제 인도네시아에서의 친일은 가히 그 도를 넘고 있다.

일본의 점령은 후에 큰 영향을 주는 이점을 남겼다.

첫째로, 네덜란드어와 영어가 금지되었으므로 인도네시아어가 성장했고 사용이 확산되었다. 일본군정 3년 반 동안 배양된 인도네시아어는 경이적 발전을 이루었다.

둘째로, 일본은 청년들에게 군사교련을 시켜 주었다. 비록 죽창, 목총에 의한 훈련이었지만 엄격한 규율을 가르쳐 주었고, 용감하게 싸우는 훌륭한 정신과 인내심을 길러주는 훈련을 시켰다.

셋째로, 직장에서 네덜란드인은 모두 없어졌고, 일본은 인도네시아인에게 높은 지위를 주어 우리들에게 높은 능력과 커다란 책임을 요구하는 중요한 일을 맡겼다.

이 내용은 사회평론가 이노우에井上和彦의 『친일 아시아 가도를 가다』에 실려 있는 내용을 발췌했다. 내용에서 나타나 있다시피 가히 인도네시아는 친일의 선구적 국가라 해도 과언이 아니다.

그러나 그들이 간과하고 있는 것은 눈앞의 작은 이익에 눈이 어두워 식민지배의 후유증이 얼마나 심각한지를 모르는 것이다. 식민지배의 가장 큰 후유증은 패배의식의 확산이다. 우리의 예를 들면, 잘못된 일이나 나쁜 일에는 습관적으로 '엽전이 다 그렇지 뭐'라든가 '조선 놈은 안 돼'라는 패배의식과 자학의식이 식민지배에서 출발함은 두 말할 필요도 없다.

그에 더하여 질서와 도덕의식의 해이를 초래한다는 점이다. 식민지지배를 겪는 동안 국민들은 질서를 파괴하고 도덕적으로 용납되지 않는 반정부적 행동을 영웅시하고, 애국자로 추앙하는 관습이 사회적 흐름으로 정착하게 된다. 따라서 독립된 후에도 그러한 사회적 관습이 이어져 질서를 무시하고 파괴적 행위를 정당시하는 풍조가 계속되는 병폐를 야기한다는 점이다. 식민지를 겪은 우리나라와 폴란드 국민들이 질서의식이 약하다는 비판을 받는 예가 그것이다. 우리민족이나 폴란드인이 본래부터 질서의식이 없어서 그런 것이 아니다.

또한 스파르타식 폭력에 의한 교육은 인간성 말살로 이어져 정신적 황폐화를 초래한다는 점이다. 일제 강점기시대를 거친 우리나라는 최근까지도 '조선 놈은 두들겨 패야 인간이 된다' 라는 말을 여과 없이 그대로 사용해 왔다. 인간성을 무시하고 말살하는 이다. 정작 일본인들은 자국민들 사이에 이런 말을 쓰지 않는다.

이 밖에도 식민지의 폐해는 말 할 수 없이 많다. 인도네시아의 교과서는 자신들의 역사를 어떤 관점에서 기술해야 할지에 대한 국가적 자존심이 철저히 무시된 기술로 여겨진다. 재고가 필요하지만 그들은 이미 그럴 자존의식조차 상실한 듯하다.

한편, 지난 2007년 6월 9일에는 리등후이李登輝 전 타이완 국민당총재의 친일 행각에 분개한 중국인이 하네다 공항에서 물병을 투척하는 사건이 발생했다. 다행인지 불행인지 물병은 리등후이를 비켜나가 부상은 입지 않았다.

리등후이는 일본방문 중 '2007년과 그 후의 세계정세' 라는 강연을 통해 일본이 일으킨 태평양전쟁의 정당성을 지지한다는 취지의 발언을 공공연히 했다. 더 나아가 앞으로의 세계는 "미·러·중 3국을 중심으로 움직여가서는 안 되고 일본이 자신의 역할을 확대하여 선도적 리더십을 발휘할 시기가 도래했다."고 역설했다. 우리가 들으면 참으로 낯 뜨거운 친일적 발언이 아닐 수 없다. 어찌 한 나라의 야당당수를 지낸 사람이 저렇게도 비굴할 수 있을까를 의심하지 않을 수 없는 행동이었다. 그는 마지막으로 일본전범이 합사合祀되어있는 야스쿠니 신사를 참배하고 "국가를 위해 희생한 영령들에게 조의를 표한다."라며 확실하게 친일 행적을 마감하고 돌아갔다.

그러나 중국의 언론은 리등후이의 친일행각에 대해 상당히 시끄러웠으나, 정작 타이완 언론은 이렇다 할 반응이 없었다. 이상한 일이다. 왜 그럴까? 이미 타이완은 반일의 중국을 견제하기 위해 친일의 실익을 택하기로 무언의 국민적 합의가 이루어진 상태처럼 보인다. 일본의 경제력과 군사력을 자신들이 유리한 쪽으로 유도하기 위해 과거사에 대한 범죄행위와 왜곡을 인정해 주는 모순을 범하고 있는 것이다.

아무튼 인도네시아와 타이완의 예에서 나타나는 친일의 예는 상당한 의미를 우리에게 시사한다. 정신 바짝 차리지 않으면 우리 역시 일본의 끈질긴 왜곡과 국가적 공세 앞에 야금야금 친일로 변질 될 지도 모른다는 타산지석의 교훈을 보여주고 있다.

| 위협적인 일본의 군사력 |

일본의 군사력이 세계의 뉴스포커스가 되고 있다. '평화헌법'으로 인해 영원히 군대를 가질 수 없는 국가인 일본이 군사력에서 주변국의 위협이 될 정도의 수준이라면 아이러니하다. 그들의 육군은 그렇게 위협적인 존재가 아니나 해군력과 공군력은 대단하다.

일본의 '방위백서(2007)'에 따르면 육상자위대의 구성은 병력 24만에 10개 사단과 3개 여단, 2개의 혼성단, 1개의 공정단으로 되어 있다. 주요장비로는 전차 910량, 장갑차 950량, 야전포 660문, 전투기 및 수송기 550대 등이다. 병력면에서는 그렇게 많은 숫자가 아닐지 모르지만 일본육상자위대의 강점은 90%이상이 장교 급에 해당한다는 점이다. 유사시에는 3개월 이내에 100만의 대군으로 만들어 낼 수 있는 체제를 갖추고 있는 것이다. 군사전문가들의 분석에 따르면 일본의 육상자위대가 소수 병력으로 많은 사단을 유지하고 있는 것도 유사시의 병력증원을 염두에 둔 계산이 깔려있다고 판단한다. 장비 역시 그러한 상황을 염두에 두고 편성해 놓고 있음을 알 수 있다.

　해상자위대는 병력 약 5만에 기동작전을 담당하는 자위함대와 근해경비를 담당하는 5개지방대로 구성되어 있다. 주요 장비로는 이지스함 5척, 각종 함정 151척, 잠수함 21척, 전투기 등 항공기 360대 등이다. 이 중에서 가장 위협적인 존재가 이지스함과 잠수함이다. 이지스함은 각각 수 백 여발의 미사일을 장착하고 있으며 세계최첨단 시설을 자랑하고 있다. 잠수함 역시 첨단무기로 중무장하고 있을 뿐만 아니라 적의 탐지를 피할 수 있는 정밀장비까지 갖추고 있다.

　지난 2007년 10월, 이지스함에 승선 중이던 자위대원이 중국의 미인계에 걸려들어 상하이에서 체포되는 사건이 발생하자 일본 매스컴은 자위대의 기강해이에 대해 비난기사를 냈다. 매스컴의 보도에 따르면 이 대원은 이지스함의 설계도와 함정의 상세한 기능 등을 기록한 비밀문서를 빼돌린 것으로 드러났다. 그리고 컴퓨터 관리를 하던 대원들이 CD로 영화를 다운받을 때 극비자료를 함께 복사하여 돌려 보다가 일반 시중에 유출되는 어이없는 사건도 일어났다.

　또한 2008년 2월 19일에는 '아타고'라는 이름의 신형 이지스함이 미국 해역에서 훈련을 마치고 요코스카 항으로 귀환도중 민간인 어선과 충돌하는 사고를 냈다. 어선은 두 조각나서 대파되었고 배에 타고 있던 어부 2명이 실종된 큰 사건이었다. 이 사건은 새벽 4시경에 발생했는데 공교롭게도 파도 또한 전혀 없는 평온한 바다에서 일어나 자위대의 변명이 거짓임이 드러나기도 했다. 결국 자위대의 변명에도 불구하고 '아타고'에 타고 있던 승선원들은 모두들 경계 근무를 소홀히 하고 잠을 잔 것으로 밝혀져 일본국민들은 아연실색했다. 일본 자위대의 기강이 얼마나 해이해져 있는지를 엿볼 수 있는 사건이기도 하다.

　이러한 자위대원들의 기강해이와 정보누설로 인해 상당부분 해상자위대의 전력이 노출되었고, 국민들도 뉴스를 통해 많은 부분을 자연스레 알게 되었다. 밝혀진 것만 해도 그들의 전력은 대단하다 할 것이다.

마지막으로 항공자위대는 병력이 약 4만 8천 명이며 작전부대는 1개 항공총대, 3개 항공 방면대와 1개 항공 혼성단으로 구성되어 있다. 주요 장비로는 전투기 약 380대와 각종항공기 150여대를 보유하고 있으며 첨단 장비 면에서 매우 뛰어난 것으로 평가받고 있다. 이렇게 평가하는 이유는 항공자위대의 장비 중에서 아직도 그 성능이 확실히 밝혀지지 않은 차세대 전투기 F35기 100대가 곧 미국으로부터 도입될 예정에 있기 때문이기도 하다. 경제력을 앞세운 일본에게 미국은 최첨단 전투기를 제공하기로 잠정적인 결론을 내린 것으로 보고 있다. 이 F35기는 스텔스 기능까지 겸비한 것으로 알려져 있어 인근 국가들과의 긴장을 불러와 군비경쟁에 불을 붙일지도 모른다는 우려도 적지 않다.

또한 자위대는 독자적인 정보수집능력을 높이기 위해 조기경보기를 도입하였고, 정보 위성을 보유하고 있기에 적정을 파악하는 능력이 뛰어난 것으로 알려져 있다. 북한의 미사일 발사실험이나 핵실험 등 동북아의 위기 때마다 미국과 일본의 정보전은 치열하게 전개되기도 한다. 이러한 상황에서 일본의 정보력이 결코 미국에 뒤지지 않는 것도 많은 첨단장비를 보유하고 있는 데서 기인한다.

이러한 그들의 군사력은 가히 인접국들에게는 위협적이라 할 수 있다. 2007년 12월 18일 일본국방성이 하와이 근해에서 해상배치 요격미사일(SM3·스탠더드 미사일) 발사실험에 성공했다는 발표는 이러한 우려를 현실로 느끼게 한다. 미국과의 협조 하에 이루어진 이 발사실험은 미국하와이 섬에 있는 미군시설로부터 중거리 탄도미사일 모의탄 1발이 발사되고 대기 중이던 일본의 이지스함 '곤고'가 한 치의 오차 없이 100Km 상공의 대기권 밖에서 요격하는데 성공했다는 것이다. 이 기술은 미국에 이어 세계에서 두 번째라고 한다. 섬세한 일본인의 성격상 그들의 첨단기술과 연결되어 군사부문에서도 막강한 영향력을 행사할 날이 머지않아 도래할 것이라는 예감이 든다.

이러한 군비확장이 가능한 배경에는 일본의 군사비지출을 지원할 막강한 경제력이 자리하고 있다. 스톡홀름국제평화연구소(SIPRI)에 따르면 일본은 연간 437억 달러(2007년) 이상을 군사비로 지출하고 있는데 이는 미국, 영국, 프랑스, 중국에 이어 세계 제5위에 해당한다. 물론 일본의 경제규모가 거대하므로 GNP대비 군사비지출은 예산안의 많은 비중을 차지하지 않는다. 고이즈미 전수상은 GNP대비 2%의 국방예산 증액을 발표하기도 했으나 아직 야당의 반대와 주변국의 눈치를 보느라 2%선까지는 증액하지 못하고 있다. 만약 2%까지만 증액한다 해도 당장에 세계 제2위로 올라서게 된다. 이러한 일본의 군사비 지출은 주변국과 야당의 반대에도 아랑곳 하지 않고 매년 증액해 왔고 앞으로도 이 증가추세는 멈추지 않을 것으로 전망된다.

이렇게 일본이 군비확장에 가속도를 붙일 수 있는 것은 날로 강해지는 중국에 대한 견제심리가 배경에 있기도 하다. 아울러 미국의 묵시적인 동조에 의한 요소도 많다고 본다. 물론 일본국내의 우익 보수주의자들의 대두도 무시하지 못할 요소이기도 하다. 2009년 3월에는 극우파로 잘 알려진 도쿄도 지사 이시하라石原慎太郎가 "중국은 북한을 합병하여 제대로 길을 들여야 한다."라는 주제넘은 발언으로 물의를 빚은 일이 있다. 이 때 인터넷에서는 갑론을박 토론이 벌어졌고 이시하라의 발언이 정당한지의 여부에 대한 찬반투표가 실시되었다. 인터넷이 가지는 익명의 특수성이 있기는 하지만 이 찬반투표에서 일본국민의 약78%가 이시하라의 발언이 정당하다는데 동의하고 있음에 놀라게 된다. 이는 일본사회 전체가 보수화와 우익화의 길로 들어서고 있음을 보여주는 사례이기도 하다.

이제 일본은 본래의 '전수방어'의 개념을 넘어 '적극방어'로 그 개념을 수정해 나가고 있다. 이 적극방어의 형태가 최근에 나타난 미국의 미사일방어망 구축과 PKO(유엔평화유지군)파병, 일본의 군비확장을 정당화 하는 형태로 그 모습을 드러내고 있는 것이다. 결국 이러한 움직임은 우리나라를 비롯한 주변국들의 우려와 군비경쟁을 야기시켜 극동아시아의 안정을 해친다는 점에서 문제의 심각성이 있다. 국내적으로 그들이 군비확장을 정당화하기 위하여 필요 이상으로 북한의 핵개발이나 납북자문제를 매스컴에 집중조명 한다거나 평화헌법을 개정하도록 국민여론을 몰아간 것도 이런 맥락에서 해석해야 마땅하다.

주석에 앉은 한국인들이 여담으로 일본의 해상자위대가 독도를 기습 점거하는 사태가 벌어진다면 "미국은 과연 누구의 편을 들까?"라는 이야기를 자주 한다. 한마디로 미국은 자신들의 국익에 상관없는 일이라면 어느 누구의 편도 들지 않는다고 보는 것이 정확한 판단일 것이다. 비근한 예로 영국과 아르헨티나가 1982년 포클랜드 섬의 영유권을 둘러싸고 전쟁(Falklands War)에 돌입했을 때, 미국은 어느 한 쪽의 편을 들지 않았다. 양국의 영유권 문제이니 당사자들이 알아서 해결하라는 태도였다. 결국 군사력이 강한 영국이 지배권을 다시 확보하는 것으로 결론이 났다. 그러나 미국은 은근히 영국 편을 들면서도 끝까지 개입하지 않은 것으로 봐서도 동해에서 영유권 분쟁이 일어나도 그들은 개입하지 않을 것이다. 일본도 이러한 미국의 태도를 잘 알고 있으며 국제법 자체가 힘을 가진 자들에게 유리하도록 구성되어 있는 점도 간파하고 있을 것으로 본다.

일본은 이제 한발 더 나아가 2007년 3월13일 미국, 오스트레일리아, 일본을 축으로 하는 '안전보장에 관한 공동선언'을 발표하고 새로운 삼각동맹을 출범시켰다. 우리 언론에서는 이 사실을 그렇게 큰 비중으로 보도하지 않았으나 이는 아시아판 나토(NATO)라고도 불리어질 수 있는 국제적 안보조치의 한 획을 그은 것으로 세계의 정치평론가들은 주목하고 있다.

전후 일본은 전통적으로 한반도 정세가 일본안보와는 직결된다는 생각을 유지해 오고 있었다. 그러던 것이 이제 일본이 경제적으로나 군사적으로 자신감을 갖게 되자 자신들의 안보전략에서 한국은 무시해도 좋을 존재로 인식하기 시작했다. 그러므로 21세기 일본의 안보전략에서는 항상 역사문제와 독도문제 등의 현안으로 삐걱거려온 한국과는 더 이상 파트너로서의 가치를 인정하고 싶지 않은 단계로까지 발전하고 있다. 이러한 사태가 좀 더 진행된다면 냉엄한 국제관계의 현실에서 직시해 볼 때, 일본과의 관계가 동맹관계에 준하던 수준에서 자칫하면 잠재적인 대결적 수준으로 전환될 지도 모르는 상황에 와 있다고 보아도 무방하다.

아무튼 이러한 굳건한 동맹의 체결과 일본의 군비확장, 국내의 헌법개정 움직임, 우익들의 대두, 그리고 이에 따른 군사력의 증강은 우리 한국인에게는 상당한 불안 요소로 다가오고 있음에 틀림없다.

| 상업포경이냐 조사포경이냐? |

일본의 '조사포경'이 전 세계 상업포경금지조약 비준국들의 반발을 불러일으키고 있다. 일본은 국제포경위원회(IWC)가 전면적인 상업포경금지조약을 발효시킨 이듬해인 1987년부터 조약의 구문을 비웃듯 자신들에게 유리하게 재해석하고 '조사포경'이란 명분으로 연간 천 마리 이상의 고래를 잡아오고 있다. 진정 그들이 주장하는 글자 그대로의 조사를 위한 포경이라면 연간 천 마리이상의 고래를 잡아야할 명분이 서지 않는다. 그리고 조사를 마친 고래는 시장에 내다팔거나 학교급식용으로 사용한다고 당당히 밝히고 있기도 하다. 따라서 아무리 좋은 해석을 내리려 해도 상업적 포경에 지나지 않음이 명백해진다.

이러한 일본의 일방적 행동에 대해 그린피스를 비롯한 많은 환경단체와 국가들이 반대의사를 표하고 저지활동을 벌이고 있음을 세계의 매스컴들은 지속적으로 전하고 있다.

2007년에는 미국의 환경보호단체 '시 셰퍼드' 호가 일본선단의 모선인 닛신마루日新丸와의 충돌을 시도하며 일본의 고래잡이를 저지하는 사건이 발생해 세계의 이목이 집중되었다. 당시 일본은 강경한 자세로 이들을 물리적으로 격퇴하고 보란 듯이 1,360마리의 고래를 포획한 다음 당당히 일본으로 귀환했다. 국제여론을 우습게 여기는 강대국의 자신감이 만선으로 돌아오는 선원들의 얼굴에 흘러넘쳤다. "우리의 합법적 행위에 방해 행위를 하는 자는 좌시하지 않겠다."는 당시 일본수상의 국회 답변은 일본의 국력이 호락호락하지 않음을 느끼게 하는 부분이기도 했다.

　그러다가 2008년 2월에 들어와 지리적으로 남극과 밀접한 이해관계가 있는 오스트레일리아의 라트 수상이 일본의 '조사포경'을 비난하고 나섰다. "일본의 '조사포경'은 엄연한 상업포경이며 국제법 위반이기에 국제사법재판소에 제소하겠다."고 밝히자 일본 여론이 들끓었다. 당시 일본 내각은 외교관계의 수준도 제고해야 하지 않겠느냐는 의견이 비등했다. 이런 일본 내부의 강경분위기에 편승해 요미우리나 산케이 등의 우익신문들은 사설을 통해 일본의 정당성을 강변하기도 했다. 그러나 오스트레일리아는 이런 분위기를 일축하고 국무총리를 보내 일본의 포경행위를 중단해 줄 것을 정식으로 요구하기에 이른다. 그러면서도 한편으로는 일본과의 '제1급 외교관계'는 유지할 것이라는 유화적인 제스처도 함께 취했다. 일본과의 관계를 의식한 외교적 관례를 그대로 적용한 것이다.

　한편 '시 셰퍼드' 호는 일본의 포경행위를 저지하기 위해 포경선단에 접근하여 냄새나는 약품이 든 병을 투척하거나 일본선단에 승선을 시도하기도 했다. 이 과정에서 선원 3명이 경상을 입었고 일본 해상보안청은 '위력업무방해와 상해용의'로 수사에 착수하기도 했다. 이런 일본의 강경대응에 대해 '시 셰퍼드' 호 측은 오히려 일본해경이 총을 발사하여 선장의 방탄조끼에 맞았다며 역습을 가했다. 결국 2008년에는 집요한 '시 셰퍼드' 호의 저지활동으로 인해 당초 목표인 1,000마리 이상의 고래포획에 실패하고 600여 마리의 각종 고래를 포획하는 선에서 마무리하고 일본 포경선단은 기지로 돌아왔다.

일본이 이러한 일련의 포경금지조약 비준국들의 반발 여론이나 환경보호단체들의 거센 항의에도 불구하고 고래잡이에 나서는 이유는 간단하다. 일본인의 오래된 식생활 습관과 고래 개체수의 증가로 포경이 가능한 단계에 이르렀다는 주장이 그들의 구실이다.

일본의 주장에 따르면 일본인들이 고래 고기를 식용하기 시작한 것은 석기시대부터라고 한다. 조몬繩文시대에 이미 고래를 잡아 식용한 흔적이 남아있고 야요이弥生시대에 들어와서는 더 큰 고래를 포획하기 위해 고래잡이 창의 크기를 개조한 흔적도 발견된다고 한다. 이 당시에 홋카이도에서도 고래잡이가 시작되었다는 유적이 발견된 적도 있다. 에도시대에는 고래잡이를 위한 큰 조합이 형성되었고, 고래잡이는 어부들이 거금을 쥘 수 있는 기회이기도 하여 많은 어부들이 고래잡이에 종사했다한다. 18세기, 조선통신사로 일본에 갔던 신유한의 『해유록』에도 "고래는 버릴 것이 없어서 한 마리만 잡아도 큰 부자가 된다."는 일본 측 관리의 답변이 실려 있는 것으로 보아 당시 일본에서의 고래잡이는 상당히 성행했던 것으로 짐작할 수 있다.

이후 에도시대 말기가 되자 일본근해에 미국과 영국 등의 제국들이 대형 포경선을 보내 밍크고래 등의 소형고래들을 다량으로 포획하기에 이르렀다. 이로 인해 개체수가 급감하여 일본의 재래형 고래잡이는 큰 타격을 입었다고 한다. 그러나 이에 대해 미국과 영국의 주장은 일본의 주장과는 다소 다르다. 당시 미국 등의 원양어선단이 포획한 고래종류와 일본인들이 식용하는 고래와는 종류가 다르고 자원의 고갈을 불러왔다는 일본의 주장은 책임전가에 불과하다고 말한다. 그 이유로 이미 미국 등의 원양어선이 일본근해에 출몰했을 때는 일본의 마구잡이식 남획포경으로 소형고래의 개체수가 고갈되어 있었다는 점을 든다.

이러한 논란 속에서도 일본은 메이지 시대와 전후, 현대에 이르기까지도 일관되게 고래사냥을 해 왔고 그 배경은 국민들에게 양질의 단백질을 공급한다는 식량차원의 문제라고 강변한다.

또한 일본은 포경을 반대하는 국가들이 제시하는 고래개체수의 감소로 멸종위기에 처한 고래가 많다는 주장도 맞지 않다고 반박한다. IWC의 조사에 의하면 긴 수염고래는 북태평양 해역에서만 3만 마리 이상, 밍크 고래는 세계의 전 해역에서 몇 십만 마리가 서식하고 있는 것으로 알려져 있을 정도로 풍부하다고 보고 있다. 여기에다 1993년, IWC 과학위원회는 일부고래의 자원이 풍부하여 '상업적으로 고래를 잡아도 고래 자원에 악영향을 주지 않는다.'고 발표하여 일본의 '조사포경'에 힘을 실어주기도 했다. 물론 일본은 IWC가 발표한 자료를 바탕으로 개체 수가 풍부한 고래만 잡는다고 주장한다. 적절한 자원 관리 수준을 유지하며 일부희귀종은 잡지 않고 보호하며 개체수의 조절이 필요한 종만 '간경間鯨' 하겠다는 것이다.

그리고 이에 더하여 지금까지의 일본고래연구소鯨類硏究所 연구 자료를 제시하며 고래는 플랑크톤이나 크릴새우 등만 먹는 게 아니라 꽁치, 멸치, 고등어 등을 대량 포식한다고 보고 있다. 따라서 이로 인해 인간이 잡아야할 어획량이 감소했다고 주장한다. 이 주장은 일본만의 주장이 아니라는 점이 일본에게 있어서는 고무적인 일이다. 북태평양해양과학기구 역시 '최상위 포식자들의 소비에 관한 보고서'를 통해 고래가 섭취하는 먹이로 인해 '인간이 잡을 수 있는 어획량이 줄어든다'는 연구 결과를 내 놓고 있기도 하다.

또한 일본이 자신들의 '조사포경'을 당당하게 주장할 수 있는 것도 일본만이 고래를 포획하고 있는 것이 아니라 다른 국가들도 '조사포경'이란 명목으로 고래를 잡고 있다는 데 있다. 2008년도에 IWC로부터 고래 포획 승인을 받은 국가는 일본을 제외하고도 미국(280마리), 러시아(620마리), 덴마크(212마리), 노르웨이(386마리)등이 있다. 이들 국가는 앞으로 5년간 IWC의 승인 하에 당당하게 고래 포획이 가능한 것이다. 그러므로 일본은 자신들만이 고래를 잡고 있는 것처럼 세계여론의 화살을 맞고 있는 것에 대에 대단히 불쾌해 하고 있다.

그러나 일본내부의 '조사포경' 반대 단체와 언론 등에서 제시하는 각종 통계 수치는 이러한 일본의 주장이 근거가 희박함을 증명하고 있다. 지난 2008년 3월에 보도된 아사히신문의 보도 내용은 일본의 포경이 식문화의 일부분이라는 주장에 반박자료를 제시하고 있기도 하다. 일본이 식용하고 있는 고래 고기의 소비량은 1980년대 초반까지 1인당 2.5kg에서 2007년에는 30g정도로 줄었다는 것이다. 따라서 일본에서 '조사포경'의 목적으로 잡은 많은 고래들은 내수시장의 부진으로 대부분 시장에서 유통되지 못하고 그대로 냉동실 신세를 지고 있다. 최근 들어 일본의 젊은 층을 중심으로 고래 고기를 식용으로 생각하지 않는 풍조와 유가의 급등 등 악재가 겹쳐 일본의 '고래사냥'은 많은 적자를 감수하고 있기도 하다. 환경보호단체인 그린피스가 2008년 3월 20일에 밝힌 내용에 따르면 일본정부는 매년 470만 달러 상당의 예산을 '조사포경'에 지원하고 있다는 것이다.

그런데 왜 일본은 이러한 세계여론의 반발과 적자를 감수하면서도 '조사포경'을 계속하는 것인지 그 이유가 궁금해 지지 않을 수 없다. 일본이 이렇게까지 버티는 이유는 IWC회원국 간의 힘겨루기가 존재한다고 보는 견해가 지배적이다. 현재 IWC회원국 중에는 포경을 지지하는 일본, 노르웨이, 아이슬랜드 등의 국가와 고래보호를 내세우는 미국, 영국, 오스트레일리아 등의 양대 세력이 눈에 보이지 않는 팽팽한 기 싸움을 벌이고 있다. 오스트레일리아 수상의 대일본 압박도 이런 기 싸움의 일환으로 보면 틀리지 않는다.

그러므로 현 상황에서 일본이 '조사포경'을 그만두게 되면 고래보호국들의 압력에 굴복한 것으로 비춰져 국가의 위신에 상당한 타격을 입을 것으로 판단하고 있기도 하다. 따라서 일본은 환경보호단체와 고래보호국들의 거센 반발에도 불구하고 '조사포경'을 계속할 수밖에 없을 것으로 IWC는 전망하고 있다.

| 차별의 대명사 부라쿠민 |

일본에서 생활하다보면 이상한 점을 몇 가지 발견하게 된다. 그 중의 하나가 부라쿠민部落民에 대한 차별이다. 그들의 속마음은 알 수 없지만 겉으로 드러나는 행동은 그야말로 친절하고 상냥하며, 정직하고 신용이 있어 보인다. 그런데 그렇게 상냥하고 인사성 바른 양반 중의 양반 같은 일본인이 어느 특정지역의 동족에 대해서는 벌레처럼 차별하고 멸시하며, 결혼도 금기시 한다는 것이다. 처음 일본에 왔을 때는 이런 점이 도저히 상식적으로 이해가 가지 않았다.

그러나 그들과 오랜 친분을 쌓고 생활하다 보면 그들의 내면을 간파할 수 있고 그들의 진심을 자연스럽게 알게 된다. 일본은 최근까지도 차별철폐운동의 일환으로 '동화同和정책'을 전개해 왔다. 이 정책이 바로 부라쿠민에 대한 차별을 없애자는 정부차원의 캠페인이다. 그러나 이 정책의 시행에도 불구하고 차별은 여전히 없어지지 않고 있으며, 오히려 더 강화되고 있다고 본다. 이는 이 운동을 전개하고 있는 시민단체의 간부가 NHK 좌담회에서 밝힌 내용이기도 하다.

2006년에는 오사카의 한 회사가 부라쿠민이라는 이유로 신입사원채용에서 탈락시킨 사례가 드러나 부라쿠민 차별철폐운동 단체들이 거세게 항의하는 소동이 벌어졌다. 신문들도 일제히 일본국민은 스스로 부라쿠민 차별철폐운동에 앞장서야한다며 일본인의 각성을 촉구했다. 다른 매스컴들도 일본사회에 뿌리 깊게 존재하는 부끄러운 치부를 없애지 않으면 국제사회에서 진정한 인권국가로 인정받을 수 없다는 특집을 내보내기도 했다.

이러한 일본에서의 부라쿠민 차별은 에도막부(1603~1868)의 시작과 함께한 것으로 보고 있다. 에도막부는 도쿠가와 이에야스가 전란의 종지부를 찍고 명실공이 일본의 실권을 장악한 시기를 말한다. 이 시기에 에도막부는 민중들을 통제하는 수단으로 사농공상의 4계급을 정하여 전국시대에 횡행했던 하극상의 풍조가 일어나지 않도록 단속했다. 이런 계급사회를 구성하다보니 가장 아래층에 처하여 의무만 강요당하는 농민들의 불만이 쌓여갈 수밖에 없었다. 시간이 지날수록 불평등한 처우에 대해 불만을 가진 많은 농민들이 조직적으로 반발한 것은 당연한 귀결이었다. 이에 막부는 농민의 불만을 다른 곳으로 돌리기 위해 천민집단을 만들어 내게 된다. 그 천민집단의 이름이 '에타穢多', '히닌非人'인데 당시의 일본사회에서는 말 그대로 사람이 아닌 '짐승' 취급을 했다. 농민들은 이들을 차별하고 이지메하면서 자신들의 불만을 해소했던 것이다.

이러한 차별과 이지메가 극에 달하여 많은 사회적 병폐를 유발하자 1871년 메이지유신 정부는 신분제도 철폐령인 '해방령'을 포고했다. 이 해방령은 사실상 형식적인 정치행위에 불과했다. 포고령 이후 행정적 뒷받침이 전혀 이루어지지 않아 신분제도가 완전히 철폐되어 천민들의 신분상승이 이루어지는 데까지는 이르지 못했음은 물론이다. 결국 이 해방령으로 인해 일본사회에서 이름만 사라졌을 뿐 부라쿠민에 대한 차별은 그대로 남아있었던 것이다.

이러한 엄연한 현실적 차별에 대해 부라쿠민 스스로가 조직적으로 차별철폐운동을 벌이기시작한 것은 해방령이후 50년 이상이나 지난 1922년 '스이헤이샤水平社'라는 단체의 결성에서부터이다. 이 스이헤이샤의 활동은 일본이 전쟁에 광분하는 동안 수면아래 잠복해 있었으나 패전 후 부라쿠민 해방동맹운동으로 부활한다. 이런 운동을 거쳐 일본사회가 실질적으로 부라쿠민에 대한 차별을 법적으로 보장하기 시작한 것이 1969년에 공포된 '동화정책사업 특별조치법' 등이다.

따라서 이 법의 발효로 법적으로는 일본에서 부라쿠민에 대한 차별은 소멸된 것처럼 여겨진다. 그러나 현실적으로는 일본인 대부분이 부라쿠민에 대한 차별이 아직도 엄연히 존재한다고 보고 있다. 그 이유로, 부라쿠민으로 자처하는 사람 역시 일본사회에 아무런 변함없이 그대로 존재하고 있기 때문이다.

일본과 마찬가지로 한국에서도 고려시대 때 형성된 천민집단 거주촌인 향·소·부곡이 존재했고, 이들이 일으킨 신분차별 철폐운동이 민란으로 발전하여 '망이·망소이의 난'과 '만적의 난'을 불러왔음을 우리는 잘 알고 있다. 조선시대 역시 천민집단 거주지역이 형태는 달리했으나 그대로 존속되어 왔다. 일제강점기 시대에도 법적으로는 차별이 철폐되었으나 사회 곳곳에 '백정'이라는 천민차별용어가 통용되고 있었던 점으로 보아 신분차별이 어느 정도 존재했음을 알 수 있다.

그리고 일제강점기 시대 때는 우리민족 전체가 사실상 천민취급을 받았기에 차별이 일상화 되어있었다 해도 과언은 아닐 것이다. 그들이 우리국토 전국에 남긴 '부락'이라는 용어도 우리민족을 천민 취급하는 악의적인 의도가 숨어있었기 때문이다. 이런 용어를 우리는 1980년대까지 아무 의식 없이 그대로 사용했으니 딱한 생각이 들기도 한다.

그러나 이제 해방이후의 우리사회에서는 일본처럼 심각한 사회적 차별현상은 사실상 존재하지 않는다. '양반', '상놈'이라는 상대적 차별의식을 가진 사람들도 간혹 있기는 하나 한국의 현대사회에서 이런 구태의연한 용어로 상대를 차별하려드는 사람은 오히려 조롱거리가 될 것이다.

이에 비하여 일본사회에서는 역사적으로도 차별과 이지메가 연속되어 왔다.

부라쿠민 해방운동을 전개하고 있는 후지타藤田敬一는 『부라쿠민이란 무엇인가?』에서 일본의 위정자들이 천재지변 등의 재난 시에 발생하기 쉬운 민원民怨의 폭발이나, 정책의 실패로 백성들의 원성이 자자할 때 즐겨 쓰는 정책이 '분풀이 대상'을 지목하여 공격하게 하는 방법이라고 본다. 그 '분풀이 대상'이 바로 일본사회의 약자들인 부라쿠민이거나 소수민족, 또는 사회적 약자들이다. 이러한 분풀이 대상을 지목하여 공격하게 함으로서 정권은 온전히 보존되고 사회질서는 평형을 이룬다는 생각이 일본사회의 통치이념으로 면면이 이어져 왔다. 그리고 지금도 그대로 이어지고 있다고 본다.

이러한 대표적인 예로 그는 1923년 발생한 관동대진재 때의 조선인 학살사건을 들고 있다. 당시 일본정부는 국민들의 불만을 재일조선인에게 돌려 "조선인이 폭동을 일으켰다! 조선인들이 우물에 독약을 넣고 불을 지르고 있다!"는 소문을 퍼뜨렸다. 이에 흥분한 일본인들은 죽창으로 무장하고 얼굴을 마주하는 이웃의 재일조선인들을 무려 6천여 명이나 무참히 찔러 죽이는 만행을 저지른 사실이 이를 증명한다고 말한다.

루스 베네딕트는 『국화와 칼』에서 이러한 일본인의 심성을 '호전성'과 '잔혹심리'로 분석한다. 호전성과 잔혹성은 일본인이 가지고 있는 기본심성이기에 평소생활에서는 잘 드러나지 않지만 전쟁이나 비상시에는 그 본성이 그대로 드러난다고 지적한다. 그 예가 관동대진재 때의 조선인 학살과 제2차 세계대전 때의 잔혹한 학살이라는 형태로 나타났다는 점이다.

1995년에는 한신아와지阪神淡路 대지진이 발생하여 5천이 넘는 사람들이 사망했고, 지진직후 우리 동포들의 밀집지역인 고베의 나가타구長田区에 화재가 발생했다. 이 화재로 수많은 사람들이 죽거나 다치는 사태가 발생하자 일본 전국의 60만 우리 동포들은 관동대진재의 악몽을 상기하고 온 정성을 다해 이웃 일본인들에게 먹을 것과 구호품을 제공했다. 나가타구가 우리 동포들의 밀집지역인 관계로 동포들 자신이 많은 희생자를 내고도 일본인들이 폭도로 변하여 공격해 올 것이 두려워 먼저 자세를 낮추고 봉사활동에 나선 것이다. 한마디로 그들의 호전성과 잔인성을 너무도 잘 알고 있기에 사전에 차단한 행동이라는 이야기다.

아무튼 이러한 그들의 거주지역을 직접 눈으로 확인하기 위해 일본인에게 히로시마에도 부라쿠민이 살고 있는지 물어보았다. 그랬더니 히로시마에도 부라쿠민이 사는 지역이 여러 군데 존재한다고 했다. 오사카에는 이쿠노쿠, 오카야마에는 세이남바시, 교토에는 신가이치 등등 전국에 산재해 있는 부라쿠민 거주지역은 수없이 많다는 이야기도 곁들였다. 그런데 "같은 피부색을 가지고 같은 언어를 사용하는 멀쩡한 사람을 어떻게 구분하며, 어떻게 차별하느냐?"고 물어보았다. 이에 대한 대답은, 평소 때는 구분이 가지 않지만 주소를 물어보면 단번에 알 수 있고, 주소를 이전한다 해도 원적이 그대로 남아 있기 때문에 쉽게 알 수 있다는 것이다.

정말 그런지 반신반의 하며 부라쿠민이 살고 있다는 히로시마의 S지구를 둘러보기로 하고 차를 몰고 드라이브를 겸해서 이 곳 저 곳을 기웃거려 보았다. 그런데 우연히 히로시마 민단의 고문을 S지구 한복판에서 만나게 되어 이런 저런 이야기를 나누게 되는 자리가 마련되었다. 필자가 부라쿠민 지역을 관찰하기 위해 여기를 둘러본다고 하니, 고문님이 우리 재일동포들도 차별의 대상이라 차별받고 있는 일본인들이 사는 지역에 많이 산다고 했다. 동병상련이라고나 할까. 서로 차별 받는 사람끼리 의지하고 단결하여 권리를 쟁취하기에도 좋다는 말로 위안을 삼는 것 같은 인상을 받을 수 있었다.

일본 전체가 그렇기는 하지만 무언가 조용하고 음울한 S지구 전체의 인상은 상당히 낙후되어 있다는 느낌과 칙칙하고 퇴색된 집들이 늘어서 있는 쓸쓸한 풍경 그 자체라 해야 좋을 곳이었다. 사람들의 출입도 별로 눈에 띄지 않고, 거리 자체가 한산한 느낌이었다. 그런데 마침 저 앞쪽에서 흰색저고리와 검정치마를 입은 조총련학교 고등학교 여학생 두 명이 걸어오고 있는 것이 눈에 들어왔다. 말은 걸지 않았지만 그들도 이 지역에 살고 있으며, 일본인의 차별과 편견에도 불구하고 저렇게 눈에 띄는 옷차림으로 당당히 활보하고 있다니 그 용기에 감탄할 뿐이었다.

한 때 일본에서는 북한에 의한 일본인 납치문제로 조총련 학생에 대한 이지메와 공공연한 집단폭력이 자행된 적이 있다. 이로 인해 한동안 조총련 학교가 곤욕을 치렀다. 정말 일본에서 살다보면 편견과 차별, 이지메가 이 사회의 기저에 넓게 퍼져있음을 느끼게 되고 좀처럼 없어지지 않을 폐습처럼 느껴진다.

| 일본의 우익단체 |

히로시마 평화 기념공원 근처에 가면 구일본 군복을 입고 열변을 토하는 '극우파'들을 가끔씩 목격할 수 있다. 군국주의 시대에 사용하던 떠오르는 해가 그려진 국기를 앞세우고 30~50대의 장년들이 씩씩한 군인 걸음으로 행진하는 모습을 보고 있으면 일면 우스꽝스런 느낌마저 들게 한다. 행진의 발걸음도 맞지 않지만 그 표정 또한 진지하기가 그지없는 것이 얼핏 보면 금방 전쟁이라도 일으킬 것 같아 보이기 때문이다.

연설은 순번대로 돌아가면서 하는데 대략 한 사람이 30분에서 1시간 정도 하며, 매일 시사적인 내용과 역사적인 내용을 섞어서 한다. 일본인들에게는 상당한 공감과 설득력으로 다가오는지 모르지만, 우리가 보기엔 그 연설 전체가 일방적인 자신들의 억지주장이요 왜곡이라는 느낌이 강하게 들었다. 목청을 높여 외쳐대는 이들의 열정적인 연설에도 불구하고 대부분의 일본 사람들은 정치문제에 관심이 없어 보였고, 경청하고 박수치는 관중보다 방관하고 외면하며 자기 갈 길만 열심히 가는 사람들이 태반이었다.

자세히 들어보면, 정말 영토문제나 역사문제에 객관적이고 해박한 지식을 가지지 아니한 일반 국민들은 세뇌당하기 좋을 이야기였다. 거기에다 일본사람의 입맛에 딱 맞는 이야기이니 혹시나 저들의 설득에 넘어가지 않을까 하는 우려로 한·일관계의 미래가 은근히 걱정되기도 했다.

연설내용은, "독도는 일본고유의 영토다, 그런데 왜 한국이 불법으로 점령하고 있느냐! 우리 손으로 빼앗아 와야 한다. 국민들이여 일어서라! 무기를 들고 국토를 지키고 빼앗긴 국토를 되찾자!"라고 선동한다. 그리고 "한국의 역사책은 더 왜곡되어 있으면서 왜 우리의 교과서에 대해서 내정 간섭적 발언을 하는가? 건방진 놈들 아닌가!" 그런 다음, 중국에 대해서는 영토분쟁지역인 "센카쿠 레츠도(尖閣列島' 중국명 釣魚島)에서 유전개발을 하지 말라! 일본고유의 영토에 한 놈이라도 들어오면 바로 총살시켜야한다! 일본을 우습게 보는 중국인들에게 본때를 보일 때가 왔다!", "중국인들이 반일하면 우리는 반중이다! 왜 세계의 질서를 우습게 알고 일본을 깔보는가! 수상의 야스쿠니 신사참배, 역사문제에 대해 이러쿵저러쿵 하는 것은 내정 간섭이다!" 등 한마디로 "너나 잘해라" 식의 이야기가 계속된다.

그리고 일본국민들은 단결하여 대동아 전쟁의 영광을 되찾아 기필코 다시 한 번 세계를 재패해야 한다고 역설한다. 그런 다음, 자신의 연설에 만족한 듯이 흐뭇한 표정으로 단을 내려온다. 이어서 다른 연사가 등단한다. 또 거의 비슷한 이야기가 이어지다가 시간이 되면 확성기로 구일본군가를 크게 틀면서 여러 대의 군용차량은 사라진다.

그런데 여기서 한 가지 간과할 수 없는 사실은 일본경찰의 태도이다. 평소 주차위반이나 조그마한 사건에도 번개같이 나타나 단속을 펴는 민첩하기 그지없는 일본경찰이 이런 불법행위에 아무런 조치를 취하지 않는다는 점이다. 그저 바라만 보고 있을 뿐이다. 수수방관이라는 표현이 정확하리라 본다. 왜 이런 태도를 견지하는 걸까? 혹시라도 배후에 우익정권의 비호가 있는 게 아닌지 의심을 자아내기에 충분한 행동이라 여겨졌다.

이런 일본의 우익조직은 전국적으로 퍼져있다. 그들의 행동대원들은 범죄조직인 야쿠자와도 연결되어 있는 사람들이 많고, 일본 우익정치인들과도 은밀히 연결되어 있는 것으로 알려져 있다. 일반 시민들이 겁을 먹는 것도 이러한 배경 때문이다. 그들의 행동은 과격하고 호전적이기에 많은 일본인들이 드러내 놓고 우익을 비판하는 행동을 자제하고 있으며, 실제로 여러 번의 암살사건도 이들에 의해 자행되었다.

이들의 집단행동 중 우리와 관련 있는 한 사건을 예로 들어보자. 2004년 5월 10일, 주히로시마 한국총영사가 에히메현 지사에게 심하게 왜곡되어 있는 후쇼샤扶桑社판 역사교과서를 채택하지 말도록 의견을 제시한 적이 있었다. 이 사실이 신문에 보도되자 전국의 우익들은 물 만난 고기처럼 항의 데모를 하기 위해 히로시마에 집결했다. 전국에서 모여든 200여대의 차량과 확성기소리로 히로시마 시내는 그야말로 시끄러운 소음 속에 묻히고 말았다. 금방이라도 그들이 은밀히 소지하고 있는 총으로 총영사관을 습격할 듯한 기세였다. 이런 살벌한 분위기가 계속되자 총영사관은 업무가 마비되었고, 일본경찰이 출동하여 근 2주에 걸쳐 총영사관 주변에서 경계근무를 했다. 살벌한 분위기이기도 했지만 일본인들은 누구 하나 이들의 방약무인한 행동에 대해 저지하거나 항의하는 사람이 없었다. 그들은 지금도 일본사회에서 당당하게 그들의 강경한 목소리를 내고 있으며 국민들을 상대로 "허튼 수작하면 가만두지 않겠다!"는 무언의 협박을 일삼고 있다.

제3장
황실과 서민

불행한 신데렐라 마사코 황태자비 | 황실전범 | 고이즈미 칠드런 | 도박에 중독된 서민들 | 일본에서 만난 종교인들 | 일본의 도련님정치와 극우파들

| 불행한 신데렐라 마사코 황태자비 |

일본은 우리가 상식적으로 이해하기에는 곤란한 몇 가지 정치적 구성요소들이 있는데 그 중의 하나가 일본국민의 천황가에 대한 존경심이다. 영국 사람의 절반가량이 영국왕실의 존치여부에 대해 부정적 견해를 가지고 있는 것과는 대조적으로 일본 국민은 84%가 황실의 존치여부에 대하여 '일본국의 근간'이라며 긍정적 견해를 피력하고 있다. (산케이신문 2005년 10. 3일자)

우리의 시각에서 판단하면 시대에 뒤떨어진 국민이라 비판해야 옳을지, 일본인의 성숙한 애국심인지 분간하기 곤란한 혼란에 빠진다. 성숙한 지성인이라고 자타가 공인하는 저명한 대학교수들도 강의시간에 천황을 지칭할 때는 언제나 극존칭인 '덴노헤이카'를 연발한다. 교수들이 이러하니 일반 국민들의 천황에 대한 존경심은 어떠할 것인지는 보지 않아도 상상이 간다 하겠다.

나이든 일반 국민들은 천황이 텔레비전 화면에 비치기라도 하면 그저 몸 둘 바를 모르고 자세를 고쳐 꿇어앉는 사람이 많다. 그런 그들 앞에서 천황가에 대한 비판이라도 했다가는 정말 큰일이 난다. 얼굴이 붉으락푸르락 함은 물론이고 흥분을 참느라 입이 실룩거린다. 평소 때의 침착한 그들의 행동과는 달리 사뭇 다른 태도이기에 놀라지 않을 수 없다. 자칫하면 그들과의 교제가 여기에서 끝나고 말지도 모른다.

이에 비하여 젊은 층들은 이러한 '황가에의 존경심'이 훨씬 덜하다. 그저 일본에 '천황'이 있다는 정도의 인식이 있을 뿐 존경심까지에는 미치지 않는 사람이 많다고 보아야 할 것이다. 그러나 그들도 '천황'의 존재는 일본을 상징하는 표상으로 '있어야 한다'는 견해에 찬성하는 사람이 많다.

마침 2005년 11월 15일이 황가의 막내공주 노리노미야 사야코紀宮淸子가 결혼하는 날이라 필자는 현장에서 직접 일본인들의 생생한 반응을 지켜볼 수 있었다. 이 결혼식을 통해 젊은이들의 '황가에의 존경심'을 관찰해 보려는 자신의 의도와 일치하는 날이기도 했다.

이날, 아침부터 일본 매스컴은 상세한 특집을 내보내며 축하무드를 조성하고 있었다. 영국 BBC 등 외국방송에서도 대대적으로 취재경쟁을 벌였으며, 결혼식과 관련 있는 모든 곳에서는 풍선을 띄우는 등, 그야말로 일본열도가 축하무드로 들끓었다. 공주의 어린 시절부터 성인에 이르기까지의 활약상을 방영하며 국민들에게 황가에의 존경심을 부추기고 있기도 했다. 36세의 늦은 나이에 결혼하는 이 공주와 나이가 같은 일본 여성들은 노리노미야 공주 팬클럽을 만들어 평소 때부터 활동해 오고 있었다는 보도 역시 특집에 들어있었다.

그 호들갑스런 방송 중에서도 가장 인상에 남는 것은 일본 젊은이들의 반응이었다. 거리 인터뷰에 응한 그들은 하나같이 눈물을 글썽이면서 감동에 겨운 축하 메시지를 연발했다. 공주가 이동하는 연로沿路에는 거리 밖은 물론이고 건물 안에서도 많은 젊은이들이 손을 흔들며 환영하고 있었다. 그저 조그만 일에도 놀란 듯이 답하는 일본인 특유의 기질이 여기서도 유감없이 발휘되지 않았나 싶을 정도의 반응이었다. 마이크만 갖다 대면 눈물을 글썽이며 극존칭으로 말하는 그들의 모습은 아무리 보아도 지나친 가식의 냄새가 느껴졌기 때문이다. 정말 저들이 전제왕권시대에 살던 '어린백성'들인지, 아니면 민주국가에서 자유와 평등을 향유하고 사는 '21세기 젊은이'들인지 구분이 가지 않을 정도였다. 얼핏 보면 그들이 그렇게도 비판해 왔던 김일성, 김정일 부자에 대해 북한 주민들이 보내는 열광의 눈물과 무엇이 다른지 구분이 가지 않을 정도였으니 말이다.

다음 날, 젊은 일본인 수강생들에게 그들은 어떻게 보는지 넌지시 반응을 물어 보았더니 그들 역시 같은 대답을 했다. 그저 황가에 대해 일본인들의 극존칭인 '사마', '사마'를 연발함은 물론이고, "부럽다", "훌륭하다" 등 칭찬의 말을 아끼지 않았다. 이 시대에 천황은 무엇이며 태어나면서 신분이 정해지는 불평등은 일본이 추구하는 자유민주주의와 어떻게 상치되는지에 대한 젊은이다운 비판은 한 마디도 들어볼 수 없었다. 아마도 일본은 과거의 향수 속에서 그들만의 왕국을 건설하고 노예 같은 백성으로 그대로 살고 싶은지도 모른다는 생각이 들 정도였다.

이런 국민을 가진 황실은 국민의 신망을 잃지 않기 위해 전통을 고수하고 엄격하고 근엄한 궁중생활을 감내해야 하는 부담도 있다. 지위가 높다고 다 좋은 것만은 아니라는 것이 일본 황실의 사례에서도 드러난다. 그 구체적인 사례가 마사코 황태자비의 결혼 이후 황실의 엄격한 규제와 절제된 생활이 가져다 준 불행한 나날이다.

마사코는 1993년 9월 6일, 화려한 외교관의 지위를 벗고 나루히토德仁황태자와 결혼에 골인하게 된다. 세상의 이목은 이 두 사람에게 집중되고, 일본열도는 우익들의 주도하에 경사스런 분위기, 축하무드로 달아올랐다. 필자는 그 때, 두 번째 일본에 파견되어 고베의 포트아일랜드(Port Island)라는 곳에 살고 있었다. 당시에도 텔레비전에서는 마사코 황태자비의 결혼식을 대대적으로 보도하고 국민적 축제분위기로 몰아갔다. 세계 각국에서도 비싼 중계료를 내고 이 결혼식을 생방으로 송출했다.

마사코의 구체적인 이력을 황실자료를 통해 살펴보면, 본명이 오와다 마사코 小和田雅子로 1963년생이니 여자 나이로는 40대 중반의 원숙한 나이에 속한다. 태어나서 줄곧 외교관인 아버지를 따라 세계각지로 다니며 여러 외국학교를 졸업한, 일본에서 보기 드문 해외파다. 1985년 하버드대학 경제학부를 졸업한 영재이며, 외무고시에 합격하여 아버지의 뒤를 따라 외교관이 된다. 1988년부터

1990년까지 옥스퍼드대학에 유학하고 귀국한 후, 1993년 나루히토 태자와 결혼에 골인하게 된다. 2001년 여아 아이코愛子를 출산하고 원만한 부부생활을 영위하는 듯 했으나, 2004년 나루히토 태자가 유럽방문길에 오르면서 마사코비에 대해 '인격부정발언' 을 해 갈등이 있음을 은연중에 드러내고 말았다. 일본 언론은 이 발언을 억누르고 보도하지 않아 일반 국민들은 잘 모르고 있었다. 그러나 사실은 몇 년 전부터 심한 우울증 증세를 보여 정신과 치료를 받고 있음이 판명되었고, 자살미수에 그친 사례도 이후 일본 잡지『주간현대』에서 밝힌 바 있다.

2005년도의 노리노미야 공주 결혼식에도 어색한 웃음을 지으며 황태자부처가 텔레비전에 언뜻 비치기는 했으나 아직도 완전히 회복된 느낌은 들지 않았다. 다만 공식적인 행사이니 억지로 나와 앉아 있는 듯한 인상이 짙었다. 최근의 공식행사나 황실동정을 보도할 때도 그저 웃고 있는 모습을 조금씩 비춰줄 뿐이다. 이러한 사실로 보아 아직 완전히 회복되지는 않은 듯하다.

더욱이 2008년 말에는 여러 매스컴들이 태자비의 사적인 행동은 환자의 동정을 살 만한 것이 아니고 건강을 빙자하여 '친정 식구들과의 회합만 즐기는 것'으로 비난하고 나섰다. 그에 더하여 태자와 천황의 사이가 소원해진 이유도 마사코가 중간에 있기 때문인 것처럼 주간 아사히는 폭로하기도 했다. 처음의 동정 여론과는 상당한 거리가 있는 상황인 것만은 틀림없다. 일반 국민들의 여론도 아들이 없는 마사코 황태자비로부터 멀어져 가는 듯한 인상이 짙다. 아무튼 마사코의 불행은 말 그대로 현재진행형인 셈이다.

그렇게 세계를 휘저으며 자유롭게 비상하던 사람을 '황거' 라는 새장 안에 가두어 두었으니 야생의 조수가 우리 속에 갇힌 거나 다름이 없었을 것이다. 인내력과 학력을 겸비한 사람도 자라온 환경과 변화된 환경이 급격하게 달라지면 적응하기 어렵다는 것이 전문가들의 견해이다. 하물며 일본의 '황거' 처럼 엄격하고 간섭이 심한 환경에서는 멀쩡한 사람도 갑갑함에 몸서리가 쳐질 것은 당연한 이치이다.

　많은 심리학자들은 인간이 정신적으로 가장 심한 스트레스를 받는 경우가 바로 '자유를 속박 당할 때'라고 보는 것도 이런 경우에 해당한다고 본다. 참으로 날개를 잃은 슬픈 신데렐라가 바로 마사코 황태자비라는 느낌을 받지 않을 수 없다. 슬퍼도 울 수 없고 화가 나도 화낼 수 없는 처지, 언제나 웃는 표정과 온화한 모습을 보여야하는 강요된 삶은 그녀를 불행으로 이끌어 갔을 것임에 틀림없다.

　이제 그녀의 불행은 자신의 우울증만으로 끝날 것 같지 않다. 일본의 여론은 우울증을 앓고 있는 황태자비의 여아 아이코愛子보다는 차 차기 대를 이을 자손으로 둘째 며느리가 낳은 아들 히사히토悠仁에 더 비중을 두고 있기 때문이다. 그녀가 황태자비라는 신데렐라가 되지 않고 평범한 일생을 살았다면 지금처럼 불행한 일생을 살았을지, 아니면 행복한 나날을 보내고 있을지는 알 수 없다. 그러나 적어도 지금과 같은 상태로는 전락하지 않으리라 여기는 사람들이 많을 것이다. 결국 신데렐라는 동화 속에서나 존재하는 것이지 현실 속에서는 존재하기 어렵다는 교훈을 마사코 황태자비의 불행을 통해 다시 한 번 확인할 수 있다.

| 황실전범 |

　　　　　　　　　　　　　　일본은 한 때 황실전범을 개정해야 한다는 여론이 여당의 주도로 공론화 된 적이 있다. 도대체 황실전범이란 생소한 단어는 무엇이며, 이 시대에 천황이란 또 누구인지 우리 한국인들은 그저 어리둥절할 것이다. 그러나 일본인에게 있어서 천황 즉, 그들이 '덴노헤이카'라 지칭하는 살아있는 군주는 지금도 일본을 지배하는 막강한 힘으로 일본인들의 머리위

에 군림하고 있다.

　물론 헌법상으로는 상징적인 존재에 불과할 지도 모른다. 그러나 헌법의 공포문公布文에서나 조문을 살펴보면 천황이 실질적 군주임을 나타내는 18세기에나 통함직한 낡은 구절들이 눈에 띈다. 일본사람들이라 하여 이러한 구절들을 모를 리가 없을 것이지만 대다수의 일본사람들은 "그것이 무슨 문제인가?"라는 식으로 당연하게 생각하고 관심조차 갖지 않는다.

　짐은, 일본국민의 총의總意에 기基하여, 신일본 건설의 초석이 정해지기에 이른 것을 마음 깊이 기뻐하며……,(중략) 제국의회의 결의를 거친 제국헌법의 개정을 재가裁可하고 여기에 이것을 공포하노라.

　이 부분이 바로 일본헌법의 얼굴격인 공포문이다. 우리가 보기에는 이 시대에 전혀 어울리지 않는 구태의연한 헌법 같은 느낌이 강하게 풍겨온다. 짐은…으로 시작되는 공포문의 서문부터 민주주의를 표방하며 자기들이 세계의 선진국 중 으뜸 대열에 들어간다고 자부하고 있는 일본의 주장과는 상당한 거리가 있는 것 같은 느낌을 주기에도 충분하다.

　또한 '천황'이 실질적 권력을 가진 지배자임을 나타내는 조항이 헌법 제1장 제6조 천황의 임명권, 제7조 천황의 국사행위 이다.

　제6조 천황의 임명권은 '천황은 국회의 지명에 기하여, 내각총리대신(수상)을 임명한다'로 되어있어 수상의 임명권을 주어 행정부를 장악 할 수 있도록 했다. 또한 '천황은 내각의 지명에 기하여, 최고재판소의 장이되는 재판관을 임명한다'라는 조문은 사법권까지 한 손에 쥘 수 있도록 규정하고 있다고 볼 수 있다. 여기에다 제7조 천황의 국사행위는 그야말로 모든 국정을 좌지우지 할 수 있는 헌법 개정과 조약공포, 국회의 소집과 해산 등을 행하도록 되어있다.

이 정도의 권력이면 바로 '천황'이 곧 일본이며, 일본이 곧 천황이라는 표현도 지나치다 할 수 없다. 다만, '국회의 지명에 기하여', '내각의 조언과 승인'이라는 통제장치가 있기는 하지만 정말 막강한 권력이 '천황'의 손에 쥐어져 있음을 알 수 있다.

오늘날의 일본에서 그런 일은 없겠지만 혹시라도 사카모토 료마(坂本竜馬, 메이지 유신 때의 유신혁명 지도자)같은 사람이 나타나 그 당시의 구호였던 "권력을 천황폐하에게!"라는 선동을 한다면 일본 국민은 어떻게 반응할까? 메이지유신 때처럼 다시 천황에게 권력을 돌려주는데 찬성하는 사람이 많을까? 아니면 구시대 제국주의에로의 회귀는 국제적인 망신이라며 반대운동을 펼칠까?

이에 대한 대답은 일본인들 스스로가 생각할 문제이지만 필자가 판단하기에는 전자에 손을 드는 사람이 많을 것으로 본다. 물론 메이지유신 때와 똑같은 형태로 회귀하지는 않겠지만 일본국민의 보수적 성향으로 보아 '모습만 달리한 천황제'로 돌아갈 가능성이 크다고 판단해도 무리가 없을 것이다.

이제 이 글의 메인 포인트인 '황실전범'에 접근하기 위해 일본국헌법 전체를 앞에서부터 개략적으로 살펴보자. 일본국헌법은 공포문의 다음이 전문 4조이고, 본격적인 헌법 제1장이 바로 '천황'에 관한 조항이다. 제1장 제1조가 천황의 지위, 제2조가 황위의 승계인데 여기서 황실전범이라는 용어가 나온다.

'황위는 세습하는 것으로, 국회가 결의한 황실전범이 정하는 바에 의해 이것을 계승한다.'

'황위는 세습제이고 황실전범이 정하는 바에 의하여…'라고 되어 있음으로 황실전범을 찾아 한 때 여론의 도마 위에 오른 그 구절을 살펴보면 황위의 승계는 '황통에 속한 남계男系의 남자가 이것을 계승한다'로 되어 있다.

여기서 왜 일본정계에서 이러한 여론몰이가 시작되었는지 그 배경을 살펴보면 소용돌이의 목적을 분명하게 이해할 수 있을 것으로 본다.

지금 천황가의 가족계보를 살펴보면 현재의 아키히토明仁 천황내외의 자녀는 남자 2명, 여자 1명으로 모두 결혼하여 각자의 가정을 가지고 있다. 황실전범에 의하면 성가한 자녀는 황거에 살지 못하고 평민으로 돌아가야 하기 때문에 장남 나루히토德仁 황태자 내외를 제외한 2남 후미히토文仁 내외, 2005년 11월 15일 결혼한 사야코淸子는 평민으로 돌아가 황실의 후원을 받으며 살고 있다.

그런데 여기서 문제가 발단된 것은 나루히토 황태자 내외의 사이에 태어난 아이가 여자 한 사람 아이코愛子 뿐이라는 사실이다. 심한 우울증에 시달리는 황태자비의 건강상태나 두 사람의 나이로 봐서는 아이를 더 생산할 가능성은 없다고 본다. 하여 황실전범의 규정에 따라 다음 서열을 찾아보니 공교롭게도 차남 후미히토 내외 사이에도 딸 둘 밖에 없고, 그 다음 서열은 아키히토 현 천황의 동생 다카히토崇仁와 그 자녀까지 벌어지게 된다. 이렇게 되면 천황의 직계에서 멀어지게 되고 권위가 떨어지지 않을까 하는 고민에 일본정가가 술렁이게 되었다. 따라서 수상을 중심으로한 여당 측에서는 이 문제를 이슈화하여 자기들이 유리한 방향으로 여론을 몰아 황실전범을 개정하기로 정책을 입안한 것이다.

즉 당시 고이즈미 수상의 노림수는 대체로 세 가지로 요약 할 수 있다. 첫째가 자민당의 보수적 이미지를 쇄신하기 위해 '여황女皇'의 존재를 인정하는 것이며, 둘째는 황권이 직계적통으로 이어지는 전통승계가 가능하여 국민을 단결시킬 수 있고, 셋째는 여권신장이 OECD 국가 중 하위권에 속하는 일본이 이정도로 빠르게 변화에 대응하고 있다는 대내외적 선전이 가능하기 때문이다.

그러나 이러한 고이즈미 수상의 전략은 의외로 현재의 천황이 여황제도의 인정에 대해 강력하게 반발하는 바람에 어찌할 바를 몰라 주춤거렸다. 아마 지금의 천황은 심정적으로 황태자비인 며느리가 미우니 그 손자까지도 미운지 모른다.

그러나 그것보다 전통적으로 남자가 이어오는 천황의 자리를 여자가 이어 받으면 그 자리를 제대로 지켜낼 수 있을지에 대한 의구심 때문이었을 것이다. 또한, 여황의 자손은 황족과는 거리가 먼 평민이기에 지금처럼 국민의 존경을 받으며 구심점 역할을 할 수 있을까에 대한 고민의 결과 내린 결단이라 판단된다.

이런 와중에 둘째 며느리가 임신했다는 소식이 국회의 회기 중에 고이즈미 수상의 귀에 전해지자 여당에서는 슬그머니 이 법안을 철회하고 말았다. 이미 태어날 아기가 남아라는 것을 인지한 행동이었다. 이후 2006년 9월 6일에 둘째 며느리가 히사히토悠仁라는 남아를 출산하자 일본은 경사스런 분위기로 온 열도가 떠들썩했다. 이런 분위기에 편승하여 여황문제는 더 이상 일본정가의 화두로 떠오르지 않게 되었다.

요컨대 이러한 여론몰이의 와중에서도 일본의 어느 시민단체 하나 '천황은 필요 없다!' 또는 '천황제 폐지'의 구호를 외치며 반발하는 사람이 없었다. 언론 또한 마찬가지였다. 아베 수상이 그토록 당당하게 주장하던 '민주국가의 모범', '아름다운 나라 일본'이 이런 모습이라면 다른 나라의 정치제도에 대하여 이러쿵저러쿵 비판할 자격이 없다고 본다. 아직 일본은 세습제 군주가 실질적 지배자로 존재하는 엄연한 봉건국가이고 국민들 역시 이를 자랑으로 여기는 한에 있어서는.

| 고이즈미 칠드런 |

'고이즈미 칠드런'의 한 사람으로 언론의 스포트라이트를 받으며 일본사회에서 화제의 주인공이었던 라이버도어(Live Door) 그룹 호리에 다카후미堀江貴文 사장이 2006년 1월23일 주가조작과 분식회계를

지시한 혐의로 전격 체포되자 일본 사회는 큰 충격에 휩싸였다.

호리에 사장은 도쿄대학 3학년 때 600만 엔의 자본금으로 홈페이지제작 회사를 설립, 하루아침에 벤처산업계의 기린아로 등장한다. 그 후 정보·통신 분야 개척과 기업 인수·합병(M&A)에서의 신화적 수완을 배경으로 10년 만에 자본금 7000억 엔이라는 막강한 기업으로의 성장을 일구어냈다.

이런 입지전적이며 신화창조의 주인공이 되자 그의 일거수일투족은 언론과 인구에 회자膾炙되는 화제의 대상이 되었다. 고이즈미 수상은 이런 인물을 영입하여 자신이 부르짖고 있는 '개혁 대 반 개혁'의 첨병으로 중의원 선거에 출마시키면 여당의 인기몰이에 큰 바람을 불러일으킬 것이라 여겨 영입을 제의하기에 이른다. 그 후 고이즈미 수상의 영입제의에 선뜻 응한 호리에 사장은 필자가 살고 있던 지역인 히로시마 6구에 출마한다. 중의원 선거전에서 여러 가지 화제를 불러일으키며 야당의 거물급 출마자와 대접전을 벌였기에 더욱 당시의 당당했던 호리에 사장의 모습이 눈에 선하기도 하다.

그는 여러 가지 신조어의 주인공이기도 하여 그 해 NHK가 선정한 올해의 유행어 랭킹에서 '예상외想定外'라는 말로 트로피를 받기도 했다. 이 예상외라는 말은 자신이 중의원 선거에 낙선하고 난 뒤 언론과의 인터뷰에서 익살스럽게 한 말이라 일본 젊은이들의 유행어가 되었다. 그의 체포소식이 전해지자 언론들은 일제히 그의 체포가 '예상외' 인지 '예상내' 인지 비꼬기도 했다.

또한 갑자기 부자가 되거나, 오랜 경륜을 쌓지 않고 벼락출세한 사람들에게서 보여지는 인격적 결함을 호리에 사장도 여지없이 드러내기도 했다. "돈만 있으면 인간의 마음도 살 수 있다"라며 자신이 쓴 책에서 호기를 부린 것이 그것이다. 인간사회가 물신숭배의 나락으로 떨어져간다고 비판하는 종교지도자들의 말을 빌리지 않더라도 일본인이 가지고 있는 배금주의의 어두운 일면을 보는 것 같아 씁쓸한 느낌이 들기도 했다.

이러한 예는 호리에 사장의 회사 내에서도 철저히 적용되었다고 한다. 신입사원 면접 대상자들에게 "당신이 하려는 일은 돈이 되지 않는다"며 오로지 '돈이면 다 된다' 는 식으로 자신의 배금주의 철학을 내세운 것이 그 일례이다. 그리고 사원들에게 일체의 인간적 면모를 보여주지 않아 그의 카리스마에 위화감을 느끼는 직원이 많았던 것으로 알려져 있기도 하다.

요컨대 호리에 사장의 체포는 고이즈미 수상에게는 정치적인 큰 부담으로 다가왔다. 당시의 제1야당인 민주당의 마에하라 세이지前原誠司 대표는 기자들과 만난 자리에서 "자민당이 호리에 사장을 개혁의 화신처럼 광고탑으로서 활용한 것이 지난번 선거에서 고이즈미 붐을 만든 요인이었다"며 공세를 취했다. 이로 인해 고이즈미 수상은 상당한 도덕적 타격을 입을 수밖에 없었다.

하긴 일본 정치인들은 여당과 야당이 싸운다고 하여 사생결단 즉, 나라가 망하든 말든 자신의 정파만 이기면 된다는 벼랑 끝 전술은 쓰지 않는다. 잘못하면 사리사욕이나 자기당파만 챙기는 소인배로 몰려 역효과를 낼지도 모른다는 생각을 염두에 두고 있기 때문이다. 그에 더하여 그들의 머리 위에는 언제나 천황이라는 '살아있는 신' 이 존재하기에 전부가 아니면 전무인 대통령제의 다이내믹한 정치는 찾아보기 힘들다. 전후 한 번도 일본국민이 자신들의 손으로 나라의 수장을 뽑아본 경험이 없는 그들은 정치에 대해 우리와는 다르게 상당히 미지근하다는 표현이 정확할 것이다.

이러한 일본정치의 특수성 속에서 고이즈미 수상이 지난 중의원 선거 때 '고이즈미 칠드런' 이라는 '인적브랜드' 를 만들어 낸 것은 신선한 정치적 충격이기도 했다. 따라서 이러한 정치적 수완은 오랜 기간 식지 아니하고 일본인의 관심을 끌고 있다.

우리가 알다시피, 일본 여당인 자민당은 당 이미지가 대단히 우익적이며 보수적이라는 데는 이론의 여지가 없다. 그런데 이러한 보수적 이미지를 교묘하게 포장하기 위해 고이즈미 수상은 지금까지 자민당 내의 고질병이었던 파벌을 타파하고 무파벌을 선언했다. 이 무파벌전략이 먹혀들기 시작하자 고이즈미 수상은 소위 '자민당 연수원'(당시 일본 언론에서는 고이즈미 스쿨이라 불렀다)에서 연수 중인 젊은 신인들을 대거 발탁하여 중의원 선거에 출마시키며 개혁의 기치를 높이 든다. 이 때 호리에 사장도 함께 발탁되어 언론의 관심을 끌며 출마한 것이다.

이렇게 여론을 주도하며 일본 국민과 야당이 반격하거나 판단할 여유를 주지 않고 전광 석화같은 퍼포먼스를 연출해 나갔다. 보수적이어야 할 자민당이 젊고 참신한 인물들을 선두에 포진시켜 '개혁'을 표방하니 일본국민들은 어리둥절했다. 지금까지의 자민당 이미지와는 판이하게 달랐기 때문이다.

또한 선거전의 캐치프레이즈는 "개혁이냐 아니면 반 개혁이냐?"라는 것이었다. 이 캐치프레이즈는 제1야당인 민주당이 써야할 것인데 이미 선점을 당했으니 대항 한번 제대로 못해보고 어영부영하는 사이에 선거는 이미 끝나 버렸다. 선거 결과 소위 '고이즈미 칠더런'은 83명이라는 놀라운 숫자가 당선되는 일대 이변을 일궈낸다.

자민당 전체의석 296석 중 83석이라는 숫자는 일본 정치사의 한 획을 긋는 놀라운 일이기도 했다. 물론 83명의 의원 중에는 26세의 스기무라 다이조杉村太蔵의원처럼 젊디젊은 의원도 바람을 타고 얼떨결에 당선되기도 했다. 그는 인터뷰를 할 때마다 실수를 연발하는 바람에 "국회의원이 저렇게 경솔해서야"라는 우려의 소리와 "솔직해서 좋다"라는 반응으로 엇갈리는 해프닝도 있었다.

우리는 일본의 선거를 보면서 우리와 많이 닮은 여러 가지 선거 전략과, 국민들의 성향을 관찰하게 된다. 양쪽 국민 모두가 '개혁', '진보'라는 말을 만능의 보검처럼 좋아한다는 사실이다. 그러나 선거가 끝나고 나면 언제 그랬냐는 듯 집권당들은 개혁이나 진보와는 거리가 먼 구태의연한 정치로 일관한다는 점도 대동소이하다. 모두 다 선거용의 '개혁', '진보'이고, 상대당의 개혁과 진보만은 집요하게 비판하고 요구하면서도 자신들은 전혀 변하지 않는 행태가 어찌 그리도 닮아있는지 쓴웃음을 자아내게 한다.

고이즈미 칠드런도 일본정치계에 신선한 바람을 불러일으키고 자민당 내의 '젊은 피 수혈'이라는 역할을 해내었다고 자평하기도 한다. 그렇기는 하지만, 고이즈미 수상의 임기만료와 더불어 점차 그 개혁적 색깔이 바래져 가고 있다.

| 도박에 중독된 서민들 |

처음 일본에 온 외국 사람들에게 가장 강열한 인상을 받은 게 무언가를 물어보면 대부분의 사람들이 파친코 점의 화려한 네온사인이라 대답한다. 일반적으로 일본 사람들의 성격은 튀거나 화려함을 싫어하기에 식당의 간판이나 상점의 간판들도 크거나 화려하지 않다. 겉을 화려하게 꾸미는 것보다 내부 장식을 아기자기하고 아름답게 꾸미는 데 돈을 들이고, 상품의 질을 높이는 데 정성을 쏟으며, 음식의 맛을 좋게 하는 데 매진한다. 여자들이 입고 다니는 옷 색깔을 보아도 대부분 우중충한 회색 아니면 검은 색 계열의 옷이다. 평소의 생활자체가 개성이 뛰어나거나 나만의 독창성을 과시하고 남 앞에 나서거나 잘난 척하는 걸 '와和를 깨는 악덕'으로 보는 생활철학이 이러한 곳에도 자연스레 녹아 있는 것이다.

그런데 왜 유독 파친코 점만은 화려하고 거대한 간판을 달고 있을까? 이에 대한 의문은 일본에 사는 내내 머리에서 지워지지 않았고 끝내 풀리지 않는 숙제로 남아있었다. 그러나 어느 날, 의외로 이 의문은 쉽게 풀렸다. 일본사회를 비판한 사회평론가들의 책이 숙제를 풀어준 것이다.

사회평론가 사카모토坂本隆二의하면 파친코 점은 일본인만이 즐겨하고 빠지는 독특한 문화패턴의 하나라고 한다. 평소의 사회생활에서 '남에게 폐를 끼치지 마라'가 금과옥조처럼 반복되어 교육되는 일본에서는 남과 얼굴을 맞대고 화투를 치거나 카드놀이를 하는 어울림의 장이 대단히 껄끄럽게 느껴진다는 것이다. 화투나 카드놀이를 하다보면 시비가 생기기 쉽고 또한 상대의 심리변화에 신경을 써야한다. 따라서 그러한 대인관계의 어색한 장면들이 일본인들로서는 견디기 어려운 마음의 고통으로 다가온다고 한다. 그러므로 일본인들은 그런 쓸데없는 신경을 쓰지 않고 시비도 생기지 않는 기계와 마주하여 승부하는 것이 마음 편하다는 분석이다.

이러한 일본인의 심리를 적절히 이용하여 파친코 점을 경영하는 경영주들은 '거미가 화려한 줄을 쳐놓고 먹이를 유인하듯이' 화려한 불빛, 거대한 간판으로 손님들을 불러 모은다. 간판이 작거나 화려하지 않으면 '낡은 기계'만 있는 가게로 보이기 쉽고, 멋지고 화려하고 크게 간판을 단 곳은 왠지 모르게 나방이 '불빛을 찾아 떼거리로 몰려들듯이' 손님이 들끓는다고 한다. 일본인들 모두가 이 화려한 네온사인에 매료되어 부나비처럼 파친코에 빠진다고는 볼 수 없다. 그러나 사회 경제적 약자들인 서민들은 '어쩌면 오늘 한 방 터질지도 모른다'는 순진한 생각으로 파친코 점을 드나드는 사람들이 상당수에 달할 것이다.

어쩌다 파친코 점을 지나다보면 '출혈 대방출!出血大放出'이라는 깃발들을 꽂아두고 자신들의 가게가 손해를 보면서도 손님을 위해 마구 '쏟아 내는' 듯한 인상을 진하게 풍긴다. 그러나 그 말을 액면 그대로 믿는 사람도 없겠지만, 막상 가게 안에 들어가 기계를 돌려보면 그렇게 쉽게 돈을 딸 수 있는 게 아니다. 게임하는 방법도 서투를 뿐만 아니라 프로그램도 익숙하지 않기 때문이다. 행운이나 요행을 바란다면 모를까 아마추어가 따기엔 무리가 있다 할 것이다. 더러 따는 사람들도 눈에 띄지만 그런 사람들 중 대부분은 자주 그 가게에 드나드는 프로들이라고 한다.

그런데도 그렇게 크고 많은 파친코 점에 토요일과 일요일에는 대부분 앉을 자리가 없을 정도로 사람들로 가득 차는 현상은 놀라운 일 중의 하나이다. 그에다가 그 시끄러운 소음 속에서 담배를 꼬나물고 장시간 버티는 그들의 인내심에 또 한 번 놀라지 않을 수 없었다. 평소 때도 식당의 밥을 먹기 위해 30분 이상씩 서서 기다리는 일본인들의 인내심이 여기서도 유감없이 발휘되는 게 아닌가 싶었다. 돈을 잃으면 다시 물건을 놓아두고 어디에선가 돈을 조달하여 끝까지 기계와 싸우는 끈질긴 투쟁심에 혀를 내두를 지경이었으니 말이다.

필자는 아무리 생각해도 왜 이 많은 사람들이 귀중한 휴일에 가족과 시간을 보내거나 건전한 취미생활을 하지 아니하고 여기에서 기계와 싸우고 있는지 이해가 가지 않았다. "돈을 따기 위해서"라고 그들은 단순히 대답할지도 모른다. 그러나 필자가 보기엔 그들 중 절반 이상은 이미 도박 중독 증세를 보이는 사람들 같았다. 습관적으로 파친코 점을 드나드는 사람이 너무나 많음을 알 수 있었기에 더욱 그러하다.

지금 일본은 가히 '도박왕국'이라 일컬을 만큼 도박시설들로 넘쳐난다. 경마장은 전국적으로 11개가 설치되어 있고, 장외판매소가 44개나 되며, 경륜장 역시 47개 경기장에 장외판매소가 44개나 된다. 여기에 경정장競艇場이 가세하여 24개의 보트경기장이 있으며, 파친코 점은 헤아리는 것 자체가 어리석을 정도로 많다. 이런 환경이니 도박 의존증이 있는 일본의 서민들이 중독에 빠지는 것도 무리는 아니라 본다.

요컨대, 지금 일본에서는 도박중독의 폐해가 심각한 사회문제로 대두되고 있다. 스스로 제어하지 못할 정도의 도박중독에 빠져 가산을 탕진하고 타락자로 전락하거나 노숙자(일본은 Homeless라 칭한다)가 되는 사람이 늘어나 사회문제가 되고 있는 것이다.

　모든 것은 지나치면 미치지 못함과 같은 것인가 보다. 일본은 선진국답게 잘 정비된 사회안전망과 균등한 복지정책이 시행되고 있는 나라이다. 그럼에도 불구하고 노숙자는 해마다 늘어가는 추세에 있으니 정치가들은 머리가 아플 것이다.

　우리는 아직 1인당 GNP 2만 달러 정도에 머무르고 있지만 이미 일본은 4만 달러에 상당하는 국민소득을 자랑한다. 우리로서는 부럽기 그지없고 언제 일본을 따라잡을 수 있을지 요원하기만하다. 그러나 이러한 세계 최고의 부자국가임에도 불구하고 서민들의 생활은 그리 윤택해 보이지 않으며 노숙자와 빈곤층의 수는 우리나라보다 훨씬 그 수가 많다. 저녁에 히로시마역 근처의 지하도를 지나다보면 종이박스를 깔고 노숙하는 사람들이 많음에 놀라게 된다. 또한 역 앞의 다리 밑에는 노숙자들의 집거촌이 형성되어 있을 정도다. 몇 천 명을 수용 할 수 있는 오사카 니시나리구西成區의 노숙자 수용소는 늘 만원이며, 수용소의 규칙적 제약이 싫어서 뛰쳐나온 노숙자들로 인해 오사카는 항상 '거지같은 사람들로 우글거리는' 인상을 주기도 한다.

　OECD(경제협력개발기구)가 제시하는 2008년도 회원국들의 상대적 빈곤율 역시 이러한 일본의 현실을 그대로 드러내고 있다. 미국이 13.7%로 1위를 달리고, 일본은 그 뒤를 쫓아 13.5%로 2위에 랭크되어 있는 것으로 보아 일본의 절대빈곤층 문제는 심각한 수준인 것 만은 틀림없다.

　그러나 일본의 정치가들은 이 모두가 개인의 의지박약 탓으로 돌리고 '가난은 나라도 구하지 못 한다'는 논리를 내세워 적당한 정치적 제스처만 취해 왔다. 그렇다면 일본국민이라도 이에 대한 대책을 세우거나 정부에 대한 압력을 행사하면 좋을 것이다. 그런데 일본국민들 역시 역사적으로 지배계급에 순종하는 것이 전통이요 미덕이기 때문에 "노력해도 어쩔 수 없다"라고 포기하고 만다.

아무튼 일본 노숙자의 전부가 도박에 의한 파산의 결과로 보여 지지는 않는다. 그러나 지금 이 시간에도 수많은 일본 서민들은 자신도 모르게 도박에 중독되어 가산을 탕진하고 "어쩔 수 없다!"라며 자포자기하고 살고 있는지도 모른다.

| 일본에서 만난 종교인들 |

호소키 가즈코_{細木数子}라는 일본여성이 있다. 그녀는 1938년생으로 70대 초반의 나이이며 육성점술_{六星占術}이라는 독창적 운명감정서를 출판하여 일약 스타가 된 사람이다. 그녀의 홈페이지에 의하면 100여권의 관련서적을 출판하여 3천9백만 여권이 팔렸다고 하니 놀라운 기록이라 하겠다. 이 놀랄만한 신기록은 사주, 관상, 수상, 점성술 등의 운명감정서적 사상 유래 없는 일이라 기네스북에 올랐다고 한다.

2001년부터 7여년에 걸쳐 그녀는 후지텔레비전과 TBS 두 민간 방송에서 매주 월요일과 금요일에 호소키와 함께하는 한 시간짜리 운명감정시간을 가졌다. 주로 출연하는 사람들은 유명 텔런트나 배우 등이며 상당한 시청률을 자랑하는 인기프로그램이기도 했다. 할리우드의 유명한 서양배우들도 간간이 나와서 운명감정을 받기도 했는데 오락적 성격이 강하면서도 일본에서만 가능한 특유의 재미를 담고 있었다. 미신을 좋아하지 않는 사람도 자주 보면 빠져들기 쉬운 그런 프로그램이라 보아야 할 것이다. 또한 두 방송사의 방송내용이 별반 차이가 없기는 하지만, 눈에 보이지 않는 인기경쟁을 벌였을 정도로 무게를 두었던 프로그램이기도 하다.

종교적 편견을 가지지 않고 보면 정말 대단한 사람으로 볼 수 있다. 그러나 이러한 일이 가능하게 된 그 저변에는 미신 같은 점복占卜에 아무런 저항 없이 빠져드는 다수의 일본인이 존재하기 때문이다. 우리 한국인 역시 점복에 빠져드는 사람들이 많기는 하지만 이 정도까지는 아닐 것이라 본다. 또한 공중파 방송에서 한 시간짜리 운명감정 프로그램을 방영한다는 것도 우리나라에서는 도저히 상상조차 할 수 없는 일이다.

대다수 일본인들은 신사에 가면 오미쿠지ぉ御籤라 하여 즉석에서 읽어 볼 수 있는 운명감정 종이를 마치 정해진 종교의식의 한 절차처럼 뽑아서 읽는다. 그 내용은 대길大吉, 중길, 소길, 길 등으로 표시되어 있고, 대길이 나오면 본인이 가져가지만 나머지는 신사의 나뭇가지에 묶어놓고 간다. 나쁜 액은 신사의 신이 풀어준다고 믿기 때문이다. 신사에 갈 때마다 이 하얀 종이가 외국인들의 눈에는 신기한 풍경으로 기억에 남을 수밖에 없다. 그런데 외국인들은 재미 반 미신 반이라 여겨 장난삼아 뽑아보지만 일본인들은 상당히 심각하게 받아들이는 것 같았다.

또한 신사에 따라 그 섬기는 신의 종류도 다양하다. 뿐만 아니라 기복신앙이나 미신에 가까운 '상업번창', '학업성취' 등의 효험이 있는 신사라 하여 이름난 신사에는 자신들의 소원을 적어놓은 작은 팻말들을 흔히 볼 수 있다. 일본을 소개하는 책자에는 일본인 전체 인구 중에서 신도神道를 믿는 사람이 95%에 달하고 전국의 신사가 1만개가 넘는다는 통계를 제시하고 있기도 하다. 이런 통계로 미루어보면 일본인에게 미치는 신사의 종교적 힘은 대단해 보인다.

그러나 이러한 신도를 설명하는 교리나 성서가 한 권도 없을 뿐 아니라 그저 구전 또는 유물로 그 신사의 기복적 요소를 선전하고 있을 뿐이니 이상하다 할 수 밖에 없다. 따라서 수많은 경전을 가진 불교나 기독교 등의 입장에서 보면 미신적 종교라 비판받음은 당연한 일로 여겨지기도 하나 일본에서의 신도비판은 좀처럼 찾아보기 힘들다. 거기에는 여러 가지 이유가 있겠지만 일본인 특유의 전통숭상정신이 사회 전반에 깔려있기 때문이기도 할 것이다.

한편 이 신사는 일본인들의 정신적 구심점 역할을 대행하기도 하는데 그 대표적인 예가 호국신사라 불리어지는 야스쿠니 신사다. 인간은 누구나 죽으면 부처가 된다는 일본인 특유의 종교관이 신사에 영향을 미친 것이다. 그러므로 야스쿠니에 합사合祀되어진 A급 전범과 일반 전몰자의 영혼을 똑같은 신으로 받들고 있고, 일본인의 종교관으로 보면 모두가 같은 신인 것이다. 한마디로 일본을 지키는 '호국신' 이라는 말로 자기합리화가 가능함은 물론이다. 그러므로 야스쿠니 신사 참배를 강행한 고이즈미 수상 같은 극우파들의 머릿속에는 일본인의 이러한 정신적 특이성을 잘 파악하고 적절히 이용한 것으로 짐작하면 크게 틀리지 않는다.

일전에 일본과 교류를 하면서 진노 시게루神野茂라는 일본스님 한 분을 만나게 되었다. 이 스님은 마을의 절에서 주지로 있는데 교육위원회의 학부모 대표 신분으로 한국방문단에 합류한 것이다. 처음 자신을 소개 할 때 주지라 하니 응접하는 우리로서는 대단히 신경이 쓰일 수밖에 없었다. 한국의 스님들처럼 고기, 술 등 금기시 하는 것은 없는지, 노래는 아무거나 불러도 되는지 많은 걱정을 하면서 저녁식사를 같이했다. 그런데 놀랍게도 담배는 완전 골초이고 술은 두주불사하니 한국적 스님 상에 젖어있는 우리로서는 도저히 이해가 가지 않았다. 나중에 안일이지만 일본에서는 스님이 계율에 얽매여 담배와 술, 고기를 멀리하고 결혼을 하지 않는 그런 일은 없다고 했다. 일본의 절을 돌아보면 대부분 동네 가운데 있거나 평지에 많이 지어져 있다. 예로부터 일반 백성들과 가까이 있었기에 그들과 고락을 함께한다는 의미에서 생활방식도 차이를 두지 않았고, 그것이 지금의 형태로 고착되었다는 것이다. 한국적 시각에서 보면 성스러운 느낌이 전혀 들지 않을 뿐만 아니라 주색에 빠진 타락한 파계승으로 밖에 달리 표현할 말이 없어보였다.

그런데 그렇게 성스럽게 보이지 않는 세속화된 불교임에도 불구하고 일본국민의 93%가 불교신자라는 사실은 불가사의하다. 또한 제사를 지내거나, 장례를 치를 때는 반드시 스님을 불러서 독경을 하고 불교식으로 진행하는 사람이 95%를 넘는다고 하니 놀라울 따름이다. 거기에다가 현대불교의 이론적 뒷받침은 일본 불교학자들이 그의 석권하다시피 하기에 우리의 시각으로 일본불교를 보는 것은 어딘가 맞지 않은 곳이 많은 느낌이 든다. 예를 들면 선사상의 대가로 잘 알려진 일본의 학자 스즈키 다이세츠鈴木大拙의 사상체계는 서양학자들에게도 깊은 영향을 미친 것으로 알려져 있기에 더욱 그렇다 할 것이다.

일본 절이 가지고 있는 또 하나의 특징은 서양인들의 일본여행기에서 자주 인용되듯이 '산 자와 죽은 자가 함께 사는' 무덤이 절 안에 있다는 점이다. 이러한 경향은 산속에 있는 절보다 동네에 있는 절들에서 더 많이 나타난다. 일본의 무덤은 우리의 토장과는 다르기에 봉분이 있는 한국의 무덤을 연상하면 안 된다. 비석이나 세워두고 그 밑에 화장한 골분을 넣어두는 그런 형식이기에 한 절에 몇 백에서 몇 천기까지 관리를 할 수 있다. 한국불교의 일부종파에서도 이러한 일본식 무덤인 납골당을 도입한 곳이 늘어나고 있다는 보도를 접한 일이 있고, 이러한 경향은 국토가 좁은 우리들로서는 환영해야할 변화로 여겨지기도 한다.

다음 이야기는 기독교 쪽으로 돌려보자.

시바타 노보루柴田登라는 일본인 목사가 있다. 2005년 일본의 왜곡 역사교과서 채택저지문제로 만난 사람이다. 왜곡역사교과서 채택저지운동 히로시마지역 추진위원장의 직함을 가지고 있으며, 각종 시민운동에 참여하고 있는 행동적인 사람이다. 처음에 나는 이 분이 교회 목사인 줄은 몰랐다. 나이도 비슷하기에 몇 번 만나서 술도 거나하게 마시고 온갖 농담을 다하며 친해진 후에야 목사임을 알게 되었다. 취중에 자신의 교회에 한 번 놀러오라는 것이다. 한마디로 놀랐다. 일본의 종교인들이 교리에 얽매이지 않는다는 건 전부터 알고 있었지만 목사가 술을 마신다는 건 한국기독교의 교조주의적 시각에서 보면 이해하기 어려운 일이 아닐 수 없었다.

"그래 신자들 앞에서는 어떠한지 한번 살펴보자"는 심정으로 일요일 아침, 서둘러 교회로 찾아갔다. 히로시마 시내에서 한 시간 이상 가야 되는 외곽에 교회가 있었고 한국의 개척교회처럼 그다지 큰 건물은 아니었다. 내부구조는 우리나라의 교회구조와 별반 차이가 없었으나 일본식이라 천장의 높이가 낮은 느낌을 주었다. 일본의 기독교와 천주교 인구가 전인구의 1%정도에도 미치지 못하기에 이 교회에도 신자들이 30여명 정도이고, 일요예배에 참석하는 사람도 들쭉날쭉 하다고 했다.

예배가 끝난 후, 마침 그 날이 벚꽃이 만발한 날이라 하나미(花見 꽃놀이)를 가자고 권했다. 봉고 두 대로 근처의 공원에 갔다. 이미 먼저 온 신도 두 명이 자리를 잡아놓고 기다리고 있었다. 가져온 음식과 술로 점심식사를 하면서 목사와 신도라는 체면이나 격식에 구애받지 않고 즐거운 한 때를 보내는 것이었다. 물론 술을 마시는 건 당연한 절차였다. 목사라고해서 근엄한 척, 신성한 척 하며 성경이야기만 하는 그런 풍경과는 전혀 다른 인간적이며 정다운 모습이 내가 본 그들이었다. 한국에서는 안식일 날 술을 마시고 노는 건 교리에 위반된다하여 금기시 한다고 일러주었다. 그러자 목사님이 "그렇지 않아도 일본에 있는 한인교회는 엄격하다"고 하며 한인교회는 일본인들이 다니는 교회와 분위기가 다르다는 이야기를 했다.

물론 일본인들의 종교관에서 보면 그렇게 보일지도 모른다. 우리나라의 갤럽조사 연구소에서 발표한 '한국인의 종교의식(2003)'을 보면 "매주 교회에 나가는가?"라는 질문에 79.8%가 "그렇다"라고 답하고 있는 현실을 직시하더라도 외국인의 눈에 비친 한국교회는 무언가 이상하게 비칠 수도 있다. 또한 유럽의 기독교 국가들이 종주국임에도 불구하고 매주 교회에 나가는 사람이 3.8%에 지나지 않고, 종교 갈등으로 오랜 기간 영국과 대치하고 있는 북아일랜드도 33.4%에 지나지 않음은 시사하는 바가 크다. 이에 비한다면 우리의 기독교는 그야말로 성경의 말씀이 가장 잘 이행되는 '복음의 천국'인지도 모른다. 유럽 사람들이 한국을 여행하면서 밤하늘에 밝게 빛나는 도시 한복판의 수많은 십자가를 보고 놀랐다는 기록은 이를 뒷받침 해준다 할 것이다.

다음은 천주교 이야기를 해 보자.

현대용(가명)신부를 내가 처음 만난 건 2006년 4월경이다. 히로시마평화성당에 2년 전 부임했고, 일본인 주임신부 밑에 부주임신부로 봉직하고 있다. 일본의 천주교단 역시 일본인들의 성격과 닮아서 한국인을 지극히 멸시하고 싫어하기에 한국인 신부가 일본에 파견되어 오는 데는 상당한 진통이 있었다는 이야기를 들려주었다. 현 신부님은 일본에 오기 전에 이스라엘에 다년간 유학했고 지금도 히로시마대학 박사과정에 재학 중인 정열적인 학구파이기도 하다.

히로시마평화성당은 원폭의 폐허를 그대로 재현하기 위해 처음 지을 때 마감질을 하지 않고 벽면을 그대로 두어 독특한 건물형식을 취하고 있다. 처음 방문하는 사람은 자금이 달리는 것으로 오해 할 수도 있으나, 당시 독일의 막대한 지원으로 종루도 멋지고 그 규모도 대단히 크다. 현 신부님은 우리를 안내하시면서 이렇게 훌륭한 성당을 관광자원으로 활용하여 히로시마를 찾는 사람들에게 관람코스로 넣으면 상당한 반향을 불러일으킬 텐데 그렇지 못한 현실이 안타깝다고 했다.

또한 현 신부님은 자신의 종교를 타인에게 강요하는 그런 일도 없고, 대단히 열린 사상을 가진 대범한 분이다. 아마 학식과 덕망을 오랜 기간 닦아서 그런 넓은 아량과 대범함을 몸에 지니게 되었는지도 모를 일이다.

이 날 A교수와 필자는 현 신부님으로부터 바닷가의 별장을 소개 받았는데, 그 별장이 평화성당의 신자가 소유하고 있는 것이라고 했다. 즉석에서 전화를 걸어 열쇠를 건네받아 주말에 A교수 가족과 함께 1박2일 예정으로 별장에 갔다. 말이 별장이지 사실은 이 신자의 부모님이 살던 집이었는데 양친이 별세하시고 나서 자신이 물려받은 유산 중의 하나였다. 집은 2층으로 일본식 다다미를 깔아놓아 깨끗하고 정돈된 느낌을 주었고 바닷가의 경관이 한 눈에 들어오는 그런 멋진 곳에 위치해 있었다.

우리는 아이들과 함께한 모처럼의 휴가에다 별장까지 얻었으니 기분 좋은 감정으로 방안을 둘러보면서 놀라운 광경을 발견했다. 주인이 천주교 신자라고 알고 있었는데 집안에 불단이 모셔져 있었다. 거기에다 불단에는 며칠 전에 향을 사르고 기도한 흔적이 역력했다. 도저히 한국적 종교관으로는 일본인의 종교적 태도가 이해가 가지 않는 그런 일이 눈앞에 펼쳐진 것이다.

그러나 일본인에게 이러한 사실을 이야기하니 그게 뭐 잘못된 일이냐는 듯이 시큰둥하게 여겼다. 부모님이 좋아하는 불단을 자식이 종교가 다르다 하여 경배하지 않는 건 있을 수도 없고, 오히려 그러한 행위를 한다면 형제간에 불화를 불러일으키기에 상속도 받을 수 없다고 했다. 그런 설명을 듣고도 우리는 이해가 가지 않았다. 그러나 조금만 더 일본사회에 깊이 들어가 보면 이러한 현상은 일본사회의 종교 분야 만에 그치는 것이 아니라 생활 속의 다양한 분야에 상존한다는 걸 알 수 있다. 이것이 일본을 일본답게 하는 독특함이란 걸 알기까지에는 많은 시간을 요한다.

요컨대 일본인은 태어나면 신사에 가서 신주의 축복을 받는다. 신년기도(初詣 하츠모데)도 역시 신사에서 하는데 정초 3일간은 이름난 신사에 사람들이 한꺼번에 몰려들어 교통이 마비될 정도의 혼잡을 이룬다. 결혼연령이 되면 하와이의 교회에서 기독교식으로 목사의 주도로 결혼을 올리는 것을 일생의 멋으로 여긴다. 하와이 교회에서의 결혼은 1년 이상의 여유를 두고 예약을 하지 않으면 자리가 없을 정도라 하니 그 인기를 짐작할 만하다.

늙어서 사망에 이르게 되면 스님의 주도로 장례식을 치른다. 그리고 제사역시 불교식으로 한다. 이것이 보통의 일본인들이 행하는 종교의식이라 보면 된다. 그러나 이러한 미지근한 종교의식에 반발하여 옴진리교 같은 이상한 신흥종교가 생겨나기도 하지만 대세는 변하지 않고 있는 것이 오늘의 일본이다. 아마 이러한 현상은 전통을 숭상하는 일본인의 입장에서 본다면 종교도 역시 자신들의 삶에 도움이 되는 한 절차와 도구에 지나지 않는다는 생활태도라 여겨진다.

| 일본의 도련님 정치와 극우파들 |

"창씨개명은 조선인의 원에 의하여 시행된 정책이다"

"일본의 천황이 야스쿠니신사를 참배하는 것이 타당하다." 등 잦은 말실수로, 이미 일본에서도 '망언제조기'의 별칭을 가진 아소 다로麻生太郎가 지난 2008년 9월 24일 수상에 올랐다. 그러자 지금까지 호의적이던 일본 우파 언론들도 4대에 걸친 세습 총리에게 곱지 않은 시선으로 대하기 시작했다. 일본 우파를 대표하는 요미우리, 마이니치, 산케이 등의 신문들도 '서민의 삶 모른다. 유권자들 2세의원에 머리 갸웃'이라며 상당히 비우호적인 기사를 싣고 비판하고 나선 것이다. 이들 우파 언론마저 비판적인 자세로 돌아선 것은 아소내각에 임명된 각료 18명 중 무려 11명이 이른바 일본에서 '도련님'으로 불리는 세습정치인이기 때문이다. 특히 아소내각에 새로 입각한 5명 중 4명이 세습정치인이기 때문에 후쿠다 내각 때보다 더욱 비난의 도가 높았다.

사실 일본의 정치가 세습으로 이어지고 있는 현상은 어제 오늘의 일이 아니다. 그들의 사회 전체가 세습을 당연시하는 풍조가 강하며 이러한 사회적 풍조가 정치에 그대로 반영된 결과처럼 느껴지는 부분이기도 하다. 그러나 일본의 재벌기업들은 부자父子상속을 꺼리고 있고, 그러한 세습사례가 미미한 현실에 비하면 일본의 정치 분야는 아직도 천황의 세습과 같은 군국주의의 잔재를 털어내지 못하고 있다는 비판 또한 면하기 어렵다. 이러한 비판 속에서 관심을 끄는 내용은, 일본이 가지고 있는 부유층의 대물림이 계층을 고착화시켜 부를 대물림하고, 빈부격차를 벌여놓는 구조적 역할을 한다는 점이다. 서민은 아무리 노력해도 입지전적 인물이 될 수 없는 구조가 되고, 극빈층 자녀들은 신분상승의 기회를 상실하고 자포자기의 일생을 대물림하는 악순환이 되풀이 되는 사회가 형성되었다는 비판이 그것이다. OECD(경제협력개발기구)가 제시하는 2008년도 회원국들의 상대적 빈곤율 통계조사에서도 미국 13.7%, 일본 13.5%로 높게 나타나 일본의 현실을 현상 그대로 반영하고 있다고 아사히신문은 지적하고 있다.

아무튼, 이런 저런 세인들의 입방아에 오르내리는 아소수상의 가문을 살펴보면, 가히 일본의 정재계를 쥐고 흔들만한 가계임을 한 눈에 알 수 있다. 아소가문은 후쿠오카에 본거지지가 있는 재벌기업에 준하는 경제적 기반에서부터 출발한다. 증조부는 메이지 유신시대에 탄광을 개발하여 성공했고, 이를 바탕으로 철도, 금융, 전력분야로 진출해 아소가문의 기반을 이룩했으며 귀족원 의원을 지냈다. 부친인 다카키치麻生太賀吉는 대대로 물려받은 탄광을 경영하여 더욱 번창시켰고, 이 과정에서 조선인 강제징용자 5000여명을 노역시켜 막대한 이득을 취한 것으로 알려져 있다. 전후에는 중의원에 진출하여 3선 의원을 지냈다.

특히 아소의 부친은 당시 강제적으로 끌려온 조선인 노동자들을 혹사시켜 막대한 임금을 착취하기도 했으며, 이로 인해 조선인광부들이 스트라이크를 일으키기도 했다는 기록이 전해온다. 그리고 이 탄광에서 굶주림과, 구타, 중노동으로 인하여 사망한 사람의 수가 50여 명에 이른다는 기록으로 보아 한반도와는 악연이 깊은 가문임을 알 수 있다. 아소다로 역시 이러한 재벌가문의 후광으로 부친의 지역구를 물려받아 정계에 입문했고 현재 9선으로 26년간 중의원 의원을 하고 있다.

아소수상의 정치적 신념은 외조부인 요시다 시게루吉田茂 전 총리의 사상을 따르고 있는 것으로 전한다. 요시다는 전 후 두 번이나 일본총리에 올랐으며 한국전쟁 특수를 기회로 일본을 부흥시킨 인물로 잘 알려져 있다. 요시다의 정치철학은 '일본은 아시아의 최고' 라는 자긍심이 그 근본에 깔려있기에 국수주의적 발언으로 종종 물의를 빚기도 한 사람이다.

일본 언론의 비판은 이러한 정치적 대물림이 아소수상만의 문제가 아니라 자민당의원의 41%, 민주당의원의 27%가 세습정치인이기 때문이다. 이 수치는 영국 5%, 미국 3%, 중국 2%(중국인들은 '태자당'이라 비꼬아 부른다), 우리나라 0.3%에 불과한 점을 감안한다면 일본 정치구도의 문제점이 쉽게 부각된다. 역대수상만 해도 고이즈미, 아베, 후쿠다에 이은 아소까지 4대 연속 세습정치인이고, 이들 모두가 60년에서 120년 이상 세도를 누려온 명문 가문이라는 공통점은 일본사회의 계급세습이 우려할 만한 수준임을 나타낸다. 특히 우리가 우려하는 것은 이들 정치인들이 하나 같이 대 한반도 관계에서 '정한론'을 부르짖은 선조들의 정신을 현실정치에 그대로 반영하려는 극우파라는 점이다. 후쿠다는 예외로 유화적인 모습으로 우리에게 각인되어 있으나, 지난 2008년 5월의 독도문제에서 취한 극우적 행보에서 보여 지듯이 그 역시 '발톱을 감춘 매'에 지나지 않음을 간과해서는 안 될 것이다.

요컨대 이들의 성장과정을 살펴보면, 도련님이라는 별명에 걸맞게 학창시절을 학문에 열중하거나 정치적 비전을 쌓는 데 매진하지 않고 그저 주위의 응석받이로 커 왔다는 공통점이 있다. 그러다 보니 자연적으로 자기중심적인 사고에서 벗어나지 못하고 세상물정을 모르는 발언으로 물의를 야기시키는 일이 많아지는 것이다.

이들의 정치적 행보를 대표하는 고이즈미 전 수상을 한 번 살펴보면 개략적인 '도련님'의 모습을 파악할 수 있으리라 본다. 고이즈미는 게이오 대학을 졸업했다. 그는 스스로 외교관이 꿈이라고 말했으나 실력이 워낙 달리다 보니 정작 전공은 경제학이었고 그것도 학점미달로 유급을 당했다. 대학 졸업 후, 영국 런던대학에 유학 갔으나 공부에는 취미가 없고 오페라 감상과 식도락, 유럽맥주, 여행 등에 빠져 한 학점도 이수하지 못하고 아버지의 사망을 기회로 귀국했다. 그가 실력이 달린다고 단언할 수 있는 근거는 영국에까지 유학했으면서도 일상회화조차 영어로 하지 못한다는 점이 그 실증이 될 것이다. 이러한 점에서는 아소 수상도 대동소이하다. 아소 수상은 자신의 재임 시에 연설문을 읽으면서 미증유, 답습, 빈번, 상세라는 단어를 읽지 못해 망신을 당한 일이 있다. 미증유는 어려운 단어이니 그렇다 치더라도 쉬운 한자어조차 읽지 못하는 실력은 이들의 상식을 의심하게 한다.

이런 실력으로도 대학과 외국유학까지 가능한 것은 일본대학이 기부금입학제도를 인정하고 있기 때문이기도 하다. 그들이 졸업한 게이오 대학은 유치원에 입학하면 대학까지 자동으로 이어지는 일관학교이고, 실력과는 관계없이 정치인 자제들의 기부금 입학이 가능한 학교로도 잘 알려져 있다.

아무튼, 귀국 후에 고이즈미는 아버지의 후광으로 당시 수상으로 있던 후쿠다 다케오의 비서를 거쳐 정계에 입문했다. 정계에 발을 들여놓기가 무섭게 가문의 후광을 입어 승승장구하며 여러 요직을 거쳤다. 욱일승천하던 그가 관방

장관에 발탁되고 나서 벌어진 웃지 못 할 일화는 세간의 가십거리로 지금까지도 일본인의 입방아에 오르내린다. 관방장관에 임명되고 나서 첫 출근한 고이즈미는 일주일 이상을 음악만 듣고 놀기만 하는 통에 수하의 국장들이 밀린 결재를 밀어붙였다. 그러자 "이런 자리는 언제든지 그만 둘 수 있어"라며 면박을 주었다는 일화가 그것이다. 장관의 직위에 연연해하지 않아도 재산과 명예는 충분이 있다는 '도련님' 특유의 오만함이 몸에 배어있었던 것이다.

 그에 대한 또 하나의 평가는 천부적으로 정치적인 퍼포먼스에 능한 사람이라는 점이다. '고이즈미 극장' 이라는 말이 지금도 일본의 매스컴에 자주 등장하는 걸로 봐서도 선동적 매스컴 정책을 적절히 잘 이용할 줄 아는 사람이기도 했다. 인기를 끌기 위해 포퓰리즘 정책으로 민심을 휘어잡은 점은 더욱 이러한 그에 대한 평가에 확신을 더해준다. 부친으로부터 물려받은 천부적인 정치성은 거침없는 발언으로 이어져 한국을 비롯한 주변국들과는 외교적 마찰을 빚기도 했지만, 일본국내에서는 유능한 정치인으로 기억되고 있다. 그러나 그를 비판하는 언론인들은 그가 이미지 메이킹에 능할 뿐이지 실상은 내용도 실속도 없이 술수만 부리는 정치인이라 폄하하고 있기도 하다.

 요컨대 고이즈미는 승부수를 던져야 할 때를 잘 가리는 정치인이기도 하다. 그는 5년 6개월의 장수 총리이기도 하지만, 당시 68세 라는 나이는 일본 정계의 평균 연령으로 본다면 은퇴할 나이는 아니다. 그런데 돌연 2008년 9월, 은퇴를 선언했다. 일본 매스컴은 그의 은퇴를 신선한 충격으로 보도했고, 거리의 인터뷰에서도 아쉬움을 토로하는 사람들이 많았다. 그러나 사실은 자신의 둘째 아들에게 지역구를 물려주기 위해 벌인 고단수의 술수에 지나지 않았음이 밝혀졌다. 많은 일본인들이 실망감을 감출 수 없었던 해프닝이었다. 중의원 해산이 임박했다는 정치적 격동기를 기회로 세습을 이어가려는 속내를 드러낸 계산적 행동이었던 것이다.

이러한 세습이 일본에서 아무런 비판 없이 그대로 이어져 오는 데는 일본이 가지고 있는 정치제도의 모순도 한 몫하고 있는 것으로 분석하고 있기도 하다. 일본의 월간 아사히가 지적해 놓은 일본의 선거는 세습정치인들이 단연 유리하다고 보고 있다. 그 요건들이 '3반'으로 불리는 일본 특유의 선거풍토인데 그 첫째가 '지반地盤'이다. 즉, 지반이란 대대로 물려받은 선거구로, 자신을 도와주는 조직기반을 말한다. 두 번째가 '간반(看板, 간판)'으로 지역구 유권자들에게 어필할 수 있는 지명도를 의미한다. 세 번째는 '가반(가방)'인데, 이는 선거자금을 동원할 수 있는 자금줄을 말한다. 이 세 가지 요소를 두루 갖춘 세습 정치인은 신진 정치인에 비하여 월등히 유리할 수밖에 없다.

또한 세습정치인이 비판 없이 그대로 지역구를 물려받아 당선될 수 있는 여건은 후보자의 선거운동후원회와 건설업체 같은 이익단체, 지역의 지지자 단체들이 자신들의 기득권을 보장받기 위해 조직적으로 활동이 가능한 것도 한 원인이 되고 있다. 이들은 선거가 끝난 후에도 지지자 단체로 버젓이 간판을 달고 활동하고 있으며, 지역의 각종 이권에 개입하고 있기도 하다. 따라서 한 거물정치인이 은퇴하고 나면 공공사업 같은 이권분배에서 소외될 가능성이 높아지기에 자신들의 기득권을 지키기 위해서도 안전한 가족세습을 선택하고 있는 것이다. 즉 권한이 있는 의원을 중심으로 이익공동체가 형성되고 이들의 기득권이 세습이라는 형태로 존속되고 있다.

좀처럼 이들의 기득권이 무너지지 않는 것도 중앙무대의 정치와 무관하지 않다. 비교적 젊은 나이에 세습을 받은 이들은 이미 40대에 장관을 역임하고 50대에 자연스럽게 파벌의 지도자로 부상할 수 있으며 총리물망에 오르게 된다. 신진정치인이 50이 넘어서야 겨우 국회의원에 출마할 수 있는 현실을 감안한다면 정치경력과 자금 면에서 이미 게임이 안 되는 구조인 것이다.

이러한 세습을 타파하기 위해 민주당은 2009년에 당의 정강으로 세습을 규제하는 조항을 삽입했다. 그러자 자민당에서도 중의원선거를 앞두고 민주당에 기선을 제압당할 가능성이 농후해 지자 엉성한 규정을 제정했으나 세습의원들의 반대로 무산되었다. 앞으로 일본 정계에서 실질적인 세습 규제가 이루어질지는 차기 중의원선거를 지켜보아야 할 것이다.

요컨대 점점 더 보수화 되어가는 일본의 정치구조는 결과적으로 세습이라는 병폐 속에 사회구조의 고착화를 초래하고 있음은 분명하다. 그럼에도 불구하고 이러한 구조는 좀처럼 개혁의 이름으로 개선될 기미가 보이지 않는다는 월간 아사히의 진단이 상당한 설득력으로 다가온다.

제4장
한·일관계사 속의 인물들

독도 문제와 구보타 간이치로 망언 | 이순신과 도고 헤이하치로 | 윤동주 시인의 시비 앞에서 | 이세·헤이안 신궁에서 | 귀 무덤과 도요토미 히데요시 | 가미가제와 여몽연합군 | 임진왜란과 항왜 김충선 | 전쟁광을 존경하는 일본 | 조선과 중국은 일본의 악우다? | 명성황후 시해사건과 우범선 | 일본인이 가장 존경하는 위인 | 조선선비의 대의명분과 일본인의 실리 | 일본에 살아있는 신라명신 장보고

| 독도 문제와 구보타 간이치로 망언 |

일본은 독도 문제를 국제사법재판소로 가져가기 위한 치밀한 준비를 끝내고 2006년 3월 22일, 측량선을 한국의 독도 해역으로 출발시키려 했다. 이때 일본 매스컴은 연일 특집을 방영하고 시시각각 양국의 반응을 보도하며 긴장감을 높여갔다. 또한 이제야 말로 일본정신으로 전 국민들이 단결하여야 할 시점이 도래했음을 암시하기도 했다.

당시 돗토리현鳥取県 사카이미나토시境港市에서 독도 측량에 들어가려던 선박은 '메이요明洋'(621톤), '카이요海洋'(605톤) 두 선박이다. 일본은 해양 국가답게 해저측량이나 해양관측 등의 분야에 많은 경험과 첨단기술을 보유한 것으로도 잘 알려져 있다. 물론 이 두 선박에도 첨단장비가 설치되어있는 것으로 판명되기도 했다.

평소 때도 TV에 출연하는 정치인들과 소위 한국 전문가들도 '전쟁'이라도 해야 분쟁지역으로 인정받을 수 있다는 발언을 서슴없이 한다. 당시에도 국제외교 면에서 그들이 현 상태로는 단연 유리하다며 결단코 한국의 반발에 양보하거나 수동적으로 대처해서는 안 된다는 말들을 했다. 2003년 6월 6일, 노무현 대통령과 고이즈미 수상 간에 이루어진 가고시마鹿児島 한・일정상회담에서의 화해무드와는 다른 험악한 분위기였다. 회담당시 노무현 대통령은 "이제부터 과거사에 대해서 언급하지 않겠다"라는 발언으로 한・일 신시대의 도래를 환영하는 분위기가 일본 정가에 번져가기도 했다.

그러나 일본의 도발을 좌시하지 않겠다는 한국정부의 강력한 반발과 전 국민의 일치단결된 결의를 보고 일본정부는 움찔하지 않을 수 없었다. 급기야는 외무성 차관을 파견하여 한국과 협상에 들어가는 형식을 밟게 된다. 협상은 상당한 진통을 겪은 뒤에야 '한국이 독도의 해저지명을 한국어로 표기하는 것을 포기하는' 대신에 '일본은 측량을 보류하는' 형식으로 결론이 났다. 당시에 일어난 일련의 도발행위는 사실상 일본정부가 오랜 시간 계획적으로 치밀하게 준비해 왔음이 얼마 후의 일본 보도를 통해 밝혀지기도 했다. 결국 일본의 전략에 또 한 번 한국은 얻은 것 없이 말려드는 형국으로 끝나고 만 것이 당시 해프닝의 전말이다.

2008년에 들어와서는 이명박 대통령의 일본방문으로 한·일양국의 화해 무드가 채 식기도 전에 일본의 도발이 자행되었다. 중학교 사회과 교사용 지도요령에 '독도는 일본 땅이다' 라는 구문을 넣어 지도하겠다는 방침을 발표한 것이다. 문부과학성 산하의 교장회의는 한 발 더 나아가 2012년부터 실시해야 될 이 지도서를 2009년으로 앞당겨 지도하겠다는 안건을 만장일치로 통과 시켰다. 이명박 대통령이 일본을 방문하여 '한·일양국의 미래지향적 동반자관계' 발언으로 상당한 화해무드가 조성되어가고 있던 시점에서 벌어진 일들이다. 참으로 웃으면서 뒤통수치는 데는 일본을 뒤따를 나라가 없을 정도라 해도 과언이 아닐 정도였다.

설상가상으로 미국 정부 산하 지명위원회(BGN)가 일본의 로비로 인해 독도 표기를 리앙쿠르암(Liancourt Rocks)과 함께 다케시마(Takeshima)로만 표기하자, 한국 내에서는 외교부 인책론까지 나오는 등의 거센 반발이 일었다. 결국 2008년 8월, 방한을 앞둔 부시 대통령에게 압력을 가해 원상복귀 시키는 선에서 무마 되었지만 독도문제는 이제 미국의 개입이 필요할 정도로 불똥이 비화되고 있다. 물론 이러한 봉합으로 독도문제가 해결된 것은 아니다. 앞으로도 일본은 한 치의 빈틈없이 한국에 대해 도발행위를 서슴없이 자행할 것이고, 이러한 사실은 일본을 아는 사람들 모두가 그렇게 전망하고 있기도 하다.

일본이 독도를 노리는 이유는 해양영토를 확장하려는 음모의 일환에 지나지 않는다. 그들은 해양영토를 확장하기 위해 태평양 한가운데 있는 암초를 매립하여 섬(오키노 시마)으로 만드는 공격적인 행동도 서슴지 않는다. 여기에다 자신들의 국기를 꽂아두고 앞으로 다가올 해양자원확보 경쟁에 유리한 고지를 점하려는 것이다. 이런 한편, 2009년 1월 1일에는 요미우리신문 1면에 우리나라 사람들이 쓰시마 섬의 땅을 매입하여 '한국영토에 편입하려는 음모'를 꾸미고 있다는 보도로 국민들의 경각심을 일깨우기도 했다. 이러한 것들은 자신들의 독도침략을 얼버무리려는 연막전술의 일환이기도 하다. 참으로 우리가 경계심을 가지지 않을 수 없는 일들이라 예의 주시할 필요가 있다.

이제 우리는 이 시점에서 독도문제에 대한 일본의 태도를 고찰하고 일본인의 침략근성을 다시 한 번 확인하는 노력이 필요하리라 본다. 또한 그들의 도발에 단호히 대처할 수 있는 국민적 역량을 길러야 함은 두말할 필요도 없으리라. 그러기 위해서는 단편적이나마 대한민국 정부수립 후 이루어진 일본과의 외교비사를 살펴 볼 필요성이 제기된다. 그들의 억지주장과 왜곡 발언들을 통해 일본 정치인들의 침략근성을 파악해 봄으로써, 그들의 일방적 주장을 꺾을 수 있는 정당성을 확보해야 할 것이다.

해방 후 우리나라의 외무부 장관을 지낸 김동조 씨는 그의 저서『한・일간의 화해』에서 외교 테이블에 앉은 일본정치인들의 망언들을 정리해 둔 외교비사 자료들을 제시하고 있다. 지금 읽어보아도 변하지 않는 일본인들의 저의를 파악할 수 있는 자료이기도 하다. 우리는 이 자료를 통하여 일본인들의 왜곡된 시각과 지금의 독도 도발이 일시적인 것이 아니고, 그들의 오래된 침략근성에서 기인함을 파악하게 된다.

이 책에 기록되어있는 외교비사에 문제의 구보타久保田貫一郎 망언이 등장한다. 그의 망언으로 인해 한일회담은 4년간 표류되었으며 한・일 간의 대결국면은 더욱 심화되는 계기가 되었다. 이 역사적 망언은 1953년 10월 15일 일본 외무성 회의실에서 열린 제2회 재산 및 청구권 분과위원회에서 나왔다. 당시의 구보타 발언 요지는 다음과 같다.

1. 카이로선언에서 연합국 3거두가 '한국인의 노예상태에 유의하여……' 라고 지적한 것은 전쟁 중의 히스테릭한 심리상태에서 나온 발언에 불과하며 그 당시 한국인은 일본인의 통치에 매우 감사하며 최상의 대우를 받고 있었다.
2. 한국 거주 일본인이 총독부정치하의 특별한 보호와 은혜 하에 축적한 재산을 제2차 세계대전 후 미군정이 몰수한 것은 국제법 위반이다.
3. 60만 재한일본인을 일본으로 추방한 것 또한 국제법 위반이라 말하지 않을 수 없다.
4. 한국을 일본과 사전협의 없이 일본으로부터 분리, 독립시킨 조치도 국제법 위반이다.
5. 일제의 한국통치가 한민족에게 은혜를 베풀었다.

이러한 망언 앞에 우리 외교관들은 사과와 발언취소를 강력히 요구하였으나 구보타는 끝내 취소할 의사가 없음을 내비쳤다. 이에 우리 측에서는 자리를 박차고 일어나 귀국길에 오르고 이후 4년간 한·일회담은 중단상태에 들어갔다.

지금 이 시점에서 구보타 망언을 되새겨보면 일본인의 기본속성을 짐작할 수 있다. 그들이 1876년 강화도조약에서 보여준 일방적 침략행위나 독도와 울릉도 측량을 하겠다고 나서는 지금의 태도나, 모두가 일본인들의 침략근성에서 비롯되었다고 보여 진다. 또한 일본으로부터의 해방은 일본의 허가를 받고 행해져야한다는 구보타 망언은 더욱 그 저의가 노골적이기도 하다. 그들은 내심으로 한국을 잃어버린데 대해 마음속으로 대단히 섭섭해 하고 있음이 드러난다. 그에다가 우익들은 지금이라도 되돌릴 수만 있다면 다시 한 번 한반도를 손에 넣어 이번에야말로 맛을 단단히 보여주겠다고 벼르고 있는지도 모른다.

| 이순신과 도고 헤이하치로 |

도고 헤이하치로東鄕平八郎.

일본의 자료에 의하면 그는 메이지시대 해군사령관으로 청·일 전쟁과 러·일 전쟁을 승리로 이끈 견인차 역할을 한 인물로 잘 알려져 있다. 러·일 전쟁 중 그 유명한 동해해전에서 러시아 함대를 제압하여 '유색인종이 처음으로 백색인종에게 승리했다.'라는 평가로 세계의 주목을 받았고 '동양의 넬슨'이라는 칭송을 받기도 했다. 동해해전에서 적전회두전법敵前回頭戰法으로 일본의 승리를 이끌어 내어 이순신, 넬슨 등과 함께 세계적 명 제독으로 평가되고 있으며, 일본의 전쟁 신으로 추앙되고 있다. 그가 죽은 후 그를 위한 신사가 건립되어 지금도 일본인들의 가슴 속에 위대한 일본인이자 신으로 남아 있다.

이 유명한 일본의 영웅 도고는 동해해전에서 丁자 전법을 도입했고 수많은 시간을 이순신 장군이 남긴 수군들의 진법을 연구하는데 열중했다고 한다. 특히 그는 학익진에 관심이 많았고 평소 때도 늘 자신이 존경하는 인물은 조선의 명장 이순신이라고 당당히 밝혔다고 하나 정확한 근거는 찾을 수 없다. 일본의 자료들은 하나같이 도고의 丁자 전법이 일본수군의 원조인 무라카미 수군村上水軍의 전법을 도입했다고 기록하고 있다. 다만 동해해전이 끝난 후 영국과 일본의 취재기자들 앞에서 이순신과 자신을 비교하는 것은 과분한 일이라는 표현을 했다는 일화가 구전으로 전해져 오고 있을 뿐이다.

그러면 어떻게 해서 그 당시 규모나 화력 면에서 열세였던 일본해군이 러시아의 연합함대를 그렇게도 무참히 패배시킬 수 있었을까? 먼저 우리는 이 전투에서도 역시 전쟁이라는 국가적 위기상황에서 단순히 한 장수의 지혜와 결단만으로 승리를 가져올 수 없다는 몇 가지 교훈적인 요소들을 찾아낼 수 있다. 그것은 전쟁을 수행하는 국민들의 마음가짐이다. 당시 일본국민은 일치단결하여 결전에 대비한데 비하여, 러시아는 공산혁명 세력과 구황제 세력이 충돌하여 사회통합이 대단히 어려운 시기였다는 점이 비교가 될 것이다.

러시아 사회는 혼란에 빠져있었고 군대 내부에도 혁명분자들이 들끓어 지휘명령계통이 제대로 작동할 수 없는 상황이었다. 이런 상황 하에서도 어쩔 수 없이 러시아는 일본과의 결전을 치를 수밖에 없었다. 또한 더욱 불리한 것은 당시의 해군이 대부분 유럽 쪽에 배치되어 있었기에 아프리카의 희망봉을 돌아 머나먼 블라디보스토크까지 항해하지 않으면 안 되는 악조건이 도사리고 있었다. 당시의 국제정세도 러시아에게 유리한 조건은 하나도 없었다. 이미 일본은 러시아와의 전쟁에 대비하여 영국과 동맹관계를 맺어 놓았기 때문에 러시아 함대가 중간 귀착지에서 연료인 석탄을 공급 받는데도 엄청난 어려움이 예상되었다. 당시 인도를 비롯한 동남아시아 대부분의 국가들이 영국의 식민지이거나 보호국이었음을 상기하면 더욱 그렇다. 따라서 러시아 함대가 항구에 정박하여 장병들이 휴식을 취하거나 연료를 공급받는 여유는 처음부터 무리에 가까운 일이었다.

이러한 악조건 하에서도 러시아 황제는 지노비 페트로비치 로젠스트웬스키 소장을 함장으로 임명하고 태평양 제2함대(일본에서는 발틱 함대라 부름)를 편성하여 출전을 명한다. 로젠스트웬스키 소장은 함대의 함장을 맡으면서도 속으로 많은 우려와 걱정을 했다. 그의 우려와 걱정은 예상대로 현실로 나타나기 시작했다. 그 첫 번째가 병사들의 기강해이와 훈련 부족이었다. 사관들의 명령이 제대로 먹혀들지 않으니 고성이 오가고 폭력이 다반사처럼 행사되었다. 그 와중에서 불만세력을 부추기는 혁명분자들의 공작까지 이어지니 최신예 함대의 위용은 있으나 마나한 고철에 불과할 지경이었다.

그러나 로젠스트웬스키 소장은 7개월이나 걸리는 남은 기간 동안 나름대로 계획을 세워 병사들의 기강을 바로잡고 훈련을 철저히 시키기로 결심했다. 아프리카 남부에서 석탄을 가득 싣고 험난한 파도를 넘어 희망봉을 돌아 인도양에 도달했을 때는 군사들의 사기가 올랐다. 훈련의 숙련도도 높아져 있었다. 그러나 결전장인 대한해협으로 접근했을 때는 7개월에 걸친 오랜 선상생활에 지쳐 사관과 병사 모두가 지칠 대로 지쳐있었다. 전쟁을 하기 전에 이미 패색이 짙은 무리한 항해였다. 그러나 어찌하랴? 그들을 기다리는 일본해군은 충분한 훈련과 연료공급 그리고 사기마저 충천해 있는 것을!

1905년 5월 27일, 한국의 진해만에 정박해 있던 일본함대는 대한해협으로 들어오고 있는 발틱 함대의 모습을 순찰 중이던 선박으로부터 무선으로 통보 받는다. 무선을 실전에 이용한 첫 사례가 바로 이 동해해전이다. 일본은 발 빠르게 이탈리아의 마르코니가 발명한 무선을 이미 실용화의 단계로 개발해 놓았고 이것을 실전에 이용한 것이다.

일본 함대는 러시아 함대에 비하여 그 규모나 화력 면에서 많이 떨어졌다. 당시의 전문가들은 일본이 도저히 러시아 함대에게 이길 수 없다고 판단하고 있었다. 그러나 일본은 서양에서 도입한 대포를 개발하여 백발백중의 함포사격을 자랑하고 있었고 훈련된 병사들의 일사 분란한 행동은 명중률을 더욱 높이고 있었다. 해전에서 가장 중요한 것은 누가 먼저 적선을 발견하느냐에 승패의 반이 달려있고, 적선에 포사격을 가하여 누가 먼저 명중시키느냐에 승패의 전부가 달려 있다고 해도 과언은 아닐 것이다. 따라서 일본은 만반의 준비와 숙련된 병사, 백발백중의 대포를 가졌기에 이미 전쟁에 임하기 전에 승리한 것과 다름없었다.

진해를 출발한 도고의 함대와 일본에서 출발한 연합함대는 대한해협으로 들어오는 러시아 함대와 마주쳤다. 일본함대는 먼저 종으로 진격하다가 갑자기 적선 앞에서 90도 회전하여 일렬 丁자 형태를 취했다. 만약 이 때 러시아 병사들이 잘 훈련되어 있었고 사기가 충천해 있었다면 일본해군은 단 일격에 전멸했을지도 모르는 위험한 작전이기도 했다. 회전하는 중에는 사격을 할 수 없기 때문이다.

그러나 러시아 함대는 이 절호의 기회를 놓치고 말았다. 도고의 일본 해군은 기회를 놓치지 않고 전열이 정비되자마자 일제히 포사격을 가해 러시아 함대를 침몰시킨다. 실로 역사적인 순간이었다. 이 전투에서 러시아함대는 주력함 38척 중 침몰 22척, 나포된 함정 7척이었다. 그 밖에 도망을 치다 잡혀서 무장해제된 함정이 6척이며 목적지인 블라디보스토크까지 도착한 함선은 겨우 3척이었다. 전사자는 4,545명, 포로 6,106명인데 반해 일본 측 피해는 수뢰정 3척, 전사자 116명에 지나지 않았다.

우리는 이 전투를 통해서 많은 것을 배우게 된다. 전쟁은 적을 무찌르는 게 중요한 것이 아니라 내부의 분열을 먼저 막아야 한다는 사실이 그것이다. 이에 더하여 주적개념이 명확해야 하고, 첨단무기의 개발과 병사들의 훈련이 잘 되어 있어야 한다는 것이다. 우리는 이순신 장군의 앞을 내다보는 혜안과 일본함대를 지휘한 도고의 치밀한 준비가 전쟁을 승리로 이끈 비결임을 두 사람의 공통점으로 들 수 있을 것이다.

그러나 우리는 지금 민족을 구해낸 성웅 이순신을 끌어내려 폄하하는데 열중하는 어중이 학자들의 곡학아세를 감내할 수밖에 없는 이상한 세상에 살고 있다. 그에 비하여 일본은 도고를 그들의 영웅이라 하여 신사를 세워 신으로까지 승격시켜 참배하고 있으니, 두 나라 국민들의 민족성이 상당한 대비로 다가 온다 할 것이다.

우리가 이순신 장군을 성웅으로 추앙하는 이유는 그가 왜군에 맞서 싸워 이긴 한산대첩과 같은 역사적인 쾌거와 치적에 국한되어 있는 게 아니다. 그의 나라사랑 정신과 어머니를 생각하는 효심, 그리고 그 모질고 어려운 역경을 이기고 장병들의 사기를 북돋워 전쟁에 승리하게 만든 절제된 행동이 바로 우리 후손들의 본보기가 되기 때문이다.

이 두 영웅의 죽음도 상당한 대비를 보인다. 이 충무공이 노량해전에서 장렬하게 산화한데 비하여, 도고는 만년에 치매현상을 보여 그가 맡은 해군정책 등이 엉망으로 처리되는 사태로까지 발전하였다. 결국 그로인해 일본해군의 개혁이 지연되는 사태로까지 치달아 많은 문제점을 남기기도 했다. 그러나 일본국민은 그의 치적만 기억할 뿐 그의 실패는 기억에서 지우고 있음도 특이하다 할 것이다.

| 윤동주 시인의 시비 앞에서 |

죽는 날까지 하늘을 우러러

한 점 부끄럼이 없기를
잎 새에 이는 바람에도
나는 괴로워했다

별을 노래하는 마음으로
모든 죽어가는 것들을 사랑해야지
그리고 나한테 주어진 길로
걸어가야겠다.

오늘밤에도 별이 바람에 스치운다.

언제 읽어도 신선하고 선명한 윤동주의 서시. 윤동주의 시는 조국을 위해 분연히 일어나 일제를 물리치고 독립을 쟁취하자는 외향적 저항시가 아니다. 그럼에도 불구하고 그의 정신세계와 시세계는 오늘을 사는 우리들에게 애송되어지고 널리 알려져 우리와 함께 살아 숨 쉬고 있다.

12년 만에 다시 윤동주 시인의 시비 앞에 섰다. 도시샤대학同志社大学 예배당 건너편 후미진 곳에 윤동주 시인의 시비가 있다. 1996년 처음 도시샤대학에 들러 세운지 1년밖에 지나지 않은 비석을 보면서 감동에 젖었던 기억이 새롭다. 그가 마지막 일본 고등경찰에 연행되었던 하숙집은 교토예술대학으로 바뀌어 있었다. 이미 그 흔적은 없어졌지만 뜻있는 지인들에 의해 윤 시인의 시비는 교정 앞에 2005년에 새로 건립되어 단아하게 자리 잡고 있다. 몇 장의 사진을 찍고 나라 잃은 청년의 심정이 어떠했을까를 생각하며 당시의 상황과 제국주의 일본의 잔학상을 살펴본다.

1945년 2월 두만강 북측 북간도 명동촌(현재 중국연변 조선족자치구) 윤동주 아버지 앞으로 한 통의 전보가 날아왔다. 발신은 일본 후쿠오카 형무소였다.

'2월 16일 동주 사망. 사체 인수하러 올 것'

망연자실한 아버지 윤영석은 서울에 살고 있는 사촌 윤영춘과 함께 아들의 유체를 인수하기 위해 제2차 세계대전 말기의 위험한 대한해협을 건넜다. 시체실에 들어가 관을 열자 "세상에 이런 일도 있는가요? 정말 일본제국주의자들은 피도 눈물도 없는 악마들이예요"라며 울분을 토해 내는 듯한 얼굴로 윤동주의 시신은 아버지를 향해 파리한 모습으로 누워있었다. 죽은 지 열흘이 지났지만 규슈제국대학에서 방부제 처리를 했기에 고문과 이상한 주사로 피골이 상접한 생전의 모습 그대로였다. 일본의 청년 간수가 한 사람 붙어 있었는데 그는 일행들에게 "아아, 동주가 죽었습니다. 정말 점잖은 사람이……, 죽을 때 무슨 의미인지는 모르지만 외마디소리를 지르고 죽었습니다만" 하고 말하면서 동정어린 표정을 지었다.

이 기록은 윤영춘이 그날의 생생한 모습을 '명동촌에서 후쿠오카까지(나라사랑 제23집)' 라는 제목으로 게재한 내용을 재구성해 본 것이다.

유체는 후쿠오카에서 화장되었다. 화장한 재 하나하나 남김없이 모아서 부관연락선에 승선한 아버지 윤영석은 갑판에서 그 모두를 대한해협에 날려 보냈다. 아들을 잃은 아버지의 심정은 어떠한 말로도 위로가 안 될 정도로 비통했을 것임은 두말할 필요도 없다.

윤동주의 사인死因은 지금도 확실히 알지 못한다. 다만 일제의 인체실험의 희생자라는 추정만이 가능할 뿐이다. 위독하다는 통지의 병명은 '뇌일혈' 이라 씌어져 있었다. 당시 같이 체포되어 수감되어 있던 외사촌 송몽규는 피골이 상접한 병자의 몰골로 "성분을 알 수 없는 주사를 맞고 나서 이런 상태로… 동주도…"라고 말했다고 한다. 송몽규 역시 윤 시인이 사망한 열흘 후에 운명을 달리했다. 그 주사는 치료목적인지 실험목적인지 진실은 밝혀지지 않고 있을 뿐이다.

아마 윤 시인은 이러한 자신의 운명을 예상한 것 같은 느낌마저 든다. 그렇지 않고서야 그의 시 '별 헤는 밤에서' 창씨개명이란 명목으로 이름을 빼앗긴 자신의 서러움을 '흙으로 덮어 버리었습니다' 로 표현하고 있겠는가. 사실 일제 식민정책의 완결판은 '민족말살정책' 이었다. 창씨개명으로 이름을 없애고, 여성은 '종군위안부' 로 남성은 강제징용으로 끌고 가 죽음으로 몰아넣었던 기억을 그는 지워버리고 싶었던 것이다. 그리고 자신의 별에도 봄이 오면 이미 죽은 이름이지만 자랑처럼 풀이 무성하리란 그의 염원인 해방을 맞지도 못하고 옥사한 비운의 천재 시인. 필자는 그의 삶과 죽음을 기리며 그의 시비 앞에 경건히 다시 선다.

나는 무엇인지 그리워
이 많은 별빛이 나린 언덕 위에
내 이름자를 써 보고
흙으로 덮어 버리었습니다.
딴은, 밤을 새워 우는 벌레는
부끄러운 이름을 슬퍼하는 까닭입니다.
그러나 겨울이 지나고 나의 별에도 봄이 오면
무덤 위에 파란 잔디가 피어나듯이
내 이름자 묻힌 언덕 위에도
자랑처럼 풀이 무성할 거외다

일본 NHK에서는 자신들의 부끄러운 과거사를 재조명하고 윤 시인의 일생을 '역사 스페셜'을 통해 여과 없이 내보냈다. 일본에도 양심을 가진 세력이 살아 있음을 느끼게 한다.

아무튼 우리는 윤 시인의 비극적 삶을 통해 일제의 잔인함을 새삼 확인할 수 있다. 나라 잃은 설움을 그 시대를 살았던 사람들 중에 유독 윤 시인 혼자만 느꼈을 까마는, 윤 시인의 죽음은 살아남은 우리 후손들에게 많은 교훈을 던져주고 있다.

| 이세·헤이안 신궁에서 |

일본의 정신적 지주인 이세 신궁(伊勢神宮)과 교토시민들의 궁지로 받아들여지는 헤이안 신궁(平安神宮)을 다섯 차례에 걸쳐 답사

했다. 여러 번 이 곳을 답사해야했던 이유는 일본정신의 기원을 정확하게 파헤쳐 우리와는 어떻게 다른지 비교해 보자는 나름대로의 계산이 깔려있었기 때문이다.

8월 초순의 염천에도 불구하고 여가시간을 이용하여 히로시마에서 470여 Km나 떨어진 이세 신궁으로 향하는 마음은 여행에 대한 막연한 기대감보다 무언가 무거운 기분으로 가라앉아 있었다. 어제의 일이 마음에 걸렸기 때문이다. 주니어 핸드볼 아시아선수권대회가 히로시마에서 열렸는데, 이날 결승전 진출을 결정지은 한국 선수들을 응원하기 위해 영사관과 교육원, 유학생, 민단본부 및 지부에서 50여 명이 모였다. 장소는 히가시쿠민東区民센터 실내 체육관이었다. 선수들의 소개와 결승에서 맞붙는 한국과 쿠웨이트 두 나라 국가 연주가 끝나고, 정작 응원이 시작되자 어찌된 일인지 한국응원단은 두 패로 갈라지고 말았다. 북과 꽹과리를 동원하여 소리를 지르며 응원하는 팀과, 가만히 앉아서 나누어준 태극기만 흔드는 팀으로 갈라진 것이다. 서로 마주보는 반대편 자리에 앉아 같은 한국선수들을 응원하기에 아무래도 모양새가 좋지 않아 보였다. 뿐만 아니라, 다른 나라 사람들에게도 이상하게 비춰질 것 같아 영사 두 사람이 한 장소에 모이라고 정중히 권유했다.

그러자 반대편에 앉아있던 사람들이 "T교 신자들과는 같이 응원하고 싶지 않다"라는 것이었다. 끝내 그들은 합류하지 않았고 시합이 끝나고 나서도 한국 선수들은 어디에 인사를 해야 할지 어리둥절해 하는 모습이었다. 나중에 알고 보니 북과 꽹과리를 동원하여 응원을 열심히 한 사람들의 대부분이 일본인과 결혼하여 도일渡日한 T교 신자들이라는 것이다. 정말 황당한 일이 아닐 수 없었다. 같은 한국인으로 한국선수들을 응원하는데 종교가 다른 사람과는 같이 할 수 없다는 논리는 아무리 이해하려해도 수긍이 가지 않는 일이었다. 그들의 행동은 국가라는 명제 이전에 사적인 감정을 우선시하는 옹졸함으로밖에 달리 표현할 방법이 없었다. 신칸센을 타고 이세신궁을 향해 가는 내내 우리는 왜 국가라는 큰 테두리보다 작은 단위인 자신의 종교, 지연, 학연 등을 우선시 하는지 정말 마음이 무겁지 않을 수 없었다.

신칸센 신오사카 역에서 내려 일본의 시골 구석구석까지 연결되어 있는 사철로 갈아타고 이세 신궁이 있는 도바鳥羽로 갔다. 여기서 다시 택시로 20분 정도 달리면 이세 신궁이 나온다. 잘 정돈된 숲과 오랜 역사를 자랑하는 건물, 맑은 시냇물의 조화로운 배치로 경건한 마음이 절로 배어나오도록 설계되어 있다. 이 이세 신궁은 일본인들의 정신적 고향이기에 일 년 내내 참배객들로 끊이질 않는다.

신궁에 들어서자 신궁의 본전 옆에 칸누시神主라 불리어지는 사람들이 무언가 글을 쓰는 시늉을 하고 있었다. 잠시 틈을 보아 그에게 이 신궁에서 모시는 아마테라스 오미카미天照大神에 대한 설명을 청했다. 그러자 그는 약간의 설명에 덧붙여 일본의 건국신화에 등장하는 아마테라스 오미카미에 대한 자료를 내 주었다. 이 자료에 따르면 일본 건국신화는 그리스 신화보다 그 격이 높으며, 인간적이라는 사실을 구체적 실례를 들어가며 은근히 암시해 놓고 있기도 했다. 이로보아 일본인의 자긍심이 대단히 높음을 인식할 수 있었다.

이세신궁의 자료에 따르면, 일본의 건국신화가 실려 있는 책은 『고사기』(古事記 712년)와 『일본서기』(日本書紀 720년)라고 한다. 우리가 보기에 이 책들은 그 당시 일본 정세에 비추어 자신들의 자주성을 강조하고 일본의 위대성을 최대한 부풀리기 한 느낌을 지울 수 없는 신빙성 없는 책이라는 인상을 준다.

아무튼 이 책에 등장하는 모든 신들 중에 그 으뜸은 일본 최초의 고대국가를 건국한 아마테라스 오미카미이다. 지금의 일본인들도 모두 일본 건국의 신으로 이 아마테라스 오미카미를 경배하고 있으며 이세 신궁에서 모시는 신이기도 하기에 모르는 사람은 아무도 없다. 그리고 이 신들의 이야기에서 인간의 이야기로 변하면서 일본의 제 1대 '천황'에 등극하는 사람이 바로 가무야마토이와 레히코노 미코토 이다. 그는 지금의 나라奈良지방에 도읍을 정하고 야마토大和라 칭하며 진무천황神武天皇이라는 이름으로 즉위(기원전 660년)했다고 한다. 우리와 비교하자면 아마테라스 오미카미가 환웅천제에 해당하며 진무가 단군왕검에 해당하는 인물인 것이다.

특이한 것은 그토록 한반도보다 긴 역사에 목을 매는 일본인들이 정작 2,660여 년 밖에 되지 않는 그들 역사서의 기술에 대해서는 입을 다물고 있다는 사실이다. 이를 부정하고 한반도보다 길고 유구한 역사를 가지고 있다고 말 한다면 고사기와 일본서기가 모두 허구라는 모순을 스스로 증명하는 꼴이 되고 말기 때문이다.

1876년 강화도 침략 이후 일제강점기 시대 내내 우리 민족의 역사서 『삼국사기』와 『삼국유사』가 허구에 가득 찬 신빙성 없는 책이라 주장하던 쓰다 소키치津田左右吉, 이마니시 류今西龍 같은 왜곡학자들도 광개토왕비에 씌어져 있는 고구려 건국사를 보고 놀라게 된다. 그 이유는 바로 하백河伯과 유화(柳花:이화라고도 한다)의 이름이 새겨져 있고, 두 책의 서술내용과 일치한다는 사실이다. 그리고 서울의 풍납토성이 근래에 발굴되어 그 위용을 드러냄으로 인해 삼국사기의 기록은 더욱 그 신빙성을 더해 주고 있기도 하다. 당시 연인원 400만 명을 동원하여 성읍을 건설할 수 있는 국가가 실제로 한반도에 존재했음이 증명된 것이다. 그만큼 우리 역사서는 사실에 입각해서 썼다는 증거가 되는 것이며 반대로 입증이 불가능한 일본서기는 허구가 많다는 증거가 되는 것이다.

그렇지만 두 나라 후손들의 조상에 대한 대처 방식은 정반대로 가고 있기에 아이러니라 아니할 수 없다. 그들은 그들 스스로도 허구라는 국내의 학자들이 상당수 존재함에도 불구하고 그들의 역사서에 등장하는 건국의 신과 1대 천황을 마치 역사적 사실史實처럼 믿고 신궁을 만들어 경배하고 있다는 사실이다.

이에 비하여 우리는 단군신화가 만들어낸 허구가 아닌 실질적 사실임이 증명 가능함에도 불구하고 우리 스스로가 '신화'로 폄하하고 무시하고 있음이 그것이다. 자신의 조상을 스스로 부정하고 폄하하는 민족을 다른 민족이 인정해 주거나 존경할 리가 없다는 상식을 떠올리며 이세신궁을 둘러보는 내내 발길이 무거웠다.

이야기를 돌려 이제 헤이안 신궁平安神宮으로 발길을 옮겨보자. 헤이안 신궁은 이세 신궁과는 성격이 다르지만 '천황'을 신으로 하고 있다는 점에서는 동일하다. 일본의 신사는 크게 두 가지로 나눠지는데 신궁이라 불리어지는 곳은 모두 천황을 신으로 모시고 있는 곳이고, 신사라 칭하는 곳은 대개가 여러 잡신들과 천황이하의 인물들을 신으로 모시고 있는 곳이다. 예를 들면 우리가 잘 알고 있는 야스쿠니靖国신사가 바로 그런 잡신을 모신 곳이다.

헤이안 신궁은 헤이안(平安, 교토의 옛 이름)천도 1100주년을 기념하여 1895년 처음 교토에 도읍을 정한 간무천황桓武天皇을 제신祭神으로 모시기 위해 창건되었다고 하니, 그리 오랜 역사를 지니고 있다고는 할 수 없다. 당시 교토는 옛 수도의 면모에 걸맞지 않게 쇠락해 있었다고 한다. 막부말기의 전란으로 시가지는 황폐해졌고, 메이지유신에 의해 사실상 수도가 도쿄로 옮겨진 사실에 대해 민심은 크게 동요하고 있었다. 이러한 상황 하에서 교토를 구해낸 것은 교토 부흥을 위해 발 벗고 나선 시민들의 열성과 전 국민의 교토에 대한 배려였다. 이 배려의 결실이 바로 헤이안 신궁의 창건이라고 하는데 정말 일본만이 가능한 일본인다운 발상이라 하지 않을 수 없다. 그 후 1938년에 교토가 수도였던 시절, 마지막 천황인 121대 고메이 천황孝明天皇을 교토 시민의 발의로 합사合祀하여 오늘에 이르고 있다.

교토 시민들에게 "교토 시민으로서 가장 자랑스러운 것이 무어냐?"고 물으면 대부분 교토 시내를 관통하는 개울에 은어가 올라온다는 사실과, 헤이안신궁이 있다는 사실, 그리고 기온마츠리祇園祭를 든다고 한다. 교토 시민들은 그만큼 자연보호에 정성을 쏟고, 일본인으로서의 긍지가 높으며, 전통문화를 아끼고 사랑하는 정신이 강하다는 것이 이 대답의 해석이 될 것이다. 환경회의 중 하나인 이산화탄소 제한협정 등을 결의한 '교토의정서'가 교토에서 채택된 것도 우연한 일이 아님을 실감하게 한다.

요컨대 일본인들은 이세 신궁과 헤이안 신궁에서 그들의 뿌리를 다시 확인하고 일본인임을 자각하며 긍지와 자부심을 느낀다고 한다. 우리가 보기엔 부러운 일이 아닐 수 없다. 한때 우리나라에서도 단군신전 건립의 열기가 일었다. 그러다가 일부 종교의 반대로 건립이 무산되자 의식 있는 개별 학교나 기관에서 단군상을 조성하여 국조國祖인 단군을 모시기에 이른다. 그러나 이마저 일부 종교단체의 광신도에 의해 무참히 파괴되거나 훼손당하는 바람에 아예 이제는 단군상 조차도 찾아보기 힘들게 되었다. 일본에서 나는 한 번도 이세 신궁이나 다른 신궁들이 파괴되거나 훼손되었다는 보도나 기사를 접한 일이 없고 그런 이야기를 들은 적도 없다.

일찍이 단재 신채호 선생은 우리나라의 종교에 대해 "조선에 종교가 들어오면 조선의 종교가 되지 아니하고 종교의 조선이 되고 만다"고 평하며 한탄했다고 한다. 그 당시에 이미 단재 선생은 종교에 빠져 자신의 뿌리마저 내팽개치고 종교적 원리주의에서 벗어나지 못하는 잘못된 한민족의 특성을 잘 파악하고 있었던 듯하다. 고려사의 시작에서부터 패망에 이르기까지 불교 원리주의 팽배로 국가의 재정이 흔들렸던 폐해와, 조선 500년을 관통하는 유교적 교조주의는 치열한 정쟁과 형식주의에서 헤어나지 못하는 의식의 고착화를 초래했었으니 그렇게 보는 것도 무리는 아닐 것이다. 또한 현재 전개되고 있는 일부 극단적 종교집단의 광기는 불행하게도 단재 선생의 예언을 입증하고 있는 셈이다.

그러나 필자는 이제 종교를 따지고, 과거사를 들추어 옳고 그른 것을 따지기보다 우리 민족의 뿌리를 찾아 정치인들이 자주 사용하는 용어의 하나인 '국민 통합'을 이루는 일이 무엇보다 시급한 일이라고 본다. 남북으로 갈라진 것만 해도 서러운데, 동서로 갈라서고, 종교로 갈라서고, 학연으로, 계층으로 갈라서면 도저히 같은 국민으로서 동질성(Identity)을 찾을 길이 없게 된다.

모든 분열의 근본은 국민정신을 한데로 모을 수 있는 통합적 구심점이 모호하기 때문에 발생하는 것으로 볼 수 있다. 따라서 이의 해결책으로는 역시 '단군의 자손'이라는 구심점 외에 다른 방법은 없다고 본다. 앞으로의 통일에 대비하기 위해서도 '단군의 자손'이라는 구심점은 필요할 것으로 보인다. 북한 역시 우리 역사의 시발점이 단군이라는 점에 이의를 제기하지 않는다는 사실을 직시해야 할 것이다.

| 귀 무덤과 도요토미 히데요시 |

교토에 가면 우리나라 사람들이 반드시 들려야 할 곳 중의 하나가 귀 무덤(미미즈카, 耳塚)이다. 이 귀 무덤은 도요토미 히데요시豊臣秀吉가 자신의 부장들을 시켜 명을 점령하고 그 영토를 영지로 나누어 주겠다는 과대망상에 사로잡혀 당시의 우리 조정에 '명으로 가는 길을 제공하라'는 어처구니없는 요구로 시작된 임진왜란의 뼈아픈 유적 중 하나이다.

당시 조선 침략을 명한 히데요시는 가토 기요마사加藤淸正, 고니시 유키나가小西行長 두 부장에게 최후의 광적인 명령을 발한다. "조선인은 모조리 살육하여 씨를 말리라!"는 세계 전쟁사에서도 찾아보기 힘든 잔악하기 그지없는 지시가 그것이다. 이 명령이 하달된 경위를 살펴보면, 일본은 임진왜란 이후 조선과의 화의가 결렬되자 조선을 재침하나 그들의 진로가 조선 남부지방에 막혀 패색이 짙어가는 그런 상태에서 최후 발악적 광기를 부리게 되고, 이의 결과가 히데요시의 명령으로 이어진다는 점이다. 임진왜란 초기에 파죽지세로 조선 전도를 유린하던 일본군의 기세와는 달리 정유재란 때는 조명朝明연합군과 각지에서 저항하는 의병의 군세, 이순신 장군이 이끄는 수군의 힘에 밀려 한양까지 진격할 여력이 없었던 시기였다. 이런 불리한 전황이 전개되자 히데요시는 자신의 수명이 다해 감을 느끼고 그 초조함에 이런 명령을 내린 것으로 추정해 볼 수 있다.

이 명령을 받은 잔인한 일본군은 경상도와 전라도 일원에서 남녀 노소를 가리지 않고 닥치는 대로 마구 죽였고, 그 증거물로 목을 베어 일본까지 수송하였다고 한다. 그 후 목은 너무 무게가 많이 나가고 수송에 어려움이 있으므로 귀를 베어 소금에 절인 후 일본으로 수송하는 것으로 바뀌었다. 그러다가 다시 귀는 사람 몸에서 두 개가 있으므로 한 개뿐인 코를 베어오라고 명령을 바꾸었다 한다. 이에 따라 일본군 병사들은 죽은 사람의 코는 물론이고 살아있는 사람들의 코까지 베어서 일본에 수송하였다고 하니 정말 듣기에도 끔찍한 처사라 하지 않을 수 없다. 전쟁이 끝난 후 전라도와 경상도 일원에서는 코가 없는 사람들이 많았다는 기록이 남아 있으니 국가가 약하면 국민들은 얼마나 고통스러운지 여실히 일깨워주는 교훈적 사건이라 할 것이다.

이에 대한 기록으로 일본의 종군승 교넨慶念이 남긴 『조선일 일기』를 들 수 있다. 이 자료는 당시 일본군의 잔학상을 사실적으로 기록하고 있다.

8월 14일
배에서 내리자 앞 다투어 재물을 강탈하고, 사람을 죽이고, 서로 많이 차지하려고 다투는 모습이 차마 눈을 뜨고는 볼 수가 없었다.

8월 16일

성내에 있는 사람은 남여 노소를 불문하고 모두 죽이는 바람에 두 번 다시 얼굴을 마주할 수가 없었다. (남원성 전투)

8월 18일

날이 새어 성 밖을 내다보니 길 여기저기에 시신이 산처럼 쌓여있어 바라볼 수가 없었다.

8월 28일

전주부로 가는 북쪽 길에 둘러보니 사방의 길가나 산야에 목이 없는 시체가 낙엽처럼 쌓여있어 두 번 다시 보아서는 안 될 끔찍한 광경을 본 느낌이었다.

아무튼 일본으로 수송되어온 잔인한 전리품은 마차에 실려 오사카, 교토의 연도에 늘어선 민중들의 만세소리를 들으며 당당하게 히데요시의 군영으로 들어갔다. 이렇게 모아놓은 산더미 같은 코와 귀들을 히데요시는 자신들의 부장들에게 전리품으로 나누어 주기도 했다. 그 밖에 남은 것들을 처리하기 위해 1597년 무덤을 만들고 동년 9월 28일에 로쿠엔인鹿苑院이라는 절의 오모니시主西笑承兌를 도사로 삼고 공양을 올리게 했다. 이 무덤은 최초에 '코 무덤鼻塚'이라 했으나 언제부터인가 '귀 무덤'이라 불리어지며 오늘에 이르고 있다.

이 귀 무덤은 히데요시로부터 전리품으로 하사받은 각 영주들의 지역에서도 전공기념으로 만들어 놓았다. 이는 지금도 몇몇 곳에서 볼 수가 있는데 당시 일본 전국에 약 20여 개가 산재해 있었다고 한다. 그 후 세월이 흐르면서 자연히 마모되어 없어지기도 하고 사람들의 기억 속에서 차츰 사라져갔다. 이런 사연을 접한 우리나라의 박삼중 스님과 일본의 가키누마柿沼先心 스님이 이들의 원혼을 달래기 위해 전국에 산재해 있는 12만 6천여 명의 이름 없는 원혼을 1990년에 경남 사천시 용현면 선진리로 모셔와 안치했다. 2007년에는 위령비를 건립했다. 오랜 기간 일본 땅에서 구천을 헤맨 영혼들이었다.

필자 역시 저번 오카야마에서 근무할 때는 그 지역에 있는 두 개의 귀 무덤을 확인하고 유학생들과 함께 매년 참배를 계속해 왔다. 그런데 이번에 다시 가보니 하나는 이미 한국으로 이전해 갔고, 변두리 지역에 초라하게 풀이 우거진 무덤 하나만 남아 있었다.

우리는 이 귀 무덤을 통하여 두 가지 역사적 교훈을 얻을 수 있을 것으로 본다. 그 첫째가 국방에 대한 자세이고, 둘째가 잘못된 지도자의 광기는 주변국뿐만 아니라 자국민에게도 지대한 피해를 초래한다는 점이다. 임진왜란이 일어나기 직전, 조선은 일본이 침략해 올 것이라고 주장하는 세력(황윤길)과 그렇지 않다고 주장하는 세력(김성일)의 대결로 국론이 분열되어 있었다. 결국 갑론을박 끝에 내린 결론은 침략해 오지 않을 것이라는 무사안일 쪽으로 기울고 말았음을 우리는 역사를 통해 익히 알고 있기도 하다.

당시의 재상 류성룡은 『징비록懲毖錄』에서 우리와 일본과의 관계를 서문에서 소상히 밝히고 임진왜란이 일어날 것을 사전에 알고 있었다는 기록을 남겨두고 있다. 물론 류성룡을 비판하는 학자들 중에는 이율곡의 '10만 양병설'을 전면 비판하고 반박한 장본인이라고 지목하나 그의 저서로 보아 상당한 오해가 있는 것 같다.

결국 한 국가의 운명은 실권을 쥔 최고책임자의 판단과 결단에 좌우되는 경우가 많으며 전쟁이 발발하고 나서야 허둥지둥 대비책을 강구한들 이미 때는 늦은 것이다. 예나 지금이나 이러한 예는 동서고금을 관통하는 진리인 것은 두말할 필요도 없으리라.

더욱 우리를 분통 터지게 하는 것은 전쟁이 발발하고 조선의 임금인 선조는 백성은 팽개친 채 의주까지 몽진하였고, 의주에서 명나라에게 '조선을 합병해 줄 것'을 요구했다는 구절을 읽으면 정말 기가 찰 따름이다. 그리고 당시의 세자 임해군은 왜군에게 포로로 잡혀있었는데 자신이 풀려나면 한강 이남의 땅을 할양하겠다는 조건을 내세웠다는 기록은 지금 읽어도 정말 가슴을 치게 한다.

요컨대 히데요시같은 지도자는 일본 국민에게 있어서도 자랑스러운 지도자가 아닌 부끄러운 지도자라는 걸 자각해야 한다. 이는 히틀러가 독일의 영웅으로 추앙될 수 없는 것과 마찬가지다. 양민을 학살하고 코를 베어 오게 한 처사와, 일본의 내치에 있어서도 자신의 어린 아들을 지키기 위해 측근들과 그의 가족, 심지어는 조카의 가족까지 씨를 말리는 행위를 서슴지 않았던 폭군을 존경하는 국민은 누가 보아도 이상하게 비쳐질 수밖에 없기 때문이다.

그러나 일본이라는 나라에 사는 사람들은 다른 나라 사람들이 이해할 수 없는 이상한 습속을 지녀서 그런지 지난 2006년 5월 후지 텔레비전에서 조사한 '일본인이 존경하는 100인의 위인'에 히데요시가 당당히 4위에 올라 있어 역시나 싶은 생각을 지울 수 없었다. 이 조사에 의하면 1위가 사카모토 료마(坂本竜馬 메이지유신 때의 사무라이이자 혁명가), 2위가 오다 노부나가(織田信長 전국시대의 무장), 3위가 토마스 에디슨, 4위가 히데요시, 5위가 마츠시다 고노스케(松下幸之助 마츠시다 전기 창업자), 6위가 도쿠가와 이에야스(德川家康 도쿠가와 막부시대의 시조)순으로 되어 있다.

히데요시가 4위에 랭크된 이유로 '평민에서 당대 최고의 지위인 태합까지 오른 그의 처세술', '일본 전국을 통일한 공로', '조선 정벌을 감행하여 일본국위를 떨친 점' 등을 들고 있다. 그러나 내가 보기엔 그 어느 하나도 정당화 될 수 없는 요소들로 가득 차 있다고 평하여 무방하리라 여겨진다. 그 이유를 이야기하기 위해서는 그들이 주장하는 히데요시의 출세담과 일생을 살펴볼 필요가 있는데 소설책 몇 권에 해당하는 그의 이야기를 간략히 살펴보기로 하자.

히데요시의 아버지는 농민이었다는 설과, 오다 노부나가 진영의 보병足輕이었다는 설이 대립한다. 그러나 후에 그가 노부나가의 후계자가 되는 점으로 미루어 보아 후자가 맞을 것으로 본다. 일찍이 아버지는 전사하고 어머니는 기노시타木下라는 성을 가진 남자에게 개가한다. 천성이 모질고 괴팍한 히데요시는 계부와 자주 충돌했고 계부는 어린 히데요시를 두들겨 패기도 하고 굶기기도 하면서 학대했다. 그 후 도저히 계부와 함께할 수 없음을 느낀 히데요시는 집을 뛰쳐나와 사무라이가 되기로 결심하고 여기저기를 방황한다. 그러나 사무라이가 되기에는 너무나 작은 키와 나약한 몸매, 그리고 원숭이처럼 못생긴 얼굴 때문에 다른 사람들로부터 따돌림 당하기가 다반사였다. 이리저리 떠돌다가 어쩔 수 없이 아버지가 근무하던 노부나가 진영에 말단 보병으로 들어간다. 여기서 노부나가의 심부름꾼으로 발탁되어 일약 노부나가의 후계자로 발전해 나가는 과정은 실로 소설적이라 하지 아니할 수 없다.

노부나가와 히데요시의 일화는 일본인이면 누구나 알고 있을 정도로 유명한데, 그 내용은 우리도 어렴풋이 들은 기억이 있는 이야기이기에 여기서 다시 그들의 역사 속으로 들어가 보기로 하자.

노부나가의 심부름꾼이 된 히데요시는 노부나가에게 그야말로 몸과 마음을 바쳐 지극정성 충성을 다한다. 어느 추운 겨울날 노부나가가 외출을 하려고 신을 신어보니 신 안이 따뜻했다. 처음에는 누가 이 신발을 깔고 앉았다 하여 히데요시를 범인으로 지목하고 실컷 두들겨 패주었다. 그런데 그 다음날도 또 그 다음날도 신발이 따뜻함을 알고 계속해서 깔고 앉은 걸로 오해하고 두들겨 팼다고 한다. 그런데 히데요시는 맞으면서도 변명 한마디 없었고 그 다음날도 똑같이 신발은 따뜻하게 되어있는 것이었다. 이에 노부나가가 숨어서 관찰해 보니 히데요시가 자신의 품속에 신발을 넣어 한참을 데운 후 내려놓는 것이 아닌가! "흠. 저놈이라면 신뢰할 만 하구나!"라며 노부나가는 이 때부터 히데요시를 심복으로 삼고 장교로 승진시켜 일을 맡겼다고 한다.

맡기는 일마다 열성을 다해 성과를 올리니 자연스레 노부나가의 신뢰가 깊어질 수밖에 없었다. 그러던 어느 날 노부나가의 대부대가 진군 중, 아사이浅井長政라는 장군이 모반을 꾀하여 뒤에서 습격을 해 오는 바람에 노부나가가 절체절명의 위기에 빠졌다. 상대의 군세가 강하고 배후에서 습격해 옴으로 모든 장수들이 겁을 먹고 떨고 있는 사이 히데요시가 돌격대장으로 나서 전세를 반전시키고 노부나가를 위기에서 구해낸다. 이렇게 되자 노부나가는 히데요시를 더욱 신뢰하게 되고 계급도 사단장 급으로 진급시켜 파격적인 대우를 해 주기에 이른다.

1582년 노부나가가 혼노지本能寺에서 아케치 미츠히데明智光秀의 모반에 의해 참살 당하자, 히데요시는 지금의 오카야마 지역에서 싸우고 있다가 잠시 적과 휴전하고 전 군사를 돌려 교토로 돌아온다. 그 후 그는 노부나가의 명성을 이용하여 교토의 민심을 휘어잡았고 여세를 몰아 야마자키山崎전투에서 반역자인 미츠히데군을 쳐부수고 명실공이 노부나가의 후계자로 인정받게 된다. 단 1년만에 사단장 급에서 최고의 권력자로 뛰어오른 그의 능력을 일본의 역사가나 글쟁이들은 대단하게 평가하고, 감동적인 스토리로 꾸며 젊은이들을 부추기고 있다. 이후 도쿠가와 이에야스에게 인질을 제공하는 조건으로 어려운 화의를 맺고 불안한 전국통일을 달성하지만 권력은 무상하여 자신의 사후 이에야스에게 자신의 아들은 물론 충성스런 신하들도 모두 제거 당한다.

만년(1593년)에 그는 측실인 요도도노淀殿로부터 귀한 아들을 얻었지만 이 역시 불행의 서곡에 불과했다. 아들을 지키기 위해 자신의 사후에 걸림돌이 될 만한 측근들과 그 가족, 그리고 조카와 생질의 전 가족까지 죄명을 만들어 모조리 참살했다. 이러고도 안심을 못해 그의 부장들에게 13번이 넘는 충성서약을 하도록 명하는 광기를 부린다. 이미 이성을 잃었을 뿐만 아니라 마지막 생명의 불이 다해가는 그는 이에야스에게 자기 아들의 후사를 부탁하지만 이에야스가 그의 말을 그대로 실행할 리가 없었다.

　일본인들은 자신들의 국민성을 '의리와 인정'이라고 표현한다. 일본인은 의리가 있고 인정이 깊다는 것이다. 정말 그럴까? 나는 일본에 살면서 일본인들이 의리와 인정이 있는 사람들이라고는 한 번도 느낀 일이 없다. 오히려 그 반대라고 표현하는 것이 맞을 것이다. 물론 일본인이라 하여 모두가 같은 사람들은 아니기에 개인에 따라 많은 차이가 날 것이다. 의리가 있고 인정이 넘치는 사람과 그렇지 않은 사람이 혼재해 있다고 보지만, 전국시대의 수없는 배반과 살육의 역사를 보면 일본인은 결코 '의리와 인정'의 국민이라 할 수 없다. 특히나 히데요시 같은 살육자를 존경하는 일본인은 이런 고상한 국민이 될 수 없음은 당연하다. 차라리 워낙 의리나 인정이 메마른 국민이기에 이를 소중히 하라는 교훈으로 받아들인다면 맞는 말이 될지도 모른다.

　또한 히데요시의 출세 담을 무슨 영웅적 스토리처럼 떠벌이는 것도 맞지 않다고 본다. 아무리 그의 처세술이 뛰어나다 한들 그것이 결과적으로 자신의 출세를 위한 수단에 불과한 아부나, 무력에 의한 협박을 일삼은 과정에 지나지 않았다면 의미를 부여해서는 안 되는 것이다.

　인간은 누구나 정상적 과정을 밟아 자신의 영역을 넓혀가는 것이 가장 이상적이고 사람다운 인격을 형성해가는 길이라 본다. 따라서 정상적인 과정을 거치지 않고 요령이나 운으로 높은 자리에 오른 사람들의 대부분이 상식에 벗어난 행동을 자연스레 하게 된다. 심지어는 과대망상에 빠져 잔혹한 일을 아무런 양심의 가책도 없이 행할 수 있는 것이다. 이러한 사람들의 대부분이 자신의 약점에 대한 열등의식이 강하다는 공통점이 있다. 이들은 정신적인 히스테리현상을 자주 보이게 되고 급기야는 광인의 상태로까지 발전하는 경우를 우리는 히데요시 이후에도 히틀러, 차우세스쿠 같은 지도자를 통해 익히 알고 있다. 만약 히데요시가 정상적 가문에서 태어나 학문을 연마하고 자신을 수행하는 엄격한 생활을 거쳐 권력의 좌에 올랐다면 과연 '조선인은 모조리 죽여라!'라는 잔혹한 명령을 내릴 수 있었을 것인가를 생각해 보면 어느 정도 수긍이 갈 것이다.

그리고 그가 열등의식이 강했다는 추정이 가능한 것은 그가 바꾼 수많은 성명에서 그 증거를 제시할 수 있는데, 그는 일생동안 성과 이름을 무려 10번 이상이나 바꾸었다고 한다. 공식적인 기록으로 남겨져 있는 이름만도 7가지나 되니 상식적으로 생각해도 고개가 갸우뚱거려 지지 않을 수 없을 정도다.

먼저 히데요시의 유년 시절을 살펴보면 출생에서 유년에 이르기까지 성은 없고 이름만 남아있다. 우리나라 사람들이 고려 중기부터 양반에서 평민에 이르는 거의 모든 백성들이 성과 이름을 가지고 있었던 사실에 비하여 일본은 메이지유신 이전까지 평민(농민)과 천민은 성이 없었다. 그러므로 히데요시가 출생한 가문의 위상으로 보아 출생 당시는 성은 없고 이름만 있었다는 정황이 확실하다고 볼 수 있다. 일본의 기록을 찾아보아도 '히요시마루日吉丸'라는 아명兒名만 전해 올 뿐이다. 이후 앞에서 이야기한 바와 같이 어머니의 개가로 '기노시타 도키치로木下藤吉郎)'라는 이름을 쓰기 시작한다. 비록 계부는 미웠지만 명성 있는 가문의 성은 그대로 사용하겠다는 그의 심보를 엿볼 수 있는 예라 할 것이다.

이후 '기노시타 히데요시木下秀吉'→ '하시바 히데요시羽柴秀吉'→ '하시바 히라히데요시羽柴平秀吉'→ '후지와라 히데요시藤原秀吉' 등으로 개명을 계속하다가 마지막에 국정 전반의 권력을 틀어쥐자 다시 도요토미 히데요시豊臣秀吉로 개명하기에 이른다. 이 이름은 자신이 도요토미豊臣라는 성을 쓰겠다면서 그 당시 무인들에 의해 실권은 없어지고 껍질뿐인 명분만 남아있던 천황에게 정중히 신청하는 형식을 취하고 천황은 기쁘게 허가하는 절차를 밟는다. 사실상 자기가 일본의 일인자였기에 감히 쓰지 못하게 나설 권력자는 없었던 것이다. 이 이름을 종착역으로 그의 열등의식은 극에 달했다고 보아 마땅하다.

아무튼 그의 사후 생전에 행한 잔악한 업보대로 다음 정권인 이에야스의 철저한 숙청에 의해 그의 피붙이는 물론 그와 관계있는 모든 사람들이 죽임을 당하고 몰락의 길을 걷게 된다. 그렇게 천하를 호령하며 광기를 부리던 히데요시도 시간 앞에서는 어쩔 수 없었던 모양이다. 그러나 그의 광기로 죽은 수많은 조선인들의 무덤 앞에 아직도 그를 신으로 모시는 도요쿠니 신사豊国神社가 눈을 부라리며 버티고 서 있는 형국을 취하고 있다. 이러한 형국은 귀 무덤을 방문하는 한국인들에게 아직도 오싹한 살기를 느끼게 한다. 아울러 현대를 사는 일본인들의 의식세계가 혹시나 히데요시의 광기를 그대로 이어받고 있지나 않은지 의심이 들기도 한다.

| 가미가제와 여몽연합군 |

구일본군을 보는 눈은 참으로 복잡하고 다양하다. 그들의 엄격한 상명하복의 규율과 천황과 국가를 위해서는 자신의 목숨을 초개같이 버리는 군인정신을 먼저 떠올리는 사람들도 있을 것이고, 7. 31부대, 난징 학살사건, 종군위안부 같은 인간이기를 포기한 부정적 이미지가 먼저 떠오르는 사람들도 있을 것이다.

사실 제2차 세계대전 말기에 일본군이 보여준 행동은 일본인의 입장에서 본다면 대단히 용감했다고 볼 수 있다. 미군에 비하여 월등하게 장비가 부족하고 보급 또한 원활하지 않은 가운데 최후까지 싸우다 패색이 짙어지면 그들은 마지막 수단으로 돌격전을 펼치거나 집단 자살로 전투를 끝내는 일을 당연시 했으니 말이다.

미군들은 이오지마硫黃島 전투와 오키나와 전투에서 일본군들의 악착같은 저항과 목숨을 아까워하지 않는 무모한 돌격전 앞에 상당한 손실을 입었다. 작은 섬 하나를 점령하려 해도 최후까지 저항하는 단 한 명의 일본군마저 제거하지 않고는 진격이 불가능 했을 정도였고, 최후의 한 사람까지 돌격전으로 대항하는 그들의 철저한 군인정신에 혀를 내 두를 지경이었다.

이런 상황에 처한 미군은 본토 상륙작전을 앞두고 일본군과 일본 본토에서 맞붙을 경우, 백만 명 이상의 희생자가 나온다는 예상을 하게 되고 이를 해결하기 위해 비상수단을 강구하기에 이른다. 그것이 바로 히로시마와 나가사키에 투하된 원자폭탄이다. 물론, 이의 정당성에 관한 논란은 미국과 일본에서 전쟁이 끝난 지 63년 이상이 흐른 지금에도 계속되고 있다.

한편, 미국의 본토공격에 맞서는 일본 또한 마지막 결전을 앞두고 이를 저지하기 위해 특공작전을 감행한다. 이것이 소위 '가미가제 특공대' 라 불리는 악명 높은 대명사가 그것이다.

가미가제 특공대는 비행기를 타고나가 적함대의 기관부분에 충돌하여 침몰시키는 자살 특공대이기에 미군에게는 상당한 위협이 되었다. 그리고 해상에서도 1인용 잠수정을 타고나가 적 함정에 충돌하여 침몰시키는 자살특공대가 있어 미군은 마음 놓고 공격을 할 수가 없었다.

그런데 왜 일본인들은 최후의 방어수단으로 '가미가제' 라는 용어를 선택했을까? 이에 대한 해답을 찾으려면 시대적으로 상당히 거슬러 올라가지 않으면 안 된다. 그 역사의 현장으로 깊숙이 들어가 보면 의외로 현재를 사는 우리와도 상당한 관계가 깊음을 알고 놀라게 된다.

『고려왕조실록』에 의하면 1274년과 1281년 2차에 걸쳐 여몽연합군이 일본침공을 단행한 사실을 확인할 수 있다. 몽골의 세조 쿠빌라이는 고려를 복속시키고 일본에까지 정복야욕을 드러낸 것이다. 1차 원정인 1274년, 여몽연합군 4만여 명은 합포만(지금의 마산)을 출발하여 쓰시마를 토벌하고 이키壹岐섬에 상륙한다. 초기전투에서 일본군을 대파시킨 연합군이 잠시 방심한 틈을 타 기습공격을 해온 일본군에 밀려 배로 후퇴했다. 이날 밤 불행하게도 태풍이 불어 많은 전함들이 파손되고 군사들이 수장되는 바람에 연합군은 황급히 귀환하지 않으면 안 되었다.

제2차 침공은 1280년 일본 침공을 위한 '정동행성'이 설립되고 군사와 물자를 정비하여 이듬해 1281년에 재개된다. 이때에는 15만이라는 대군을 동원했다. 김방경이 이끄는 고려군과 혼도와 홍다구가 이끄는 몽골군 등 총 5만군이 선발대로 출발했고, 범호가 이끄는 강남군 10만이 후발대로 출발했다.

이들 연합군 15만은 다시 한 번 쓰시마와 이키를 거쳐 이번에는 규슈의 하카타博多만에 상륙한다. 먼저 상륙한 연합군의 공격 앞에 무력하게 무너지고 만 일본군들은 산속으로 후퇴했고, 다음날의 전투에 대비해 연합군은 다시 배로 돌아왔다. 그날 밤 역시 태풍이 불어 수많은 군사가 수장되는 바람에 대패하고 돌아오게 된다.

일본은 이 전쟁을 '원구의 습래元寇の襲來'라고 기술하고 있으며 자신들을 멸망의 위기에서 구해준 태풍을 가미가제로 미화하고 '일본불패', '신이 지켜주는 나라'라는 신화를 만들어내 자민족의 애국심을 불러일으키고 있다.

일본사의 한 부분에서 자신들의 영광을 찾아내 현대에 접목시킨 사례는 여러 곳에서 발견되지만 가미가제 같은 극적인 접목은 일본인들의 내셔널리즘이 어디에서부터 출발하는지를 알게 해주는 좋은 사례라 할 수 있다.

문명화된 오늘날에도 일부 일본인들 중에는 신풍이 불어서 일본을 지켜주었다는 정신 나간 극우학자들의 선동을 그대로 믿는 사람도 있을 것이다. 그러나 어느 정도 분별력을 가진 지성인이라면 일본을 지켜주는 신이 정말로 존재한다고 믿는 사람은 많지 않을 것으로 본다. 특히 여몽연합군의 원정이 실패한 것은 신풍 때문이 아니라 태풍이 부는 시기를 피하지 않고 무모하게 원정 시기를 선택한 잘못과 고려인들의 대몽항쟁 정신에서 찾는 것이 타당하기 때문이다.

『고려왕조실록』에는 1273년까지 지속된 삼별초의 저항을 기록하고 있고, 그 기록에는 진도와 함께 합포, 동래, 김해가 근거지로 거명되고 있기도 하다. 기록을 근거로 추정해 보면 고려군과 몽골의 군사들이 연합군을 형성하여 일본을 침공한다는 사실 자체가 상당한 위험을 감수하고 있었음이 드러난다.

삼별초의 근거지 합포에 설치된 일본 원정 군영에서는 고려군과 몽골군의 충돌이 일상사처럼 일어났다. 뿐만 아니라 몽골의 압력에 의해 동원된 고려군은 일본원정의 필요성을 느끼지 않은 것은 물론이고 일본보다 몽골군에 대한 반감이 더 강했기에 소극적일 수밖에 없었다. 조정에서도 재정적 부담 때문에 몽골 조정에 일본원정을 중단해 줄 것을 여러 차례 요구한 기록을 보더라도 당시의 고려가 일본원정을 달갑게 여기지 않았음은 명확한 일이다.

급기야 몽골은 고려군의 총대장 김방경이 갑옷을 감추고 일본원정을 방해하고 있다는 죄목으로 홍다구를 시켜 고문을 가하고 섬으로 유배시키는 사태로까지 발전한다. 이 사실은 바로 몽골군과 고려군의 사이가 연합군으로서의 신뢰가 부족하다는 것을 의미한다. 오히려 고려군 수하들은 기회만 주어지면 몽골군을 수장시키겠다는 의지로 충만해 있었음을 증명하는 사건이기도 하다.

이러한 내부의 적 때문에 몽골군은 항상 고려군에 대한 경계를 늦추지 않았고 배에 올라 일본원정을 감행하면서도 불안한 마음이 가시지 않았을 것이다. 그렇지 않고서야 어찌 적군이 달아난 지역에 교두보를 설치하여 다른 군사들을 상륙시키지 않고 배로 다시 돌아 왔을까? 몽골군은 일본군을 처부수는 것보다 배후에 있는 고려군이 더 신경 쓰였다는 추정 또한 가능하다. 따라서 몽골군은 배로 돌아온 것이고 마침 불어 닥친 태풍으로 인해 물에 약한 몽골군은 전멸을 면치 못한 것이다.

또한 2차 원정 때 강남군이 10만 명이나 동원되어 싸움 한 번 제대로 해보지 못하고 모두 태풍에 휩쓸려 수장되었다는 기록과, 고려군의 피해는 거의 없었다는 기록은 이런 정황을 충분히 증명해 주고 있다. 왜 남송의 강남군과 몽골군은 거의 전멸하다시피 했는데 고려군의 피해만 가벼운 것이었을까? 그 이유로는 고려군이 적극적으로 전쟁에 참여하기보다는 후방에서 머뭇거리고 있었기 때문에 직접적인 사상자가 적었다고 볼 수 있다. 한 편으로는 뱃길을 정확히 알았기에 태풍이 와도 섬 반대쪽으로 피할 수 있는 능력이 있었기 때문이었을 것으로 추정할 수 있다.

그리고 몽골의 강압적 명령으로 1년 만에 급조한 4,000여 척의 선박들이 태풍에 견딜만한 견고성을 기대하는 것도 처음부터 무리한 일이었다. 억지로 만든 선박들은 겉만 배의 형태를 갖추고 있었을 뿐, 약간의 파도에도 부서질 정도로 부실한 것들이었다. 고려군이 상시 보유하고 있던 기존의 배는 튼튼하여 어지간한 태풍과 풍파에도 잘 견딜 수 있었지만 새로 급조한 배에 승선한 몽골군과 강남군은 막대한 피해를 입었던 것이다. 고려사에서도 최초의 태풍으로 타격을 입은 인원은 6,000여 명으로 기록하고 있어 큰 피해를 입었다고는 볼 수 없다. 이후 퇴각 도중에 많은 배가 파손되어 수장되었다는 기록은 배의 부실함과 그 배를 만든 고려인들의 몽골에 대한 저항의식이 숨겨져 있었음이 확연하다.

사실 몽골의 침략에 40여 년간 끈질기게 투쟁한 고려인들의 항몽정신은 세계사적으로 보아도 그 유래를 찾아보기 힘들 정도의 자주성을 느끼게 해 준다. 그뿐만 아니라 외침에 대비하지 않으면 언제 이민족에게 굴욕을 당할지도 모른다는 교훈을 우리에게 시사해 준다. 그리고 그 항몽정신은 일본을 지켜주는데도 큰 몫을 담당했음을 우리는 역사적 사료를 통해서 느낄 수 있다. 일본의 조선사 연구회장을 지낸 하타타旗田魏는 '고려의 항몽정신이 일본을 지켜준 방파제 역할을 했다'고 그의 저서에서 솔직히 시인하고 있기도 하다.

그럼에도 불구하고 일본은 이 전쟁을 기화로 민족주의를 살려내어 임진왜란을 일으키고 한반도 강점이라는 형태로 돌려주는 역사의 이율배반을 우리는 어떻게 해석해야 할 것인가? 그리고 지금까지 이어지는 역사왜곡과 야스쿠니신사 참배문제, 식민지 시혜론, 종군위안부 문제 등에서 보여주는 그들의 오만방자한 태도를 우리는 어떻게 받아들여야 할까?

지금도 남아있는 마산의 몽고정과 군영지, 몽고간장 등의 흔적은 당시의 상황을 말없이 전하고 있지만 후대를 사는 우리들의 심정은 그 전쟁의 역사를 다시 쓰고 싶은 느낌이 들기도 한다.

| 임진왜란과 항왜 김충선 |

남풍이 불어오니 고향소식 그리운 저
홀연히 일어나니 그 여느 바람 인고
소슬한 바람 소리 보이지 않네
한숨으로 탄식하고 망연히 앉았으니
이내 생전 골육지친骨肉至親 그 소식 알 길 없어
글로 설워하노라

『모하당문집慕夏堂文集』에 실려있는 남풍유감南風有感이라는 시다. 이 시를 쓴 주인공 김충선(1571~1641)은 원래 사야카沙也可라는 일본인으로 임진왜란 당시 가토 키요마사의 선봉장으로 출정한 사람이다. 그는 일본의 전진기지인 나고야성名護屋城을 출발할 때부터 명분 없는 전쟁에 뛰어드는 것은 잘못된 일이라 여기고 있었다. 그러던 차에 동래성으로 상륙하여 조선의 문물과 예의범절이 뛰어남을 눈으로 확인하자, 그 다음날 부하들과 함께 경상도병마절도사 박진 장군에게 투항했다.

투항한 사야카는 자신의 수하들과 함께 조선군에 합류하였고 이후 자신이 소속되었던 왜군을 상대로 78회의 전투에서 승리를 거둔다. 그는 당시의 조선 육군이 왜군에게 변변히 싸워보지도 못하고 밀린 것은 강력한 살상력을 가진 조총 같은 무기가 없기 때문이라는 사실을 직시했다. 따라서 조선군의 조총 보급에 앞장섰고, 이러한 성과는 전쟁 후반기로 갈수록 조선군이 유리하게 되는 전황과도 일치한다.

선조는 이러한 그의 공로를 치하하여 사성賜姓을 내려 김해 김씨로 정해 주었고 자헌대부라는 벼슬을 하사했다. 이후 김충선이라는 이름으로 활약한 그는 이괄의 난과 병자호란에서도 큰 공을 세워 3란의 공신으로 정헌대부에 올랐다. 만년에는 조정에서 내린 벼슬과 전답을 반납하며 "당연히 신하로서 해야 할 일을 했을 뿐"이라는 말을 남기고 대구의 달성에 내려왔다. 낙향한 그는 자신의 거처를 우록동友鹿洞이라 칭하며 자연을 벗 삼아 문집을 쓰면서 소일하다 일생을 마감한다.

일본의 기록에는 사야카의 정확한 출생지나 소속부대를 추정할 수 있는 기록이 전무하다. 그가 남긴 모하당문집에도 그가 8형제의 막내이며 부인 2명을 두고 떠났다고만 했을 뿐, 자신의 신분에 관한 사항은 비밀에 붙였다. 만약 자신의 신분이 일본 측에 알려지면 반역자 가문으로 낙인 찍혀 멸문지화를 당할 것이라는 우려 때문이었을 것이다.

최근 10여 년 전부터 일본에서는 양국의 친선을 이어주는 가교역할로써 모하당 김충선의 일생에 대한 재조명이 이루어지기 시작했다. 1915년 모하당문집이 재간되자 조선총독부에서는 대단히 불쾌한 반응을 보였다. 왜냐하면 '천황의 성스런 군대가 귀순 할리가 없다'는 생각으로 무시하고 은폐하려는 의도가 있었기 때문이다. 그러나 지금의 흐름은 당시의 분위기에 비하면 상당한 변화이고 일본의 양심이 다소나마 살아나는 조짐이라 볼 수 있다. 물론 지금도 일본의 극우들은 '조선인의 조작극'이라는 생각에서 조금도 벗어나지 않고 있기는 하다. 그러나 1992년 11월 NHK가 특집방송으로 사야카의 일대기를 방영함으로써 일본인들의 인식은 달라지기 시작했고 그들의 주장은 시대의 뒤편으로 물러나고 있다.

사야카에 대한 우리나라의 명확한 자료에 비하여 일본의 자료는 전무하기에 그의 귀순을 둘러싸고 일본학계에서는 여러 가지 학설이 제기되고 있다. 그 학설들을 대체로 정리하여 살펴보면 일본학계의 움직임을 짐작할 수 있을 것이다.

첫째, 도요토미 히데요시의 전국 통일 과정에서 멸망한 반 히데요시 세력의 한 사람이었기에 귀순했다는 설을 제기하는 학자들이다. 이의 근거로 들 수 있는 것은 사야카 일족이 전국시대를 통해 규슈에 대규모의 영지를 가진 영주였다는 것이다. 그러나 히데요시의 규슈 정벌로 일족이 몰락하고 그의 지배하에 놓이게 되자 반감을 가지고 기회를 엿보고 있던 참에 기요마사의 군대에 편입되었다. 이어서 조선 침략 전쟁에 동원되게 되었고, 명분 없는 전쟁에 참여하느니 보다 차라리 조선에 귀순하는 게 낫다는 생각을 했을 것으로 추정하고 있다.

둘째, 히데요시군에 의해 멸망당한 조총부대였기에 귀순했다는 설을 주장하는 학자들이다. 사야카는 전국시대 최강의 조총부대로서 영주에 예속되지 아니한 독립부대의 하나인 사이카슈雜賀衆의 일원이었다. 사이카와 사야카의 발음이 닮은 점도 이를 증명한다고 본다. 사이카슈가 혼간지本願寺와 함께 오다 노부나가에게 저항했으므로 히데요시는 사이카슈의 본거지를 습격하여 멸망시켰다. 이후 살아남은 사이카슈의 구성원들은 일본 전국으로 흩어졌고, 방랑 중에 사야카 일행은 히데요시군에 흡수되어 조선침략의 선봉장이 되었다는 설이다. 이 설을 주장하는 학자들은 그 근거로 사야카가 조총과 화약의 제조법을 조선에 전해 주어 전쟁에 승리하도록 기여한 점을 들고 있다.

셋째, 조선의 유교문화와 예의범절의 바름을 동경하여 귀순했다는 설을 주장하는 학자들이다. 이들은 사야카가 조선에 도착하자마자 박진 장군에게 보낸 편지의 내용을 그 근거로 들고 있다. 모하당문집에 실려 있는 내용그대로 옮겨보면 당시의 생각이 그대로 드러나 있음을 알 수 있다.

이번 기요마사의 명분 없는 전쟁에 본의 아니게 선봉으로 나서 3천의 병력을 이끌고 조선 땅에 왔습니다. 처음으로 이 나라 백성들의 민심과 동정을 살펴보니 의관과 문물이 들은 대로이고 예의가 중하(中夏, 중국)와 같음을 알았습니다. 인의의 나라를 토벌한다는 것은 도저히 있을 수 없으므로 저는 전의를 상실하였습니다.

저는 어찌하면 좋을까요? 기요마사의 휘하에 들어가면 기요마사에 대적할 수도 없고, 이 나라의 문물을 본다면 군자의 편에서고 싶어지니 진퇴양난입니다. 이 나라에 저가 귀순하려는 뜻은 지혜가 부족해서도 아니며 용기가 부족해서도 아닙니다. 그리고 무기 사용법을 몰라서도 아닙니다. 저가 이끄는 병력은 백만 대군도 상대할 수가 있습니다. 그럼에도 불구하고 한 번도 싸우지 아니하고 화의를 청하는 것은 이 나라 예의문물의 아름다움에 감동하여 성인의 백성이 되려는 생각 때문입니다.

임진왜란을 통하여 항왜降倭로 기록되어 있는 일본군 귀순자들은 1만 명을 넘는다. 초기에 일본에서 출발한 군대가 모두 15만 명인 점을 감안한다면 적지 않은 숫자이다. 이순신 장군의 난중일기에서도 항왜를 조선수군에 재편하여 일본군과 싸웠다는 기록이 여러 곳에서 발견된다. 특히 정유재란 말기의 울산성 전투에서는 조·명연합군의 포위망에 갇혀 수많은 일본군이 굶어죽거나 귀순했다는 기록을 접할 수 있다.

 그럼에도 불구하고 우리는 학창시절 내내 임진왜란 시 우리 나라가 당한 이야기만 들어왔다. 아직 식민사관에서 벗어나지 못한 자학사관이 남아있던 시기였기에 그러했을까? 아니면 자료 부족으로 역사고증을 할 수 없어서였을까? 우리 자신들의 역사 인식에 상당한 의문을 갖게 한다.

 이제 일본에서는 조선통신사 재개 400주년을 기점으로 하여 임진왜란을 재조명하고 사야카 김충선의 이야기를 책으로, 방송으로 특집을 엮어 내 보냈다. 이러한 영향에 힘입어 매년 우록동을 찾는 일본인 관광객은 1천명을 넘어섰다고 한다. 양국의 우호친선과 미래지향적 한·일관계라는 측면에서 김충선의 일대기는 대단히 바람직하며 더할 나위없는 좋은 소재가 될 것이다. 일본의 배반자 사야카가 시대의 흐름에 따라 양국의 친선사절로 거듭나는 지금의 평화가 서로의 신뢰를 바탕으로 길게 이어지기를 소망해 본다.

| 전쟁광을 존경하는 일본 |

 우리는 정한론의 선구자로 요시다 쇼인吉田松陰을 먼저 떠올린다. 요시다 쇼인은 지난 2007년 3월 30일 후지텔레비전에서 방영한 '일본인이 좋아하는 100인의 영웅'에서 당당 15위에 랭크될 정도로 일본인들의 마음속에 선명하게 각인되어 있는 막부 말기의 급진 사상가이자 혁명가이다.

 그는 존왕양이를 부르짖고 "천하는 한사람의 것이며 만민은 천황의 아래에서 평등할 뿐이다."라고 주장하며 막부의 권력을 천황에게 돌려주어야 한다는 사상을 전파했다. 또한 "일본은 이제부터 국력을 길러 교역으로 미국과 러시아에게 손해를 입은 것은 공격하기 쉬운 조선, 만주, 지나(중국)를 정벌하여 뺏어오면 된다."라는 주장을 하며 제자들을 모아 혁명적 사상을 주입하였고, 행동으로 옮겨 막부의 고관을 암살하려다 미수에 그친다.

후대에 그의 사상을 이어받은 정한론의 고수 사이고 다카모리西鄕隆盛, 메이지유신을 이끈 기도 다카요시木戶孝允, 군부의 힘을 이용해 권력을 잡아 총리까지 오른 야마가타 아리도모山形有朋, 한국합병을 주도한 이토 히로부미伊藤博文, 막부 타도를 실행에 옮긴 다카스기 신사쿠高杉晋作 등이 그의 제자이다. 그리고 그의 정신적 후계자로 후쿠자와 유키치福沢諭吉 등의 사상가를 들 수 있다.

요시다 쇼인은 현재의 야마구치현山口県에서 1830년에 태어났다. 당시의 지명은 죠슈번長州藩인데 이 지역이 뒤에 도사번(土佐藩, 현재의 고치현) 출신의 사카모토 료마 등과 힘을 합쳐 막부를 타도하고 메이지유신을 성공시킨 주역들이 나온 곳이다. 일본 현대사에 있어서도 7인의 수상이 나온 지역으로 상당한 정치적 영향력을 가진 곳이기도 하다.

요시다는 당시 일본사회를 지배하던 난학(네덜란드학)을 직접 눈으로 확인하기 위해 젊은 나이에 나가사키로 유학을 떠났고 여기서 서양열강의 힘을 확인하고 일본의 위기의식을 느끼게 된다. 그 후 삼근교대에 따라 에도로 올라온 요시다는 사쿠마佐久間라는 스승에게 사사하고 사상적 체계를 확립한다. 이러한 그의 사상체계를 더욱 국수적이며 침략적인 혁명가로 변신하게 만든 사건이 1853년 일본에 온 미국의 흑선 페리이다. 페리 내항 후 체결된 굴욕적 조약을 못마땅하게 생각한 그는 직접 정세를 살펴보기로 작정하고 시모다항에서 밀항을 시도하다 체포된다.

그가 옥중에서 저술한 『유수록幽囚錄』이란 책에는 그의 침략적인 광기를 한 눈으로 알게 해주는 구절이 여러 곳에 나타나 있다. 그 내용을 보면 '조속히 군함을 만들고 홋카이도를 개간하여 제후를 봉하고, 오키나와를 위협하여 내지의 다른 번과 같은 위치에 앉혀야 한다. 그리고 조선을 공격하여 인질을 잡아오고 공물을 바치는 것을 옛 성시(일본서기의 진구황후기)때와 같이 한 다음 북으로는 만주, 남으로는 대만, 루손(필리핀)을 손에 넣자'로 씌어져 있다.

　이 내용을 읽는 우리들은 일본인들의 정신이 어디에 위치해 있는지를 쉽게 짐작할 수 있다. 아울러, 타국을 침략하자는 말을 여과 없이 그대로 기술하는 요시다의 후안무치에 또한 놀라게 된다. 이미 일본은 이때부터 조선과 만주, 중국을 침략할 준비를 하고 있었고, 그것이 구체적으로 나타난 것이 지난 2차 세계대전이라 볼 때 요시다의 사상은 일본인의 마음속에 깊게 각인되어 있었음을 알 수 있다.

　이러한 요시다의 사상체계를 간략히 정리해 보면 그의 사상 모두가 군비확충과 국체론을 통한 대외정벌로 귀결되고, 일본정신을 강조하는데 많은 장을 할애하고 있다. 그는 페리의 내항에서 출발한 미·일통상조약이 천황의 칙허를 얻지 않고 체결되었다하여 극렬한 반대에 나서 당시의 막부집정관을 암살하려다 미수에 그쳤다. 이 일로 인해 살인미수로 체포되어 감옥에 갇히는 신세가 되었다. 감옥에서도 '야마토 다마시大和魂'를 외치며 일본인이 단결하여 진구천황(일본서기에 조선을 정벌하였다는 전설적인 인물)과 도요토미 히데요시의 정신을 이어받아 그 과업을 완수해야 한다고 역설했다. 이러한 침략의 화신 요시다는 안세이 다이옥安政の大獄때 에도로 송치되어 처형된다. 이 때 그의 나이 겨우 29세였다. 이런 요시다의 삶은 극우청년들의 가슴에 불을 질러 국수주의의 함정에 빠지도록 부추길 가능성이 크고 타국을 침략하는 행위를 정당화하는 전쟁광을 영웅으로 추앙하는 풍조를 조장할 가능성이 크다 하겠다.

　더욱이 우리가 우려하는 것은 일본인들이 요시다 쇼인을 존경하는 인물로 꼽는 사람들이 현재에도 변함없이 많다는 사실이다. 그리고 전 일본수상 아베가 존경하는 인물이 요시다 쇼인이라는 점도 간과할 수 없는 한 부분이다.

누구나 자신이 존경하는 인물은 있을 것이다. 그러나 일본의 지도자인 수상이 정한론과 중국 침략론, 대외정벌론, 존왕양이의 국체론을 부르짖은 요시다를 존중한다면 어느 부분을 존중하는 요소로 선택했는지 우리는 물어야 한다. 또한 그는 이에 대해 명백히 대답하는 것이 일제의 침략으로 고통 받은 아시아인들을 이해시키는 길이 될 것이다.

그는 수상이 되기 전 도쿄 전범재판의 부당성을 당당히 이야기했고, 야스쿠니신사 참배를 적극적으로 옹호했으며, 헌법 개정을 추구하고 북한 선제 공격론을 시사한 바 있다. 이러한 일련의 사실들에서 알 수 있듯이 그는 상당한 내셔널리스트이며 일본을 재무장시켜 주변국을 재침할 가능성이 있는 호전적인 인물로 평가되기도 했다. 수상이 된 후에도 변함없이 자신의 정치신념을 실행에 옮겼던 그의 발길은 참의원 선거에서 참패하자 큰 타격을 입었다. 그럼에도 불구하고 수상 직에서 물러나지 않고 궁색한 변명으로 사태를 모면하려 하다가 어느 날 갑자기 건강상의 이유로 사퇴하고 말았다. 일본 내에서 상당한 비판이 일었지만 그의 사상체계는 우익정객들에게 변함없이 이어져 오고 있다.

| 조선과 중국은 일본의 악우다? |

대저 조선이 어떤 나라냐고 묻는다면, 아시아의 일개 작은 야만국으로서 그 문명의 양상은 우리 일본을 따르기에는 아직 멀다고 할 수 있다. 이들과 무역을 해도 이로울 것이 없고, 이들과 통신을 해도 이익 될 것이 없으며, 그 학문은 보잘 것 없으며, 그 병력은 겁낼 것이 없다. 설

사 그들이 자청하여 우리의 속국이 된다고 해도, 그 또한 기뻐할 일이 못된다. 대개 그 이유는 무엇이냐? 앞에서 말한 것같이 우리 일본은 구미제국에 대해 병립의 권리를 갖고 구미제국을 제압하는 세력을 얻지 못하면 진정한 독립이라고 할 수가 없다.

1875년 유빈호치郵便報知 신문에 실린 후쿠자와 유키치福沢諭吉의 기사내용이다. 한국은 야만국이고, 학문이 일천하며, 병력도 약하여 도저히 국가라 말하기 어려운 형편없는 나라가 후쿠자와의 한국관이다. 이는 일본인의 대한국관에 있어서 오늘날까지 이어지는 혐한감정의 일부분이 어디서부터 출발하는지를 일깨워주는 자료 중의 하나이기도 하기에 주목할 필요가 있다.

그는 알려진 대로 메이지 시대를 통하여 줄기차게 '탈아입구脫亞入歐'를 부르짖은 계몽사상가로 유명하다. 우리가 익히 알고 있다시피 '탈아입구'는 막부말기부터 불기 시작한 일본인들의 처절한 생존구호였다. 말 그대로 아시아로부터 벗어나 유럽문화로 들어가자고 하는 탈아입구론자들의 생각은 국민들의 열광적인 관심을 불러일으키며 요원의 불길처럼 번져나가 나라전체가 서구화로 치닫는데 크게 공헌한다. 그러나 그들이 부르짖은 탈아입구의 슬로건은 아시아의 두 나라(조선과 중국)를 철저하게 무시하고 짓밟고 가자는 방약무인의 오만한 주장이기에 오늘날 우리가 보기엔 학자가 쓴 글이라기보다는 선동가가 쓴 충동적인 글로 보이기도 한다.

이 탈아론의 원조로 불리는 후쿠자와의 신문사설은 1885년 3월 16일자 지지신문時事新聞에 실린다. 이 신문은 후쿠자와 자신이 일본인의 계몽을 위하여 창간한 신문인데, 사설에서 그는 조선과 중국을 '토인土人'이라 표현하고 야만적이고 비문명적인 그들의 문화로부터 벗어나야 한다고 역설했다. 나아가 문명화의 대상으로 삼아 서양이 일본에게 한 것처럼 식민지화도 서슴지 말아야한다는 주장을 하고 있다.

처절한 그들의 서구화 몸부림이 얼마나 절실했던가를 이 사설 한 편으로 짐작해 볼 수 있다. 당시의 일본국민들은 서구화만이 일본인이 살아남을 수 있는 길이고 유럽인들의 문명화된 생활양식이야 말로 자신들이 본받고 추구해야할 이상이라고 여겼기고 있었다. 그러므로 이 사설이 발표되자마자 이에 열광하고 동조하는 사람이 많았음은 물론이다. 당시, 일본에 체류하고 있던 독일인 의사 베르츠는 그의 일기에서 "우리들 일본인은 역사라 할 만한 게 없습니다. 지금부터 겨우 시작하려 합니다."라는 일본인들의 대답을 적어놓고 있을 정도로 일본은 서구화에 빠져 있었다.

지금도 일본인들의 의식 속에 그가 어느 정도로 추앙받고 있는 인물인지는 일본의 만 엔짜리 지폐를 보면 단번에 알 수 있다. 일본의 최고액권인 만 엔짜리 지폐 속에는 정통 일본복장을 한 근엄한 얼굴이 보인다. 이 얼굴의 주인공이 바로 후쿠자와다.

후쿠자와는 1835년 오사카에 있는 나카츠번中津藩에서 하급무사의 2남으로 출생한다. 태어나서 2살이 채 안될 무렵 아버지를 여의고 편모슬하에서 자랐다. 어머니는 생활이 곤란하여 지금의 오이타현인 한지나카츠藩地中津藩로 전 가족을 이끌고 돌아오지 않을 수 없었고, 여기서 어린 시절을 보낸 그는 갖은 고생을 다했다고 한다. 편모슬하에다 하급무사의 아들이라는 이유로 신분이 높은 상급무사의 아이들에게 놀림감이 되었음은 물론 하인처럼 부림을 당했다.

후쿠자와는 자신의 자서전『후쿠오백화福翁百話』에서 이 시절 자신이 처한 처지를 비관하고 신분이 높은 자들의 자제들이 위세를 부리는 세상에 대해 울분을 품었다고 썼다. 또 그는 이 책에서 신사의 신이 정말 자신에게 벌을 내리는지 알아보기 위해 일부러 신사의 부적을 발로 짓밟아 보기도하고 또 담벼락이나 화장실에 낙서를 해 보기도 하면서 벌이 내리지 않는다는 사실을 확인했다고 했다. 어릴 때부터 영민하고 호기심이 많았음을 짐작하게 하는 일화다.

19세가 되던 해에 그는 한학만으로 세상을 살아갈 수 없음을 느끼고 집안을 중흥시키겠다는 각오로 유학을 떠난다. 그가 유학을 결심하게 된 계기는 1853년에 일본에 들어온 미국의 군함 페리가 개항을 요구하며 맺은 조약 때문이기도 했다. 페리의 내항은 전 일본을 충격에 빠트린 대사건이기도 하기에 후쿠자와 역시 자극을 받았을 것으로 추정할 수 있다.

이후 그는 나가사키에서 2년 여간 난학에 열중하고 있던 중에 형이 사망함으로 인해 가계를 잇기 위해 다시 자신이 태어난 오사카로 돌아온다. 오사카에 돌아온 후 당시의 석학 오가타 코안緖方洪庵의 문하로 들어가 네덜란드어로 된 물리학과 의학서적에 몰두한다. 천성이 영민한데다가 자신의 인생을 바꾸어보겠다는 생각으로 뼈를 깎는 공부를 한 결과 그는 5년여 만에 일본에서는 알아주는 난학자의 위치를 차지할 수 있었다.

24세가 되던 해에 드디어 에도로 진출한 그는 막부의 네덜란드어 통역관으로 성공가도를 달리게 된다. 그런 전도양양한 어느 날 요코하마항의 시찰에 나서 미국과 영국의 상선들을 보고 통역을 요구하는 관리들 앞에서 그는 참담한 현실에 말을 이을 수가 없었다. 네덜란드어만 알면 서양의 모든 학문에 통하리라 여겼던 그는 영어로 된 배 이름조차 읽을 수 없었고 고관들 앞에서 큰 창피를 당한 것이다. 그는 네덜란드어 만으로 서양의 학문을 모두 알기에는 부족함을 절감하고 다시 독학으로 영어에 몰입한다. 난학은 이미 일본에서 사양길에 접어들고 있음을 그는 피부로 감지한 것이다.

이런 그에게 서양을 접할 수 있는 좋은 기회가 돌아왔다. 1860년 견외사절단遣外使節團에 참가할 자격을 얻은 것이다. 미국을 돌아보고 온 그는 서구의 발달된 문물과 남녀평등의 정신 등에 심취되어 완전히 서양문물의 광신도가 되어있었다. 이후 3차례에 걸쳐 구미를 방문한 후쿠자와는 귀국길에 오르면서 영어사전을 비롯해 모든 학문에 걸쳐 수많은 서적을 구입해 왔다.

그는 가져온 책들의 번역에 전력을 기울이면서 국민을 계몽시키기 위해서는 학교의 설립이 절실하다는 생각으로 육영사업에도 뛰어든다. 이 때 설립한 학교가 지금의 게이오 기쥬쿠대학慶応義塾大学이다.

1866년 33세 때 그는 구미를 돌아본 서양견문록『서양사정』을 처음으로 세상에 내어놓는다. 이 책은 발행되자마자 세인의 관심을 집중시켰고 서양의 학문에 목말라하던 일반 민중들이 너나없이 사보는 바람에 당시로서는 최고의 베스트셀러로 20만 부 이상 팔리는 대기록을 세운다. 그는 여기에 힘입어 정부의 관리를 사직하고 교육사업과 언론사업, 그리고 집필에 몰두한다. 관직으로 나아갔으면 그는 좋은 대우로 편안한 일생을 보냈을지도 모른다. 그러나 그의 왕성한 학구열과 개척자적 정신은 이런 유혹을 뿌리치도록 했고 이후 그는 100여 권의 저술을 남겨 일본인을 계몽하는데 일생을 바쳤다.

그의 저서는 발행될 때마다 세인의 관심을 집중시켰고 1872년 발행된『학문의 장려学問のすすめ』는 무려 340만 부나 팔렸다. 당시 일본인들이 이 책을 읽지 않고는 대화가 불가능할 정도라고 했으니 상상을 초월하는 베스트셀러라 할 것이다. 이후 1875년에 내놓은『문명론 개략』역시 많은 사람들이 책을 구하려고 몰려드는 바람에 몇 번이나 중간을 거듭해야 했다고 한다. 이로 미루어 보아 당시 일본인에게 미친 그의 영향력은 말로 표현하지 않아도 짐작이 가는 일이다. 그가 집필한 책들과 번역서에는 당시까지 한 번도 사용한 적이 없는 신조어가 수없이 등장한다. 이것이 우리가 지금도 사용하고 있는 '민주주의, 자유, 권리…….' 등 200여 가지라고 한다. 이러한 업적 하나만 놓고 평가한다면 정말 일본의 만 원 권에 오를만한 대단한 사람으로 여겨진다.

그는 만년에 남긴 그의 저서에서 "나는 일생동안 한 번도 게으름을 피운 일이 없다."라고 했다. 어느 누가 자신있게 자신의 인생에 대해 이런 말을 할 수 있을까를 반문해 보면 그는 정말 부지런한 사람이었음에는 틀림없다.

그러나 그 부지런함과 열정이 그의 일생동안의 단 한 가지 목표인 부국강병과 문명개화를 통한 일본의 국권신장으로 이어져 이웃나라를 침략하고 약탈하기를 주장한 부분은 아무리 관대한 사람도 이해하기에는 무리가 따른다.

후쿠자와와 우리나라는 그의 사상체계 그대로 악연이 깊다. 그는 명성황후 시해사건과 갑신정변에 깊이 관여했을 뿐만 아니라 그들을 간접 지원했다. 당시 후쿠자와는 조선에 대해 일본지식인 중에서 가장 정확하고 이해 깊은 사람으로 알려져 있었다. 그럴 수밖에 없는 것이 그와 만난 수신사 박영효, 김옥균, 서광범 등은 그의 해박한 식견과 정치적 수완에 감탄했고, 조선의 개화를 주장하는 그의 설교에 넋을 잃을 정도였다고 했으니 말이다.

후쿠자와는 수신사 일행에게 조선에서도 자신이 운영하는 '지지신보'와 같은 신문을 발간하여 민중을 계몽하고 선도하는 역할을 수행하도록 지원하겠다는 제안을 했다. 그는 국가의 발전은 민중이 깨어있어야 하고 전민중이 높은 지식과 발전적 기대감을 가지고 있을 때 비로소 발전의 기틀이 마련되며 이를 선도하는 데는 무엇보다 신문의 역할이 중요함을 역설했다. 후쿠자와가 이렇게 나온 이유는 박영효가 철종의 부마로 정치의 실권이 있다고 보았기 때문이다. 따라서 조선에서 친일적 논조의 신문이 발간되면 당시까지 영향력을 행사하고 있던 청나라의 힘을 견제할 수 있다고 믿었기 때문이었을 것이다. 이는 곧 정신적으로 조선인들을 청나라 일변도의 생각에서 탈피시켜 친일지향의 국민으로 바꾸어 보겠다는 복선이 깔려져 있다고 볼 수 있다.

이러한 후쿠자와의 노림수를 알지 못하는 수신사 일행은 이 제안에 흔쾌히 응하고 그의 제자 이노우에井上角五郎 등 일본인 7명과 함께 조선으로 돌아와 조선 최초의 신문인 한성순보를 발행한다. 신문의 발행에 대해 전혀 모르는 조선인들로서는 이노우에의 지도를 받을 수밖에 없었고 사실상 이노우에가 사주였기에 그의 의견대로 사설을 쓰게 된 것은 당연한 귀결이었다. 당시 임오군란 후 조선에 주둔하고 있던 청나라 군사들의 비리를 폭로하고 대서특필하는 기사가 많았고, 청국으로부터 자주독립을 쟁취해야한다는 논조와 일본의 협조를 받아야 한다는 사설이 주를 이루었다. 이런 기사를 내 보내는 한성순보에 대해 청국은 당시의 실권자인 명성황후에게 압력을 넣어 폐간을 종용하기에 이른다. 아무 힘이 없는 조선 조정은 한성순보의 폐간을 명한다. 발행한지 6개월이 채 안되는 시점이었다.

당시 조선에 주둔한 청나라 군사들의 행패는 사실상 조선이 주권국가가 아님을 증명이라도 하듯 무법천지처럼 자행되었다. 임오군란의 주동자 발본색원이라는 구실로 임오군란 당시 구식군인들의 거주지로 주목되던 이태원과 왕십리에 들어가 민간인을 200여 명이나 체포해 가고 저항하는 사람들을 10여 명이나 죽였다. 그리고 주둔군들은 기강이 해이하여 수많은 아녀자를 겁탈하고 그 부모를 살해하는 일까지 비일비재했다.

이런 주둔군들의 횡포에 대해 조선정부가 대항할 수 없었던 것은 청의 지원을 받기 위해 체결한 조약의 구문이 장애가 됐기 때문이다. 청은 군 파견에 앞서 체결한 조약에서 '조선은 전통적으로 중국의 군현'이란 조항을 삽입했다. 일본이 강화도조약을 체결할 때 '조선은 독립국'이란 용어를 삽입한 것도 중국의 개입을 사전에 차단하기 위한 술수의 일환이었음을 우리는 간과해서는 안 된다. 이러한 전후 사정으로 살펴볼 때 한성순보가 이런 보도태도를 취한 것도 현 시점에서 바라보면 무리가 아니라는 생각도 든다.

이후 후쿠자와의 영향을 깊게 받은 개화파들은 갑신정변을 일으키나 실패하고 만다. 김옥균은 일본으로 망명하고 그 일족은 모두 자살하거나 교수형을 당했다. 박영효 역시 그 일족이 모두 참살당하거나 자살하는 등 비참한 최후를 맞는다. 일본으로 망명해 온 김옥균을 만난 후쿠자와는 실망한 얼굴을 감추지 않았고 그의 사설을 통해 조선과 청국을 야만국으로 격하하고 청국을 응징할 것을 선동한다.

후쿠자와가 조선을 걱정하고 부국강병의 근대 국가로 거듭나도록 지원하겠다는 순수한 마음으로 개화파 일원들과 친분을 유지했다고 보기에는 그의 글들이 너무나 과격하고 침략적인 냄새를 진하게 풍긴다. 그의 마음속에는 김옥균 등과의 친분을 이용하여 일본의 국권확장을 꾀하려는 음험한 생각이 자리하고 있었음은 틀림없는 일이다. 이러한 그의 의도를 조선의 개화파들은 어느 정도 파악하고 있었는지는 지금도 알 수 없다. 다만 역사는 그들이 외세에 의존하여 자국을 개화시키겠다는 의도로 정변을 일으킨 행위는, 동기의 순수함과 애국충정에서 출발한 정당성을 인정한다하더라도 잘못된 것으로 기록하고 있을 뿐이다.

후쿠자와는 1901년 66세의 일기로 생을 끝냈다. 그가 간 후 일본은 그의 선동대로 중국을 침략하고 조선을 강점했다. 마지막에는 태평양전쟁에 뛰어들어 스스로 자멸의 길을 걸은 사실을 그는 지하에서 어떤 관점으로 바라보고 있을지 궁금하다. 아직도 그에 대한 평가는 일본인의 가슴에 영웅으로 새겨져 만 원권에 남아있는 걸 보면 그의 영향력은 죽어서도 식지 않는 것 같다.

| 명성황후 시해사건과 우범선 |

일본의 히로시마현 구레시県市 시미즈도오리淸水通り 진노인神応院 경내에 들어서면 일본에서는 보기 어려운 다소 큰 자연석으로 비석을 새긴 무덤 하나가 눈에 들어온다. 명성황후 시해사건의 한국인 주범 우범선의 묘지다. 복잡한 회한의 심정으로 묘비를 쳐다본다. 이 절의 니시

무라西村正俊 주지는 더운 날씨에도 불구하고 찾아온 우리들에게 일본식 승복을 입고 연신 고개를 숙이며 설명에 열을 올린다. 당시의 한·일 관계와 암살전후의 사정 등을 설명하고, 이 절을 찾아온 유명한 일본인 작가와 한국인 작가 등에 대해서도 자랑을 겸하여 이야기를 이어 갔다.

스님은 우범선에 대해 '지사志士'라는 표현을 연신 했다. 그러자 동행한 일본인이 조금 떨떠름한 표정을 지었고, 약삭빠른 일본인답게 "한국인의 입장에서 본다면 배신자일 것"이라는 설명도 덧붙이면서 상당히 겸연쩍은 표정을 지었다. 몇 장의 사진을 찍고 동행한 일본인에게 전후사정을 듣고 나서 어떤 심정인지 물었다. "정말 한국인에게 죄송하다. 가능하다면 자신이 무릎을 꿇고 용서를 빌고 싶은 심정이다"라고 했다. 정말 일본인이 해서는 안 될 짓을 했다고 생각하며 일본인을 대신하여 자신이 진심으로 사과하고 싶다고 강조해서 여러 번 말했다. 사과의 말을 듣는 필자가 오히려 민망할 지경이었다. 정말 선량한 일본인이란 생각이 든다. 일본인들이 진심으로 이런 생각을 하는 사람이 많다면 한·일 관계는 아무런 문제가 없을 것 같은 순진한 착각에 빠진다.

우리는 초등학교 시절 '콜히친' 처리로 씨 없는 수박을 만들어낸 우장춘 박사를 교과서에서 배웠다(사실은 씨 없는 수박을 처음 만든 사람은 교토대학의 기하라 히토시(木原均)이다). 그의 사진 역시 함께 실려 있었기에 늘 한국 농업의 선구자요 육종학의 권위자로, 또 조국을 위해 일본에서 좋은 대우를 마다하고 스스로 한국으로 돌아온 위대한 애국자로 기억하고 있다. 그가 바로 우범선의 아들임을 아는 순간 우리는 혼란에 빠진다. 그는 6.25가 한창이던 1952년에 한국으로 돌아와 우리나라의 농업발전을 위해 크게 기여했음을 우리는 자랑으로 여기고 있다.

국모를 시해한 반역자와 그 아들의 국가에 대한 보은을 지금 이 시점에서 어떤 관점에서 보아야 할지 머리가 복잡해진다.

우리는 '일본을 용서할 수는 있다. 그러나 잊지는 말자'고 말하는 역사학자들을 자주 만난다. 그들은 이 시점에서까지 지나간 과거사에 얽매여 미래의 한·일 협력관계에 해를 끼치는 우를 범해서는 안 된다는 논리를 편다. 그에 덧붙여 세계가 한 지붕으로 변해가고 국제관계가 다변화 되어가는 이 시대에 언제까지나 과거사로 티격태격하며 앞으로 나아가지 못하고 "가까운 이웃끼리 싸움만 벌여서야 되겠는가!"라며 역설한다. 또한 한·일 관계를 미래의 동반자 관계로 성숙시켜 나가야 한다고 말한다. 블록화 되어가는 세계의 움직임을 직시한다면 일리가 있고 설득력 있는 말로 들린다.

그러나 필자는 일본이 자행한 다른 일들은 다 용서하고 잊을 수 있다 하여도 명성황후 시해사건은 잊을 수도 없고, 용서해서도 안 되는 치욕적 사건이라 본다. 정말 우리 민족의 자존심을 있는 그대로 짓밟은 만행이라는 생각을 지울 수가 없기 때문이다. 세계 어느 문명국가가 다른 나라의 국모를 시해하는 무례를 저지른단 말인가! 정말 치가 떨리는 일이 아닐 수 없다. 아무리 일본인들이 왜곡의 달인들이며 억지 주장을 여반장처럼 하는 철면피라 하더라도 이 사건에 대해서만은 자신들의 만행을 쉽게 변명할 수 없을 것이라 본다.

그러나 어찌하랴. 부끄럽게도 이 사건에 직접 가담한 한국인들이 있었으니 그들이 곧 우범선, 이두황, 구연수, 이주회, 박선 등이다. 이들 중 이주회, 박선 등은 체포되어 처형당했으나 우범선, 이두황, 구연수는 이른바 '을미망명객'으로 일본에 망명했다. 자국의 국모를 죽이는데 가담한 그들이 일본으로 망명해 왔으면 자숙하고 반성하는 자세를 보여야 마땅함에도 이들은 일본에 와서도 영웅처럼 떠벌이며 활개를 치고 거들먹거리고 다녔다고 한다. 얼마나 이들의 생활이 문란하고 눈에 거슬렸는지, 이들을 돌보아 주던 후쿠자와 유키치가 자신의 자서전 『후쿠오백화福翁百話』에서 '자기 나라 국모를 죽인 자들이 은인자중하지 않는다' 고 표현해 놓은 것으로 보아도 짐작이 간다. 일본인도 이런 표현을 할 정도면 그들의 방자함은 짐작이 가고도 남는 일이다. 한국인으로서 자괴감이 드는 일이다.

최근에 와서는 이제까지 미우라 고로三浦梧楼의 지휘로 일본의 무뢰배들이 저지른 것으로 알려져 있던 '을미사변'이 이토 히로부미伊藤博文가 직접 개입한 정황을 포착했다고 한다. 이 증거물은 당시의 사법상司法相이던 요시카와芳川顯正의 편지에 의해서 밝혀졌다. 그 내용은 '(이토 총리에게) 미봉책은 단연히 포기하고 결행의 방침을 채택하도록 강하게 권유하라'는 문구이다. 역시 이 문구는 우리가 지금까지 짐작만으로 알고 있던 미우라 공사 한 사람의 주동이 아니라 일본 정부가 조직적으로 개입된 사건임을 증거로써 밝혀 주는 것이다. 이와 동시에 당시의 일본이 한반도를 강점하기 위해서 수단과 방법을 가리지 않았음을 알게 해주는 증거라 할 것이다.

이 밖에도 명성황후 시해사건에 대한 자료들은 수없이 많다. 대부분 일본, 미국, 러시아의 자료들이다. 이 자료들은 사건의 역사적 사실을 자신의 나라와 입장에 따라 다르게 표현해 놓고 있다.

이러한 여러 자료 중에서도 『나의 조국わが祖国』이라는 글을 쓴 일본의 여류작가 쓰노다 후사코角田房子 같은 사람의 삶의 태도는 일본인들이 그래도 양심이 살아있음을 알게 해 주어 다소의 위안이 되기도 한다. 그녀의 저서는 우범선과 그의 아들 우장춘 박사의 일대기를 담담하게 써 놓은 것이다. 그녀는 책에서 당시 우리나라의 역사적 상황과 우범선 가족의 삶을 대비시켜 놓아, 후세를 사는 우리들에게 개인과 국가의 관계를 돌아보게 하는 교훈적 메시지를 담고 있기도 하다.

그녀의 글과 많은 사람들이 남겨놓은 증언을 중심으로 우범선이 개입한 명성황후 시해 사건의 전말을 대비해 보면 당시의 한반도 정세가 외세의 간섭에 휘둘려 자주성을 이미 잃어버렸음을 알 수 있다. 물론 당시의 위정자들은 자신의 국가를 스스로 운영할 능력 역시 갖추지 못하고 허둥대고 있었음이 역력히 드러난다. 또한 외세에 의존하면 결국에는 그 외세에 의해 나라를 빼앗기고 노예와 같은 비참한 나락으로 전락한다는 뼈저린 교훈 역시 우리에게 전해 준다.

……새벽 5시 궁궐의 공격이 시작되었다. 궁궐을 지키는 위병들은 초소를 포기하고 총의 실탄을 제거한 다음 사방으로 흩어져 달아났다. 장교들도 제복을 벗어던지고 총을 팽개친 다음 도망쳤다. 궁궐에 돌입한 조선 신병 훈련대 병사들은 세 번에 걸쳐 일제 사격을 가했다. 한 번에 40발씩 쏘았으나 시위대 병사들을 사살하지는 않았다. 그들은 시위대 병사들의 머리 위로 총탄을 발사하고 있었다. (당시 현장에 있었던 러시아 기사 사바틴(G.Sabatin)의 회고록)

을미사변은 이렇게 미국의 지원을 받는 시위대가 일본의 지원을 받는 훈련대 병사들에게 간단하게 제압당하는 것으로 막이 올랐다. 그 배경에는 일본과 러시아의 갈등이 도사리고 있었다.

1876년 강화도조약을 시작으로 일본의 침략이 노골화 하였고, 조선의 패권을 놓고 일본은 청·일전쟁을 일으켜 승리를 쟁취했다. 그런 다음, 1894년 청으로부터 랴오뚱遼東반도를 할양받는다. 그러나 러시아, 독일, 프랑스의 '삼국간섭'으로 다시 돌려주는 처지가 된다. 이 삼국간섭을 주도한 세력이 러시아였는데, 당시 일본의 침략적 자세에 반감을 느끼고 있던 고종과 황후는 러시아의 힘을 빌려 일본의 침략적 자세를 꺾어볼 생각을 가지고 있었다. 이에 따라 내각의 구성도 친러파 중심으로 재편되었다.

이러한 상황에서 일본공사 미우라는 위축된 일본세력을 만회하고 자파세력을 재구축하는데 최대의 장애가 되는 명성황후를 시해하려는 계획을 세우게 된다. 이 계획을 실현하기 위해 친일적 성향을 가진 우범선을 만나 협조를 요청하는 수순을 밟는다. 이 때 우범선은 "나는 무부武夫다. 어떤 정견이 있겠냐마는 다만 조선의 정치 개선은 즉결적으로 그 당우黨羽를 제거하지 않으면 비록 어떠한 고재高才 양책良策이 있을지라도 변개하기 어렵다"라고 하면서 명성황후 시해를 통한 친일정권 수립을 주장했다.

이 이야기에 힘을 얻은 미우라는 구체적인 계획에 착수한다. 먼저 일본의 세력 확대를 우려하여 해산 당할 위기에 놓인 훈련대를 이용하여 이들에 의한 쿠데타로 위장하기로 음모를 꾸몄다. 그리고 일본공사관 무관 구스노세楠瀨 幸彦와 공모한 후에 대원군을 끌어들이고, 서울에 상주하는 낭인들을 앞잡이로 해서 명성황후를 살해한다는 시나리오였다. 이에 따라 미우라는 친일조선인 중에서 일본군이 양성한 훈련대 간부 제1대대장 이두황, 제2대대장 우범선, 제3대대장 이진호, 전 군부협판 이주회를 포섭하여 동참하기로 다짐하고 그 동원 책임을 우범선에게 맡겼다. 그러니까 명성황후 시해사건의 주모자는 일본공사관의 마츠무라松村濾, 구스노세, 일본 낭인 오카모토岡本柳之助를 지도자로 하는 그룹과 우범선 등의 친일 군인의 연합이었다.

사전 준비를 끝낸 이들은 황후를 방심시키는 작전에 돌입했다. 미우라 공사의 중요 참모인 오카모토, 구스노세의 귀국소동을 벌인 것이다. 거사 3일 전 10월 5일에 서울에서 거창한 송별연을 열고 두 사람을 인천으로 떠나보냈다. 일본공사관의 무관이 귀국해 있는 동안에는 큰일을 꾸미지 않으리란 확신을 주기 위해서이다.

황후는 더욱 강력하게 일본세력 축출을 단행하여 일본교관이 훈련을 시키고, 박영효가 장악하고 있던 훈련대를 해산하려 했다. 미국교관이 훈련시킨 시위대와 일본교관이 훈련시킨 훈련대는 서로 경쟁관계였고, 박영효는 궁중경호를 시위대에서 훈련대로 바꾸려다 왕실의 제지로 실패한 일이 있었다.

이후 고종은 10월7일 군부대신 안경수를 일본공사관에 보내 훈련대의 해산과 무장해제를 통보했다. 미우라 공사는 음모를 숨기고 정중하게 그 사실을 받아들였다.

바로 그 다음날인 10월 8일 새벽 흉도들은 행동을 개시했다. 10월 8일 4시반경 대원군을 끌어내어 궁성에 들어가 명성황후를 살해한다는 계획 하에 우범선은 대원군에게 "참령 우범선이 지원군을 이끌고 대원위 대감께 충성을 바치러 왔습니다."고 한 다음, 대원군을 사인교에 태우고 궁궐로 들어갔다. 일본인 낭인들은 대부분 일본 옷인 하오리 하카마 차림에다 일본도를 차고 있었다. 그 뒤를 일본공사관의 수비대가 따랐고, 그 다음에 선 것이 참령 우범선이 이끄는 훈련대였다. 고바야카와小早川秀雄는 그의 수기에서 당시의 모습을 '대도를 어깨에 멘 자, 일본도를 찬 자, 곤봉을 든 자, 피스톨을 가진 자 등 그 난잡한 모양은 완전히 초적폭도의 진군이었다.'라고 묘사해 놓고 있다.

경복궁을 침입할 때 한성순보사 사장 아다치安達謙藏가 지휘하는 일본낭인들은 경회루 동쪽으로 돌아 옹화문으로 들어가고 훈련대가 배후에서 주력인 낭인부대를 엄호했다.

명성황후의 용모를 모르는 일본 낭인들은 이리저리 뛰어다니면서 찾기에 바빴고 황후로 추정되는 궁녀들을 닥치는 대로 살해했다. 마침내 살해된 사람 속에서 명성황후를 찾아내어 유체를 확인한다. 명성황후를 살해한 후 미우라 공사는 시체를 확인하고 증거를 인멸하기 위해 급히 불태우라고 지시하고는 자리를 떴다. 낭인들은 옥호루의 동쪽에 있는 솔밭에서 명성황후를 불태웠고, 그 유해는 우범선의 지시에 의해 윤석우가 정전에서 좀 떨어진 곳으로 가져가 묻었다.

이후 미우라 공사와 대원군은 고종을 협박하여 친일정권을 세우게 하였다. 고종은 분기를 삭이지 못하고 반전의 기회를 엿보다가 '아관파천'을 단행하여 친일정권인 김홍집 내각의 각료들을 축출하는 혁신적 조치를 취했다. 이 때 우범선과 이두황, 황철은 신변의 위협을 느끼고 일본으로 망명했다.

일본으로 도망한 우범선은 도쿄의 혼교本鄕에서 망명생활을 했다. 망명생활 중 사카이酒井ナカ라는 일본 여성을 만나 사랑에 빠져 결혼에 이른다. 다른 망명객들이 비록 국모를 시해하는 반국가적인 일을 저질렀으나 일본여성과의 결혼은 스

스로 기피하거나 자제했다고 한다. 이에 비하면 우범선의 처신은 상당한 대비를 보일 뿐만 아니라 그의 친일적 일면이 여실히 드러난 행적이라 볼 수 있다.

이후 조선정부에서는 이들을 암살할 자객을 일본에 계속 보냈다. 신변의 위협을 느낀 우범선 등의 망명객들은 자신들을 돌보아 주던 다케다武田範師의 권유에 따라 일본의 각지로 흩어지기에 이르렀다. 우범선은 박영효가 경영하던 고베의 조일신숙朝日新塾에서 한동안 한국의 고학생들을 지도하다가 히로시마를 거쳐 구레에 정착한다.

구레에서 한시를 가르치며 연명했다는 기록으로 보아 우범선은 한학에 상당한 식견이 있었던 모양이다. 이후 한학의 지도와 구레의 일본인들이 뒤를 돌보아주는 생활을 이어가던 중에 조선에서 건너온 만민공동회 회장 고영근에게 1903년 11월 24일 암살된다.

이후 이두황 등은 이토 히로부미의 보호 아래 1907년 일본에서 귀국하여 사면을 받고 요직에 기용되었다. 이어 고관대작이 되어 친일매국행위에 앞장섰을 뿐만 아니라 죽을 때까지 일본의 주구로 활동하여 일제로부터 훈장까지 받는 영광을 누린다. 참으로 슬픈 한국 근대사의 일면이다.

| 일본인이 가장 존경하는 위인 |

일본의 매스컴들이 지난 50여 년간 설문조사를 실시할 때마다 '일본인이 가장 존경하는 인물' 1위에 랭크되는 부동의 인물이 바로 사카모토 료마坂本竜馬다. 일본 역사를 통하여 수많은 영웅호걸과 기라성 같은 위대한 정치가가 배출되었음에도 불구하고 어떤 이유로 이 인물이 그

들을 모두 제치고 현대 일본사회에서 그렇게도 부동의 1위를 유지하고 있는 것일까? 나는 일본에 살면서 늘 이 의문에 대해 그 해답을 얻으려 노력했지만 정확한 답을 얻을 수 없었다. 이순신, 세종대왕, 광개토대왕 등 업적이 뛰어난 장군이나 왕을 존경하는 사람이 많은 우리의 정서로는 아무리 이해하려해도 그 인물의 인품이나 해 놓은 업적이 그렇게 내세울만한 것이 없다는 느낌이 들었기 때문이다.

필자는 이 의문이 일본에 체류하는 내내 머리에서 떠나지 않았다. 급기야는 그 해답을 찾기 위해 자신의 편견이나 아집을 버리고 순수한 제 삼자의 입장이 되어 료마의 동상과 자료관이 있는 고치현高知県 가츠라하마桂浜를 3차례에 걸쳐 답사하기에 이르렀다. 시차는 각각 다르지만 1차는 일본사 전문가인 오카야마대학 교수와 함께한 길이었고, 2차는 한국사 전문가인 서울대학 교수와 함께한 길이었다. 그리고 3차는 한국의 외교관 두 사람과의 길이었다. 그들의 의견은 모두들 자신들의 전문적 의견과 처한 입장에 따라 료마의 업적을 평가하고 있었지만 필자의 생각과는 다른 곳이 더러 있었고 동의 할 수 없는 부분이 많았다. 물론 공통의 부분이 더 많았다고는 하지만 결정적으로 그를 평가하는 부분에 있어서는 상반된 의견으로 갈리어졌다.

고치시의 가츠라하마에 있는 료마의 동상은 태평양의 거센 파도가 일렁이는 검푸른 바다를 쳐다보고 서 있다. 그가 실현하고자 했던 왕정복고의 웅대한 포부가 저 광대한 태평양의 크기와 같다는 의미일까? 조국과 민족의 혁신을 위해 야망에 불타는 사나이의 담대함을 나타내려 함이었을까? 파도는 아무 일 없는 듯 마침 불어오는 바람에 밀려 해답을 들으려는 후인들의 마음을 희롱하고 있을 뿐이었다. 동상 앞에서 한 장의 기념사진을 찍고 그가 살다간 짧은 33년의 세월을 반추해 본다.

지난 3월1일 민단 고치현 본부의 초청으로 3.1절 기념강연을 부탁받고 떠나는 김에 이틀의 여유를 두고 먼저 료마기념관을 찾았다. 여기에서 사카모토 료마에 대한 철저한 분석을 하고 그가 표방한 왕정복고 사상과 삿쵸동맹薩長同盟, 다이세이호칸大政奉還 등의 내용을 알 수 있는 서적들을 탐독하며 그의 동상 앞에 섰다. 2월 말이라고는 하나 고치현이 시고쿠의 남단에 위치해 있는 관계로 이미 날씨는 봄 냄새를 풍기고 있었다. 마침 때맞춰 나들이 나온 관광객들로 동상 주변은 붐비고 있기도 했다. 그들 일본인 관광객에게 "료마의 어떠한 점이 훌륭하다고 생각하느냐?"고 물으니 하나같이 "덴노헤이카에게 권력을 돌려준 일"이라는 대답이 돌아온다. 그렇다. 바로 이 대답 속에 그가 부동의 1위 자리를 차지하는 인기의 비결을 찾아낼 열쇠가 숨겨져 있는 것이다.

료마는 도사번(土佐藩 현 고치현)의 하급에 속하는 토착무사의 2남 3녀 중 막내로 태어난다. 12살에 동네의 서당楠山塾에 입학했으나 문제아로 낙인 찍혀 퇴학당하고 만다. 이 사실로 보아 그는 학문과는 인연이 먼 듯하다. 이후 14살에 검도를 시작하여 도사의 히네노日根野弁治도장에 다니다가 본격적인 검도수행을 위해 에도(江戶 지금의 도쿄)로 진출한다. 에도에 진출한 료마는 당시의 최고 검술가의 한 사람인 지바千葉定吉와 사쿠마佐久間象山로부터 철저한 검술가로서의 수련을 받는다. 수련하는 도중 가정 사정으로 1년 정도 귀향하여 가와다川田小龍로부터 서양 사정에 대해 가르침을 받고 자신의 식견을 넓히게 된다. 이런 저런 견문과 서양문물에 대해 공부하며 고향에 머물던 중, 아직 검술이 경지에 오르지 않았다는 판단이 서자 다시 에도의 도장으로 복귀한다. 복귀 이후 3여 년간 오로지 검술 수련에 열중하여 북진일도류北辰一刀流 면허를 취득한다. 이 면허를 소지한 사람은 자신의 도장을 열어 제자를 기를 수 있는 경지에 달했음을 인정하는 것이다. 이로보아 료마는 이미 당대에 그 이름이 알려져 있을 정도의 높은 무예를 몸에 지닌 인물로 평가된다.

료마의 일대기를 소설화 한 일본 국수주의자의 원조 야마오카 소하치山岡荘八의 『坂本竜馬』를 참고하면, 어느 날 이 도장에서 수련 중인 동료가 남의 물건을 훔쳐 곤경에 빠지자 그 친구를 도망하게 한 일화가 전해진다. 당시 무예계의 원칙으로 보면 도둑질을 한 무사는 할복자살로 명예회복을 해야 했는데 료마는 죽는 것 보다는 살아서 자신의 행동을 반성하고 개과천선하는 게 낫다는 판단을 한 것 같다. 이후 그의 일생 곳곳에서 이러한 현실타협 정신과 실리적 정신을 찾아볼 수 있다. 당시 사이가 좋지 않았던 사츠마(薩摩, 가고시마)와 죠슈(長州, 야마구치) 번의 동맹을 성사시킨 삿쵸동맹과 다이세이 호칸에서 보여준 그의 타협술이 그것이다. 막부말기에 무력적으로 가장 강했던 두 지역의 동맹체결과 실제적으로 아직 권력을 손에 쥐고 있던 막부가 천황에게 권력을 스스로 넘겨주는 다이세이 호칸의 성사는 그렇게 용이한 일이 아니었다. 그럼에도 불구하고 그가 이 역사적 대타협의 중간에서 중재자 노릇을 원만하게 해낸 것은 그의 정치적 철학 때문일 것이다. 아마 다음 일화가 더욱 그를 정확하게 표현하고 있는지도 모른다.

당시의 무사 계급들은 장검을 차고 다니는 것이 유행이었다. 어느 날 료마의 고향친구가 오랜만에 그를 만나니 단도를 차고 있었다. 왜 단도를 차고 있느냐고 물으니 "실전에서는 짧은 칼이 휘두르기 편하지"라 하기에 옛 친구도 공감이 가는 터라 납득을 하고 짧은 칼을 차고 다녔다. 다음에 만났을 때 친구는 단도를 자랑하자 이번에는 권총을 내밀며 "총 앞에서는 칼 같은 건 무용지물이지"라고 하는 것이었다. 그 말을 들은 친구는 권총을 사서 폼을 잡고 다녔다. 세 번째 만났을 때 친구는 멋진 권총을 내 보이며 자랑하자 료마는 만국공법(국제법) 책을 내밀며 "지금부터는 세계를 모르면 안 되지"라고 하는 것이었다. 아무래도 한 발 앞서가는 료마에 미칠 수 없음을 안 친구는 여기에서 포기하고 말았다고 한다. 이 이야기는 실제가 아닐지도 모른다. 그러면서도 료마를 가장 잘 표현한 일화이기도 하다. 그는 언제나 다른 사람보다 한 발 앞서 나갔고 그렇게 행동했다.

1858년 20세가 된 료마는 자신의 고향인 도사에서 하급무사가 된다. 그후 23세가 되는 1861년에 도사 근왕당에 가입하여 본격적인 왕정복고 운동에 뛰어든다. 당시 도사번은 막부를 지지하는 상급무사와 료마가 속해있는 하급무사의 사이에 심한 알력이 존재했던 관계로 료마는 자신의 신념인 '천황에로의 권력복귀'를 위하여 탈번을 시도한다. 탈번이라는 것은 당시 무사들의 신분이 어느 번의 번주 밑에 소속이 되어 있어야 하는데 아무런 소속 없이 떠돌아다니는 무소속 무사가 된다는 것을 의미한다. 일본에서는 이 무소속의 방랑무사를 '로닌浪人'이라 부르며 현대에 와서는 '재수생'을 의미하는 말로 변했다.

탈번을 시도한 료마는 규슈 일대를 방랑하다가 자신이 무예를 닦았던 에도의 치바도장에 몸을 의탁한다. 탈번한 무사는 번주가 보낸 자객에 의해 살해될 가능성이 높기에 그는 이 길을 택한 것으로 보인다. 스승인 치바는 료마의 기상을 높이 평가하고 카츠勝海舟라는 권세가에게 그를 소개하기에 이르고 료마는 그의 제자가 된다. 이후 카츠의 권고에 따라 고베 해군조련소 설립에 진력하는 한편 당시의 해군을 양성하던 해군학원의 교장으로 취임한다. 또한 카츠의 노력으로 도사번의 번주였던 야마우치山內容堂로부터 탈번의 죄를 사면 받는다. 이즈음 왕당파를 제거하기 위한 정변이 일어나 교토지역에서는 거의 궤멸상태에 빠졌고, 도사 근왕당에게도 탄압의 손길이 미치게 되었다. 번의 탄압은 에도의 료마에까지 다가왔기에 료마는 다시 한 번 탈번을 시도한다.

재 탈번한 료마는 왕당파에 대한 탄압을 피해 사이고 다카모리西鄕隆盛에게 몸을 의탁하고 오사카의 저택에 머문다. 이후 사이고와의 인연으로 그를 설득하여 삿쵸동맹을 맺게 한 것이 그의 업적중 하나다. 1866년 1월 교토에서 죠슈번의 카츠라桂小五郎와 사츠마번의 사이고가 맹약서를 교환하는 자리에 료마는 보증인으로 임석한 것이다. 천하의 두 무력강자가 동맹을 맺는 자리에 일개 낭인 무사가 보증인으로 임석했다는 자체가 다소 격에 맞지 않는 것처럼 보인다. 그렇기는 하지만, 반대로 이러한 일이 가능하도록 사전에 조정해 간 그의 대담무쌍한 배짱은 평가할 만하다. 동맹이 성사된 직후 막부에서는 자객을 보내 료마를 살해하려 했으나 가벼운 상처만 입고 목숨을 부지한다.

1867년에는 도사번과의 관계를 다시 회복하고 해원대海援隊라는 해군세력을 창설한다. 이후 그의 주된 활동무대와 후원세력은 해원대가 된다. 이 해원대는 자신이 다이세이호칸에 참석할 때 행동을 같이했고 워낙 급하게 돌아가는 국내 정세의 변화 때문에 배 안에서 다이세이호칸의 책략을 구상하기에 이른다. 이것이 이른바 '선중팔책船中八策'이다. 이 선중팔책의 핵심은 한 마디로 '권력을 천황에게 돌려주자.'는 것이었다. 다이세이호칸 후 그해 12월 교토에 머물고 있던 그는 누가 보낸 지도 모르는 자객에 의해 암살당한다. 33세의 짧은 일생이었다.

이러한 료마의 일생은 그의 당대에는 크게 각광받는 일이 없었다. 그러던 것이 러·일전쟁 때 '황후'의 꿈에 어떤 건장한 사나이가 나타나 "일본해군은 반드시 이깁니다."라는 이야기를 했는데 그 건장한 사나이가 바로 료마였다는 것이다. 당시 황후는 료마의 모습을 잘 몰랐는데 궁내의 대신이 사진을 보여주자 "틀림없이 이 인물이다."라고 했다는 이야기가 세간에 전해지게 되었다. 이어서 당시의 일간지가 이를 크게 보도함으로 인해 일본국민들 사이에 료마 붐이 일게 된 것이다. 이후 료마는 일본국민의 가슴속에 가장 존경하는 인물로 새겨져 지금도 변함없이 그 인기를 유지하고 있다.

그에 대한 본격적인 붐이 다시 일기 시작한 것은 시바 료타로가 쓴 『료마가 간다』라는 소설로부터 출발한다. 소설의 특징이 특정인물의 윤색이 가능하다는 것인데 그의 능란한 문장력에 힘입어 료마는 훌륭하고 존경스런 인물로 다시 태어났다고 해도 과언이 아닐 정도다. 이후 일본의 드라마나 영화로 만들어진 료마의 일대기는 그 수를 헤아리기 힘들 정도로 많다.

일본의 학자들은 료마의 훌륭한 점을 이야기 할 때 하나같이 메이지 유신을 다이세이호칸에 의해 '무혈혁명'으로 이끌어 낸 사실을 그 첫째로 든다. 야마토다마시大和魂를 자랑하는 일본이 대화합으로 천황에게 권력을 넘겨준 일은 일본인만이 가능한 단결정신의 표상이라 주장한다. 또한 지극한 '천황가에 대한 존경심의 발로'가 마지막 막부의 장군이었던 15대 정이대장군政夷大將軍 도쿠가와 요시노부德川慶喜가 자발적으로 권력을 조정에 돌려주게 만든 근간이 된다고 본다. 그리고 이를 실현한 료마의 정치적 흥정은 자신의 목숨을 건 업적이 될뿐만 아니라 후세의 귀감이 되기에 충분하다는 것이다.

사실 현대에 와서도 일본의 정치는 료마의 정신이 그대로 계승되어 왔다고 보아 틀리지 않을 정도이다. 근대사의 고비 고비마다 일본의 정치인들은 정치적 연정을 시도해 온 것이 그 일례이다. 막후협상의 거물로 알려진 도야마 미쓰루頭山滿는 한국과 중국의 정치에 관여하여 지대한 영향을 끼쳤으며, 전후 한국과 일본의 신시대를 막후에서 주무른 세지마 류조瀨島龍三역시 이러한 료마의 정신을 계승한 인물로 볼 수 있다. 가장 최근에는 2008년 1월에 시도된 자민당과 민주당의 대연합 구상이 그것이다. 이 구상의 막후에는 와타나베 쓰네오渡辺恒雄 요미우리신문 회장이 관여한 것으로 알려져 있다.

일본의 정치인들이 도덕적 명분이나 상대와의 이해관계를 넘어서 적대적인 두 정치세력을 앞의 예처럼 쉽게 화합시킬 수 있는 것도 사실상 그들의 머리 위에 '천황'이라는 존재가 있기에 가능한 일이다. 그런 절대적 권위의 천황에게 권력을 돌려주자고 했으니 일본인이 그를 존경하는 것은 어쩌면 당연한 일인지도 모른다.

그러나 현대 민주주의가 표방하는 자유, 평등사상에서 본다면 료마의 정치적 업적은 재고되어야 한다. 그의 열정적인 왕정복고 사상은 이후 천황의 신격화에 박차를 가하는 단초를 제공했고, 그 강열한 야마토다마시의 광기는 결국 아시아를 침략하고 2천만이 넘는 무고한 목숨을 학살하는 전쟁으로 몰아갔기 때문이다. 그리고 현재의 일본인까지 시대에 걸맞지 않는 천황의 존재에 의해 계급과 차별이 당연한 것처럼 받아들여지는 사회가 형성되어 있는 현상이 그의 왕정복고 사상에서부터 출발함을 안다면 더욱 그러하다. 따라서 그가 진정으로 존경받는 인물이 되기 위해서는 미국의 링컨처럼 인류 전체가 수긍하는 보편타당한 '민주'와 '평화' 같은 이상적인 이슈를 위해 자신을 희생한 사람이어야 한다.

'무혈혁명'으로 일컬어지는 메이지유신도 사실상 그 내막을 들여다보면 피비린내 나는 전쟁을 겪고 나서야 겨우 천황이 정상적인 정치행위를 할 수 있게 된 것은 자명한 일이다. 다이세이호칸에 의하여 권력을 급히 천황에게 돌려준 행위도 사이고 다카모리를 중심으로 한 막부타도 세력들이 쿠데타를 일으키려는 움직임을 먼저 알아내고 선수를 친 행위에 불과하다. 결국 사이고는 막부세력이 버젓이 조정의 내각에 입각하는 일에 반기를 들고 전쟁에 돌입한 것이 이를 증명한다. 아무튼 료마의 후원자이자 정한론의 대부 격인 사이고는 세이난전쟁西南戰爭에 돌입하게 된다. 이 전쟁에서 반군과 정부군 양 진영은 8개월에 이르는 치열한 접전을 벌여 3만 여명에 이르는 희생자와 부상자를 내고 종결된다. 사이고는 일본의 전통대로 할복자살로 막을 내린다. 피로 얼룩진 일본 역사의 전철을 그대로 밟은 것이 메이지 유신인 것이다.

일본의 우익들은 우리 한국인을 빗대어 '내셔널리즘에 빠진 국수주의자'들이라 비난하는 경우가 많다. 글로벌리즘이 보편화 되어가는 이 시대에 소아병적인 애국심으로 무장하여 옛 역사를 거론하며 반일사상을 주입하고 일본을 적대시하는 행위를 공공연히 자행한다고 비난한다. 그러나 필자는 료마를 존경하는 사람이 가장 많다는 일본의 통계가 역설적으로 일본의 내셔널리즘이 어느 정도 인지를 나타내는 바로미터라 생각한다. 그들이 왜 세계인들로부터 '일본 주식회사'라는 말을 듣는지도 스스로 돌아보아야 할 시점이라고도 여겨진다. 남을 비난하기 전에 자신을 먼저 돌아보는 자세가 진정 이 시대의 글로벌리즘을 실현하는 길이라는 점을 료마를 존경하는 그들에게 들려주고 싶은 심정이다.

| 조선 선비의 대의명분과 일본인의 실리 |

교린외교의 전범이라 할 수 있는 『해동제국기』는 세종대왕 때 조선통신사로 일본에 다녀온 신숙주가 그의 경험을 토대로 저술한 외교서적이다. 이 책에서 그는 일본과의 외교절차를 상세하게 기록해 두고 그들과의 외교를 중시해야 한다고 강조하고 있다. 일본이라면 한 수 아래로 내려다보고 예의와 문화를 모르는 야만국 정도로 여겼던 당시 조선 선비들의 분위기에 비하면 상당한 균형감각을 지닌 책이라 할 것이다. 이 책은 이후 조선시대를 통하여 일본과의 교류 시에 오랜 교범으로 활용된다.

조선왕조실록에 의하면 『동국정운』등의 저서를 남길 정도로 그는 언어학에도 탁월한 능력을 발휘하였고 한글창제에 크게 공헌한 인물이기도 하다. 그가 병환으로 임종에 이르게 되자 성종이 친히 그를 방문하여 마지막 남길 말을 묻자 "우리나라는 앞으로도 일본과 친밀한 관계를 유지하는 것이 중요하다고 생각합니다"라는 대답을 했다고 한다. 이미 당시에 일본의 국력이 무시할 수 없는 수준이라는 사실을 눈으로 직접 확인한 탁월한 일본 대비책이었던 것이다.

신숙주 이외에도 임진왜란 후 국교회복에 따라 조선의 선비들은 많은 사람들이 조선통신사 일행으로 일본을 다녀왔고 기행문 형식으로 일본에 대한 정보를 남겨놓고 있다. 그 중에서도 제 9회차 제술관으로 일본에 다녀온 신유한의 『해유록』이 자주 화제에 오른다. 이 책이 각광을 받는 이유는 일본의 모습을 가장 상세하게 묘사해 놓고 있을 뿐만 아니라 당시의 일본 위정자들과 관리, 학자 등의 학문적 수준까지 정확하게 파악해 놓고 있기 때문이다.

그가 조선통신사로 일본을 다녀온 시기는 1719년 숙종 45년의 일이다. 당시 조선통신사 일행은 475명의 대규모 사절단이었는데, 신유한은 제술관의 신분으로 일행에 합류했다. 그가 남긴 『해유록』이 주목받는 또 하나의 이유는 이 책을 통해서 조선통신사 일행의 명분과 일본인들의 실리를 단편적으로 비교해 볼 수 있는 여러 에피소드를 접할 수 있기 때문이기도 하다. 명분을 중시하는 조선 선비들과 실리를 중시하는 일본인들이 정면충돌하는 장면은 두 나라 국민성이 여실히 드러나는 일화들이기에 지금의 한·일 양국에도 통하는 일이 될 법하다.

사건은 돌아오는 길의 호코지方広寺에서 일어났다. 시절은 만추의 계절이라 일본에서는 밀감이 수확될 시기였다. 신유한 일행은 당시 조선에서는 찾아보기 힘들었던 밀감에 취하고 가을 향기에 한껏 빠져 흥얼거리며 돌아오는 길이었다. 비와호琵琶湖와 지쿠부섬竹生島의 경승을 즐기며 시심에 젖어 교토에 도착한 일행에게 일본 측에서는 호코지라는 절에서 연회를 베풀기로 정했다. 호코지는 도요토미 히데요시의 원찰이었다. 그에 더하여 조선인의 귀와 코를 베어와 무덤을 만들어 놓은 '귀 무덤'이 있는 곳이기도 했다. 당시의 정사 홍치중과 부사 황선은 결단코 이 절에는 가지 않겠다고 버티며 일본 측 사절에게 이렇게 전한다.

"도주가 관백의 명령을 받아 나를 성대한 연회로 불러주심은 감사하나 내가 우리나라에 있을 때 호코지는 풍신수길의 원당이란 말을 들었다. 이 자는 우리나라가 백년 가도 잊을 수 없는 원수로서 불공대천의 의분을 금치 못하는 바이다. 하물며 원수의 원당에서 술을 마시다니 될 말인가?"라며 거절의 의사를 분명히 했다.

일본 측 접대를 담당하던 당시의 대표는 당황할 수밖에 없었다. 지엄한 관백의 명령을 그대로 이행하지 않았다가는 처벌을 면치 못할 것이고 조선의 사신들은 저렇도록 완강하게 버티니 진퇴양난에 빠진 것이다. 이에 일본 대표는 조선 사신의 대의명분을 충족시킬 수 있는 한 방편을 찾아내기에 이른다. 호코지가 히데요시의 원찰이 아니라는 증거를 사신들에게 내보이고 설득에 들어간다는 묘안이었다. 사신들에게 문헌에 근거하여 설명하면 그들의 주장이 맞지 않다는 반론이 가능하며, 일본은 실리를 챙길 수 있고 조선 사신의 대의명분 또한 지켜질 것이기 때문이다. 다음날 자신이 소유하고 있다며 내놓은 『일본연대기』를 지참하고 일본 대표인 봉행과 대마도주가 사신을 찾아왔다.

정사 홍치중은 봉행으로부터 책을 건네받아 표시된 부분을 읽어 보니 히데요시의 원찰이 아님을 밝힌 명확한 연대기가 기록되어 있었다. 이에 홍치중은 이렇게 대답하며 그들의 접대에 응하기로 한다.

"우리가 결코 원수의 절에 들어가지 않는다는 것을 밝힌 것은 조선인의 명분이다. 이제 그 절이 히데요시의 원찰이 아니라는 것을 확인하고 가는 것은 우리가 원수를 잊지 않는다는 뜻도 뚜렷하게 알리는 것이 된다. 그리고 저들이 자국의 역사서까지 내어다 보여주는데도 우리가 그를 믿지 않고 반드시 전날 들은 것만을 믿으려고 한다면 너무 지나치지 않겠는가?"

결국 정사와 부사는 명분이 선다하여 이에 응하였으나 종사관은 병을 핑계로 끝까지 응하지 않았다. 일본 측은 그들의 특성 그대로 임기응변의 실리를 챙기기 위해 책을 조작했고, 조선 사신은 명분을 얻은 것이다.

통신사 일행과 함께 쓰시마에서 일본 에도까지 갔다가 돌아오는 전 시간을 수행한 일본문관은 쓰시마번의 아메노모리 호슈雨森芳洲였다. 아메노모리는 한국어와 중국어에도 능통하여 오랜 기간 통신사 일행과 함께하는 동안 신유한과 많은 대화를 나누었다. 때로는 격론을 벌이기도 하고 양국의 이해가 충돌하기도 했다. 그러나 긴 시간을 함께 하면서 서로의 학식과 덕망에 찬사를 보내며 시로 화답하는 관계로 발전해 갔다. 마지막 이별을 고하는 쓰시마에서의 연회에서 끝내 아메노모리는 눈물을 흘리며 신유한의 손을 잡고 놓을 줄 몰랐다.

신유한이 지은 이별의 시는 당시의 정경이 그대로 묻어나온다.
"이 밤 정성을 다해 나를 보내는 그대여
이승에서는 두 번 다시 만나지 못하리" 今夕有情來送我 此生無計更逢君
이 시를 받아든 아메노모리는 신유한 일행에게 마지막 인사말을 전한다.
"이미 나는 늙어서 다시 만나 세상사를 이야기 할 수 없을 겁니다. 이 작은 섬에서 귀신이 될 날만 기다리게 되겠지요. 부디 경들은 조선에 돌아가 조정의 고관대작이 되셔서 영광된 나날이 되시옵소서"

그러나 그는 조선의 사신이 돌아간 후 36년이나 더 살아남아 두 차례에 걸쳐 부산을 방문하게 되고, 자신의 경험을 토대로 『교린제성交隣提醒』이라는 책을 남긴다. 당시 36세였던 신유한이 1752년 71세를 일기로 숨을 거둔 뒤, 1755년 당시로서는 기록적인 88세의 장수를 누리고 일생을 마감한 것이다. 인생사가 언제나 앞일을 기약할 수 없음은 예나 지금이나 마찬가지이리라.

그는 자신이 지은 책에서 상대국과의 외교는 '정성을 다해서 접대해야 하고, 싸우지 아니하며 다투지 않아야한다' 고 설파하고 있다. 현대외교에도 통하는 일본인 답지 않은 관용이 묻어나는 문구다. 쓰시마라는 작은 섬에서 일생을 마쳤지만 세상을 보는 눈은 국제적인 감각을 지닌 열린 사람이었다.

이러한 아메노모리의 태도와는 다르게 신유한은 조선 선비로서의 명분과 학문적 우월의식에 빠져있음을 보게 된다. 이러한 예는 그의 책 곳곳에서 배어나

오고 있다. 사실적으로 묘사한 그의 기록과는 대조적으로 일본에 대해 평가한 그의 결론이 이를 뒷받침 해 주고 있다.

신유한은 오사카의 번화한 거리와 많은 출판물을 보고 일본의 산업이 나날이 발전해 가는데 대해 놀라고 있다. 그리고 나가사키 항을 통해 이미 서양문물이 일본 땅에 들어와 상당히 전파되어 있음도 확인한다. 또한 일본의 규격화된 상품들에 대해서도 감탄하고 있다. 그러나 결국은 이러한 일본의 문화에 대해 받아들이거나 배워야겠다는 의식보다 조선선비의 학문적 우월감으로 폄하하는 선에서 그치고 만다. 아쉬운 일이다. 당시에 이미 일본에서 일기 시작한 난학의 열풍을 빨리 알아차리고 우리가 한 발 앞서 서양학문을 받아들였다면 하는 아쉬움이 남는 장면이다.

또 한 가지 사례로 아메노모리가 자국의 실리를 위해 신유한에게 외교적으로 시정해 줄 것을 요구한 구절을 들 수 있다.

"조선인이 지은 문집을 보면 일본을 언급할 때마다 '왜적', '오랑캐', '왜놈'이라는 용어로 모욕과 멸시를 일삼는다" 이는 외교적으로 결례가 되므로 "일본으로 시정해 주기 바란다"

이에 대하여 신유한은 "당신이 본 문집은 임진왜란 이후의 것"이라며 변명했으나 당황했음에는 틀림없다. 차라리 그 상황에서는 솔직하게 시인하고 사과하는 것이 조선 선비의 높은 학문과 인격에 걸맞는 신사적인 행동이었을 것이다. 그러나 신유한은 그렇게 하지 못했다. "귀국이 왜라는 이름을 가진지 이미 오래됐는데 그대는 어찌 그리 기분 나빠하십니까?"라며 도리어 면박을 주었다.

그러자 아메노모리는 "당나라 역사서에 이미 '왜가 국호를 고쳐서 일본이라 했다' 하였으니, 지금부터라도 아랫사람들을 단단히 타일러서 우리를 일본사람이라고 부르게 해 주시면 좋겠습니다"라고 정중히 응수했다. 한마디로 한수 위의 대응이었다. 이후의 상세한 기록은 없으므로 당시의 사신들만이라도 시정이 되었는지 어땠는지는 알 수 없다. 그러나 당시 사신들이 가지고 있던 문화적 우월감과 소중화 사상에 물든 조선 선비의 프라이드로 보아 시정은 불가능했을 것으로 여겨진다.

결국 신유한은 상세한 기술을 남기지 않았으나 이정도의 기록만으로도 충분히 일본인의 의사를 전할 수 있다고 믿었을 것으로 추정해 볼 수 있다. 책으로 기록을 남기는 제술관의 입장에서 자칫하면 귀국 후에 목이 달아날지도 모르는 일을 양심에 입각해서 행할 수는 없는 일이었기 때문이다. 이 또한 명분을 앞세운 당시 조선 선비의 한계이기도 했다.

| 일본에 살아있는 신라명신 장보고 |

가게무샤影武者라는 영화가 있다. 1982년 우리나라에도 수입되어 상영된바 있기에 스토리를 기억하는 사람들이 많다. 구로사와 아키라黑澤明 감독은 이 영화를 칸영화제에 출품하여 그랑프리를 차지한 것으로도 유명하다. 영화의 스토리 전개는 일본 전국시대, 군웅할거의 와중에서 장군들이 자신의 신분을 감추기 위해 자신과 꼭 빼닮은 사람을 변장시켜 데리고 다닌 일화에서 출발한다.

영화가 시작되면 다케다 신겐武田信玄이라는 역사적 실존인물이 주인공으로 등장하고, 숨 쉴 틈 없는 전국시대의 스펙터클한 전투장면이 관객을 압도한다. 당시의 영화 수준으로는 최고의 격찬이 아깝지 않은 장면들이다. 그러나 우리는 이러한 영화의 재미보다도 여기에 등장하는 주인공 다케다 신겐이 실제의 역사에서 어떤 인물인가에 더욱 관심이 쏠린다. 그가 바로 신라사부로新羅三郎라는 성으로 개명한 신라사부로 요시미츠新羅三郎義光의 후손이라는 점 때문이다.

다케다 신겐은 일본 전국시대의 절정기이던 1573년경 일본 3걸 중의 한 사람이었다. 당시의 일본 전국은 다케다 신겐, 오다 노부나가織田信長, 우에스기 겐신上杉謙信의 3파전으로 압축되어 있었다. 이 중에서도 다케다 신겐은 '가이의 호랑이'라 불리며 가장 강력한 세력으로 부상하고 있었다. 군세나 전투력 면에서 누구보다 강력한 우위에 서있었던 것이다. '풍림화산風林火山'으로 압축되는 그의 병법은 그의 사후 수 백 년 동안 식지 아니하고 일본 사무라이 정신의 기본으로 숭상되고 있는 것으로 보아 상당한 영향력을 가진 듯하다. 지금도 그의 일대기를 소설화 하거나 영화나 역사 드라마로 만드는 경우가 많고 일본 무예인들의 우상으로 숭배되고 있다.

이러한 다케다 신겐도 오다 노부나가의 신식무기인 조총 앞에서 힘없이 무너지고 만다. 단순한 전투 경험과 훈련된 병사들의 사기에만 의존하는 사무라이식 돌격작전은 노부나가의 철포부대에 맞서 힘 한 번 제대로 써보지 못하고 추풍낙엽이 되고 만 것이다. 시대를 잘 못 읽은 탓이리라. 그러나 그렇다고 하여 그의 그 용맹한 정신마저 사라진 것은 아닌 듯하다. 아마 일본인들의 가슴속에 더욱 그 빛을 더해가며 면면이 전해져 오고 있는 듯이 느껴진다. 일본의 음식점 간판들 속에서 '풍림화산'이라는 이름을 발견하는 것은 그리 어려운 일이 아니고 '풍림화산'이란 무협만화가 장기간의 스테디셀러로 자리 잡고 있는 것만 봐도 금방 그 인기를 짐작할 수 있기 때문이다.

그러나 이러한 역사적 인물의 조상이 신라를 숭배한 인물이라는 사실을 아는 일본인들은 드물다. 그의 선조 신라사부로 요시미츠가 성인식에서 성을 바꾼 장소는 신라선신당新羅善神堂이라는 곳이다. 이 신라선신당은 장보고로 추정되는 신라명신의 좌상이 모셔져 있고, 신당과 좌상은 모두 일본의 국보로 지정되어 있다. 이러한 사실을 근거로 추정해 보면 당시의 일본인에게 장보고는 신으로까지 격상되어 추앙되고 있었던 것으로 드러난다. 다소 비약적일지 모르지만 사무라이 정신의 원조와 해상왕 장보고와의 만남은 일본사의 한 획을 긋는 극적인 장면이었다는 생각이 드는 곳이기도 하다.

이 신라선신당은 우리나라 사람들이 잘 알고 있는 엔닌(圓人 794~864)스님과 관계가 깊다. 엔닌은 자신이 쓴 『입당구법순례행기入唐求法巡禮行記』에서 장보고 대사에게 보내는 편지로 우리에게 잘 알려진 인물이다. 그는 불교를 공부하기 위해 당나라로 들어갔다가 갖은 고생을 다하고 신라 사람들의 도움으로 겨우 일본으로 돌아올 수 있었다. 그가 당에서 천태학을 공부하고 일본에 귀국하기까지의 과정에 등장하는 인물들은 8할 이상이 신라인들이었다. 그만큼 당시의 신라인들은 국제적인 해상 세력으로 명실상부한 위치를 점하고 있었던 것이다.

이러한 장보고와 깊은 관련을 가진 절이 시가현滋賀県에 있는 엔랴쿠지延曆寺다. 장보고 기념 사업회는 1993년에 이곳 엔랴쿠지 문주루文殊樓 옆에 기념비를 세워 장보고와 엔랴쿠지와의 관계를 명확히 하고 있다. 비문에는 엔닌과의 관계, 당시의 일본과의 관계를 소상히 밝히고 있기도 하다. 이 비석이 세워지고도 십 수 년이 지났고 역사적으로도 다케다 신겐, 엔닌과의 관계를 어느 정도 윤곽이라도 알 법도 하건만 일본인들 중에 이러한 관련 사실을 아는 사람들은 극히 드물다. 그러면서도 습관처럼 그들은 두 손을 모아 손뼉을 치고 공손히 절을 한다. 신사참배의 형식 그대로이다. 유래야 어찌되었든 복만 받으면 된다는 생각이리라.

여하튼 일본의 기록물인 『속일본후기』와 『입당구법순례행기』에서는 장보고張保皐를 부를 상징하는 의미로 '張寶高'라 표기했다. 이로보아 장보고는 일본인에게 부를 불러오는 상징적인 신으로 자리 잡은 듯하다. 어느 나라건 부자가 되고 싶은 심정은 대동소이하기에 이런 상징으로 전이된 것이 아닌가 생각된다.

『속일본후기』에 의하면, 804년 일본 천태종의 조사祖師 사이조(最澄, 767~823)는 입당하기에 앞서 '신라국신'에게 뱃길의 안전을 기원하였고, 귀국한 즉시 신라국신에게 사은하여 신궁원神宮院을 창건했다는 기록이 남아있다. 이로 보아 신라명신의 숭배는 상당한 시간을 거슬러 올라가는 것 같다. 그의 제자 엔닌도 귀국과 동시에 '신라명신新羅明神'에 사은하여 독경하고 뒤에 그의 제자들은 스승의 유지에 따라 세키잔젠인赤山禪院을 세우고 적산명신을 봉제했다. 이후 그의 유언에 따라 지금도 엔랴쿠지에는 이 선원이 전해져 오고 있다.

이와 같이 이들은 항해와 구법에 반드시 신라명신에게 제사를 올렸다. 그것은 당시 동북아시아의 해상교역을 독점하고 있었던 신라인의 해상활동과 깊은 관계가 있으며, 또한 이 시기에 중국이나 일본 국내에 뿌리내린 신라 이주민 사회와도 깊은 관계가 있었을 것으로 추정된다.

이러한 그들의 장보고에 대한 존경과 숭배의 증거가 되는 엔닌의 편지는 '장대사'에 대해 극존칭을 사용하며 겸손의 자세를 잃지 않고 있다.

존체 만복하심을 비옵니다. 비록 아직 만나 뵈옵지는 못하였습니다만 일찍이 이미 들어 알고 있어 마치 뵌 분과 같은 느낌이 듭니다.

엎드려 생각하옵건대 사정을 밝힘이 위와 같사오니 청하옵건대 꺼려 버리지 마십시오. 가진 종이가 없으므로 서장을 나누어 쓰지 못했습니다. 용서해 주시면 심히 다행이겠습니다. 삼가 올립니다.

해서 지금까지 삼가 만나 뵈옵지는 못하였습니다만 오랫동안 높으신 인덕을 들어왔기에 흠모의 정은 더해만 갑니다. 봄은 화창하여 이미 따사롭습니다. 엎드려 바라옵건대 대사님의 존체 거동에 만복하옵기를 비옵니다. 이 엔닌은 멀리서 인덕을 입사옵고 우러러 받드는 마음 끝이 없습니다. 엔닌은 옛 소원을 이루기 위하여 당나라에 체류하고 있습니다. 미천한 몸 다행하게도 대사님의 본원의 땅(적산법화원)에 머물고 있습니다. 감사하고 즐겁다는 말 이외에 달리 비길만한 말이 없습니다. 엔닌이 고향을 떠나올 때 엎드려 지쿠젠筑前 태수의 서신 한 통을 기탁 받아 대사께 전해 올리려 하였습니다. (그런데) 홀연히 배가 얕은 바다에 가라앉아 물건들은 떠내려가고 기탁 받은 서찰도 물결 따라 흘러가 가라앉고 말았습니다. 한 맺힌 마음 하루도 잊혀지지 않습니다. 엎드려 바라옵건대 기이하게 생각하셔서 책망하지 마옵소서. 언제 만나 뵐 수 있을지는 기약할 수 없습니다만 다만 대사를 경모하는 마음 더해갈 뿐입니다. 삼가 글을 올려 안부를 여쭈옵니다. 갖추지 못하옵고 삼가 올립니다.

이렇게도 일본에서는 장보고가 다케다 신겐과 엔닌을 비롯한 많은 사람들의 신으로 숭배되고 있었지만 정작 우리나라에서는 오랜 기간 그를 잊고 있었다. 『삼국사기』에서는 궁복弓福으로, 『삼국유사』에서는 궁파弓巴로 표기하였고, 또한 삼국사기에서는 그를 '해도인海島人'으로 기술하여 신분의 미천함을 강조하고 있다. 삼국유사 역시 그의 신분이 '측미側微'하다고 하여 삼국사기와 맥락을 같이한다. 신라귀족들과의 권력투쟁에 말려들어 염장에게 암살당한 그의 최후가 승자들의 기록인 역사서에서 반역자의 굴레를 뒤집어 쓴 것은 '역적'을 두려워하는 권력자들의 경계 탓으로 보인다.

그에 대한 사후 평가도 일본과 신라가 취한 태도에는 많은 차이가 나타난다. 일본의 자료인 『속일본후기』의 기록은 장보고에 대하여 비교적 우호적이고 장보고를 암살한 염장 등과 그의 부하에 대해서는 적대적인 기록을 남기고 있다. 긴 시간 동안 한국사에서는 은혜를 배신하고 신라 왕위를 차지하려고 한 대표적인 역적으로 묘사 되었던 장보고가 일본에서는 신라명신으로 추앙되며 부의 신으로 모셔졌다는 사실은 역사의 아이러니라 할 것이다.

제5장
일본사회의 개혁과 변화

세키가하라전투와 헌법개정 | "우향우로 달려라!"고 외치는 교육개혁 | 영화와 군사대국 | 일본교육의 난해한 화두 - 영어전면수업 | 신용사회의 위기와 내부고발자 보호법 | 비판받는 여유교육 | 생사람 잡는 일본 경찰 | 전통과 도덕의 딜레마 | 초등교사 부정임용사건과 교육개혁 | 일본의 망년회를 보면서 | 일본에서 본 필리핀 영화 | 43년 만의 학력고사 부활과 교육개혁논쟁

| 세키가하라 전투와 헌법개정 |

일본 정치인들은 중요한 선거나 법안 통과를 앞두고 여야가 대치할 경우 양 진영의 수뇌들이 자주 인용하는 용어가 있다. 그 용어가 바로 '세키가하라 전투'다. 이 전투는 일본인의 인구에 끊임없이 회자되는 역사적 대사건으로 1603년 도쿠가와 이에야스德川家康군과 이시다 미즈나리石田三成군이 천하의 패권을 놓고 싸운 한 판의 전투를 지칭한다. 그러므로 일본의 정치인들은 자주 이 전투를 인용하여 자신의 의미심장한 결의를 은유적으로 표하는 경우가 많다. 따라서 일본국 헌법 개정을 위한 국민투표법 통과를 앞두고도 어김없이 여야 모두 이 용어를 사용하며 결전의 의지를 나타냈다. 그만큼 헌법 개정 자체가 국운을 좌우하는 중요한 사안이기 때문이기도 할 것이며 국민적 관심사안 이기도 하기 때문일 것이다.

이러한 여야정치인들의 전용 용어인 세키가하라 전투의 시발은 1598년으로 거슬러 올라간다. 1598년 조선침략의 원흉인 도요토미 히데요시가 죽자 일본 조정의 패권을 둘러싸고 권력암투가 벌어졌다. 합종연횡의 결과 이에야스를 중심으로 한 동군과 미츠나리를 중심으로 한 서군으로 갈라져 서로 패권을 주장하며 대결에 들어가게 된다.

먼저 서군의 미츠나리는 히데요시의 후계자를 자청하며 군사를 일으키고 모리 데루모토毛利輝元를 총대장으로 삼아 이에야스 군을 공격한다. 이로 말미암아 살얼음판처럼 유지되던 평화는 깨어지고 전국시대의 치열한 결전이 다시 시작된다. 이에야스의 동군에 줄을 서는 영주와 미츠나리의 서군에 줄을 서는 영주로 나뉘어 서로 눈치를 보며 노려보고 있는 상황이 얼마동안 이어졌다. 이러던 중 이에야스가 먼저 10만의 대군을 이끌고 에도로부터 서군을 정벌하기 위한 출정에 나섰다. 이에 질세라 미즈나리의 서군도 9만 여의 군세로 오사카성을 출발하여 세키가하라로 진군한다.

　세키가하라에서 마주친 두 군영은 군사적으로 유리한 지역에 진을 치고 대치 상태에 들어가고 서로 눈치를 보며 진을 굳게 지키면서 결속을 다지고 있었다. 무려 2세기에 이르는 전국시대를 통하여 배반과 살육이 다반사처럼 일어났기 때문에, 이 전투에서도 같은 편이라 하더라도 누가 배반하고 돌아서서 뒤통수를 후려칠지 모르는 일이기에 서로 경계하며 눈치를 살핀 것은 당연한 일이다. 이러한 대치가 한 달여 계속되던 9월 15일 드디어 천하의 패권을 다투는 결전이 벌어졌다.

　미즈나리가 이끄는 서군은 결전지역에 먼저 도착한 관계로 유리한 고지를 점하고 있었다. 전투지역 또한 자신을 지지하는 영주가 지배하는 지역이라 상당한 자신감이 있었다. 천하의 민심도 이에야스보다 히데요시의 후계자로 자처하는 미즈나리 쪽에 유리했다. 따라서 미즈나리는 이런 유리한 조건들을 이용하여 기습공격을 감행했다. 지리적인 여건도 자신에게 유리하여 진을 짤 때에도 승산이 분명한 학익진을 펼쳤다. 따라서 개전하자마자 이에야스 군은 밀리기 시작했고 두 시간 정도의 전투가 계속되자 상당한 타격을 입고 뒤로 물러나기 시작했다. 마지막 집중공격만 이루어지면 미즈나리의 서군이 승리하는 것은 명약관화한 시점이었다.

　그런데 이 시점에서 서군의 우익을 담당하던 고바야카와小早川秀秋라는 장군이 반기를 들고 동군 편에 가담하여 지금까지 우군이던 서군을 공격하고 나섰다. 이어 와키자카脇坂安治, 오가와小川祐忠, 아키자赤座直保 등의 장군들이 반기를 들고 동군 편에 가담함으로써 전세는 단번에 역전되었다. 믿던 도끼에 발등 찍힌 꼴이 된 미즈나리는 겨우 포위망을 뚫고 달아났으나 9월 21일 오사카근처에서 포로로 잡혀 처형된다. 이 때 조선침략의 선봉에 섰던 고니시 유키나가小西行

長도 서군에 가담하였으나 패하고 도망가다 9월 19일 포로가 되어 미츠나리와 함께 형장의 이슬로 사라진다.

동군의 승리가 분명해지자 이에야스는 자신을 도와 승리를 안겨준 영주들에게 논공행상의 은전을 베풀었다. 이 때 동군에 가담한 가토 기요마사加藤淸正는 18만 석의 영지에서 54만 석의 영지를 부여받는 특혜를 부여받는다. 조선침략의 선봉에선 두 악인의 말로가 선명하게 대비되는 장면이다.

이런 세키가하라 전투의 현대판으로 불릴만한 일본의 국민투표법안이 지난 2007년 5월 14일 일본 참의원을 통과했다. 이제 본격적인 전투는 2010년에 상정될 헌법개정안을 둘러싼 공방이 될 것이다. 법안 통과를 앞두고 여야의 치열한 공방이 전개되었지만 많은 부분에서 개헌을 주장하는 여당이 주도권을 쥐고 있고, 개헌을 반대하는 야당이 어딘가 이론적으로 달리고 명분에서 밀리는 인상을 지울 수가 없었다.

개헌을 주장하는 여당은 60여 년 이상이 지난 현행 일본헌법은 지금의 상황과 맞지 않는 부분이 너무나 많다고 주장한다. 그리고 자위대의 위상을 둘러싸고도 논란이 많은 만큼 이번에 현실에 맞게 개정해야 한다는 논리를 편다. 이에 비하여 개헌을 반대하는 야당 측은 헌법 제9조에 명시된 전쟁포기조항이 일본의 안전을 지켜주는 열쇠 역할을 한다고 주장하며 여당의 의견에 반대한다. 또한, 개정으로 인해 자위대를 자위군으로 격상시키면 자연스럽게 전쟁에 휘말리게 되고 국민들의 군중심리를 이용해 침략전쟁도 되풀이될 수 있다는 논리로 맞선다.

따라서 2007년에 통과된 국민투표법은 헌법 개정의 찬반을 묻는 것으로 그 주요 골자는 18세 이상인 자에게 투표권을 주고, 이를 실천하기 위해 3년 이내에 공직선거법을 개정한다고 정했다. 또한 헌법개정안의 주지 기간을 두고 법안개정안의 발의로부터 60일 이후, 180일 이내에 선거를 실시하며 국민투표운동에 대한 규제안을 마련한다는 것이다.

이런 내용을 구체적으로 살펴보면 헌법 개정에 대한 일반국민의 무관심과 이를 교묘히 이용하려는 여당의 저의가 상당수 숨어 있음을 알 수 있다. 그 첫째가 18세 이상인 자에게 투표권을 부여한다는 조항이다. 이는 일본의 젊은이들이 전쟁의 참상을 모르는 세대이기 때문에 오히려 여당의 선전에 호감을 느끼는 사람이 많다는 판단을 했기 때문이다. 일본 젊은이들의 의식이 계몽되어 다른 나라보다 앞섰다거나, 분명한 정치참여의식을 가질만한 수준을 가졌다는 판단하에 투표연령을 낮추려는 것이 아님은 분명하다.

또한 교육자와 공무원이 지위를 이용하여 찬반의 권유와 의견표명을 하지 못하도록 못을 박고 언론 역시 찬반에 대한 의사표현을 할 수 없도록 규정했다. 이러한 점은 여당의 의도대로 헌법 개정을 하겠다는 저의가 의심되는 부분이다.

이제 일본은 400여 년 전, 이에야스와 미즈나리가 세키가하라에서 천하의 패권을 놓고 한 판 승부를 겨루었듯이 헌법을 개정하여 전쟁도 불사하겠다는 여당과, 두 번 다시 일본이 전쟁에 휘말려서는 안 된다며 이를 저지하려는 야당이 백척간두에서 한 치의 양보 없이 맞붙게 되었다. 예측 가능한 시나리오로 여당은 십중팔구 헌법 개정의 목표를 달성하기 위해 정계개편도 불사할 것이다. 그렇게 되면 일본 정가는 세키가하라 전투가 그러했던 것처럼 배신과 뒤통수치기가 횡행할 것이며 합종연횡의 소용돌이가 정가를 뒤흔들 것이다. 누가 어떤 형식으로 합종연횡의 주도권을 쥐고 헌법개정문제를 풀어갈지는 알 수 없으나 일본의 정치구도와 보수성향의 민도로 보아 자민당의 개헌안이 상당한 우위를 점할 것으로 예상된다.

그러나 일본은 명실상부한 민주국가다. 언론의 자유도 보장되어 있는 나라다. 이제부터 그들의 민주주의는 헌법 개정이라는 커다란 화두를 둘러싸고 세키가하라 전투에 못지않은 격론을 거치겠지만, 그 성숙한 민주국가의 위상을 얼마나 대내외에 과시할 것인가는 일본국민의 몫이다. 1년 후에 벌어질 현대판 일본의 세키가하라 전투가 어느 편의 승리로 끝날지는 아직 예단하기 어렵다. 다만 일본의 헌법 개정을 바라보는 외국 언론들의 대부분은 왠지 모르게 일본이 자꾸만 전쟁을 향해 한발 한발 늪으로 빠져 들어가는 느낌을 지울 수 없다는 표현을 하는 점에 그들도 귀를 기울여야 할 것이다.

| "우향우로 달려라!"고 외치는 교육개혁 |

현 일본내각은 아베 수상이 내건 교육개혁의 기조를 그대로 유지하고 있다. 내각이 노리는 개혁의 큰 틀은 헌법개정을 통한 일본 전체의 구조적 혁신과 교육기본법의 개정, 교원평가 및 성과급제 등의 강경하고도 단호한 조치들이다.

먼저 일본내각은 교육기본법 개정에 성공했다. 교육기본법 개정의 이유로 제2차 세계대전에 패한 일본은 줄곧 '자학사관'에 빠져있었고 이 때문에 보통국가의 국민들이 가지는 애국심조차도 흔들리고 있기에 일본인으로서의 긍지를 되찾고 힘 있는 국가, 주장하는 외교를 하기 위해서도 개정은 불가피하다고 주장했다. 이 주장은 국민들의 지지를 얻는데 성공하여 2006년 12월 15일에 애국심 조항을 삽입한 교육기본법이 국회를 통과했다.

이에 자신감을 얻은 내각은 일교조를 중심으로 전개되어온 여유교육ゆとり敎育이 학력저하를 초래했고, 과도의 개성존중으로 버릇없는 문제아를 양산하는데 기여했다고 분석했다. 그러므로 이제부터는 학력 위주의 수월성 교육과 사회와 국가의 요구에 부합하는 인성교육을 중시하겠다는 방침을 정했다. 이를 위해서는 교육에도 적절한 경쟁과 합리적 학력향상의 검증장치를 마련하고 행

정적인 제재를 가한다는 원칙하에 관련법령을 정비했다.

또한 능력 없는 교원은 교단에서 물러나게 한다는 강경한 방침으로 고이즈미 내각 때부터 이미 교원평가 제도를 도입하여 정착단계에 접어들고 있다. 현재의 내각은 이에 더하여 '능력급제'를 도입하여 학력 등 실적이 뛰어난 교원에게는 봉급을 더 지급하고 그렇지 못한 교원에게는 재교육과 제재를 가하겠다는 것이다.

지금까지 전개되어 온 일본내각의 정치적 행보로 보아 대단히 강경하고도 단호한 교육개혁이 이루어질 것 같은 예감이 드는 혁신적 조치들이다. 성공만 한다면 미래의 일본인 모두가 아베가 염려했던 '자학사관'에서 벗어나 애국심으로 무장되고 긍지와 자부심을 지닌 훌륭한 '민주시민'으로 거듭나게 될 것이다. 그러나 교육기본법 개정을 통해 달성하고자 하는 새로운 일본인상은 자칫 잘못하면 전쟁 말기의 '가미가제 특공대' 같은 인간을 양산하게 될지도 모른다는 우려를 지울 수가 없다. 그렇지 않아도 양심적인 일부교사들은 일본국가인 '기미가요君が代'가 민주국가의 위상에 걸맞지 않은 가사이고, 강제로 제창하게 하는 건 교육적으로 좋지 않다고 하여 거부하는 사례가 종종 발생하고 있다. 따라서 우리는 이러한 개혁의 찬란한 휘장 뒤에 숨겨져 있는 저의가 무엇인지 의심의 눈으로 바라보지 않을 수 없다.

사실 일본의 국가인 '기미가요'는 그 가사가 외국인인 우리가 보아도 민주국가인 일본의 현 위상과는 맞지 않다는 인상이 짙다. '천황의 치세는 천대에서 팔천 대까지, 조약돌이 반석이 되어 이끼가 낄 때까지'라는 가사는 일본이 정말 민주국가인지를 의심케 하는 한 부분이기도 하다. 만약 이러한 가사가 우리나라 애국가에 삽입되어 있었다고 한다면 우리나라의 교사들은 아예 해방 직후부터 가만있지 않았을 것이다. 다른 분야의 양심세력 역시 이러한 가사가 애국가 속에 들어오는 걸 용납하지 않았음은 물론이다. 사회적 저항 또한 대단했을 것은 물론이고 이러한 가사를 애국가에 넣는다는 발상 자체도 하기 어려웠을 것이다.

그러나 일본은 메이지유신 이후 천황을 신격화 하는 군국주의의 상징으로 이 기미가요가 불리어지다가 제2차 세계대전에 패한 후 폐지되었다. 그 후 세월이 흐르자 슬그머니 1999년 국기국가법을 제정하여 학교에서 일본국기인 '히노마루'의 게양과 '기미가요' 제창을 강요하기에 이른다. 이에 대한 반발로 현장의 일부교사들이 기미가요 제창을 거부하는 사태로 발전했고 지방자치단체는 이러한 교사들에게 법을 근거로 제재를 가하는 일이 벌어졌다. 현장교사들은 이러한 제재가 헌법에 위반된다 하여 소송을 제기하고 재판을 벌였지만 대부분 일방적으로 교사들의 패소로 끝나왔다. 그러나 일부지방법원에서는 양심적인 판결을 내려 교사들의 손을 들어준 곳도 더러 있기는 하지만(도쿄지방법원 2006. 10. 3 공판, 2008. 2. 7 공판) 항소와 상고중인 사건들의 결말은 교사들의 패소로 이어질 것은 뻔하다. 일본사회의 흐름을 살펴보면 쉽게 그 결말을 예상할 수 있기 때문이다.

결국 교육기본법에 애국심 조항을 삽입한 것은 '애국심을 법으로 강제' 하는 근거를 만들겠다는 발상이다. 그리하여 능력 없는 교사의 현장배제라는 명분 하에 '기미가요' 제창을 거부하는 교사나 국가의 잘못된 우경화 정책에 반기를 드는 교사들을 우선적으로 제거하겠다는 숨겨진 배경이 깔려있는 것이다.

그리고 여유교육의 비판과 더불어 사회와 국가의 요구에 부합하는 인성교육에 중점을 두겠다는 발상도 상당한 위험성을 내포하고 있다. 일본사회와 일본국가가 바라는 인성교육의 내용은 과연 어떤 방향으로 그 가닥을 잡아갈 것인가는 지금까지 일본교육이 지향해 온 흐름으로도 짐작이 간다. 구체적으로 역사교육은 제2차 세계대전의 침략 사실을 부인하고 오히려 전쟁 피해국임을 강조하는 내용으로 교묘하게 왜곡시킬 가능성이 그것이다. 이런 왜곡의 이유로 그들은 전후 일본교육이 '자학사관'에 입각하여 일본인으로서의 긍지를 잃게 하고 역사에 대한 자신감 상실을 초래했다는 점을 강조하리라 본다.

또한 '일본회의'나 '새로운 역사를 만드는 모임' 등 극우진영의 왜곡된 교과서가 당당히 활개 치며 현장에 적용되는 사례가 빈발할 것으로 예상된다. 그것도 일본여당의 교묘한 법적 수단과 매스컴을 동원한 여론몰이에 힘입어 현장교원들의 반발력은 자연히 약해질 것으로 예상되기도 한다. 또한 극우 세력들은 그 틈을 타서 지금까지 0.4%대에 머문 후쇼사판 왜곡교과서 채택율의 대세를 뒤집을 가능성 또한 배제할 수 없다.

어느 시대 어느 지도자나 교육개혁을 들먹여 왔다. 일본이나 우리나 정권이 바뀌면 교육개혁을 우선과제로 발표해 왔고 앞으로도 변함없이 그럴 것이다. 왜냐하면 교육은 국가의 미래를 좌우하는 긴 안목에서의 투자이자 희망이기 때문이다. 그러나 일본이 추구하는 지속적이며 끈질긴 교육개혁의 목표는 많은 외국특파원들의 우려대로 '우향우'로 나아가고 있음이 분명해 보인다. 자학사관에서 벗어나야 한다는 그들의 교육개혁목표가 사실상 극우적 사상을 주입하여 일본의 전쟁책임을 회피하고 정당성을 강변하는 교육을 하겠다는 발상이 아닌지 우려의 눈으로 바라보지 않을 수 없다.

| 영화와 군사대국 |

지난 2007년 2월4일 미국 할리우드에서는 제64회 골든 글로버(Golden globe)상 시상식이 있었다. 멋지게 차려입은 유명 배우와 탤런트, 그리고 유명 감독들이 총망라된 가운데 재치 넘치고 유머러스한 사회자의 진행으로 여러 부문의 화려한 시상식이 진행되었다.

그런데 이러한 화려한 축제분위기와는 달리 유독 우리의 관심을 끄는 한 편의 영화가 눈에 띈다. 그 영화가 바로 이 시상식에서 외국어 부문상을 차지한 '이오지마로부터의 편지硫黄島からの手紙'라는 제2차 세계대전을 소재로 한 전쟁영화다. 이 영화는 제2차 세계대전 말기 일본 오키나와 남단의 이오지마硫黄島에서 벌어진 미국과 일본의 치열한 공방전을 일본인의 시각에서 다룬 작품이다. 클린트 이스트우드 감독은 이 영화의 제작 이유를 "전쟁의 참상을 알리고 평화의 소중함을 전하기 위해"라고 밝히고 있다. 그러나 실제 이 영화를 본 일본의 양심적인 지식인들은 오히려 이 영화로 인해 대일본제국의 향수를 불러일으킬지도 모른다는 우려를 표하고 있다.

그렇게 보는 시각은 이 영화가 할리우드 영화이면서 일본인 주인공에 일본어로 대사가 이어질 뿐만 아니라, 일본인의 군인정신과 국가를 위해 목숨을 초개같이 버리는 전통적인 사무라이 정신이 이 영화 전체에 복선으로 깔렸다는 사실을 든다. 주인공인 구리바야시 중장(渡辺謙분)의 표정과 당시의 일본장교들이 가지는 프라이드를 한껏 강조한 점 등은 누가 보아도 일본인의 군인정신을 미화했다는 인상을 주기에 충분하다.

영화 자체로만 보면 할리우드 영화답게 웅장한 스케일과 실전을 방불케 하는 전투 장면 등이 가미되어 흥미를 불러일으키고 관객들을 압도하는 매력이 있다. 그러나 필자 역시 이 영화를 보는 내내 지금의 일본 우익 정치인들이 지향하는 군사대국화의 방향에 오히려 긍정적인 영향을 미치지 않을까 하는 우려가 들었다. 그리고 지난 2007년 1월 9일 방위청에서 방위성防衛省으로 승격된 일본의 방위력이 자위권의 범위를 벗어나 제2차 세계대전 때처럼 '대동아 공영권' 운운하는 명분을 앞세워 또 한 번 주변국을 침략하는 행위에 정당성을 부여하지 않을지 은근히 걱정되기도 했다.

이 영화 외에도 일본의 사무라이 정신을 미화한 '라스트 사무라이'는 미국인들이 사무라이 정신을 어떻게 보는지를 알게 해주는 좋은 자료이기도 하다. 메이지 시대에 마지막으로 사무라이 정신으로 생활하는 한 마을을 소재로 전개되는 이 영화는 물론 픽션 그 자체이다. 그렇지만, 그 속에서 우리에게 전달하고자 하는 감독의 의도는 다분히 의도적이며 현실적이다. 실제 현재를 살아가는 일본인들에게 이 영화는 일본의 사무라이 정신이 일본인의 훌륭한 전통적 정신의 하나이며 미국인들도 이러한 정신에 찬동하고 있다는 메시지가 전편에 흐른다. 주인공(톰 크루즈 분)인 미국인이 사무라이와 함께 일본의 신식군대에 맞서 싸우는 장면은 우리에게 이러한 사실을 확연하게 각인시켜 준다. 또한 마지막 부분에서 '메이지明治천황'을 미화하기 위해 미국 대사 일행에게 굴욕적인 명령을 전달하는 장면의 설정은 극 중에서 압권에 해당한다.

한편 일본에서 제작된 '대전함 야마토大和' 등 일련의 전쟁 미화영화는 과거 자신들의 침략행위를 미화하거나 반대로 자신들이 전쟁피해국임을 당당히 주장하고 있다. 이러한 일련의 흐름에 대해 양심적인 일본의 지식인들과 주변국들은 우려와 경계의 시선으로 바라보고 있기도 하다.

그런데 왜 이 시점에서 이런 영화가 나오고 일본인들을 고무시키며 감동시키는 사회적 분위기가 고조되는지 우리는 그 배경을 살펴보아야 한다. 일본이 경제적으로나 군사적으로 약소국으로 전락해 있다면 이런 일련의 영화가 나올 수 있을까? 그렇지 않을 것이다. 이제 일본은 명실상부한 세계경제의 중심축 중의 하나이자 군사적으로도 1년의 군사비 부담이 세계 제5위에 해당하는 강대국이며, 미국이 감히 무시할 수 없는 위치에 있기에 가능한 일이다.

몇 년 전의 화제작인 '다이하드'라는 영화에서도 납치범이 난입한 빌딩의 소유주가 일본기업이라는 상징성은 일본의 국력이 미국에서 어떻게 평가받고 있는지를 알게 해 준다. 영화 속에서 일본인 회장이 당당하게 "전쟁에서는 미국에 졌지만 경제면에서는 이제 우리가 미국을 점령하고 있다"라는 묘사 자체가 일본의 국력을 실감하게 한다.

그리고 '백 투 더 퓨처(Back to the future)'에서도 일본 제품의 우수성을 느끼게 하는 한 장면이 등장한다. 타임머신이 망가져서 이미 회생불능의 고물이 되고 말았지만 나사 하나로 고치는 장면이 그것이다. 영화 속에서 주인공은 나사를 들고 "일본 제품이므로 절대로 부서지지 않는다"고 장담한다.

이제 일본은 회심의 미소를 짓고 있다. 드디어 옛 영광을 회복할 날이 가까이에 도래하고 있음을 이런 영화를 통해 자신하고 있는 것이다. 우리는 이러한 일본을 묘사하는 많은 영화를 통해 부국강병의 교훈을 얻을 수 있지만, 그 위협 또한 함께 느껴야 하는 아이러니를 맛보고 있다.

| 일본교육의 난해한 화두 - 영어 전면수업 |

"아이 캰 노또 수피쿠 잉구리슈(I can not speak English)"

노벨 물리학상을 수상한 세 사람의 일본인 중에서 유일하게 영어에 약한 마스카와 토시히데益川敏英 교토산업대 교수가 스톡홀름에서 열린 수상식에서 한 일성이 바로 이 말이다. 그는 영어를 못해도 얼마든지 자신의 학문을 닦을 수 있고 전문적 지식을 쌓는데도 지장이 없다고 말하며 일약 일본 매스컴의 스타로 등장했다. 이러한 그의 주장은 영어공부에 머리를 싸매는 일본 젊은이들의 눈을 번쩍 뜨이게 하는 일성이었고, 영어가 약한 학자들의 변명을 합리화시켜 주는 구실로 작용할 참이었다.

또한 그는 문부과학성의 초청에 응하여 "입시에서 영어시험문제를 쉽게 내라"고 주문했다. 그 이유로 현행 교육과정은 영어교육에 허비하는 시간이 너무 많아 진정한 학문에 투자할 시간이 줄어드는 폐단이 있고, 이를 바로잡아야만 일본교육의 미래가 있다고 충고하며 특유의 유머를 섞어 호기를 부렸다.

그러나 정작 노벨상을 수상하고 나서는 "나는 반쪽짜리 인생을 살았다"라며 자신이 영어를 못하는 사실이 자랑이 아님을 내비쳐, 지금까지의 주장을 번복하는 해프닝을 연출하기도 했다. 일생동안 단 한 번도 외국에 나가본 일이 없던 그가 처음으로 여권을 만들어 유럽여행을 하고, 넓은 세상을 보자 지금까지의 생각이 아집이었음을 깨달은 탓이었을까? 그의 번복을 이해하기가 쉽지 않다. 아무튼 어지간해서는 자신의 학문적 주장을 꺾지 않는 일본 학자들의 자존심을 하루아침에 내팽개친 발언이기에 더욱 주목을 끌 수밖에 없는 일이다.

이런 해프닝을 계기로 일본 문부과학성은 오는 2012년부터 현장시행을 목표로 추진해 오던 '영어전면수업'의 당위성을 역설하며 박차를 가하기 시작했다. 영어가 이미 세계적 언어가 된 지 오래고, 대학을 졸업하고도 일상적인 기본회화조차 불가능한 현실을 타개해야 한다는 문부과학성 산하의 '교육재생회의'의 권고를 받아들인 것이다. 이에 따라 문부과학성은 영어전면수업의 구체적인 계획을 수립하여 전국을 8개 블록으로 나누고 '거점교'를 설치한 다음, 많은 외국인 교사를 초빙하여 2008년 신학기부터 시행에 들어갔다. 이렇게 되자 '일본어 교육학회'와 '방언연구회' 등 일본어 옹호론자들은 당연히 강하게 반발하고 나섰고, 우리가 겪었던 '영어몰입교육'의 논쟁이 일본에서도 일어났다.

사실, 일본의 영어교육에 대한 논란은 어제오늘의 일이 아니고 역사적으로도 상당한 시간을 거슬러 올라간다. 우리보다 먼저 개화한 일본은 메이지 유신 전후에 불어 닥친 '탈아입구脫亞入歐'의 열풍으로 영어교육 붐이 일었다. 이미 당시에 3천여 명에 이르는 일본인들이 외국으로 유학을 떠났으며, 400여 명에 이르는 외국인을 일본으로 불러들여 영어교육에 매진했다. 그러나 효과는 좀처럼 나타나지 않았다.

　이렇게 되자 당시의 계몽가 니시 아마네西周는 "일본어를 로마자로 표기하자"고 주장하며 일본어로는 도저히 세계의 발달된 문명을 이해할 수 없다는 극단론을 펼쳤다. 이에 동조라도 하듯 일본의 초대 문부성 장관인 모리 아리노리森有禮는 "일본의 독립을 지키기 위해서는 영어가 국어가 되어야한다"라며 이미 1885년에 초등학교에 영어 의무교육 제도를 도입하여 급진적 변화를 시도한 것이다. 그러나 어느 시대건 급진적 사상과 교육은 실패를 거듭할 수밖에 없고 특히나 영어교육 같은 외국어 교육은 하루아침에 능통해 질 수도, 성공할 수도 없는 일이다. 이후 모리가 장관에서 물러나자 영어교육 열풍은 사라지고 그 자리에 국어교육을 강조하는 국풍이 서서히 자라나기 시작했다. 이는 일본의 발전과 무관하지 않다. 이미 서양으로부터 학문과 기술을 도입하여 자신의 것으로 소화해 내는데 성공했고 교육, 문화, 과학 등 여러 분야에서 괄목할 만한 성과를 올리고 있던 일본이었기에 스스로 자신들의 문화가 서양문화에 뒤지지 않는다는 자부심이 싹트기 시작한 것이다.

　물론, 탈아입구의 열풍이 몰아치고 영어를 국어로 해야 한다는 논란이 일 당시에도 이를 정면으로 반박하고 나선 학자들도 눈에 띈다. 대표적인 사람으로 바바 다츠이馬場辰猪를 들 수 있는데, 그는 영어를 국어로 해야 한다는 극단론자들에게 "영어를 국어로 하면 영어가 능통한 상류층과 못하는 하류층으로 이분된다"고 반박했다. 그러나 사실은 바바 역시 영국에 유학한 해외파였으며 영어로 연설을 유창하게 할 만큼 이미 자신이 '상류층'이라는 점은 아이러니라 하겠다.

　결론적으로, 일본은 2009년 교육계의 화두가 영어전면수업이라는 점에서는 이론이 없을 것이다. 또한 앞으로도 오랜 시간 동안 영어몰입교육에 대한 찬반 논란은 계속될 것으로 여겨진다.

| 신용사회의 위기와 내부고발자 보호법 |

400년이나 되는 오랜 전통을 자랑하던 일본 미에현 이세시伊勢市 소재의 떡집 아카후쿠赤福가 지난 2007년 11월 11일 자로 문을 닫았다. 한 번 신용을 얻고, 그 신용이 쌓여 고객과의 신뢰로 이어지는 좋은 전통이 확립되면 좀처럼 거래처를 바꾸지 않는 일본인의 정서로 보면 큰 충격이 아닐 수 없다.

이 떡집이 문을 닫게 된 이유는 간단하다. 유통기한을 넘긴 떡을 수거하여 냉동보관 한 다음 수요가 많은 시기에 해동하여 다시 시판했다는 것이다. 부패한 떡을 먹고 식중독 사고가 일어났다거나 위생검열에 걸린 것이 아니고 스스로 문을 닫기로 했다는 보도다.

그러나 내막을 들여다보면 스스로 내부의 범법행위를 시정하고 자성하기 위하여 문을 닫은 것이 아니고 어쩔 수 없는 상황에 부딪혀 반강제적으로 영업을 중단한 것이다. 사실, 이 떡집의 유통기한 변조의 역사는 어제오늘의 일이 아니었다. 일본 농림수산성의 조사발표에 의하면 JAS(일본농림규격)법에 근거하여 추적해 본 결과 1973년부터 이 회사가 조직적으로 유통기한을 변조해 왔으며 반 이상의 떡이 유통기한을 넘겨 다시 냉동되었다가 시판되었다고 한다.

지난 2007년 6월에는 육가공판매회사인 '미트호프'가 돼지고기를 변조하여 쇠고기로 둔갑시켜 판매하거나, 상품의 산지와 유통기한을 속여서 판매한 사실이 탄로 나 사장이 구속되고 회사가 파산당하는 사태가 발생했다. 이 회사 역시 24년 전부터 이러한 변조를 공공연히 자행해 온 것으로 밝혀졌다.

2008년 9월에 들어와서는 국외에서 수입한 쌀 중에서 잔류농약 기준치를 6배 이상이나 초과한 불량미와, 곰팡이가 슬어 이미 식용불가 판정을 받은 쌀

1800여 톤이 시장에 유통되어 큰 파문이 일었다. 미가사 후즈三笠フーズ라는 이 회사는 공업용 풀로 사용하겠다는 명목으로 이 쌀을 농림수산성으로부터 불하받았다. 그 후 중간상인들에게 넘기면서 식용으로 둔갑시켜 몇십 배의 폭리를 취하고 판매한 것이다. 일본경찰의 추적결과 대부분의 쌀이 병원과 학교의 급식용으로 공급되었고, 일부는 과자 제조용과 술 제조용으로 판매된 사실이 확인되었다. 이렇게 되자 일본 사회는 '나도 그 쌀로 만든 음식을 먹지나 않았을까?'라는 소동이 일었고, 사회전체는 큰 충격에 휩싸였다.

또한 건설 분야에서는 내진강도를 낮게 설정하여 설계를 해 준 1급 설계사가 구속되는 사태가 발생했다. 이 설계사가 건설회사 사장과 짜고 관급공사와 대형공사의 설계 시에 정기적으로 거액의 뇌물을 받고 건설회사 사장의 주문대로 기준에 미달되게 설계해 주었다는 것이다. 이 사건은 2006년부터 정치적인 문제로까지 비화되어 아네하姉歯秀次라는 이 1급 설계사가 직접 일본국회인 중의원에 소환되어 증언대에 서기도 했다. 세계적으로 명성을 얻은 일본 건축의 반석 같은 신용을 한꺼번에 무너뜨리는 중대한 사건이었기에 일본인들은 지대한 관심으로 이 사건의 추이를 지켜보았다. 수사가 진행될수록 건축계의 비리가 눈덩이처럼 불어나 비리 관련자가 수없이 얽혀있음을 알고 아네하가 관여한 사건에 한해서만 수사를 하고 종결하기에 이르렀다. 이에 덧붙여 법원은 내진강도를 위조하여 건축한 건물에 대해서는 재건축 명령을 내렸다.

지난 2007년 9월 27에는 베트남에서 일본의 시공회사가 ODA(Official Development Assistance: 정부개발원조)자금으로 건설 중이던 다리가 무너져 건설현장에 있던 근로자 58명이 사망하고 63명이 다치는 대형사고가 발생했다. 이 사고가 발생하기 전에 현장의 건축사와 공사 감독들이 보고서를 통해 무리한 공사 때문에 다리가 무너질 수 있음을 수차례 경고했다. 그럼에도 불구하고 이 회사는 이를 무시하고 공사를 강행하다 이런 사고를 낸 것이다.

우리나라의 성수대교가 무너지고 삼풍백화점이 무너졌을 때 일본의 매스컴들이 한국건축의 후진성을 그렇게도 비아냥거렸는데 이제 일본에서 이런 어처구니없는 일이 연속적으로 벌어지니 말문이 막힐 뿐이다.

이러한 일련의 사태에 대해 일본의 사회학자들과 언론인들은 일본 사회의 도덕성이 붕괴되어가는 징조라며 상당한 우려와 비판을 가하고 있다. 그리고 일본 사회의 전통적 덕목인 신용을 미덕으로 삼던 풍조가 퇴색되어가고 있는 현상들에 대해 지속적인 개선의 캠페인과 개탄의 목소리를 높이고 있다.

그러나 이러한 사실이 사회 전면에 부각되게 된 데는 사실상 일본인의 도덕성이 타락했다거나 사회적 신뢰도가 떨어졌다거나 하는 이유도 있겠지만 그것보다 '내부고발자 보호법'이 그 배경에 있음을 꼬집는 학자들도 많다. 지금까지 전통적으로 일본인들은 한 마을을 단위로 단결을 기본으로 살아왔다. 그러다 보니 내부적 모순이나 치부는 스스로 감추고 이 사실을 외부로 유출하거나 단체의 이익에 반하는 사람은 '추방村八分'이라는 강경한 수단을 동원할 수밖에 없었다.

그런데 현대에 와서도 이러한 일본인의 뿌리 깊은 전통이 회사나 자신이 소속된 단체의 모순점을 은폐하고 부정한 일을 묵인하는 형태로 발전해 왔다는 것이다. 그러던 것이 2006년 4월 1일에 발효된 일본식 내부고발자 보호법인 '공익통보자보호법'이 정착단계에 접어들자 서서히 내부의 모순이 밖으로 드러난데 불과하다고 본다. 인간사회가 다들 비슷비슷한데 일본 사회만이 이상적일 수는 없다는 것이 일본 사회학자들의 주장이다.

그러나 로마제국의 멸망이 하루아침에 이루어진 것이 아니고 내부의 부패와 지배계층의 타락이 진행되어 서서히 무너진 것처럼 이제 일본도 어렵게 쌓아올린 신용의 탑을 그들 스스로 내부에서부터 무너뜨리고 있지는 않은지 돌아보아야 할 때가 온 것만은 틀림없다.

| 비판받는 여유교육 |

우리는 일본교육을 생각할 때면 먼저 주입식교육을 떠올린다. 철저한 스파르타식 암기교육으로 식민지 교육을 받아온 우리의 앞 세대들에게 전수받은 우리들은 일본교육의 잔재로 주입식교육을 먼저 떠올리는 건 당연한 일인지도 모른다. 이 주입식교육은 1970년대까지 일본산업화의 기반을 다지는데 지대한 공헌을 한다. 그러나 이론에 치우치고 너무나 암기위주로 흐르기 때문에 실제생활에서 조금도 도움을 주지 못한다 하여, 일본은 1970년대에 일교조의 주도와 문부성의 승인에 따라 여유교육ゆとり教育으로 그 방향을 전환했다.

여유교육은 우리가 익히 잘 아는 죤듀이(J. Dewy)의 아동중심 교육관이 그 중심이다. 이는, 아동의 능력과 적성을 개발해 주고 소위 도구주의라는 프라그마티즘(Paragmatism)이 교육과정에 반영되어 실용주의적 노선을 중시하는 교육관이다. 이런 일련의 교육개혁은 그 당시 한창 위력을 발휘하던 일교조의 입김이 상당 부분 작용한 듯하다. 그렇기는 하지만, 제국주의 시대의 전체적이고 획일적인 권위주의의 잔재를 털어내자는 교육계와 사회전반의 움직임과도 맥을 같이 했기 때문으로 볼 수 있다.

그러나 세계의 어느 국가 어느 정부든 '교육개혁'을 화두로 꺼내 들지 않은 시대가 없었고, 교육이 중요하다는 건 모두 인정하고 동의한다. 그러면서도 정작 방법론에 들어가면 백가쟁명의 사상처럼 여러 갈래로 갈라지게 마련이서 항상 갑론을박으로 세월만 보내기 일 수다. 우리나라 역시 미국교육과 일본교육의 영향을 받아 1990년대에 들어오면 '공부하는 방법의 학습', '자기학습력 신장', '열린교육', '구성주의 교육학습', '마인드맵 학습법' 등 이름조차 생소한 학습법이 현장에서 반짝 쇼를 벌이다가 사라지곤 했다. 물론 이 중에는 교육적으로 바람직한 것들도 많아 현재까지 지속적으로 추진되고, 가시적인 성과를 거두고 있는 것들도 상당수 존재한다. 그러나 많은 부분이 행정가들의 실적주의와 전시효과만으로 끝나고 말았기에 교육본연의 자세에서 바라보면 비판을 면하기 어렵다.

이런 우리의 교육개혁과는 다르게 일본은 정부 주도가 아닌 일교조가 여유교육을 강조하면서 태만한 근무태도와 정치적 놀음으로 교육을 '황폐화 지경'으로 몰았다고 한다. (2005년 수상직속 교육재생회의 보고서) 여유교육을 강조한 결과 자연히 학생들의 학력저하가 초래되었고, 사회의 여러 단체에서 이에 대한 반발이 일어나기 시작했다. 세계 어느 나라 학부모든 자신의 자녀가 공부 잘하기를 바라는 것은 인류 공통의 염원일 것이다. 따라서 학력저하의 객관적 보고서가 속속 발표되고 학력저하의 원인이 여유교육에서 기인한다는 문제가 제기되자, 학부모들은 학교에 대해 조직적으로 압력을 가하기 시작했다.

따라서 일본 문부과학성은 여유교육으로 낮아진 학력을 끌어올리는 방법을 강구하지 않을 수 없었고, 이를 위해 '교육개혁'의 필요성이 절실히 대두하였다. 어쩔 수 없이 행정적인 힘을 동원하여 일제고사의 부활을 강제하고 연 1회의 학력고사를 전국적으로 실시하기에 이른다. 그러나 학력이 저하되었다는 객관적인 자료를 제시하라는 일교조의 강한 반발에 부딪혀 각 자치단체들은 주춤거리기 시작했다. 이와 동시에 '교육실패의 책임이 왜 현장 선생님들만의 몫이냐!'며 저항하는 일교조의 반발로 무산될 위기에 처했다. 그렇다고 일본 문부과학성은 빼어든 칼을 칼집에 다시 집어넣지는 않았다.

일본 속담에 '튀어나온 못은 두드려서 넣어라'는 말이 암시하듯 일본 문부과학성은 법을 어기면서 저항하는 일교조 교사들을 일일이 가려내어 규정대로 처벌하고 불이익을 주었다. 이렇게 되자 저항은 주춤해 지고 현장은 조용해졌다.

이런 결과는 일교조의 숫자가 적은 탓도 있겠지만 강자의 말이 곧 법이며 진리라는 일본인 특유의 성정도 작용했을 것이다.

이제 일본은 일제고사의 실시가 현장에 정착되자 이번에는 '교원평가제도'를 도입하여 선생님들을 얽어매는데도 손을 대고 있다. 이미 고치현에서는 2004년부터 실시하여 그 보고서가 현 교육위원회 홈페이지에 올라있기에 벌써 정착단계로 이행되고 있다. 일본의 전체적인 경향을 살펴보면 보수적인 현들은 2003년을 기점으로 현장에 정착시켰고, 진보적인 현들은 2005년부터 일제히 실시하고 있다. 그러므로 현장교원들이 여유를 부리던 시절은 이제 일본에서 찾아보기 힘들게 되었다고 해도 과언은 아니다.

일본의 현장교사들을 만나보면 우리와 너무나도 꼭 같은 현장의 분위기와 일들로 고민하고 있음을 느낄 수 있다. '환경교육', '국제교육', '컴퓨터교육', '필수 클럽활동' 등 수많은 과제에 밀려 숨조차 쉬기 어려운 느낌이라고 표현하는 사람들이 많음이 그것이다. 학생의 수업은 부업에 불과하고 행정적인 규제와 명령이 쌓여 그에 따른 과제해결과 보고서 작성으로 해가 뜨고 진다는 말까지 하는 선생님들도 있었다. 정말 이제는 행정의 강제 때문에 죽을 맛이라는 것이다. 아이러니하게도 여유교육의 모순점을 개선하기 위한 일본 문부과학성의 노력은 또 다른 문제점을 안고 있는 듯이 느껴지기도 했다. 그렇지만 일본교육재생회의는 낮아진 학력을 정상궤도로 진입시키라는 학부모들의 압력을 외면할 수는 없는 노릇이기에 문부과학성과 더불어 극약처방을 서두를 것이며 이에 대한 부작용 또한 만만치 않을 것으로 전망된다.

| 생사람 잡는 일본경찰 |

도야마현富山県에 살고 있던 택시기사 야나기하라(柳原浩 당시35세) 씨는 어느 날 갑자기 성폭행과 성폭행 미수 혐의로 체포된다. 체포되자마자 강도 높은 경찰의 조사가 시작되었고 처음에는 범행을 부인하다가 3일 만에 2건의 범행 모두가 자신이 저지른 것으로 자백하기에 이른다. 이에 도야마지검 다카오카高岡지부는 본인자백을 근거로 기소하고 재판을 진행했다. 재판 중에도 야나기하라 씨는 일관되게 범행을 자인하고 한 번도 자신이 진범이 아님을 주장하지 않았다. 재판결과 3년 징역을 선고받고 2002년 12월12일부터 약 2년간 복역한 후, 2005년 1월 후쿠이福井형무소를 가출소했다.

이후 사회로 복귀하여 재취업을 하려고 했으나 범죄자를 차별하는 사회의 냉대 속에 별다른 직업 없이 전전하고 있던 2006년 11월, 다른 사건으로 체포된 오오츠大津英一라는 사람이 이 범행의 진범임이 밝혀지는 어처구니없는 일이 벌어진 것이다. 증거를 수집해 본 결과 진범임이 확실해 지자 도야마지검은 혼란에 휩싸였다. 야나기하라 씨를 체포하여 검찰로 송치한 경찰서에서도 일대 소란이 벌어졌다. 발 빠른 매스컴은 충격적인 이 사건을 대대적으로 보도하고 억울한 야나기하라 씨를 공개석상으로 불러냈다.

야나기하라 씨의 이야기를 들어보면 참으로 기막힌 수사 관행이 선진국이라는 일본에 존재함을 알 수 있다. 재판 중, 여러 번의 진술기회와 번복의 기회가 있었음에도 불구하고 억울한 옥살이까지 마쳤다는 사실에 놀라움을 감추기 어렵다.

처음 자신이 연행될 때 무슨 이유로 연행되는지도 모르고 경찰서로 끌려갔고, 이내 자신이 범인이라고 다그치며 잠을 재우지 아니하고 교대로 심문을 계속하는데 반쯤은 정신이 나갔다고한다. 이런 상태에서 3일이 지나자 자신의 누나가 "내 동생이 범인이 틀림없다"고 증언했다며 도장이 찍힌 증언장을 흔들며 경찰들이 협박했다는 것이다. 이에 야나기하라 씨는 "가족도 이제 나를 버렸구나!"하고 크게 낙심하고는 경찰의 조사에 무조건 고개를 끄덕였다고 한다.

경찰은 이런 자포자기 상태의 용의자에게 마음대로 작성한 조서에 서명하게 하고 범행 일체를 자백 받았다는 사실을 공표하고 증거수집에 들어갔다. 그런데 범인이 아닌 사람이 자백했으니 증거가 있을 리 만무했다. 억지로 받아낸 자백을 토대로 범행에 사용한 칼과 범행 당시의 신발을 찾으려고 가택수색을 실시했다. 성폭행을 당한 여성의 증언에 의하면 신장이 약 175~180Cm이고 복면을 하고 있었으며, 등산용 서바이벌 칼을 가지고 있었다는 것이다. 현장에 남겨진 범인의 신발은 280mm로 큰 신발이었다. 그런데 야나기하라 씨는 키가 163Cm정도로 왜소한 체격이며 신발크기도 245mm이니 단번에 범인이 아니라는 느낌을 주기에 충분하다. 집안의 구석구석을 이 잡듯 수색했지만 280mm 크기의 신발은 나오지 않았고 등산용 서바이벌 칼도 나오지 않았다. 경찰은 증거물로 15Cm 정도의 과도를 수거했다. 그리고 신발은 일부러 큰 신발을 신고 범행을 한 후 집안에서 소각해 버렸다고 진술서를 작성한 다음 본인의 확인을 받아냈다.

당시의 야나기하라 씨는 알리바이 역시 확실했다. 사건이 일어난 시간에 자택에서 외부와 통화한 2통의 전화통화기록이 남아있었던 것이다. 분명히 범행 현장에 있었던 것이 아님이 증명된 것이다. 그럼에도 불구하고 무리하게 범인으로 몰아간 경찰의 태도가 아무래도 이해가 되지 않을 뿐이다.

변호사 역시 본인이 자백했다는 사실에 근거하여 용의자의 말을 귀담아들으려고도 하지 않았던 것이 드러났다. "본래 범죄자들은 하나같이 자신이 범행하지 않았다"고 주장하므로 몇 번 형식적인 접견만 하고 말았다고 했다. 세계 어느 나라건 변호사들의 행태는 사회정의보다 돈 되는 일에 혈안이 되어 있는 사람이 많으니 짐작이 가는 일이다. 그러나 너무나 무성의한 변호사의 태도가 이

사건에서는 지탄의 대상이 되었다.

  검사와 판사 역시 본인이 범행을 부인하는 발언을 한 번도 하지 않으므로 진술서대로 재판을 진행시켜 징역형에 처했다고 한다. 그럼 왜 야나기하라 씨는 재판 중에 한 번도 자신이 범인이 아니라는 주장을 하지 않았는지에 대한 의문이 든다. 야나기하라 씨의 진술에 의하면 본인이 범인이라는 사실에 충격을 받은 어머니가 재판 중에 쓰러져 돌아가셨다는 소식을 듣고 눈앞이 캄캄했다고 한다. 따라서 이제는 모든 것을 포기하고 재판을 빨리 받아 징역을 살면서 잠이라도 좀 자야겠다는 생각을 했다는 것이다. 이미 누나는 자신이 범인이라 지목했고, 어머니는 돌아가셨으니 집으로 돌아간들 아무도 반겨줄 사람이 없는 상황이었다. "에라이! 될 대로 되라. 징역이든 뭐든 이 악몽이 빨리만 끝나다오"라는 심정이었다는 것이다. 그래서 아무 진술도 변명도 하지 않은 채 징역을 살았다고도 했다.

  출소하여 누나에게 정말 자신이 범인이라고 지목했는가를 물어보니 금시초문이라는 말을 했다고 한다. 그러나 이미 징역형까지 살고 나온 터에 자신의 말을 믿어줄 사람은 아무도 없는 상황이었고 누나에게 사실을 설명한들 소용없는 일이었다. 만약 진범이 잡히지 않았다면 야나기하라 씨는 정말로 억울한 일생을 살았을 것이다. 참으로 기구한 운명이라 하지 않을 수 없고 천만번 다행한 일이라 하지 않을 수 없다.

  이윽고 도야마의 시민단체들은 이 사건의 재심을 요구하는 재판을 청구하고 빠른 시일 내에 법원이 무죄판결을 내려 본인의 명예를 원상회복 시켜줄 것을 요구했다. 이에 도야마 경찰서와 검찰은 자신들의 잘못을 시인하는 사과문을 발표하고 재발방지를 위해 노력하겠다는 결의를 보였다. 그러나 이 수사를 담당한 수사관들에 대해서는 징계를 하지 않았다. 경찰의 사기를 떨어뜨릴 소지가 있다는 판단을 했기 때문이다.

일본의 재판이 참으로 느린데 비하여 이 사건만은 특별히 빨리 진행하여 무죄 판결이 2007년 10월10일 도야마지법에서 내려졌다. 이 판결이 있던 날 매스컴들은 사건의 주인공 야나기하라 씨의 기자회견을 내보냈다. 텔레비전을 통해서 차분하게 자신의 의견을 진술하는 야나기하라 씨의 모습은 전혀 범죄와는 거리가 멀어 보이는 착한 얼굴이었다. 그리고 한 번도 범죄를 저지르지 않은 사람에 대하여 어째서 자신을 범인으로 지목하고 경찰이 최초로 자신을 체포했는지 이해가 가지 않는다고도 했다. 그래도 억울함이 해소되어 다행이지만 또 다른 억울한 시민은 없는지 살펴야 한다고 강조하면서 눈물을 훔치는 모습은 그동안의 고통이 어떠했는지 짐작하고도 남는 일이었다.

최근 일본에서는 이 사건 이외에도 또 하나의 어처구니없는 사건이 화제가 된 일이 있다.

사건의 발단은 가고시마현 시부시시志布志市라는 소도시에서 현의회 의원을 뽑는 선거였다. 이 선거에서 나카야마(中山信一 당시 60세)라는 신진후보가 3위로 당선되자 현경찰청에서 금품을 제공하여 부정으로 당선되었다며 수사에 들어감으로써 시작되었다. 현경찰청 수사진들이 처음 연행한 사람은 나카야마 씨의 농장에 고용된 후지모토(藤元一子 당시 53세)라는 여성 노동자였다. 연행이유는 나카야마 씨가 이 여성을 통해 191만 엔의 현금을 제공하고 4번의 회합을 열어 지지를 호소했다는 혐의였다.

후지모토라는 여성이 사는 곳은 아주 작은 마을로 6가구에 전체인구가 20명 밖에 없는 한적한 곳이다. 이런 작은 마을에서 191만 엔이라는 거금을 사용하여 매표행위를 했다는 사실이 믿어지지 않지만, 현경찰청은 '확실한 증거'가 확보되었다고 발표한 다음 강제수사에 돌입했다. 먼저 수사팀은 후지모토 용의자를 조사하여 억지자백을 받아낸 다음 12명의 마을 사람들을 매표행위에 가담한 혐의로 체포했다. 이들에게 무리한 자백을 받아내고 범죄행위를 뒤집어 씌운 방법은 경찰이 해서는 안 되는 모든 수법이 다 동원된 듯하다. 먼저 후지모토라는 여성이 순박한 촌사람이기에 "당신 하나만 자백하지 않았다. 당신 하나 때문에 모든 마을 사람들이 집으로 돌아가지 못한다"고 협박했으며, "선거법 위반행위는 큰 벌을 받지 않는다. 교통위반으로 딱지 떼는 정도에 불과하다"라는 등의 회유를 했다. 그러면서 잠을 재우지 아니하고 고통을 주는 바람에 피로에 지치고 겁에 질린 후지모토 씨는 살아서 풀려나려고 거짓자백을 했다는 것이다.

후지모토 씨의 자백 이후 온 마을 사람들이 이 사건에 휘말려 들었고, 수사팀은 현의원에 당선된 나카야마 씨와 그의 부인까지 모두 체포하여 구금했다. 구속과 동시에 현의회 의원직 역시 박탈했다. 1년 1개월에 걸친 재판 도중 나카야마 씨는 보석을 신청하여 가석방상태에서 다시 현의회 의원선거에 도전했으나 낙선하고 만다.

이후 재판도중에 모든 사람들이 무죄를 주장하고 경찰의 무리한 취조행위에 대하여 변호사를 통해 제소하기에 이른다. 제소내용을 보면 경찰들이 마을 사람들을 범인으로 몰아가기 위해 갖은 악랄한 방법이 다 동원되었음이 드러난다. 그 중의 하나가 '모욕행위踏み字'인데 이 모욕행위는 에도 시대 때 크리스트교 신자를 박해할 때 쓴 방법을 말한다. 1637년 당시 에도막부는 크리스트교의 확산을 막으려고 십자가를 땅에 놓아두고 신자들에게 밟고 지나가도록 했는데, 밟은 자는 살려주고 밟지 아니한 자는 처형한 데서 유래한다. 경찰들은 이들에게 모욕감을 주기 위하여 부모와 자식들의 이름을 새겨둔 나무판자를 놓아두고 옛날 크리스트교 신자들이 했던 것과 똑같이 밟아 비비도록 강요했다. 이러한 행위는 누가 보아도 비열한 짓임이 틀림없고 양심적인 일본인들의 지탄을 받기에 충분한 일이었다. 이후 4년여에 걸친 재판 결과 이 매표사건은 무죄로 최종판결 났다.

억울한 일을 당한 13명의 피고인 중에는 재판의 중압을 견디지 못하고 중간에 사망한 사람도 있고, 장기간에 걸친 구금과 재판으로 인해 남은 가족의 생계가 어려워진 사람들도 많았다. 국가의 명운을 좌우할 정도로 중요하지도 않은 현의회의원선거로 인해 모든 피의자들의 인생 전체가 파탄 난 것이다. 참으로 황당한 일이었다. 이들은 다시 법정투쟁을 벌여 2008년 2월 5일에 원고승소 판결을 받아냈다.

전혀 없는 사실을 자신들의 승진 업적을 올리려고 가공으로 만들어낸 현경찰의 행위는 많은 일본인들의 공분을 산 것은 두말할 필요도 없다. 그러나 일본경찰본부는 이들에 대해 징계를 하지 않았다. 경찰의 사기를 떨어뜨린다는 앞의 사건과 꼭 같은 답변이었다. 검찰에서는 이런 억울한 사건의 재발방지를 위해 모든 취조과정을 공개·녹화하는 방안을 검토하고 자신들의 잘못을 솔직하게 시인했다. 그렇지만 좀처럼 변화하기 싫어하는 일본경찰과 중앙정부 관료들의 반대에 부딪혀 실시 여부는 불투명한 상태이다.

어느 사회든 인간이 사는 사회는 완벽한 사회정의가 존재하기는 어려울 것이다. 그러나 이 사건을 통해서 우리는 일본의 경찰이나 검찰이 사회적 약자들에게 얼마나 비인간적인지를 간접적으로 확인할 수 있다.

| 전통과 도덕의 딜레마 |

일본 전통축제의 하나인 알몸축제裸祭り가 2008년 2월, 일본 여론의 도마 위에 올라 전국이 찬반양론으로 뜨겁게 달아오른 적이 있다. 이 알몸축제는 남자만 참가할 수 있으며 전국의 100여 개 지역에서 음력 1월 보름을 전후로 행해져 왔다. 메이지유신 이전에는 대부분 지역이 실오라기 하나 걸치지 않은 나체로 이 축제를 진행해왔으나 차츰 윤리적으로나

도덕적으로 문제가 있음을 인식하고 '훈도시'라는 일본전통 팬티로 몸을 가리는 선으로 바뀌어 왔다.

이런 가운데서도 유일하게 이와테현岩手県 미즈사와시水沢市의 고쿠세키지黒石寺 일대에서 벌어지는 소민마츠리蘇民祭만은 전통적인 알몸을 고집하여 지금도 나체로 참가하는 사람들이 많다. 매년 전국에서 이 축제에 참가하거나 구경을 하러 모이는 관광객이 3만여 명에 이른다고 한다. 상당한 인기임을 짐작할 수 있다. 문제의 발단은 이 축제가 일본 법률의 '음란행위'에 해당한다며 관할 경찰서에서 나체로 참가하는 청년들을 체포하겠다고 축제진행위원회에 통보한 데서부터 출발한다. 이어 축제를 선전하는 포스트가 너무나 선정적이어서 "타인에게 수치심을 유발한다" 하여 역구내에 붙일 수 없도록 미즈사와 역장이 거부의사를 표하자 매스컴이 이를 대대적으로 보도함으로 인해 찬반양론의 불이 붙었다. 1000년을 이어오는 전통을 중시해야 할 것인가, 아니면 시대에 맞지 않는 악습을 폐지하고 도덕적으로 인정되는 행사로 전환해야 할 것인가를 두고 방송과 인터넷상에서 열띤 공방이 벌어졌다.

결론은 전통존중의 승리로 끝났다. 그렇게 보는 이유는 언론소동의 덕택으로 이 축제에 참가한 젊은이들의 수는 예년보다 3배 이상 늘어났으며 매스컴 또한 7배나 많은 176개사가 취재경쟁을 벌였기 때문이다. 알몸으로 참가한 청년들 또한 예년보다 많은 수였지만 체포자는 한 명도 없었다. 오히려 이러한 소동이 관심을 유발하는 고도의 전략이 아니었는지 의심이 갈 정도였다.

일본민속학회의 자료에 따르면, 본래 일본의 알몸 축제는 풍년을 기원하는 풍습에서 유래한다고 한다. 예로부터 행동반경이 한정된 일본 농경사회에 있어서 겨울철의 울적함을 달래고 풍년을 기원한다는 명분으로 청춘남녀의 자연스런 만남의 장을 제공한데서 출발한 것이다.

농기구 등이 발달하지 않은 시절의 일본 농경사회에서는 힘이 세고 건강한 남성의 노동력 확보가 농가의 중요한 과제 중의 하나였다. 가계의 유지, 자손의 번영에는 힘세고 건강한 남성의 존재가 필수적이었기에 알몸축제라는 행사를 통하여 자연스럽게 이러한 남성을 찾는 기회를 제공한 것이다. 남성들에게 있어서 이 날은 자신의 나체를 마을의 촌장과 여성들에게 드러내 보여 건강미를 과시하고 마음에 드는 이성에게 호감을 살 수 있는 절호의 찬스이기도 했다. 특히 가계를 이어갈 자격이 없는 차남 이하의 남성들은 부잣집의 데릴사위로 들어갈 수 있는 중요한 기회이기도 했다. 또한 전쟁이나 질병 등으로 남편을 잃은 여성에게는 재혼상대를 찾을 수 있는 장이 되기도 했다.

이러한 전통을 가진 알몸축제의 대표격인 소민마츠리는 저녁 10시경에 시작하여 오전 7시경에 끝난다. 추운 겨울임에도 불구하고 물속에 들어가 몸을 정갈하게 한 다음 축제의 장이 되는 절의 내외에서 '고마키小間木' 등으로 불리는 부적 쟁탈전을 벌이는 것이 이 행사의 절정이다. 이 쟁탈전에 앞서 남성들의 힘을 과시할 수 있는 여러 가지 다른 행사鬼子登り를 진행함으로 인해 관중들의 재미를 더한다. 영하의 추운 날씨에도 불구하고 젊은 청년들이 부적을 빼앗기 위하여 이리 밀리고 저리 밀리는 속에 자연스럽게 나체가 되어가는 과정도 볼거리를 제공한다.

이 축제에서 '고마키'라는 부적을 마지막까지 쥐고 놓치지 아니한 사람은 액을 면하고 복을 받으며, 그 청년이 속한 마을은 풍년이 든다고 한다. 이러한 사실을 액면 그대로 믿는 사람은 많지 않겠지만 축제에 참가하는 청년들의 진지함은 높이 살만했다. 특히 관할 경찰서가 '음란행위'로 단정하고 이들을 쉽사리 체포하지 못하는 것도 이 축제에 참가하는 청년들 자신과 구경꾼으로 온 젊은 처녀들이 모두 '성적인 수치심을 유발하지 않는다'는 결론을 내린 점도 영향을 미쳤다고 본다.

이 축제와는 다르게 현대인들의 도덕적 수준에 맞추어 변화를 거듭해 온 축

제로 에히메현愛媛県 사이조시西条市 일대에서 벌어지는 사이죠마츠리를 들 수 있다. 이 축제 역시 남자들만 참가할 수 있으며 축제의 내용은 상당히 단순하다. 먼저 '단지리だんじり' 또는 '미꼬시御輿'로 불리는 거대한 가마를 여러 명의 청년들이 둘러메고 사이죠 강가에 모여 밀어붙이기 시합을 하고 시합이 끝나면 다시 본래의 신사로 돌아가는 행사이다. 이 축제 역시 이긴 편이 복을 받고 풍년이 든다는 기복신앙의 정신이 깔려있다.

축제에 동원되는 거대한 가마를 자세히 살펴보면 우리나라의 '상여'를 연상시킨다. 둘러메고 행진하는 모습도 상여꾼들이 북을 치고 선도하는 선소리꾼을 따라 후렴을 부르는 모습과 많이 닮아있다. 문화 전래의 루트를 추적해 보면 분명히 한반도와의 관련성을 찾을 수 있을 것 같은 느낌을 받았다.

아무튼 나는 두 차례에 걸쳐 이 축제를 구경하면서 진센지辰泉寺辰次郎라는 축제위원으로부터 이 지방의 전통적인 축제풍습을 전해들을 수 있었다. 그의 이야기에 따르면 본래 이 축제에 참가하는 남성들에게는 특권이 주어졌다고 한다. 그 특권이란 축제가 끝나는 날 저녁, 이층으로 이어지는 사다리가 놓여 있는 집을 골라 그 집의 처녀와 밀회를 나눌 수 있는 권리를 말한다. 즉, 축제가 끝나는 날 밤이 오면 과년한 처녀를 가진 집에서는 자녀를 성장盛裝시켜 이 층에 올려놓고, 사다리를 내려 축제에 참가한 청년이 오기를 기다렸고, 청년들은 이러한 집을 골라 사다리를 타고 올라가 대기 중인 처녀와 밀회를 나누었다고 한다. 두 사람이 한 방에 있는 동안에는 다른 사람들이 접근할 수 없도록 재빨리 사다리를 치워 합방 중임을 알렸다고 하니 특별한 풍속이기도 하다. 이 전통은 일본의 성 풍속이 우리와는 상당히 달랐음을 시사하는 부분이다. 이러한 풍습이 에도 시대까지 이어져 오다가 메이지유신을 전후로 차츰 사라지기 시작했고, 현대에 들어와서는 이러한 풍습이 완전히 사라졌다고 한다.

또 하나의 예로 일본의 남녀 혼욕문화를 들 수 있다. 일본은 전통적으로 온천이 발달한 지역이 많기 때문에 어디에 가든 쉽게 온천물을 만날 수 있다. 지금도 일본의 화산지역에는 산 중턱에 김이 무럭무럭 나는 자연 온천이 많다. 소위 이런 온천을 로텐부로(노천탕)라 하는데 예로부터 남녀노소가 함께 돈이 필요 없는 노천탕을 이용하다 보니 자연스럽게 혼욕문화가 정착된 것이다.

기록에 의하면 일본 역시 유교가 사회적 도덕률로 자리 잡기 시작한 에도 시대에 들어와 남녀혼욕을 금지하는 법을 정하고 몇 번에 걸쳐 단속을 실시했지만 근절시킬 수가 없었다. '센토錢湯'라 불리는 목욕탕 주인들이 당시의 유곽을 겸하고 있었기 때문에 남녀혼욕을 금지하면 손님이 줄어들 것이라 여겨 단속만 지나가면 이를 지키지 않기 때문이다. 한 발 더 나아가 당시의 재력가들인 여관업자와 목욕업자들은 막부의 관리들에게 막대한 자금으로 로비를 일삼았기 때문에 관리들은 법의 엄격한 적용을 묵인했거나 방조했을 가능성 또한 의심해 볼 수 있다.

이러한 일본의 풍속을 단편적으로 엿볼 수 있는 자료로 신유한의 『해유록』이 있다. 당시 일본을 다녀왔던 조선통신사 신유한은 '남녀가 아무런 부끄럼 없이 함께 목욕하는 모습이 괴이하다'는 구절을 남겨놓은 것으로 보아 혼욕은 일상적이었던 모양이다. 근엄한 조선 선비의 눈에 비친 벌거벗은 남녀의 혼욕풍경은 가히 충격적이었을 것이다. 신유한이 일본을 다녀온 시기가 1719년이니 이후 메이지유신으로 혼욕금지법이 전면적으로 실시되는 1868년까지 150년 이상 남녀혼욕이 일본에서는 일상적이고 자연스런 풍경이었다.

그러나 메이지유신 이후에도 대도시를 제외한 농촌지역에서 남녀혼욕은 좀처럼 근절되지 않았고, 온천지역에서의 남녀혼욕은 많은 지역에서 그대로 이어져 왔다. 이러던 것이 1964년 도쿄올림픽을 기점으로 각 지방자치단체들이 남녀혼욕금지 조례를 정하고 '폐습정화'에 들어가 남녀혼욕은 사실상 근절상태에 들어갔다. 그러나 표면적으로는 사라졌으나 노천탕을 빙자하여 일본의 일부 온천지역에서는 1980년대 중반까지 남녀혼욕이 공공연하게 존재해 왔다.

그러던 것이 1990년도를 기점으로 풍속단속법이 강력하게 시행되자 온천업자들도 자숙의 분위기를 보이고 지속적인 단속이 실시되어 이제는 일본에서 극히 제한적인 곳을 제외하고는 옛날과 같은 남녀혼욕은 찾아보기가 어렵게 되었다. 다만 남녀혼욕은 남녀의 기를 서로 나눌 수 있어 건강상으로 유익하다 하여 노천탕은 그대로 유지하고 큰 수건으로 몸을 감싸고 들어가는 선으로 바뀌었다. 혼욕은 인정하나 몸을 가려야 한다는 것이다.

이제 일본에서는 전통의 유지인가 아니면 시대에 부응하는 도덕성의 확립인가를 두고 상당한 논란이 일고 있다. 일본사회에 도도히 흐르는 법과 질서의 존중과 도덕적 분위기로 보아 유일한 알몸축제인 소민마츠리도 머지않아 나체로 참가하는 청년들을 볼 수 없게 될 것이다. 또 그러한 흐름은 시대가 요구하는 흐름이기도 하다. 일본이 가지는 부정적 이미지인 '문란한 성 풍조'의 증거가 되는 폐습들을 정화하고 현대의 선진국으로 거듭나려는 그들의 몸부림이 느껴지는 부분이다. 다른 지역과의 교류가 빈번하지 않았던 섬나라라는 특수성 때문에 많은 폐습들이 오랜 기간 일본인의 생활을 지배해 왔지만 이제는 그로부터 벗어나야 한다는 말이 설득력을 얻고 있는 것이다.

| 초등교사 부정임용사건과 교육개혁 |

일본 후지TV에서 인기리에 방영된 'CHANGE'라는 정치드라마가 있다. 지난 2008년 7월 14일에 종영된 드라마로 근래 보기 드물게 높은 시청률을 기록하여 세인의 관심을 끌었다. 그 인기의 배경에는 기무라 다쿠야木村拓哉라는 특출한 연기자가 존재한다. 그는 일본 인기가수 그룹인

스머프의 멤버이기도 하고 영화와 오락프로그램에도 재능을 발휘하는 인기 절정의 만능 탤런트이다. 그러나 이 드라마가 국민적 인기를 끈 이유는 정작 다른 데 있었다. 무엇보다 지지도가 바닥을 헤매고 있던 후쿠다 야스오(福田康夫) 전 수상의 정치스타일에 식상한 국민들이 이와는 정반대로 설정된 스토리 전개에 빠져든 것이다. 국민을 중심에 두고 생각하는 35세의 젊은 총리(일본 국내에서는 수상을 총리라 부른다)는 당리당략이나 사리사욕을 벗어나 모든 정치적 사안을 시원시원하게 해결해 나간다는 설정은 설득력을 발휘했고, 일본국민들을 사로잡기에 충분했던 것이다.

또 한 가지 주목할 점은 이 드라마의 주인공이 '초등교사' 출신이라는 설정이 그것이다. 초등교사라는 배경을 깐 이유는 일본 직업인기도에서 바닥을 헤매고 있는 교사들에 대한 배려에서일 것이라는 짐작이 간다. 아버지의 대를 이어 국회의원에 출마한 그는 시골 초등학교에서 순진한 아이들과 오순도순 정겨운 수업을 전개하는 동심 그대로의 교사였다. 정치꾼들이 몰려와 그를 부추겨 억지로 국회의원에 출마시켰으나, 자신은 아이들이 기다리는 학교로 돌아가려고 안간힘을 쓰는 장면이 그것이다. 주인공의 순수하고 정의로운 이미지를 강조한 부분은 누가 보아도 초등교사에 대한 이미지 개선의 복선이 깔려있는 느낌을 주기에 충분하다.

일본 교육계에서는 이런 호기를 잘 활용하여 실추된 교원들의 위상을 재정립하는데 국민적 공감대를 형성해 나가자는 바람이 일기 시작했다. 정부의 교육개혁정책 홍보와 더불어 사회 각계각층으로부터도 상당한 호의적 호응을 얻기 시작한 것이다. '재생'을 부르짖는 일본교육에 희망의 빛을 찾을 수 있는 시점이었다. 그러나 이런 움직임에 찬물이라도 끼얹듯 일본교육을 근간에서부터 뒤흔드는 사건이 2008년 7월 9일, 오이타현(大分県)에서 발생했다. 진원지는 오이타현 교육위원회였다.

사건의 발단은 의외의 장소에서 시작되었다. 에토 가츠요시江藤勝由라는 참사관(장학관)이 수백만 엔의 상품권을 현금으로 바꾸려다 이를 수상히 여긴 경찰의 불심검문에 걸려든 것이다. 경찰 수사결과 이 참사관은 초등교원임용시험의 부정합격 대가로 받은 상품권을 현금화하려던 참이었음이 밝혀졌다. 수사가 진행될수록 범행의 범위와 관여한 사람들의 수가 증가했고, 그가 장학관으로 재직하고 있던 2년 동안에 40명이라는 엄청난 숫자가 부정합격한 사실이 드러났다. 2년 동안에 오이타현에서 채용한 초등교사가 84명인 점을 감안한다면 절반에 가까운 숫자가 부정으로 교편을 잡았다는 계산이 나온다.

에토 참사관의 점수 조작방법은 상식을 넘어서는 대담함을 보였다. 먼저 부탁받은 응시자들의 점수를 합격선으로 올려 적고, 다음으로 합격선 안에 들어 있는 응시생들의 점수를 깎아내리는 방식이었다. 본인의 요구가 있으면 성적과 채점한 시험지를 공개하는 우리나라에서는 상상조차 할 수 없는 일이기도 했다. 행정주사와 장학사에 해당하는 교육주사도 수하에 있었지만 본인이 직접 점수조작을 한 것도 특이한 부분이다.

수사가 진행될수록 관련자가 늘어나 직속상관과 현장교장 등 많은 사람들이 수뢰와 뇌물공여 혐의로 줄줄이 엮여 들어갔다. 이뿐만 아니라 초등교원 임용시험 외에도 승진과 전보 시에 금품이 오간 것으로 확인되어 수사는 전 방위적으로 확대되었다.

이렇게 되자 교육계에서는 자성의 목소리가 높아지고 개선방안이 쏟아지기 시작했다. 지금까지 비공개로 실시해 오던 교원임용시험과 승진시험에서 시험지의 공개와 점수의 공개를 법제화해야 한다는 방안이 제시되기도 했다.

그러나 사실상 이러한 방안은 미봉책에 불과해 보인다. 일본교육이 안고 있는 근본적인 개혁 없이는 이러한 비리는 계속될 것이라는 전망 때문이다. 이미 일본에서는 교사임용시험 부정사건이 1990년 도쿠시마현, 1991년 야마구치현,

2002년 도야마현, 2006년 와카야마현 등에서 끊이지 않고 계속됐지만 모두 일회성 사건으로 종결되고만 전례가 있기도 하다. 수사를 확대하면 할수록 교육계 전체로 확산될 우려가 있기 때문에 어느 정도 선에서 수사를 종결한 것처럼 보인다. 이 사건 역시 어느 정도의 적당한 선에서 마무리되고 말았다.

그렇지만 결과적으로 이 사건은 일본 정부가 일관되게 추진하는 교육개혁이라는 당위성에 힘을 실어주는 계기를 제공했다고 볼 수 있다. 즉 교단지원을 통해 교사들의 잡무를 줄인다는 행정지원정책과 교원면허증(자격증)제도의 개선, 그리고 교원평가제의 강화라는 3대 정책을 추진하기에는 더 할 나위없는 좋은 기회인 것이다. 이 사건을 계기로 교육개혁의 필연성에 대한 국민적 공감대도 형성되기 시작했다.

그러나 이 정책들을 자세히 살펴보면 상당한 독소조항이 포함되어 있음을 알게 된다. '행정지원정책'의 골자는 교단지원을 위해 옥상옥이 될 가능성이 큰 부교장제를 도입하겠다는 것이다. 부교장은 교원출신이 아닌 교육행정직원으로 교장과 교감 사이의 중간직위에 해당되며 교단의 행정지원을 한다고 한다. 명분은 그럴 듯하지만 사실상 이 제도는 교원들을 감시감독하고 자율권을 통제하겠다는 발상에 지나지 않는다. 6학급짜리 학교에 교장, 부교장, 교감이 책상을 마주하고 서로 감시·감독하는 자체가 어색하기도 하지만 행정적 낭비 또한 심대한 것이기 때문이다. 그러나 이미 일본은 시범학교를 선정하고 실시에 들어가 있다. 교단의 갈등이 불 보듯 뻔해 보인다.

다음으로 교원면허증제도 개선과 교원평가제도 또한 현장의 반발을 불러일으키기에 충분하다. 교원면허증 제도의 개선책은 총리직속의 '중등교육 심의위원회'에서 제시된 정책이다. 주요 내용은 교원면허증을 10년 단위로 경신한다는 방안이다. 모든 교원은 해당 연도가 되면 재교육을 실시하고 능력이 모자라는 교원은 2회의 재교육기회를 주지만 여기서도 미치지 못하면 탈락시킨다는 방침이다. 일본현장교단의 상당한 반발이 있었지만 추진을 위한 행정적 절차와 관련법 개정은 2008년 3월에 끝났다. 적용은 2009년 4월부터 시행되었지만 시범적인 예비교육단계에서부터 이미 많은 문제점이 지적되었다. 교육대상, 시행방법, 교육내용에 이르기까지 수많은 문제점이 노출되었지만 행정이 교육을 완전히 장악한 일본은 밀어붙이기 식으로 시행을 강제하고 있다. 그리고 교원평가제도는 이미 전국의 국공립학교들이 전면적으로 실시하고 있으며 정착단계에 들어가 있다.

그러나 이러한 교육개혁의 지속적인 추진에도 불구하고 일본교육이 그들의 바람대로 성과를 거두고 있다는 보고서는 찾아보기 어렵다. 오히려 부정적인 통계들이 더 많이 나오고 있다. 2008년 발표된 문부과학성 통계는 일본교육의 어두운 미래상을 있는 그대로 보여주고 있다. 이 자료에 따르면 정신적인 문제로 휴직이나 사표를 제출한 교원이 2007년 한 해에 6,217명이나 된다는 사실이다. 발령받은 지 얼마 되지 아니한 신임교사들이 현장의 가혹한 현실에 실망하고 자살을 기도하는 일이 빈번한 것도 사회문제가 될 정도이다. 이제 일본의 현장교원들은 교원이 지녀야할 도덕적 정의감마저 상실한 무기력한 집단으로 전락한 느낌까지 들 정도로 사기가 저하되어 있다고 판단하면 크게 틀리지는 않는다.

사실, 교원 집단만큼 자긍심이 높고 창의적인 집단은 어느 국가든 찾아보기 힘들 것이다. 일본의 교원들도 마찬가지다. 비록 사회적 인기도는 낮다고 해도 교사가 되려면 평균 30대1이 넘는 치열한 경쟁을 뚫어야 한다. 각고의 세월 끝에 이상적인 교육관을 가슴에 품고 교사의 길에 들어서지만, 사사건건 규제 일변도로 치닫는 현장의 모순에 직면하고 정신적 갈등이 심화되는 것은 어쩌면 당연한 귀결인지도 모른다.

결론적으로 일본교육의 신뢰를 추락시킨 초등교사 부정임용 사건을 계기로 일본정부는 더욱 행정적 규제를 강화할 것이다. 그러나 일본의 교육개혁이 성공하려면 일률적인 규제 보다는 현장의 교원들이 자발적으로 참여하는 능동적 교육환경의 조성이 필요할 것임은 분명해 보인다.

| 일본의 망년회를 보면서 |

경제가 어렵다고 한다. 일본 역시 어렵기는 마찬가지다. 그러나 망년회 풍경을 보면 일본경제는 아직 문제가 없는 듯하다. 2008년 말, 일본 마크로밀(Macromill)이라는 여론 조사 회사가 20대에서 50대까지의 회사원을 상대로 조사한 망년회 횟수는 평균 3.5회로 나타났다. 이는 2년 전의 조사에서 나타난 3.1회보다 0.4회 상회한다고 한다. 불경기라 쌓인 스트레스를 술로 풀기 위해 횟수가 늘어난 것인지도 모른다. 그러나 자세히 들여다보면 망년회 횟수가 적으면 인간관계가 원만하지 못하고 조직사회로부터 따돌림을 당하고 있다는 평가를 받기 쉬운 일본사회의 계층구조가 한 몫 하고 있는 듯하다. 이러한 진단은 그들이 망년회의 이유로 내세운 '직장의 의례적 행사', '인간관계의 끈을 잇기 위해' 라는 대답에 그 해답이 있다.

우리 역시 망년회 횟수로 치면 일본에 결코 뒤지지 않을 것이다. 혈연, 지연, 학연에서 출발하여 이러 저러한 모임이 많기 때문이다. 조상들의 풍류문화가 놀이문화로 이어져 음주가무를 즐기고 화끈하게 놀기 좋아하는 한국인에게는 망년회가 좋은 장을 제공하는 셈이다. 그러나 사실은 망년회 문화가 일본이 우리를 강점한 시기에 들어온 새로운 문화라는 사실을 아는 사람은 드물다. 국립국어원에서는 이러한 이유로 망년회라는 이름을 '송년회'로 바꾸어 부르도록 정했다. 전통적으로 이어오는 망년이란 말의 의미는 망년지우忘年之友, 망년지교

忘年之交라는 말에서 나타나듯이 나이의 차이를 초월하여 그 재주나 인품을 존중하고 서로 사귀는 친구를 지칭할 뿐이기 때문이다. 일본의 망년회는 역사가 오래이다. 1400여 년 전부터 망년 또는 연망年忘이라 하여 섣달그믐을 전후하여 친지들이 모여 '연회와 가무로 흥청댔다'는 세모풍속의 기록이 『고서기』에 전해온다. 이후 무로마치 시대인 1430년대에는 시를 짓고 서로 화답하며 좋아하는 사람들끼리 모여서 세모를 보냈고, 이 행사의 뒤풀이로 술을 마시고 어지러이 춤췄다酒盛有亂舞고 전한다. 문자를 모르는 서민들은 절에 가서 세모의 예를 드리고 예를 마친 후에는 세모주를 마시고 즐긴 것으로 기록되어 있다.

이후 오늘날과 같은 형태의 망년회는 18세기에 들어와 정착된 것으로 보인다. 당시 상업이 발달한 오사카 등의 대도시 호상豪商들은 막부의 고관들을 불러 접대 망년회를 열었다. 그 규모가 호사로워 배 전체를 빌려 호화롭게 치장하고 기예에 능한 예인들을 불러 흥을 돋우고 밤이 새도록 흥청거렸다고 한다. 이러한 모습은 당시 일본에 다녀온 조선통신사들의 기록에도 간단히 소개되어 있는데, 쓰시마에서 1719년의 세모를 보낸 신유한은 그가 남긴 『해유록』에서 부자들의 별장이 이 섬에도 있음을 적고 있다. 그리고 쓰시마 도주가 사신들에게 섣달 그믐날 저녁에 음식을 돌린 기록도 보인다. 호화로운 상인들의 모습은 상세하게 기록되어 있지 않으나 당시의 세모모습을 엿볼 수 있는 자료 중의 하나로 보인다.

이러한 망년회는 메이지 시대까지 상인 등의 경제적 여유가 있는 층을 중심으로 이어져 오다가, 1873년 유신정부가 태양력을 도입하고 서민들도 경제적인 여유가 생기자 일반 민중에게도 퍼져 나가기 시작했다. 대도시의 서민들도 어느 정도 자유가 주어졌기에 이때까지 거부들만 가능했던 고관대작들을 초대한 '접대망년회'가 성행하였다. 그리고 이때부터 망년회를 알리는 우편엽서가 등장했고, 회비를 거출하여 망년회를 여는 모임도 생겨나기 시작했다.

전후, 1960년대에는 한국전쟁 특수와 고도성장 덕분으로 일본경제가 호황을 누리게 되자 망년회는 전국적인 붐을 불러일으키게 되었다. 당시의 신문에는 하루 저녁에 시간차를 두고 겹치기 망년회를 가지지 않는 경영자는 '무능한 경영자' 라는 우스개 섞인 기사가 등장할 정도였다. 망년회가 일본문화의 일부로 정착한 에피소드일 것이다.

아무튼 망년회에 참가하는 일본인들의 모습은 평소의 절제된 모습과는 상당한 거리가 있다. 여기서도 일본인의 이중성을 관찰할 수 있는데, 술이 한 순배 돌고나면 주위의 손님에 아랑곳하지 않고 시끄럽게 떠들기 시작한다. 평소 한국인들의 시끄러움을 비아냥거려온 그들이지만 자유가 주어지고, 취기가 더해지면 본성이 드러나고 마는 것이다.

이제 세모가 눈앞이다. 전통적으로 조왕신을 섬겨온 우리 선조들은 일본인과 다르게 세모를 경건하게 보냈다. 섣달 그믐날은 집에 모셔진 조왕신이 하늘로 승천하는 날이기 때문이다. 조왕신은 평소 때 보아온 그 집식구들의 선행과 악행을 낱낱이 천제인 옥황상제에게 보고하고, 이에 따라 복과 화를 내렸던 것이다. 하늘에서 심판이 이루어지고 있는데 감히 음주가무를 즐기고 흥청거릴 수가 있겠는가?

| 일본에서 본 필리핀 영화 |

필리핀영화 '어머니와 딸(ANAK)' 이란 시사영화가 있다. 필리핀 서민이 처한 현실을 사실적으로 묘사한 영화로 국가가 무능하고 부패하면 국민이 얼마나 처참한 지경에 처하는지를 알게 해주는 교훈적 메시지를 담고 있다. 이 영화는 영화 전편을 통해 국가의 정책비판이나 반체제

적인 이야기는 일체 하지 않는다. 다만 담담하게 가족이 처한 현실을 가족애라는 인류 보편적 가치관으로 정감 넘치게 그려내고 있을 뿐이다. 그런데도 불구하고 관객 대부분은 이 영화를 보는 내내 필리핀 위정자들의 무능과 부패를 떠올리게 된다. 또한 그 결과가 국민의 생활을 나락으로 빠뜨렸고 외국에 노예처럼 팔려가게 되는 현실로 이어져 왔다는 느낌을 강하게 받게 된다. 그 이유로 필리핀 가정부들이 외국에서 받는 비참한 인권유린 실태와 본국에 남아있는 가족과의 단절이 빚어내는 비극적 현실이 관객들에게 충격으로 다가오기 때문이다.

잠시 영화 속으로 들어가 보면, 홍콩에 가정부로 와 있는 주인공 루시는 7년 만에 가족이 기다리는 마닐라로 돌아온다. 반갑게 맞는 시동생과 동서, 그에 비하여 멀뚱하게 바라보고만 있는 17세의 아들이 화면 가득 들어온다. 떠날 때 1살이 채 못 되었던 딸은 어색해하며 엄마를 알아보지 못한다. 18세 되는 큰딸이 마중 나오지 않은 걸 이상하게 여기며 집으로 온 루시는 친척들에게 둘러싸여 홍콩에서 가져온 옷가지, 핸드백 등 산더미 같은 선물들을 펼쳐놓고 자랑하고 한 아름씩 나누어 준다. 다들 기뻐하며 들떠 있고 루시는 영웅의 무용담처럼 떠벌이며 홍콩생활을 이야기한다. 60년대와 70년대 한국에 온 재일동포들의 고향 방문을 연상하게 하는 장면이다.

이때 큰딸이 학교에서 돌아온다. 어머니를 보고도 아는 채는커녕 인사도 제대로 하지 않고 방으로 들어간다. 분위기는 일순 물을 끼얹은 듯 심각하게 변한다. 큰딸은 어머니에 대해 표현할 수 없을 정도의 배신감을 가슴에 품고 있었던 것이다. 3년 전 아버지가 불의의 사고로 사망했을 때도 어머니는 귀국하지 않았고 연락도 제대로 취하지 않았기 때문이다. 아버지의 사망으로 동생은 3개월간 실어증에 걸렸고 자신은 형언할 수 없는 슬픔과 배신감으로 자살의 충동에 빠졌으며, 매일의 생활이 의미가 없는 우울한 나날이었다. 이런 생활을 하게 만든 어머니가 원망스러워 견딜 수가 없었는데 이제 와서 친척들 앞에서 영웅처럼 떠벌이며 저렇게 즐거운 얼굴을 하고 있다니 사람 같아 보이지 않는 것이다.
 이때부터 어머니와 딸의 갈등은 시작되고 딸의 행동은 날이 갈수록 더욱 반항적으로 변해간다. 사실 어머니는 딸의 이러한 행동이 너무도 섭섭하고 야속한 것이었다. 남편이 사고로 급사했다는 소식을 받고 귀국하지 못한 것도 내용을 알고 보면 정말 인간적으로 용서가 안 되는 일을 당했기 때문이었다. 가정부로 있는 집의 젊은 부부가 온갖 학대를 일삼으며 인권을 짓밟았을 뿐만 아니라 여권을 빼앗아 돌려주지 않았기 때문에 어쩔 수 없이 못 돌아온 것이다. 물론 영화를 더욱 극적으로 이끌기 위한 복선이지만 해외에 나가있는 필리핀인 가정부들이 얼마나 심한 인권유린을 당하고 있는지를 단편적으로 느끼게 해주는 부분이다. 결국에는 딸이 어머니를 괴롭히고자 담배를 피우고 마약을 하며 매음굴로 들어가 스스로 타락의 길로 들어선다.
 어머니는 가슴을 치면서 내가 홍콩에서 인간 이하의 수모를 당하면서 참고 살아온 것은 자식들을 위한 희생인데 자식들은 그런 어머니의 가슴 아픈 희생을 조금도 이해하지 못하고 오히려 반항만 하고 있으니 기가 찰 노릇이었다. 매음굴에서 마약을 하면서 눈이 희멀게져 있는 딸을 구해내려고 어머니는 필사적으로 노력했으나 딸은 어머니의 손을 뿌리치고 돌아오지 않는다. 그런 실망의 나날을 보내는 어느 날 딸이 이상한 행동을 한다는 긴급 연락을 받고 달려가니 딸아이가 마약과 술에 취해 길바닥에 쓰러져 뒹굴고 있는 게 아닌가! 찢어질 듯한 가슴으로 눈물을 흘리며 딸을 부둥켜안고 울면서 쳐다보니 아랫도리가 피에 흥건히 젖어 있었다. 어머니는 일순 흠칫 놀란다. 매음굴에서 누구의 아이인지도 모르는 아이를 임신했다가 마약과 술을 마시고 과격한 행동을 하는 바람에 유산이 된 것이다.
 건강이 나빠진 딸이 집으로 돌아오고 어머니와의 갈등이 대화를 통해 조금씩 풀리기 시작한다. 그런데 그렇게 고생하며 모아온 돈이 이러저러한 일들을 하느라 모두 써 버리고 통장의 잔고는 곶감 줄듯이 줄어들었다. 어쩔 수 없이 자식들을 위해 다시 홍콩으로 출발하기로 결심하고 공항에서 비행기에 오른다. 이때 루시는 자신의 신세를 한탄하면서 들릴 듯 말듯 한 소리로 허공을 향해 한 마디 던진다.

"어째서 이 나라에서는 취직할 변변한 직장 하나 없고 가족이 단란하게 살 최소한의 기회마저 주지 않는가!"

그렇다. 사실 필리핀은 1960년대까지 아시아의 선도국이었고 미래의 희망에 넘치는 국가였다. 지금과 같은 상태로 전락하리라곤 당시의 아시아인들은 아무도 상상하지 못했을 것이다. 1963년 우리나라의 1인당 GNP가 1백 달러에 지나지 않을 때 그들은 이미 1천5백 달러를 넘는 나라였다. 필리핀의 위대한 지도자 막사이사이가 불의의 비행기사고로 죽지 않았다면 적어도 대학을 나와서 남의 나라에 가정부로 팔려가는 상태로까지 전락하지는 않았으리라는 전문가들의 이야기는 우리에게 지도자의 중요성을 인식시키는 타산지석이라 할 수 있다. 마르코스 대통령의 독재와 부패는 필리핀인들을 정치에 대한 혐오감으로 기울어지도록 했고 그의 철권통치 기간 동안 국민의 상위 1%가 국부의 95%를 점유하는 나라로 편중시키고 말았으니 서민들의 생활은 그야말로 궁핍해 질 수 밖에 없었다.

아무튼 나는 이 영화를 보는 내내 분단국가인 우리나라 국민이 처한 현실을 필리핀이 처한 현실에 대비해보며 더욱 쓰라린 가슴으로 영화에 빠져들었다.

필리핀의 독재자 마르코스 역시 입으로는 민족과 평화와 인권, 자유와 민주 같은 달콤한 말로 국민들을 현혹시키며 필리핀인들을 이끌었다. 그러나 그러한 미사여구의 이면에서는 사리사욕을 챙기고 자신의 당파만을 위한 정치를 하여 빈부격차를 심화시키고 온 나라가 부패의 소굴이 되도록 했다. 스위스 은행에 그의 자산이 천문학적 숫자로 은닉되어 있었다는 후문은 국가 지도자의 어두운 욕심이 결국은 국민전체를 불행에 빠뜨린다는 걸 알게 해주는 교훈적 사례다.

우리 역시 여러 지도자가 나라를 이끌어왔다. 다행스럽게도 우리는 지금 1인당 GNP 2만 달러를 넘어섰고, 세계 11번째의 경제대국으로 발전해 가고 있다. 앞서간 지도자들의 평가는 시대에 따라 자신이 처한 위치에 따라 달라질 것이다. 독재자의 오명을 쓴 지도자도 있을 것이고 무능과 부패의 멍에로 점철된 지도자도 있을 것이다. 그러나 지금의 현실은 누가 뭐라 해도 우리의 지도자들이 옳았다는 사실을 웅변으로 증명해 준다. 자민족의 과거사에 대해 자학적인 평가를 내리는 사람을 영웅시하는 우리 국민들의 나쁜 습관은 세계적으로 너무도 잘 알려진 전매특허이니 제쳐두기로 하자. 그렇기는 하나 우리를 보는 세계의 눈을 보면 다소의 객관성이 확보되리라 여겨져 몇 가지 사례를 들어보자.

먼저 세계적 석학이자 지식인의 표상으로 추앙받는 노암 촘스키(Avram Noam Chomsky)교수는 대한민국이야 말로 '현실세계의 바람직한 발전모델 국가'라는 극찬을 아끼지 않는다. 그는 MIT 공대의 MBA과정 강의 중에 한 학생의 질문을 받고 이에 대한 대답으로 서슴없이 다음과 같이 대답했다고 한다.

학생: 교수님께서 바람직한 발전의 모델로 성공을 거둔 나라가 현실세계 중 어디라고 보십니까?

촘스키: 한국(South Korea)입니다. 한국 국민들은 제국주의 식민 지배를 딛고 일어나 다른 나라에 종속되지 않고 독자적으로 경제발전을 이루면서, 동시에 독재정권에 항거해 평화적인 방법으로 민주주의를 이룩해냈습니다. 세계 최고의 휴대전화와 인터넷 보급률을 자랑할 정도로 첨단 기술이 온 국민들에게 골고루 퍼졌고, 2002년에는 네티즌의 힘으로 개혁적 정치인을 대통령으로 선출할 정도

로 풀뿌리민주주의가 발전했습니다.

다음으로 우리 사회의 일부에서 '유신잔재', '권위주의 정부의 국민동원운동' 등으로 폄하하고 있는 1970년대의 새마을 운동을 중국을 비롯한 동남아국가가 벤치마킹 하고 있다는 사실을 들 수 있다. 중국 인민일보에서도 여러 번에 걸쳐 새마을 운동의 성공사례를 소개했음을 우리는 여러 매체를 통해 접할 수 있었다. 결정적인 것은 후진타오 중국 주석이 2006년 초 전국인민대표대회에서 한국의 새마을운동을 본뜬 '신농촌건설운동'을 11차 경제사회 5개년 계획(2006~2010년)의 핵심과제로 선정한 것이다. 이후 중국은 중앙정부와 지방정부를 가리지 않고 새마을운동을 배우자는 열풍이 새로운 한류로 중원을 휩쓸고 있다.

우리 교육원에도 히로시마대학에 유학 와있는 중국 유학생들로부터 새마을 운동에 관한 자료를 구한다는 문의가 들어올 정도이다. 그들의 희망은 단기간에 도농都農의 격차를 줄이는 데 성공한 한국의 모델이 현재의 중국사회를 개선하는 유일한 길임을 절실하게 깨달은 것이다.

또 하나의 예로 전 세계를 휩쓸고 있는 한류열풍을 들 수 있다. 지금 일본에서 불붙은 한류열풍은 동남아를 거쳐 중국 대륙을 휩쓸고 이제 아랍 권과 유럽 대륙의 안방을 누비고 있다. 필자는 본래 드라마를 즐길만한 시간을 가질 수 없어 한국 드라마를 잘 보지 않았지만, 한국어 학습을 위하여 몇 개의 드라마를 선택하여 감상하면서 정말 깜짝 놀랄 충격에 빠지고 말았다. 드라마의 재미와 오락성은 물론이고 영상기술과 전반적 수준이 할리우드 영화를 능가할 정도라는데 입을 다물 수 없었다. 정말 한국인의 손으로 만들었다는 말이 실감 나지 않을 정도의 스케일과 박진감, 재미가 들어 있었기에 일본인들이 그렇게 열광하는 이유를 조금은 이해할 수 있었다.

생각해 보면 1980년대까지도 한국드라마나 광고들을 보면 일본 베끼기가 공공연하게 자행되었다. 서울의 작가들과 프로듀서가 일본방송이 잡히는 부산으로 몰려들어 대사까지도 그대로 모방하는 판박이 프로가 많았음은 물론이다. 그런 한국이 어느새 일본을 능가했다는 사실은 우리 민족의 창의성이 다른 어느 민족보다 뛰어남을 깨닫게 해주는 사례라 할 것이다. 2008년에는 일본의 요미우리 텔레비전에서 우리나라의 연속극 호텔리아가 리메이크 되어 판박이 드라마로 방영되기도 했다. 일본의 입장에서 보면 참으로 괄목상대할 일이며 격세지감을 느낄만한 일이다.

| 43년 만의 학력고사 부활과 교육개혁논쟁 |

지난 2007년 4월 24일, 일본에서는 초등학교 6학년과 중학교 3학년을 대상으로 한 학력고사가 전국적으로 시행되었다. 43년 만에 부활하는 전국적 학력 테스트라 일본 교육계와 학부모들은 지대한 관심으로 지켜보았다. 미군기지가 있는 요코하마나 오키나와 등에서는 미군의 군사훈련을 일시 중지해 달라고 요구하는 등 일본의 지자체들도 부산을 떨었고 매스컴들도 특집을 내고 부산을 떨었다.

학력고사 대상은 전국적으로 3만 3천 가까운 시험장에 223만 명에 이르며 참가한 학교는 공립학교가 초·중학교를 합하여 99%에 달하고 사립학교는 60%에 머물렀다. 공립학교의 참가비율이 높은 이유는 학력고사 실시에 끝까지 반대해온 아이치현愛知県 이누야마시犬山市의 14개교를 제외하고는 모두 참가했기 때문이라고 일본 문부과학성이 발표했다.

이후 이누야마시는 2008년도까지 학력고사에 참가하지 않고 버티다가 2009년도 4월 21일에 실시된 제3회 학력고사부터는 참가를 결정했다. 이런 결정을 내린 데는 학부모들의 항의와 문부과학성의 압력이 배경인 것으로 알려졌다. 이제 일본은 전 국공립학교가 학력고사에 참여하게 되어 일본교육개혁을 주도하고 있는 '일본교육재생회의' 는 한층 고무된 분위기이다.

학력고사 과목은 초·중학교 공히 국어와 수학 2과목이며 이 중에서 주로 지식을 판별하는 문제지 A와 응용력을 테스트하는 B로 구분하여 문제를 풀도록 구성되어있다. 특히 이 시험은 학력테스트에 병행하여 생활 습관과 학습 환경에 관한 설문조사도 함께 실시한 것이 특징이다. 이렇게 한 이유는 학습 환경과 학력과의 상관관계를 규명하여 향후 교사들이 학습지도시에 학생 개개인의 성향을 참고하여 지도에 임하면 성과를 극대화할 수 있다는 판단에서라고 한다.

이 학력고사 실시에 앞서 일본에서는 교육개혁문제를 둘러싸고 수많은 논란이 있어왔다. 아베 수상 직속의 '일본교육재생회의' 는 일본의 공교육이 완전히 그 기능을 상실하고 붕괴상태에 있다고 보고, 그 개선책으로 교사 면허증 갱신의 강화, 교원평가제 전면실시, 일제고사의 부활 등을 제안하고 여론의 힘과 정치적 힘을 배경으로 혁신적인 사안들을 거침없이 추진해 왔다.

처음 일본 문부과학성이 학력고사 부활의 이유로 제시한 자료는 OECD가 조사한 2006년도 세계43개국의 학력비교 조사통계였다. 이 자료에 따르면 '독해력' 과 '수학' 부문에서 단연 1위는 핀란드로 나와 있다. 핀란드가 1위를 유지하는 원인은 첫째, 적절한 경쟁을 도입하여 동기유발을 일으키게 하는 점. 둘째, 학생들의 수준에 따라 개별지도가 철저하게 시행되고 있는 점. 셋째, 교원들이 높은 전문성을 유지하고 있는 점 등이라는 것이다.

이런 자료들을 제시하며 학력고사 실시의 정당성을 역설하자 여러 학부모 단체와 수상직속의 '교육재생회의' 가 적극지지를 표명하고 나섰다. 매스컴도 일

교조의 여유교육(ゆとり教育)을 비판하며 학생들의 학력을 측정하는 것은 시대적 요청이라고 거들고 나섰다. 각종 여론조사 또한 학력고사를 부활시키려는 문부과학성에 힘을 실어주었다. 이런 분위기를 적절히 이용하여 문부과학성은 전국적 학력고사를 연 1회에 걸쳐 실시하고 그 통계를 전국단위에서만 공개하는 것을 원칙으로 정했다.

그러나 3년간의 시행과정에서 일본역시 한국에서 일어난 학력고사 점수조작 사건과 똑같은 일이 반복되고 있다. 인간이 사는 세상은 어디건 간에 경쟁이 있으면 이기려는 심리가 작용하기 마련이고, 그 심리가 정당하지 못한 방향으로 작용했을 때는 부작용을 초래하기 마련인가 보다. 교장과 교사가 함께 학생들의 성적조작에 가담한 사실이 밝혀지기도 하고, 일부러 학생들의 감독을 소홀히 하여 성적을 올린 학교도 나오는 등 그 부작용이 심심치 않게 보도 된다.

이를 바라보는 일교조를 비롯한 교원단체들은 학력고사 폐지를 주장하고 나섰다. 이들의 주장은 교육을 경쟁논리나 상업주의적 실적위주로 보는 그 자체가 인성교육과 먼 장래의 비전을 모토로하는 교육의 기본조차 이해하지 못하는 교육 파괴적 행위라고 지적한다. 그 실례로 문부과학성은 현 단위까지만 점수를 공개하는 것을 원칙으로 하고 학교단위의 점수공개는 각 학교의 판단에 맡긴다는 발표를 했다. 그렇지만, 궁극적으로는 학교간의 점수가 공개되어 무한경쟁의 체계로 전환될 것으로 전망하고 있는 점이 그것이다.

이러한 일교조의 우려를 증명 하듯 일본 동북지방의 아키타현 데라다(寺田典城) 지사는 문부과학성의 방침에 반대하며 전국 학력 테스트 결과에 대한 학교별 평균 정답률을 공표하는 전격적인 조치를 취했다. 이를 계기로 전국 학력 조사의 결과 공개를 둘러싼 혼란이 한층 더 확산되고 일교조 또한 폐지 주장의 목소리를 높이는 등 여론이 양분되고 있다. 이런 일이 발생하자 문부과학성은 '도도부현이 시읍면별 성적 결과를 열람 할 수 있는 형태로 공개하는 것은, 학교

서열화나 과도한 경쟁을 불러일으킬 우려가 있으므로 삼가 하여야 하고, 공표 여부는 시읍면이 판단하여, 공표할 때는 결과뿐만 아니라 대책까지도 분명히 제시하여야 한다' 고 못을 박았다.

그러나 일본의 지자체들은 행정의 힘을 과시하며 학교별 성적을 공개하여 교사들의 '분발심' 을 더욱 부추겨야 한다며 데라다 지사의 공개행위를 지지하고 나섰다.

그 구체적인 지지사례가 2008년 연말과 2009년 벽두에 벌어진 지방자치단체와 문부과학성이 학교별 성적 공개를 놓고 벌인 격론을 들 수 있다. 논란의 발단은 돗토리현 의회로부터 시작되었다. 돗토리현 의회는 '학교별 성적발표조례' 를 공포하고 '학생들의 경쟁심을 불러일으키고 학부모들의 알권리를 충족시키기 위해' 학교별 성적을 공개하라고 교육위원회에 지시했고, 문부과학성은 국가의 방침에 어긋난다며 조례개정을 자제하라고 권고 한 것이 그것이다. 이런 와중에서 오사카부의 하시모토橋下徹 지사역시 문부과학성의 권고는 '지방자치단체에 대한 도전' 이라며 돗토리현을 거들고 나섰다. 물론 이런 논란의 결론은 나오지 않았다. 당분간은 전국의 모든 학교가 학교별 성적을 공개하지는 않겠지만, 이런 국민적 여론의 추세로 본다면 오래지 않아 지자체별로 성적 공개가 이루어질 전망 또한 커 보인다.

결론적으로 일본은 학력고사 결과 공개를 둘러싸고 얼마동안 논란이 그치지 않을 것이다. 그러나 그 나아갈 방향은 분명 '경쟁' 을 중시하는 방향으로 선회할 것으로 판단된다.

제6장

한·일 교류의 해법과
일본에서 배울 점

일본사회 지도층의 '노블레스 오블리주' | 낙서와 법치국가 | 일본의 불교탄압과 문화재 보호법 | 교토의 게이샤들 | 노벨상과 일본의 장인정신 | 도오리마 사건과 일본정부의 대처 방식 | 브랜드화에 성공한 일본의 농산물 | 기초와 기본교육 충실 과 일본인의 준법정신 | 일본스모와 정통숭상 정신 | 고 이수현군과 한·일 관계의 명암 | 한·일 친선과 통신사 왕래 400주년 | 전통의 향수에 젖어 있는 일본 | 일본 스모와 야오쵸 의혹 | 야구와 전통축제로 열광하는 일본의 여름 | 혼을 불어넣는 일본의 장인정신 | 독도문제의 해법 | 일본어가 유창한 한국의 유지들

| 일본사회 지도층의 '노블레스 오블리주' |

　　　　　　　　　　대선을 전후하여 우리사회에서는 사회지도층의 도덕적 의무를 지칭하는 '노블레스 오블리주'라는 단어가 세간의 화두로 등장했다. 본래 이 단어는 프랑스어로 명예(Noblesse)만큼 의무(Oblige)를 다해야 한다는 뜻을 지니고 있다고 한다. 유럽의 제국들은 봉건국가시절부터 왕권유지를 위해 수많은 귀족들이 전장에 나가 목숨을 걸고 공동체의 안전을 지키고 스스로의 의무를 다함으로써 자신의 권역에 속하는 농노들에게 세금과 복종을 요구할 수 있었던 데서 유래된 말이다.

　　현재에도 세계의 민주국가들은 거의 모두가 빠짐없이 사회지도층에 대해 노블레스 오블리주를 무언의 사회적 합의로 요구하고 있다. 아울러 자신의 국가를 위해 아낌없이 희생하고 봉사한 지도자들에게 한없는 존경과 경의를 표하고 있기도 하다. 이렇게 존경받고 본받을 만한 훌륭한 지도자를 많이 가진 나라의 국민들일수록 자국에 대하여 드높은 자긍심을 가지는 것은 지극히 당연한 일이다. 이와 더불어 자신이 소속된 국가와 공동체를 위하여 기꺼이 봉사하고 희생하는 아름다운 사회가 형성되는 것 또한 당연한 이치라 여겨진다.

　　이런 의미에서 본다면 일본사회 지도층의 노블레스 오블리주는 그들의 사회안전망과 질서의식의 수준만큼 선진화 되어 있다고 볼 수 있다. 과거의 역사를 통해서, 그리고 현재를 사는 일본인들의 모습 속에서 사회지도층의 도덕적 의무이행은 몇몇의 특별한 사례들뿐만 아니라 사회전반에 스며있는 신뢰로 살아 숨 쉬는 듯하다. 그들의 정직, 친절, 신용의 이미지가 결코 사회지도층의 솔선수범 없이 이루어진 것은 아닐 것이기 때문이다.

　　이러한 일본 사회의 사례로 파나소닉(Panasonic)의 브랜드로 잘 알려진 마츠시타전기松下電氣의 창업자 마츠시타 고노스케松下幸之助를 드는 사람들이 많다. 10년 전, 94세를 일기로 생을 마감하기까지 '경영의 귀재', '모방의 천재' 등으로 불린 그의 파란만장한 인생 자체가 일본인들의 존경의 대상이 된다 해도 과언은 아니다.

그는 자서전에서 "나는 하늘로부터 세 가지 선물을 받고 태어났다. 태어난 집이 가난했으므로 돈의 소중함을 알 수 있었고, 가난하여 배우지 못했으므로 모든 사람으로부터 배우는 자세가 되어 겸손함을 가질 수 있었고, 천부적으로 몸이 허약하였으므로 건강의 소중함을 알아 일생동안 건강에 유의하게 되었다"라고 말하고 있다. 고노스케가 즐겨 읽던 『법구경』에서는 '가장 현명한 사람은 모든 사람으로부터 배우는 사람이요, 가장 강한 사람은 자신을 이기는 사람'이라 했는데 경전의 말을 그대로 실천한 사람이라는 점에서 확실히 보통사람은 아닌 것 같다. 자신의 부적요소를 긍정적이며 발전적인 원동력으로 전환시킨 그 역발상도 대단하지만, 일생을 통하여 실제적으로 하루도 거르는 일없이 실천했다는 사실은 더욱 감동적이다.

우리는 흔히 "공부를 안 해서 그렇지 내가 머리는 훨씬 ○○보다 좋다"라든가 "내가 능력은 월등한데 운이 따르지 않아서 ○○보다 못한 대우를 받고 있다"라는 이야기를 자랑처럼 떠벌리며 네그티브적 발상에 사로잡혀 시간을 허비하는 사람들을 자주 접한다. 이런 사람들은 10년이 지나도 늘 불평만 하고 발전은 하지 못한 채 그 상태에 머무는 사람들이다. 고노스케가 그의 일생을 통하여 우리에게 보여준 실천은 이런 '입만 살아있는' 사람들에게 경종을 울리고 있다. 수많은 좋은 계획과 수많은 좋은 결과가 눈에 보여도 실천이 따르지 않고 노력이 없이는 아무리 천재라 한들 아무것도 이룰 수 없다는 사실을 행동으로 보여준 것이다.

그의 훌륭한 점은 이런 실천력에만 머무르지 않는다. 일본기업의 사회적 의

무를 몸소 실천한 사람으로 그는 더욱 존경 받고 있다. 어렵게 이룩한 회사의 부와 경영권을 미련 없이 능력 있는 후진에게 물려주고 자신은 많은 사람들의 계몽을 위해 일생을 강연과 저술에 몰두했다. 학력이래야 초등학교 3학년 중퇴인 그가 강연과 저술에 몰두했다면 고개가 갸우뚱 거려질지도 모른다. 그러나 그는 일생을 통하여 배우고 연구하는 자세를 잃지 않았기에 만년에는 경영학 분야뿐만 아니라 인생을 관조하는 철학 등의 다양한 분야에 걸쳐 자신도 모르는 사이에 대가가 되어 있었다. 그의 경영철학과 신념은 일본 경제계에 귀감이 되었음은 물론이고 그의 저서가 아직도 일본의 스테디셀러 반열에서 굳건히 자리를 지키고 있음은 그의 명성이 어느 정도인지를 짐작하게 한다.

현재 일본 재벌기업들은 고노스케의 정신을 이어 받아 자식에게 재산을 넘겨주거나 경영권을 넘겨주는 예는 찾아보기 힘들다. 간혹 그런 경우도 있으나 사회적 비난여론 때문에 우리처럼 대놓고 경영권을 넘겨주는 경우는 없다고 단언해도 무방할 정도다. 그러니 부자와 가진 자에 대한 질시와 비난의 정도가 자연히 약할 수밖에 없다.

이에 비하여 일본정치인들은 고노스케처럼 국민적 추앙을 받는 사람은 드물다. 1960년대, 일본에서도 정치인들의 부패가 극에 달하여 5억을 쓰면 당선되고 4억을 쓰면 떨어진다는 '5당 4락' 이라는 말이 유행한 적이 있었다. 또한, 록히드사건으로 대변되는 다나카 가쿠에이田中角榮 수상의 뇌물사건 등으로 보더라도 정경유착의 정도가 심했었다. 그러나 강력한 법의 시행과 출마자들과 유권자들의 의식이 고조되면서 차츰 개선되어 왔다.

이런 일본정치인들의 검은 정경유착 커넥션 속에서도 존경받는 지도자가 여러 사람 존재한다. 그들 중에서도 가장 청렴한 정치인으로 미키 다케오三木武夫 전 수상을 드는 사람이 많다. 그는 수상에 오르자 곧바로 부패청산에 들어가 부패로 얼룩진 일본정치를 일소하고자 노력했다. 그가 얼마나 청렴했는지는 그의 사후에 자신의 이름으로 남겨진 재산이 한 푼도 없었다는 사실 하나만으로도 입증 가능하다. 뿐만 아니라 선거 중에 지출한 밥값 등의 소액 빚도 값을 수 없을 정도였다고 하니 그의 일생이 얼마나 청렴했는지 짐작이 가는 일이기도 하다. 또 다른 청렴한 정치가는 바로 작년까지 일본을 이끌었던 후쿠다수상의 아버지 후쿠다 다케오福田赳夫 전 수상이다. 대를 이어 수상이 탄생한 가문으로도 잘 알려져 있지만, 그의 아버지 후쿠다 다케오 수상의 청렴한 일생은 일본인의 인구에 늘 회자되고 있다.

후쿠다 다케오는 1952년 군마현群馬県에서 무소속으로 출마한 이래 14번 연속 중의원에 당선된 최다선 의원 중의 한 사람이며, 1976년부터 1978년까지 일본의 수상자리에 오른 사람이기도 하다. 그러나 그것보다는 일생을 13평짜리 아파트에서 검소한 생활로 일관한 사람으로 더욱 유명하다. 우리나라 역대대통령의 행적에 비하면 참으로 미키나 후쿠다는 물욕에 초연하고 모범적인 사람이라 하지 않을 수 없다. 그들의 후손들이 대를 이어 수상에 오르고 일본국민들로부터 존경과 찬사를 받는 것도 우연은 아니라는 생각을 갖게 하는 부분이다.

이 밖에도 2008년 아사히 텔레비전에 방영된 후생노동성 장관 마스조에舛添要一의 청렴한 생활도 화제가 되고 있다. 마스조에는 후생노동성 장관이라는 지위와 일본 국회의원 중 최고의 자산가(3억9천만 엔)라는 평가에도 불구하고 맞벌이를 계속하고 있다는 점이다. 이 뿐만 아니라 자신이 직접 빨래도 하고 쓰레기를 버리는 등 지도자로서의 모범을 보이고 있다. 이 방송에서 장관이 직접 쓰레기를 분리하여 출근 시간 전에 버리는 모습을 찍어 내 보냈는데, 일본인들 역시 청렴하고 정직한 정치인에게는 지지와 찬사를 보내고 있음을 알 수 있었다. 이제 일본은 사회 지도층의 '노블레스 오블리주'가 정착된 것 같은 느낌을 주며, 정제계의 지도자들이 비자금이나 부정한 돈을 비축하여 해외로 빼돌리는 사례도 찾아보기 힘들게 되었다.

우리는 일본의 사례를 통하여 우리의 발밑도 얼마나 깨끗한지 살펴야 할 것이다.

| 낙서와 법치국가 |

2008년 7월 무렵 '낙서'가 사회적 화두로 떠오르면서 일본전역이 떠들썩했다. 발단은 엉뚱하게도 일본 국내가 아닌 이탈리아였다. 2008년 2월에 이탈리아로 수학여행간 기후岐阜여자단기대학 여학생 6명이 피렌체의 산타마리아 델피오레 대성당 벽과 기둥에 자신들의 수학여행 기념으로 소속과 이름을 크게 써 놓았던 것이다. 이것을 일본의 다른 관광객 일행이 사진을 찍어와 해당학교에 통보하자 학교 측은 즉각 교수회의를 소집하고 징계처분을 결정했다. 이에 더하여 학교 측은 정중한 사과의 말과 낙서지우는 비용을 부담하겠다는 편지를 성당 측에 보냈다. 성당 측은 사과편지로 충분하다며 사양했다.

이 사실이 신문에 보도되자 3월에 수학여행을 갔던 교토산업대학 남학생 3명도 유성매직으로 큼직하게 낙서한 사실이 밝혀져 정학처분을 당했다. 불똥은 더욱 확산되어 3년 전에 신혼여행을 가서 낙서를 남겨놓았던 고등학교 야구감독이 해임되는 사태에까지 이르게 되었다. 이렇게 낙서로 인한 처벌이 확산되자 이탈리아 신문들은 오히려 너무 심한 처벌이라며 의외의 반응을 보이기도 했다. 이탈리아의 정서로는 이정도의 낙서로 처벌까지에는 이르지 않는다는 것이다.

그러나 일본 국내의 반응은 이탈리아와는 정반대였다. 정당한 처벌이고 해임이었다는 반응이 압도적이었다. 후지텔레비전의 조사에 의하면 '처벌이 정당하다'고 답한 사람이 85%로, 반대의견을 개진한 사람은 극소수에 불과했다. 이런 압도적인 지지가 나온 이유는 이미 일본에서는 악질적인 낙서문제로 골치를 앓고 있기 때문이기도 할 것이다. 공교롭게도 세계문화유산으로 등록된 일본의 사찰들이 유성 스프레이로 낙서하는 악질적인 낙서꾼들 때문에 원상태를 보존하기가 힘들다는 보도가 나오는 등 신경을 곤두세우고 있던 시점과 겹치기 때문이리라는 추측도 가능하다. 이러한 와중에 홋카이도의 도야코洞爺湖에서 개최된 G8회의를 앞두고 신칸센 열차외벽 전체에 'Hack'이란 영어낙서가 발견되어 열차운행이 일시 정지되는 사태로까지 발전하였다. 낙서 하나로 인하여 이렇게까지 호들갑스런 반응을 보일 필요가 있을까라는 의문이 들기도 하는 부분이다.

사실 낙서의 역사는 인류의 역사와 함께 한다고 해도 과언이 아닐 것이다. 원시시대의 암각화나 해독하기 힘든 기록들이 일종의 낙서이고, 일상생활 속에서 접하는 공중변소 등의 낙서는 현대인들의 스트레스 해소의 한 방편이기도 하다. 일본을 제외한 서양의 여러 문화유산들을 방문해 보면 이러한 낙서를 쉽게 접할 수 있다. 독일의 쾰른 대성당 벽과 프랑스 노틀담 사원의 계단 등에 적혀있는 낙서들은 수많은 국가들의 언어로 장식되어있다. 키가 닿지 않는 곳에까지 큼지막한 낙서가 보이는 것으로 보아 사다리를 놓고 올라가지 않았나 하는 생각이 들 정도이다. 문제가 된 피렌체의 대성당도 정문 앞에서 낙서용 펜을 팔고 있을 뿐만 아니라 자신의 소원을 쓰면 복을 받는다는 '미신'도 한 몫한 것으로 전해진다.

이렇게 유럽의 문화유산이 낙서가 많은 원인을 독일의 신학자 리트케(G. Liedke)는 다음의 두 가지 이유로 설명한다. 첫째는 신자들의 숫자가 성당을 관리할 만한 수준에도 미치지 못한다는 사실이다. 이미 유럽은 르네상스를 거치면서 신 중심 사상에서 벗어나 인간 중심 사상으로 전환한지 오래일 뿐만 아니라 최근에는 그 경향이 더욱 심화 됐다는 것이다. 두 번째는 낙서에 대한 생각이 고대 로마시대부터 상당히 자유로웠다는 점을 든다. 우리에게 잘 알려진 비틀즈의 멤버 존 레논의 노래 이매진(imagine)에는 '나는 꿈꾼다, 전쟁이 없는 세상을. 나는 꿈꾼다, 종교가 없는 세상을' 이라는 구절이 나온다. 이는 서구인들의 사상이 자유분방하고 인본주의적이라는 점을 시사하는 상징일 것이다. 이런 자유분방한 사상이 낙서문화에도 관대한 자세를 보이는 형태로 연결되어 있다고 여겨진다.

그렇지만 일본 범죄 심리학자들의 주장은 단호하다. 도카이東海 학원대학 하세가와長谷川博교수 등은 간단한 낙서나 깨진 유리창 하나를 방치하면 사회전체의 범죄율이 높아지고 강력사건이 빈발하게 된다는 '깨진 유리창 이론' 과 적용을 예로 들면서 이의 철저한 적용을 강조한다.

일본은 전통적으로 이 이론을 선구적으로 실천해 온 모범적인 국가라 할 수 있는데, 낙서로 빚어진 일련의 상황도 이 전통의 연장선상에 있다고 보면 틀리지 않는다. 지난 2008년 7월 7일에는 인터넷상에서 상습적으로 근거 없는 비방 글을 게재하던 35명을 적발하고 전격적으로 구속 조치했다. 원칙에 입각한 강력한 법집행이었다. 한국의 네티즌들이 익명의 그늘에 숨어 법 알기를 우습게 여기는 것과는 대조적이다. 이 조치는 초기단계에서 엄격한 법적용을 통해 범죄의 확산을 차단하겠다는 법치국가의 기본이념에 충실한 것에 지나지 않는다.

이러한 이웃 일본의 낙서와 경범죄에 대한 강력한 대처가 사실상 이상적인 법치국가의 실현이라는 큰 목표에 접근 할 수 있을지는 아직 미지수다. 그러나 일본 국민들의 철저한 범죄예방 의식은 경범죄 단계에서 차단한다는 국가의 정책에 많은 지지를 보내고 있음을 감안한다면 성공의 확률이 높다 할 것이다.

| 일본의 불교탄압과 문화재 보호법 |

본래 불교는 그 근본정신이 자비와 융통성을 바탕으로 하기에 어느 나라에 들어가건 그 나라의 토속신앙과 융합하는 특징을 가지고 있다. 우리나라의 대웅전이 환웅사상과의 융합이고, 일본의 절 안에 신사가 함께하는 것도 일본 전통신앙과의 융합이다. 이러한 불교의 원융무애圓融無碍사상이 다른 종교와의 화합을 이끌어 갈등을 유발하거나 대립을 조장하는 일은 극히 드물다. 그런데 전 인구의 93%이상이 불교신도인 일본에서도 불교탄압이 공공연하게 자행된 시기가 있었다. 그 시기가 바로 메이지유신 전후였다.

당시 메이지유신의 광풍이 일본을 뒤흔들던 시점인 1868년 3월, 유신정부는 천황의 신격화에 박차를 가하기 위해 다조칸 포고太政官布告를 발하여 신불분리神佛分離를 명한다. 이 포고가 알려지기가 무섭게 일반군중들은 정권의 선동에 따라 신사에 있는 불상과 불구佛具를 제거하고 불교배척운동에 돌입한다. 이 운동을 '일본국사대전'에서는 '폐불훼석廢佛毁釋 운동'이라 칭하고 있다. 당시 전국에서 일어난 불교배척 운동으로 가람과 불탑, 불상과 불구 등이 파괴되거나 소실된 지역은 수를 헤아릴 수 없을 정도로 많았다. 전국에 산재해 있던 10만을 헤아리던 사찰은 '폐불훼석 운동'의 8년 동안 5만 이상의 사찰이 소실되거나 파괴되었다고 하니 가히 그 광란의 정도를 짐작해 볼 수 있을 것이다.

불교배척에 앞장선 민중들의 광기는 그 도를 더해가서 급기야는 일본의 국보급 문화재에도 미쳐 수많은 불상과 불구가 장작으로 화하여 땔감으로 사라지거나 훼손을 입었다. 중국의 문화혁명과 유사한 정부주도의 광란이었다. 동양권 민중들이 선동정치에 약하다는 미래학자 롤프 옌센(Rolf Jensen)의 말이 실감나는 순간이다. 지도자의 손가락질 하나로 이리저리 몰려다니는 속성은 세 나라가 너무도 닮아있어 고소를 머금게 하는 부분이기도하다. 특히나 관료들의 지도자에 대한 과잉충성의 폐해는 동양사의 곳곳에서 발견되기도 하지만, 일본이 한 수 앞서는 느낌을 준다.

이러한 사회적 분위기를 알 수 있는 부분이 당시의 신문보도이다. '나라신문奈良新聞'에 의하면 당시의 관료들은 정기보고체계를 통하여 사찰을 파괴한 실적을 정부에 보고했다고 하니 우치愚恥의 정도가 지나치다 할 것이다. 또 이 신문에서는, 당시 5층 석탑 하나가 2만엔(한화 약20만원)에 거래되었다는 기사가 보도되어 있을 정도로 불교의 권위는 땅바닥에 떨어지고 말았다. 그러나 민중의 신앙심은 그리 쉽게 짓밟을 수 있는 것이 아닌가 보다. 이러한 와중에서도 불교를 신봉하는 일반 민중들은 불상 앞에 앉아 기도와 좌선을 행하며 저들의 광란을 용서해 달라고 기도했으니 신앙의 힘은 일시적 정치행위로 바꾸기 힘들다는 증거이기도 하다.

이후 이 광란이 다소 잠잠해 지자 일본전국을 돌며 불상의 파괴정도와 불교문화재의 실태를 조사한 일본인 학자가 등장했다. 그가 바로 이후의 불교문화재 수리와 재현에 일생을 바친 오카쿠라 덴신岡倉天心이다. 오카쿠라는 13세에 도쿄대학에 입학하여 17세에 졸업한 천재였다. 그는 대학을 졸업하자마자 자신의 대학스승인 페노로사(Ernest Francisco Fenollosa)와 함께 일본전국을 돌며 신앙의 대상이자 예술품인 불상의 아름다움에 빠져든다. 오카쿠라는 본래부터 불교신자이니 당연하다 치더라도, 기독교신자인 페노로사가 불교미술에 심취하여 제자와 함께 불상 앞에서 절을 하고 그 아름다움에 빠졌다는 사실 또한 한국기독교의 교조주의적 입장에서 보면 신기하고 놀라운 일일 것이다.

이 두 사람은 힘을 합쳐 당시의 일본수상 이토 히로부미伊藤博文에게 불교미술의 우수함을 설명하고 서양미술에 대항하여 일본미술의 위대함을 널리 알려야 한다고 역설했다. 이때가 1903년인데, 당시의 일본은 탈아입구의 열풍이 몰아치던 시점이었다. 서양의 발달된 문물을 받아들여 동양의 미개함으로부터 탈출해야한다는 처절한 국민적 몸부림이 한창이던 시절이었다. 서양의 모든 것이 숭배와 존경의 대상이었기에 로쿠메이칸鹿鳴館으로 상징되는 서양건물의 중심에서는 밤마다 댄스파티가 열리고 정부 고관대작들은 여기에 몰려들어 춤을 추는 것이 일상사처럼 이어졌다. 일본의 학술 분야 역시 이러한 사조가 이어져 미술계에도 서양 조각과 유화가 유행처럼 번져나갔다. 일본문화의 우수성이나 전통문화의 계승에 대해서 한 마디 말조차 꺼내기 어려운 시점이었다. 자칫 섣불리 말을 꺼냈다가는 케케묵고 낡은 이념과 사상이라는 손가락질을 받기에 충분했다.

그러나 이 두 사람은 시대를 앞서가는 천재들이었다. 두 사람 모두 같은 특징을 가지고 있는데, 페노로사도 하바드 대학을 수석으로 졸업한 경력의 소유자이고, 오카쿠라도 17세에 도쿄대학을 졸업하고 한 번도 외국에 나간일이 없지만 영어가 능통한 천재였다. 천재들은 어디가 달라도 다른가 보다. 이 두 사람의 끈질긴 설득과 노력으로 일본은 처음으로 '문화재 보호법'을 제정하고 국가차원에서 불교문화의 보호에 돌입한다. 그러나 법만 제정되었지 실질적으로 어떤 문화재가 어느 곳에 있으며, 어떤 가치를 지니고 있는지 그 기초조차 파악하지 못하고 있었다.

이에 오카쿠라는 스스로 문부성의 관리가 되어 전국에 산재한 불교문화재 2만 여점을 답사하고 정비하는 업적을 달성했다. 이후 문부성관리를 사퇴하고 일본전통문화를 육성 · 발전시키기 위해 '도쿄미술학교' 교장에 취임하기에 이른다. 그러나 서양미술을 숭배하는 미술계의 중상모략에 의해 교장자리에서 쫓겨나는 처지가 된다. 당시 서양미술을 숭배하는 그룹들이 돌린 괴문서에는 '수만금의 국가재정을 낭비하면서도 미술의 발달에 등을 돌리고, 고루한 사상에 묻혀 그 진보를 방해하고 있다' 라는 주장이 들어있다. 정부에서는 수적으로 우세한 서양미술 전공자들의 압력을 이기기 못하고 오카쿠라를 사임시킨 것이다. 그러나 오카쿠라는 이에 굴하지 않고 폐불훼석으로 파괴된 불상 등의 불교문화재 수리와 일본미술의 우수성을 전파하기 위해 자신의 제자들과 함께 '일본 미술원' 을 설립하고 일생을 불상의 수리와 재현에 몰입한다. 아울러 일본불교문화의 우수성을 세계에 알리기 위해 많은 시간을 외국강연에 투자한다. 오카쿠라가 설립한 일본미술원은 그의 사망 후 '재단법인 미술원 국보수리소' 로 바뀌어 그의 정신을 계승하며 오늘에 이르고 있다.

한편, 페노로사는 문화재보호법이 제정된 이후 일시 귀국하여 보스톤 미술관의 동양미술부장에 취임했다. 이후 6년간 일본미술의 우수성을 서양에 소개하고 홍보하는데 앞장섰다. 보스톤 미술관의 계약이 만료되자 페노로사는 다시 일본으로 돌아와 불교미술과 일본근대 우키요에浮世繪 에 심취해 수집과 보존에 힘썼다.

1908년, 런던에서 개최된 국제미술회의에 미국 대표자격으로 출석하여 체재하던 중 심장발작으로 사망하기까지 일본 불교미술의 발달에 끼친 그의 공로는 지대했다. 일생을 불교문화와 일본미술의 우수성과 아름다움에 빠져 이를 서양에 알리고 보존하는데 바친 집념의 일생이었다. 그는 생전에 유언을 남겨 '나의 무덤은 불교의 요람인 호묘인法明院에 만들어 달라' 고 했기에 화장한 골분을 미이 데라三井寺 호묘인에 안치했다. 비와호琵琶湖가 내려다보이는 아름다운 곳이다. 그의 법명은 현지원명철체신거사玄智院明徹諦信居士이다. 일본인들은 지금도 그를 '일본의 은인' 으로 기리고 있고, 일본정부는 그의 공로를 기려 영예훈장을 추서했다.

　일본의 개화기에 일본에 온 서양인들 중에는 페노로사와 같이 진정으로 일본을 위해 일한 사람들이 많다. 그들 대부분은 자신의 종교를 앞세워 일본문화를 폄하하거나 일본인을 선교와 개화의 대상으로 삼지 않았다. 우리나라에 상륙한 서양인들이 한국인의 전통사상을 미개한 것으로 치부하거나 아예 무시하고 선교와 개명의 대상으로 삼은 것과는 대조되는 부분이다. 이러한 사실은 한국의 최초 기독교인 중 한 명인 윤치호가 그의 일기에서 당시 한국에 온 선교사들의 태도를 신앙고백의 형식으로 기술해 놓고 있기도 하여 주목을 받는다. 당시의 선교사들은 한국의 전통사상과 신앙을 송두리째 부정하고 착한 타종교 신자라도 한국의 전통적 관습을 지키면 영원히 지옥에서 벗어날 수 없다고 설교하는데 충격과 반발을 느꼈다고 기록해 놓고 있어 후인들의 마음을 착잡하게 만든다.

　요컨대 페노로사의 일생은 이러한 서양인들의 일본에 대한 태도를 엿볼 수 있는 좋은 예에 속하며, 우리의 근대사 속에 등장하는 외국인들과도 비교가 되는 한 단면이라 할 것이다.

| 교토의 게이샤들 |

　　　　　　　　　　　　　일본인의 외부문화에 대한 태도를 이야기 할 때 서양의 학자들은 대체로 프랑스의 정치철학자 소르망(Guy Sorman)이 주장하는 '단일정체성이론'에 동조하는 사람들이 많다. 그의 저서『열린세계와 문화창조』에 따르면 섬지역과 같은 폐쇄성이 강한 지역의 국민은 민족의 단일 정체성에 집착하고 고유문화를 고집하는 경향이 강하다고 본다. 그래서 세계적 차원

의 문화규범이나 새로운 문화를 등한시하거나 거부하는 경향을 보인다고 지적한다. 일본문화의 특징을 잘 관찰한 탁견으로 여겨진다. 사실 일본에서 생활하다 보면 이러한 집착에 가까운 그들의 '문화적 고집'을 쉽게 만날 수 있다. 그 중의 하나로 교토에서 만나는 게이샤를 들 수 있을 것이다.

일본에서도 전통적인 게이샤를 두고 공연과 술시중을 드는 오차야ぉ茶屋가 술문화의 현대화와 대중화로 경영난에 직면하여 다른 업종으로 전환하거나 폐업하는 경향인 것은 시대의 대세다. 그럼에도 불구하고 유독 교토의 하나마치花街 지역만은 350여년의 전통을 그대로 이어 오고 있고, 아직도 성업 중에 있음은 그들의 전통에 대한 향수가 어느 정도인지를 짐작하게 한다.

사실, 교토가 가지는 도시 이미지가 전통적 향수를 그대로 간직한 고도古都이기는 하지만, 그 중에서도 거리를 활보하고 있는 게이코(芸妓, 교토에서는 게이샤를 게이코 또는 게이기라 부른다)와 마이코(舞妓, 20세 이하의 견습생)를 만나면 외국인 역시 일본 전통의 매력에 빠져들게 된다. 에도시대의 전통적 올림머리에다 화려한 기모노를 입고 아장아장 걷는 그들의 모습은 교토의 또 다른 명물이라 해도 과언은 아니기 때문이다. 가부키 무용수처럼 짙은 분화장을 하고 인형 같은 모습을 하고 있기에 언뜻 보면 누가 누군지 구분이 안가는 같은 얼굴을 하고 있다.

전통적으로 게이코가 되려면 9~12세에 오키야置屋라는 게이샤 견습소에서 접객방법을 배우고 예능을 익혀, 20세가 넘으면 본격적인 게이샤로 오차야에서 일을 할 수 있었다. 그러나 전후, 아동복지법과 근로기준법의 개정에 의해 현재는 중학교 졸업 이상이 아니면 견습생이 될 수 없다.

이들은 평균 반년에서 2년가량 접객의 예법을 배운 후, 1개월간 견습생으로 게이샤와 함께 오차야에서 손님을 접대하고 노래와 춤을 선보인다. 이런 과정을 거친 다음 20세가 될 때까지 마이코로 인정받아 게이샤의 접객을 보조하고 예능을 더욱 연마하여 능숙한 게이샤로 성장해 간다.

이러한 게이샤의 세계는 상하의 엄격한 규율과 전통적 규범을 그대로 전승하고 있다. 따라서 일시적인 기분으로 게이샤가 되고자 입문한 젊은 여성들의 반 이상이 이런 답답한 환경을 극복하지 못하고 중도에 탈락한다고 한다. 오키야에서 마이코가 접객방법과 예능을 수련하는 동안의 모든 경비는 오키야의 '어머니お母さん'가 부담한다. 일종의 보증인 제도인데 이 '어머니'는 자신의 오키야 소속 게이샤들이 벌어들이는 돈으로 운영비를 충당한다고 한다. 즉, 오키야에서 게이코를 양성하고 오차야에서 손님을 접대하는 형식이 교토의 하나마치가 전통적으로 이어오는 방식이다. 그러므로 모든 분야가 철저한 분업으로 이루어져 있고, 한 분야만 몇 십 년씩 담당하기 때문에 모두들 전문가의 경지에 달해있다고 볼 수 있다. 예를 들면, 오차야에 손님이 오면 출입구에서 손님의 신발을 받아 신발장에 정리하는 노련한 남자 접객원이 있다. 이 남자 접객원은 오랜 자신의 접객 경험으로 손님의 신발냄새만으로 건강상태를 알아챈다고 한다. 이는 게이샤를 주제로 한 영화에서 자주 소개되는 일화의 하나이기도 하다.

교토의 오차야는 '낯선 손님은 사절한다'는 조금 별난 전통이 있다. 현금을 아무리 많이 가져가도 현혹되지 않을 정도로 그들의 전통은 엄격하다. 이러니, 처음 오차야에 발을 들여 놓으려면 반드시 단골손님과 함께 가야한다. 한국의 관광객들이 오차야가 늘어서 있는 교토의 기온코부祇園甲部지역에서 게이샤들과 술 한잔하겠다는 생각으로 거금을 들고 갔다가 거절당했다는 일화가 자랑처럼 전해올 정도이다. 서양의 치기어린 관광객들도 똑같은 일화를 남기고 있다는 점을 감안한다면, 교토의 게이샤 문화가 하급문화가 아닌 격조 높은 자존심으로 존재함을 알 수 있을 것이다.

그들은 고객을 접대하는 기술을 오랫동안 연마해왔기 때문에 고객들의 개인적인 비밀이나 신상에 관한 정보를 다른 사람에게 이야기하는 것은 금기로 하고 있다. 물론 그렇다고 해서 딱딱한 분위기만 연출하지 않는다. 좌중을 부드럽게 리드하는 격의 없는 유머와 노래와 춤이 간간히 이어진다. 흥이 무르익으면 손님과 노래를 같이 부르기도 하고, 일본의 야구 응원가를 부르며 짓궂은 장난도 마다하지 않는다.

이러한 게이샤문화에 대한 관심은 서구에서도 대단한 선풍을 일으키고 있다. 몇 년 전 출판된 이와사키岩崎峰子의 자전적 경험담인 『Geisha, a Life』는 미국에서만 100만부가 넘는 판매고를 올려 세계적인 베스트셀러가 되었다. 일본의 독특한 게이샤문화가 어떤지 엿보고 싶어 하는 세계인들의 취향을 간파한 시의적절한 수작秀作이라 할 것이다. 이러한 베스트셀러를 출간할 정도의 문장력과 정제된 정신력을 갖춘 게이샤들의 실력은 조선시대의 기생을 대표하는 황진이에 비견할 만하다. 이 베스트셀러를 시발점으로, 일본 국내에서도 게이샤를 주제로 한 영화나 소설, 자전적 수기 등 많은 책들이 쏟아져 나오고 있다. 이 중에는 최근에 출판된 아이하라相原恭子의 『미지의 교토, 마이코와 게이코』와 같이 게이샤의 생활규범과, 게이샤의 일생을 여러 가지 사례를 통하여 이야기 형식으로 소개하는 책도 등장하는 등 다양한 소재로 독자들에게 다가가기도 한다.

요컨대, 일본만이 가진 지극히 일본적인 문화의 하나인 게이샤 문화는 그들의 전통숭상정신과 더불어 앞으로도 오랫동안 일본을 상징하는 명물로 존재할 것 같다는 생각이 든다.

| 노벨상과 일본인의 장인정신 |

전후, 일본은 패전의 좌절감에 국민 전체가 자신감을 잃고 무기력한 상태로 전락할 위기에 처해 있었다. 이런 시점인 1949

년, 유카와 히데키湯川秀樹교수가 원자핵을 이루는 중성자 연구로 노벨물리학상을 수상하자 일본인들은 흥분했다. 마치 일본국민 개개인이 노벨상을 수상한 듯이 기뻐하며 스스로 자신감을 회복하는 계기가 되었다고 한다. 이후 유카와 교수는 자신이 몸담았던 미국 컬럼비아 대학을 뒤로하고 일본 교토대학으로 복귀하여 유카와 이론 물리 연구소를 설립했다. 이 때가 1953년이다. 당시 물리학 연구의 불모지나 다름없었던 일본에서, 그것도 도쿄대학이 아닌 교토대학에서 물리학 연구소를 설립한다는 것은 상당한 모험이기도 했다.

그러나 그의 조국애와 치밀한 연구 열의는 후학들이 그 배턴을 이어받아 한 단계 높은 연구로 발전시켰고, 끈질긴 후속 연구로 더욱 빛을 발하게 되었다. 결국 그가 뿌린 물리학의 씨앗은 이 연구소 출신들이 무려 7명이나 노벨물리학상을 수상하는 열매를 일궈냈으니, 그가 일본 물리학회에 미친 영향력은 지대하다 할 것이다. 2008년에 물리학상을 수상한 3명 역시 이 연구소 출신이거나 연관이 있는 사람들이다. 요컨대 기초과학분야에서 노벨상을 수상한다는 것은 그리 간단한 일은 아니지만 일본인들의 집념과 뼈를 깎는 노력으로 연속 수상의 영예를 안게 된 것이다. 이러한 일본의 연속된 수상소식은 이웃인 우리들에게도 커다란 자극으로 다가올 뿐만 아니라 부러움과 반성의 기회를 제공하기도 한다.

처음 일본의 수상소식이 우리에게 알려지자 국내의 여러 매체들이 보도한 내용은 하나같이 "우리는 왜 안 되나?"라는 자성의 목소리였다. 그중에는 한국인들이 동창회나 계모임 같은 과거지향의 모임에 시간을 낭비하고, 밤 문화의 대부분을 안면 터서 청탁하는 접대모임에 시간을 소모하기 때문이라고 진단하는 기사도 있었다. 어느 신문은 우리의 사회풍토가 기초과학을 등한시하고 이공계 연구자들의 사회적 대우가 형편없음을 지탄하기도 했다. 또 다른 한 신문은 학교만 졸업하면 독서와는 담을 쌓고 스스로 무지의 성을 쌓고 사는 한국인들의 낮은 독서열을 원인으로 꼽기도 했다. 다들 일리가 있는 말이다. 그러나 이러한 진단은 사실상 일본인의 숨겨진 그들만의 노하우를 간과한 느낌이 든다.

사실 이번의 수상자들을 살펴보면 모두들 치열하게 한 일에만 파고드는 학자들이라는 공통점이 있다. 무엇이 그들을 치열함 속으로 몰아넣었을까? 필자는 한마디로 그들의 장인정신이 배경에 있다고 단언하고 싶다. 결론적으로 치밀하고 섬세한 일을 끈질기게 추구하는 일본국민정서와 꼭 들어맞는 연구 작업이기에 가능한 일이라 여겨지기 때문이다.

요컨대 물리학상을 수상한 마스카와 도시히데益川敏英 등 3명이 연구한 '소립자 연구'는 원자핵을 이루는 물질을 규명하는 작업이다. 원자핵이 어떤 물질인가? 한마디로 전자현미경으로도 관찰이 불가능할 정도의 정밀하고 세밀한 작은 물질인 것은 말할 필요도 없다. 원자핵 중에서도 중성자와 중간자연구를 통해 '쿼크'라는 작은 물질을 밝혀낸 이들의 연구 작업은 한마디로 일본인만이 가능한 작업이라 해도 좋을 정도의 섬세함과 치밀함을 요하는 연구이다. 이미 이들이 30대와 40대 때인 1960, 70년대에 이루어놓은 업적으로 수상한 것은 나이가 들어서는 이러한 치밀한 연구가 불가능하다 할 정도로 끈질긴 집중력을 요하는 연구이기 때문이기도 하다. 그런데 이들은 어째서 이런 섬세하고도 치밀한 작업을 게으름 피우지 아니하고 묵묵히 해 낸 것일까? 역시 그 배경에는 일본인만이 가지고 있는 그들의 장인정신이 자리하고 있다는 점을 강조해서 말하지 않을 수 없다. 화학상을 수상한 시모무라 오사무下村脩 역시 해파리에서 빛을 내는 물질을 찾아내어 암 연구에 획기적인 기여를 했지만, 그 연구 작업은 세밀하고 치열하기 그지없었다. 무려 40여년에 이르는 연구를 통해 그의 가족과 연구생들이 표집한 해파리만 해도 300톤이 넘을 정도라고 했다. 학교에까지 가는 시간을 줄이고 연구시간을 늘리기 위해 자신의 집에 연구실을 두기도 했다는 일화는 치밀한 일본인의 연구열을 짐작하기에 충분하다.

이러한 치밀함과 섬세함은 비단 노벨상 수상자들에게만 국한되지 않는다. 다른 여러 분야에서도 마찬가지다. 예를 들어 히타치제작소의 나사제작과정의 숙련공만 하더라도 노벨상 수상자들과 다르지 아니하다. 견학을 가 본 이 공장에서는 무려 20여만 개의 정밀 나사를 만들고 있었는데, 모두들 자신의 분야에 집중하는 점에서는 동일한 느낌을 받았다. 견학에 동행한 한국기업인들은 우리의 기술로도 충분히 정밀나사를 만들 수는 있지만 공원들의 집중력이 떨어져 제품의 완성도가 낮다고 했다. 일본의 제조업 분야가 전통적으로 강한 이유도 이러한 투철한 장인정신이 배경인 것은 틀림없다.

　그러나 일본 역시 장기적으로 노벨상을 계속해서 수상할 수 있을지에 대한 부정적 견해 또한 만만치 않다. 이번의 수상이 현재의 것이 아니고 35년 이상 흐른 시점의 것이라는 점이다. 또한 일본도 우수한 인재들이 이공계열을 기피하는 경향이 강하고 이러한 경향은 최근에 와서 더욱 고착화되어가고 있다. 이에 더하여 기초과학 분야에 투자하는 비율 역시 약하다는 비판이 그것이다.

　이에 일본내각은 정부주도로 향후 5년간 25조 엔을 투자한다는 과학기술 기본계획을 확립했다. 이미 기초과학 예산에서 연간 10조 엔을 넘고 있는 미국, 유럽연합, 중국에 비하면 상당히 빈약한 예산액이기는 하다. 일본의 경제규모에 비례해도 미미한 액수에 지나지 않는다. 그러나 이러한 투자가 이미 기초과학분야에 일정한 연구 성과를 내고 있는 일본의 연구풍토와, 일본인만이 가지고 있는 장인정신을 살려나간다면 계속적인 수상도 가능하다는 진단도 나오고 있다.

　이제 우리는 일본의 투철한 장인정신을 분석하여, 우리의 단점을 보완하고 장점을 확대시킨다면 우리역시 노벨상을 타지 못한다는 비관에만 빠질 이유는 없으리라 본다.

| 도오리마 사건과 일본정부의 대처방식 |

지난 2008년 6월8일, 일본 도쿄의 아키하바라秋葉原에서는 지나가는 행인을 무차별적으로 찔러, 7명이 사망하고 10명이 중상을 입는 도오리마 사건이 발생했다. 일본에서 발생한 도오리마 사건으로는 30년 이래의 가장 끔찍한 일로 기록되며 일본인들을 경악하게 했다.

도오리마 사건은 유독 일본에서만 자주 발생하는 특징을 가지고 있어 다른 여러 국가들의 주목을 받는다. 대부분 사회적불만을 가진 자나 소외계층, 정신질환자 등이 불특정다수인을 상대로 칼을 휘둘러 '묻지마 살인'을 저지른다는 범죄유형이다. 이러한 잔인한 살인사건은 일본인들이 세계적으로 심어 놓은 높은 도덕적 이미지에 상당한 타격을 주고 있는 것으로 일본의 범죄 심리학자들은 우려 섞인 분석을 내놓고 있기도 하다.

이 날 현장에서 체포된 범인은 25세의 가토 도모히로加藤智大라는 청년으로 자동차 부품회사의 비정규직 사원이다. 그는 경찰조사에서 "나는 사람을 죽이기 위해 여기 왔다. 세상 살기가 싫어졌다. 누구를 죽이든 상관없다"라는 말을 했다고 전한다.

일본매스컴에서는 한동안 범인의 범행동기와 원인분석에 분주했다. 공부 잘하는 아이로 자라기를 강요하는 부모에 대한 불만, 절친한 친구나 사귀는 여자 친구도 없는 허전함, 삼류대학을 나왔다는 열등감, 비정규직의 부당한 처우 등 일본 젊은이들의 고민을 혼자 안고 있는 듯 보이는 용의자의 심리상태는 자포자기 상태의 막다른 골목에 서 있었다고 분석한다. 선진국의 찬란한 휘장 뒤에 숨어있는 치열한 경쟁에서 한 번 낙오하면 재기가 어려운 각박한 사회구조, 날이 갈수록 심해지는 빈부격차, 가족 간의 대화부족을 원인으로 지적하는 사람들도 있다.

이 중에서도 우스이碓井眞史교수 같은 범죄심리학 전문가들은 현대사회의 단절된 인간관계에서 기인한 '고독'을 가장 큰 원인으로 보고 있다. 지금까지 나타난 많은 도오리마 사건의 범인들 대부분은 많은 대화를 인간과 인간과의 관계에 의하지 아니하고 인터넷상에서 일방적으로 자신의 심경을 분풀이 하듯이 써 놓은 것으로도 확인이 가능하다고 보기 때문이다. 이 사건의 범인 역시 휴대전화 인터넷 게시판에 매일 자신의 심경을 기록했다. 범죄를 예고하는 글도 수없이 남겼다. 범죄를 실행에 옮기기까지의 과정도 하루 백 수십 건씩 올리기도 했다. 이런 예고에도 불구하고 경찰이 사전에 범죄를 방지할 수는 없었는가 하는 자성의 목소리도 높았다.

이후 일본의 정치인들을 중심으로 사람을 찌르는 살상용 서바이벌 칼의 생산을 중지하거나, 길이를 규제해야한다는 주장이 힘을 얻기 시작했다. 인터넷 상에서도 살인을 예고하는 글을 발견하고 경찰에 신고하는 건수가 1만여 건에 달하고 있다는 보도도 잇따랐다.

일본법무성의 범죄통계에 따르면 최근 10년 이내에 73건의 도오리마 사건이 발생한 것으로 집계하고 있다. 연 평균 7.3회에 달하는 높은 발생빈도다. 치안이 극히 안정된 국가의 하나로 꼽히는 일본이지만 이 사건을 계기로 일본인들은 앞으로의 치안상태에 대해 상당히 불안해하고 있기도 하다.

'국제형사경찰기구(ICPO)'의 2007년도 범죄통계에서도 이러한 일본의 강력범죄 증가율을 확인할 수 있다. 전체적인 범죄율은 차츰 줄어드는 경향을 보이고 있으나 강력범죄의 발생빈도는 오히려 상승곡선을 그리고 있기 때문이다.

지진이나 태풍 등의 재난이 발생할 때마다 발휘해 온 일본의 발 빠른 대응과 정책은 이 사건에 대처하는 방식에서도 어김없이 적용되어 많은 정책들과 방지책이 쏟아져 나오고 있다. 기본적으로 일본정부는 강력범죄에 대하여 강온 양면의 정책을 적용해 오고 있는데, 이 사건에 대한 대처방식도 전통적인 방식을 그대로 적용하고 있다.

 2007년 말을 기점으로 후쿠다 내각의 하토야마鳩山邦夫법무상은 사형집행을 재개했다. 일본에서도 우리나라와 마찬가지로 근 10여 년간 실제적으로 사형수에 대한 사형집행을 해오지 않다가 강력범죄의 예방효과와 유족들의 마음을 헤아린다는 차원에서 전격적으로 집행에 돌입한 것이다. 2008년 6월 도오리마 사건 직후에는 사회에 경종을 울리기 위해 3명의 사형수에 대한 사형을 집행했다. 이 집행은 그의 취임 이후 네 번째에 해당하고, 13명 째라는 많은 수이기도 하다. 신분도 공개했다. 강력범죄에 대한 강공정책의 일환이다. 물론 일본 내에서도 사형제 폐지를 주장하는 사람들이 존재하고, 이들은 하토야먀 법무상을 비판하기도 하나 소수에 불과하다.

 또한 일본정부는 이와 병행하여 범죄예방책으로 사회적응이 잘 되지 않는 소외된 청소년과 청년들을 대상으로 상담프로그램을 도입할 계획도 검토하고 있다. 이 프로그램은 2005년도에 도입한 영국의 커넥션스(Connexion direct 2005)제도를 모델로 한다. 이 제도의 도입으로 어느 정도까지 범죄예방효과를 거둘 수 있을지는 미지수다. 단지 그 결과를 주시해 볼 필요는 있을 것으로 본다. 이미 일본에는 자기 방에만 들어앉아 컴퓨터나 비디오게임, 만화영화 등에 몰입하는 '오타쿠족お宅族'과 '히키코모리족引き篭もり族'이 늘어나서 사회문제가 된지도 오래이다. 그 수 또한 160여만 명에 달한다는 통계도 일본문부과학성에서 추정치로 제시하며 예비범죄자 군으로 분류해 놓고 있기도 하다.

 이러한 일본사회의 범죄대처방식을 보면서 우리는 우리가 처한 한국사회의 일면을 돌아보게 된다. 물론 도오리마 사건은 일본 사회가 안고 있는 이지메와 계급사회에 대한 독특한 부산물인지도 모른다. 그러나 일본에서 발생하고 있는 도오리마 사건이 '남의 산에 난 산불'이 아니라 우리 역시 무차별적 사회저항 범죄로부터 자유로울 수 있을지를 반추해 보아야 할 시점이라 여겨지기 때문이다.

| 브랜드화에 성공한 일본의 농산물 |

일본을 여행하는 한국인들은 우선 일본의 밥맛에 놀라는 사람이 많다. 쌀의 질은 물론이고 밥을 해 놓으면 찹쌀을 혼합한 것처럼 윤기가 흐르고 밥맛 또한 그만이기 때문이다.

이 쌀이 바로 '고시히카리'라 불리는 일본고유 브랜드다. 고시히카리는 니가타 산新潟産을 최고로 친다. 그 이유는 종자개발에서부터 재배, 수확, 보관, 정미, 유통의 전 과정을 엄격하게 통제하고 관리하는 감시시스템이 작동하기 때문이다. 그러므로 소비자들은 이 쌀의 가격이 일반시중의 쌀값보다 훨씬 비쌈에도 불구하고 즐겨 구입하며, 안심하고 식탁에 올릴 수 있는 것이다.

최근에는 이 쌀밥에 맛을 들인 중국인들이 중국 국내산 쌀의 10배에 해당하는 가격에도 아랑곳없이 수입에 열을 올리고 있다는 보도가 나오고 있다. 품질이 좋으면 얼마든지 판로가 열릴 수 있다는 본보기가 될 것이다.

또 하나의 예로 일본산 쇠고기브랜드 '와규和牛'를 들 수 있다. 와규는 일본 전국에 거점을 확보하고 육질의 고급화와 외국산 수입쇠고기와의 차별화에 주력하고 있다. 이미 세계적 브랜드로 그 이름을 떨치고 있는 와규는 외국산 농산물에 대응하는 일본농가의 철저한 대응방식을 모범적으로 보여준 좋은 사례이기도 하다.

와규의 대표적 브랜드인 고베 산神戸産 쇠고기는 육질이 최고 등급이기에 등심살이나 안심살로 스테이크를 만들어 놓으면 육류소비가 많은 서양 사람들도 혀를 내두를 정도로 부드럽기가 그지없다. 맛 또한 세계 최고라고 평하는 서양인들이 많아 이미 미국을 비롯한 유럽에 일본의 와규가 거꾸로 수출되어 비싼 값에 팔리고 있는 실정이다.

사정이 이렇게 되자 와규로 속여 파는 업자가 생겨나게 되고 국내산 소라 하더라도 진짜 와규와 가짜 와규의 시비가 일기 시작했다. 이미 일본 와규등록협회는 이러한 시비를 예상하고 53년 전부터 육종의 족보를 만들어 관리하고 있다. 협회 직원이 와규의 새끼가 태어나면 현장 확인을 거쳐 혈통증명서를 떼어 주고 농가에서는 이것을 소중히 보관했다가 출하시기에 진짜 와규임을 표시하기 위해 복사한 증명서를 첨부하기도 한다.

일본산 와규가 이렇게 좋은 평을 받기까지에는 피눈물 나는 농민들의 노력이 뒤따랐다. 고베 산 와규를 예로 들면 여름에는 시원한 맥주를 소의 먹이에 섞어 주기도 하고, 육질을 최고로 만들기 위해 비싼 청주도 여물에 섞어 주기도 한다. 이 밖에도 음악을 들려주고 마사지를 하는 등 그야말로 정성을 다하여 사육하는 과정을 거친다. 이런 과정을 거친 와규가 세계적 고급브랜드로 자리 잡는 건 어쩌면 당연한 귀결인지도 모른다.

또 한 가지 브랜드는 일본산 '망고' 이다. 미야자키 산宮崎産 망고는 품질이 우수하기로 유명하다. 미야자키현 히가시고쿠바루東国原英夫지사의 선전으로 더욱 유명해진 브랜드인 망고는 크기도 수입 망고보다 두 배 이상이고 맛 또한 절묘하다. 미야자키산 망고가 유명세를 타게 된 것은 품질도 한 몫 하지만 히가시 지사의 발로 뛰는 선전 전략에 더 큰 영향을 받았다고 해도 과언은 아니다.

그는 지사가 되기 전에 꽤 유명한 개그맨으로 활약한 경력이 있기 때문에 방송에 종사하는 많은 사람들과 친분관계를 갖고 있었다. 개그맨이 일약 지사가 됐으니 방송이 주목하는 것도 당연한 일이지만 지사의 선전술 또한 만만치 않은 책략으로 보여 졌다. 방송에 출연할 때마다 미야자키산 망고를 선전하고 미야자키의 또 다른 브랜드인 '토종닭' 을 선전하여 판매량을 5배나 끌어올리는 견인차 역할을 해 낸 것이다. 이제 미야자키산 망고와 토종닭은 히가시 지사의 선전과 품질의 우수성에 힘입어 지역의 고정 브랜드로 자리 잡았다. 또한 많은 농가들이 망고재배와 토종닭 생산에 종사하며 안정적인 수입을 올리고 있다.

마지막으로 소개할 브랜드는 '마스카트' 라는 포도이다. 이 포도는 오카야마岡山지역에서 주로 재배되는 종류이다. 이 포도 역시 그 품질의 우수성이나 값의 면에서 대단하다는 점에서는 다른 브랜드와 구별이 가지 않는다. 그러나 이 농산물을 선전하기 위해 프로야구 경기가 열리는 경기장의 이름을 '마스카트 구장' 으로 정했기 때문에 야구경기가 열릴 때마다 자연스럽게 마스카트의 선전이 가능하게 한 점에서는 다른 브랜드와 차별화된다. 또한 이 브랜드를 홍보하기 위하여 축제를 열기도 하고 전국적인 투어코스도 마련하는 등 다양한 방법으로 포도를 선전한 결과 이제는 '마스카트' 하면 오카야마를 떠 올리도록 만드는데 성공했다. 이렇게 되자 마스카트 포도는 전국적으로 팔려나가 물건이 없어서 못 파는 정도가 되었고 농가의 수입 또한 상당한 수준에 올라서게 되었다.

우리는 이러한 일본의 사례에서 그들의 치열한 살아남기 전략과 유통구조개선 등의 체질개선으로 외국산에 당당히 맞서고 있는 농가들의 노하우를 배워야 할 것이다. 한미 FTA라는 높은 산과 중국산의 저가공세의 벽을 넘을 수 있는 길은 정부와 농가가 한 몸이 되어 기술을 개발하고 체질을 개선하여 우리만의 고유브랜드를 확보하는 길이 최우선임은 두말 할 필요도 없으리라.

| '기초와 기본교육충실' 과 일본인의 준법정신 |

일본총리 직속의 '교육재생회의' 는 지난 2008년 2월 15일 교원의 인사권 문제를 포함한 여러 개혁조치들을 발표했다. 이 개혁조치 중에 관심을 끄는 것이 '기초와 기본교육의 충실' 이라는 항목이

다. 이들은 현행 일본교육이 황폐화의 길을 걷게 된 원인은 각급 학교에서 적용 중인 여유교육ゆとり教育에 있다고 했다. 이렇게 단정적인 결론을 내린 이유는, 여유교육의 적용으로 학생들의 기초와 기본교육이 철저하지 못해 버릇없는 아이들을 양산했기 때문이라는 것이다.

그러나 우리가 보기에는 일본교육이 우리나라의 교육현장에 비하면 기초와 기본교육이 체계적으로 이루어지고 있을 뿐만 아니라, 그 결과가 사회 전반에 잘 적용되어 좋은 일본인상을 심는데 성공했다고 판단된다. 일본은 처음 학교에 입학하고 나면 6개월가량은 인사하는 법, 신발 놓는 법, 물 먹는 법 등 가장 기본적인 질서교육을 집중적으로 실시한다. 그리고 그 교육이 초·중·고를 거쳐 대학까지 일관성과 지속성을 유지한다. 물론 대학을 졸업했다 해도 이런 인사교육이나 기본 질서교육이 중단되는 것은 아니다. 회사에 입사하면 6개월가량은 인사하는 법과 손님들의 신발정리 등 단순하지만 인간관계에서 매우 중요한 일을 시키며 이러한 과정을 거쳐야 비로소 회사의 일원이 되는 것이다.

이러한 철저한 과정을 거친 일본인들은 인사성이 밝기로 세계에서도 유명하다. 거기에다 친절함까지 몸에 배어 있으니 외국인들이 일본인들의 상냥한 표정과 다정한 인사에 찬사를 보내는 것도 그들의 교육이 가져온 긍정적 결과로 보는 것이 타당하다.

한국과 일본과의 학생교류로 일본에 오는 인솔교사들은 이구동성으로 일본학생들의 침착함과 참을성에 놀랐다는 이야기를 한다. 식당에서 밥을 먹고 이동하기 위해 버스를 기다리는 동안 떠들거나 자유행동을 하며 식당 안에서 달리기를 하는 등의 산만한 일본 학생은 찾아보기 어렵다. 이러한 차분함과 참을성은 일시적인 훈시나 억압으로 가능한 일이 아니다. 오랜 기간에 걸쳐 일본의 현장교육이 그런 질서의식을 몸에 지니도록 철저히 지도했다는 추측이 가능하며, 실제

현장을 방문해 보면 놀랄 정도의 반복교육이 이루어지고 있음을 알 수 있다.

얼마 전 일본을 방문했던 한국의 초·중학교 선생님들은 하나같이 일본의 차들이 규정 속도와 신호 등 정해진 법규를 제대로 잘 지키는데 감탄했다. 또 경찰이 전혀 보이지 않는데도 스스로 질서를 지키고 불법주차가 없으며, 거리가 말끔히 청소되어 있는 것을 보고 견학하는 내내 "선진국답다."라는 말을 연발했다.

이러한 일본인들의 질서의식과 준법정신의 철저함은 OECD 가맹국 중 범죄율 최하위라는 통계에서도 잘 나타나있다. 국제연합이 밝힌 2000년부터 2007년까지의 범죄통계에 따르면 인구 10만 명당 범죄 피해자수를 집계한 결과 일본이 최하위인 8.5명인데 비해 미국은 31.2명, 뉴질랜드는 29.1명, 오스트레일리아는 28.7명이었다.

또 하나의 예로 일본의 대학 강의실은 낙서의 흔적이 거의 없다. 시험 때가 되면 부정행위를 하기 위하여 책상이나 벽에 깨알 같은 글씨를 써놓아 시험기간이 끝나고 나면 다시 도색을 해야 할 정도의 대학은 찾아보기 힘들다.

이러한 일본인들의 질서의식과 준법정신의 철저함은 1982년 범죄심리학회지에 발표된 제임스 Q 윌슨(James Q Wilson) 등이 제시한 '깨진 유리창 이론'으로 설명이 가능하다. 우연히 깨진 한 장의 유리창을 방치하면 또 다른 유리창을 깨는 사람들이 생겨나기 쉽고, 다음에는 더 큰 범죄도 아무런 양심의 거리낌 없이 행하게 된다는 것이다. 이러한 '깨진 유리창 이론'을 철저히 현장에 적용하고 있는 예가 일본과 싱가포르라 볼 수 있다. 물론 이 두 나라는 주차 위반이나 기본질서 위반 등 경범죄를 저지르는 사람들을 가혹하리만큼 철저하게 엄벌하고 있기도 하다.

그러나 법의 엄격한 적용도 중요하지만 그 밑바탕이 되는 국민의 의식수준이 뒷받침 되지 않을 때 사회적 질서와 계약은 무용지물이 될 것은 뻔한 일이다. 그런 면에서 본다면 일본의 '교육재생회의'가 주장하는 기초와 기본교육의 충실은 국민정신을 계몽한다는 의미에서 아무리 강조해도 지나치지 않는 덕목이며 우리 역시 배워야 할 덕목이 아닐까 한다.

| 일본 스모와 전통숭상 정신 |

"타타갓 타타갓 타타갓타!(싸워라! 싸워라!)"
"노꼿따 노꼿따 타타갓 타타갓 타타갓타!(남았다! 멀었다! 싸워라!)"

일본 전통 의상을 입은 나이든 심판이 샅바 하나만 걸친 건장한 선수들을 독려하며 지르는 소리이다. 스모는 일본을 방문해 보지 않은 사람마저 알고 있을 정도로 유명한 국기國技 중의 하나이며, 온 국민이 즐기는 스포츠로 자리 잡은 지 꽤 오래다. 우리나라에서도 위성으로 중계하는 전 경기를 빼지 않고 즐기는 팬들이 상당수 있고, 지금은 세계적 인기에 힘입어 많은 외국 선수들이 일본 스모 계에서 활약하고 있다.

2009년의 첫 경기인 겨울 경기冬場所는 지난 1월 21일 아사 쇼류朝靑龍라는 몽골 출신의 탁월한 요코즈나橫綱가 재기에 성공하면서 우승했다. 봄 경기春場所 역시 몽골출신의 요코즈나 하쿠호白鵬가 우승했다. 당분간 일본 스모 선수들은 휴식을 취하고 각 계절별로 열리는 다음경기에 대비할 것으로 본다. 전통적인 주기를 그대로 지키고 있는 것이다.

이와 같이 스모는 전통을 매우 중요시 하는데, 우선 선수들의 차림새가 다른 일반인들과는 판이하게 다르다. 머리를 기르고 기름을 발라 상투ぞん曲げ를 틀고 우리의 샅바에 해당하는 '마와시' 하나만 걸치고 스모판土俵에 오른다. 평소 때에도 일본 전통의상을 착용하고 거리를 활보하기 때문에 얼핏 보면 사극에 출

연하는 덩치 큰 사무라이侍로 착각하기 쉽다. 또한 각 선수들의 소속 팀을 헤야 部屋라 부르는데 직역하면 우리말의 '방'이라는 뜻이다. 각 헤야에서는 전통대로 선수들의 관리와 연습을 시킨다. 헤야의 방장격인 오야가타親分는 엄격한 단체생활을 통해 일본의 예의뿐만 아니라 스모인으로서의 긍지를 갖게 하는 정신적 지도까지 병행한다.

또한 일본스모는 섬을 상징하는 원을 그려놓고 밀어내는 기술이 주인 경기이므로 몸무게가 많이 나가는 선수가 단연 유리하게 되어 있다. 따라서 각 헤야에서는 선수들을 살찌우기 위해 엄청난 양의 식사를 제공하고 하루 12시간이상 잠을 재우는 것이 보통이다. 이렇게 살찌우기를 하니 놀랄만할 정도의 몸무게를 자랑하는 선수들이 수두룩하다. 지금까지 몸무게가 가장 무거웠던 선수로는 하와이 출신의 고니시키小錦로 267kg이나 나갔다.

한편 스모는 우리나라 씨름과는 다르게 몸무게의 차이에 따른 체급별 경기는 없고 실력과 입문한 기간에 따라 마쿠노우치幕の内급과 쥬료十両급으로 나뉜다. 최정상급인 마쿠노우치에 랭크된 선수들은 또 다시 5가지 이름으로 구분되는데 실력이 가장 뛰어난 그룹이 요코즈나橫綱, 두 번째가 오제키大關, 세 번째가 세키와케關脇, 네 번째가 고무스비小結, 맨 마지막 실력자그룹이 마에가시라前頭라 불린다. 쥬료는 2부 리그에 해당되며 여기에서 우승한 사람은 1부 리그인 마쿠노우치로 승급되고, 반대로 마쿠노우치에서 최하위에 랭크된 선수는 쥬료로 격하된다.

최고의 실력자 그룹인 요코즈나가 되기 위해서는 실력도 뛰어나야 하지만 그에 합당한 인격과 품성을 갖추지 않으면 안 된다. 13여 년 전 요코즈나 승진을 앞둔 고니시키 선수는 언론과의 인터뷰에서 "스모를 무어라고 보느냐?"는 질문에 대해 "스모는 싸움이다."라고 대답했다가 요코즈나 승진이 취소된 일이 있다. 일본인들은 스모가 '화和를 이루는 도道'로 보는 것이다. 섬 안에 들어온 나쁜 귀신이나 악인들을 섬 밖으로 몰아내고 선량한 사람들끼리 화합하며 살아간다는 의미를 지닌다고 한다. 그런 의미에서 선수들은 시합에 임하기 전에 악귀를 물리치고 '부정不淨타지 않게' 소금을 뿌린다.

그러나 이런 스모가 최근에 와서는 여러 가지 문제점을 안고 있고 일본국민들의 성원으로부터 멀어져 가고 있다는 우려의 목소리가 들려오기 시작했다. 이번 봄 경기 기간 동안 후지텔레비전에서 조사한 자료에 의하면 일본의 30대 이하는 스모를 그다지 좋아하지 않는다고 한다. 특히 초·중·고 학생들은 스모를 좋아하는 학생이 8%에 지나지 않고 대부분이 축구나 야구를 좋아한다는 것이다.

또한 최근 10여 년간은 몽골을 비롯한 외국인 선수들이 계속해서 우승을 차지 할 뿐만 아니라 젊은 층의 스모 경시로 국내의 선수층도 엷어져 가고 있는 추세다. 2007년에는 설상가상으로 승부조작의혹八百長疑惑과 오야가타와 선배선수들의 폭행으로 연습 중에 젊은 신진선수가 사망하는 사건까지 일어났다. 이러한 일로 인해 스모에 대한 신뢰감마저 상실하지 않을까 하는 우려의 목소리도 들리기 시작했다. 그리고 2008년에는 러시아 출신 선수 3명이 대마초를 흡연하여 스모계가 발칵 뒤집히기도 하는 등 잡음이 그치지 않고 있다. 이런 추세가 계속된다면 일본 스모도 전통을 이어가는 일이 어렵게 되는 날이 도래할 지도 모를 일이다.

| 고 이수현군과 한·일 관계의 명암 |

지난 2007년 1월 27일, 일본에서는 한 편의 영화개봉에 수많은 매스컴과 세인들의 관심이 집중되었다. 이날 일본 '천황' 내

외와 당시의 수상부인 아키에昭惠 여사가 개봉관에 입장했고 많은 정치인과 유명 인사들이 이 영화를 관람했다. 바로 고 이수현군을 추모하는 기념영화 '너를 잊지 않을 거야あなたを忘れない' 다. 일본에서는 상당한 반향을 불러일으키면서 180개 극장에서 동시상영이 결정되었고 상당기간 여러 극장에서 장기 상영되었다.

그럼 왜 이수현군을 추모하는 이 영화가 일본에서만 이렇게 인기리에 상영되고 정작 그의 모국인 한국에서는 영화의 이름조차 모른 채 잠잠했을까? 실로 의문을 갖게 한다.

이수현(당시 26세, 고려대 무역학과 4년 휴학)군은 2001년 1월 26일, 일본 도쿄도 신쥬쿠新宿区 지하철 야마노테선 신오쿠보新大久保 역에서 술에 취해 선로에 떨어진 일본인을 구하려고 몸을 던져 뛰어들었으나 애석하게도 달려온 전차에 치여 숨진 사건의 주인공이다. 일본에서는 그 다음날 모든 매스컴에서 '정의감 철로 위에 지다', '용기 있는 행동', '목숨을 바친 위인' 등의 전면기사로 이군의 의로운 죽음을 대서특필했다.

그로부터 5년이 지난 2006년, 부산에 살고 있는 이수현군의 부모님으로부터 허락을 받고 이 영화 제작에 들어가 한·일합작의 형태로 1년여의 촬영기간을 거쳐 선을 보이게 됐다. 그러나 정작 이 영화를 촬영하면서 한국인 감독과 일본인 감독의 의견충돌로 영화촬영은 여러 부분에서 중단되었다고 한다. 그 이유는, 스토리 전개를 둘러싸고 한·일관계의 역사인식과 개인의 희생정신과의 연결부분에서 좁힐 수 없는 간격을 인식했기 때문이라는 후문이다.

필자 역시 이 영화를 보며 실화를 영화화할 경우 사실 전달성과 오락성의 결합 등 영화제작상의 한계가 있음을 짐작할 수 있었다. 주인공 이수현군의 역을 맡은 한국인 신인배우 이태성은 신인답게 열연을 펼친다. 그런데, 그 열연의 내용을 보면 할아버지 대에서부터 이어지는 일본과의 인연, 그리고 일본유학을 결심하게 되기까지의 스토리 전개가 한국인이 보기에는 다소 어색한 면이 감지된다. 왜냐하면 주인공이 일류대학에 다니며 엘리트이기에 일본의 과거사를 이해하고 용서한다는 식의 복선을 까는 전개는 보통의 한국인들의 인식과는 차이가 나기 때문이다. 자칫하면 한국인 중에서 엘리트층은 모두 일본의 과거사에 대해 이해하고 용서하지만, 그렇지 않은 층에서는 일본의 과거사에 대해 부정적이고 배타적이며 공격적인 행동을 취한다는 인식을 줄 가능성도 높다.

또한 영화가 가지는 오락성과 재미에 치중한 나머지 상대역으로 등장하는 여자 친구를 현실에서는 한국인임에도 불구하고 일본인으로 설정한 점, 음악을 좋아해서 그룹밴드의 리더싱어를 맡은 것으로 설정한 점 등은 실화와는 거리가 멀었고 흥행을 염두에 둔 듯한 인상을 주기에도 충분했다.

그러나 이 영화를 본 아베 전 일본 수상 부인 아키에 여사는 자신의 블로그에서 '정의감 넘치는 훌륭한 청년이 자신의 장래, 좋아하는 여자친구, 가족, 일본과 한국의 관계, 일본인과 한국인의 차이 등 많은 것을 생각하고 번민하며 진실하게 살아온 모습을 알게 되어 눈물이 멈추지 않았다'고 술회하고 있다. 친한파로 알려지기도 한 아키에 여사의 솔직한 여성적 표현은 한·일 관계에는 분명 긍정적 영향을 미칠 것으로 보여 환영할 만한 일이다. 그러나 이러한 그의 순수성과는 반대로 그의 남편이자 수상이었던 아베는 적극적인 반한파에 속한다. 그에 더하여 정한론자를 숭배하는 극우파로서 입만 열면 자신들의 전쟁책임을 회피하는 발언으로 주변국을 자극하는 행동을 서슴지 않았다. 이 부부의 행동은 한국인의 입장에서 보면 상당한 모순이 느껴진다.

흔히 우리는 일본을 '가깝고도 먼 나라'라고 표현하는 경우를 자주 접한다. 역사적으로도 언제나 침략자의 얼굴로 다가오는 일본이 한국인에게 그리 좋은 인상으로 남아있을 리 없기에 당연한 것처럼 받아들여져 왔다. 그러나 우리 사회에서는 젊은 층을 중심으로 일본문화를 자연스럽게 수용하고, 있는 그대로 이해하는 경향을 가진 사람들이 늘어나 일본에 대한 부정적 이미지가 조금씩 달라져 가고 있다. 이러한 경향은 최근의 인적, 문화적 교류와 밀접한 경제교류로 더욱 개선되고 있는 듯하다.

일본인은 이러한 한국의 변화와는 다르게 우리가 가지고 있는 일본인 상보다 훨씬 한국에 대한 인상이 부정적이다. 그들의 섬나라근성은 타국에 대한 배려나 아량보다는 배척과 이지메의 이미지가 강하기 때문이다. 특히 자신들 보다 약자나 약소국에게는 더욱 이러한 좋지 않은 습성이 앞선다. 이런 일본에서 자신의 몸을 던져 취객을 구하려다 숨진 이수현군의 행동은 인류보편의 박애정신을 발휘했다는 점에서 참으로 의로운 일이라 칭찬하지 않을 수 없다. 우리가 먼저 일본인에게 따뜻한 인정의 손을 내밀 때, 일본인도 조금씩 마음의 문을 열어 가리란 점에서 이수현군의 의로운 행동은 두고두고 한·일 친선의 귀감으로 삼아야 할 것이다.

| 한·일친선과 통신사 왕래 400주년 |

2007년은 조선과 일본이 '신뢰로 통한다.' 는 의미로 통신사 파견을 재개한지 400주년이 되는 해이다. 당시 일본에서는 400주년이라는 역사적 전환기에 걸맞게 통신사가 머물렀던 각 도시마다 대대적인 통신사 행렬의 재현과 통신사의 의의를 널리 홍보하는 행사를 진행했다. 이런 행사를 통하여 정치적으로 삐걱거리고 있는 양국 관계를 민간 차원에서나마 조금씩 개선해 나가자는 움직임도 동시에 일었다. 물론 우리나라에서도 당시 통신사의 출발의식에서부터 그들이 지나간 길을 그대로 재현하려는 행사를 기획

하여 일본과의 관계 개선을 꾀하려는 움직임이 일기도 했다. 양국의 우호친선과 관계개선을 위해서는 더없이 좋은 기회이며 바람직한 움직임으로 여겨져 환영할만한 일이다.

역사적으로 살펴보면 통신사의 왕래가 다시 이루어지기까지에는 수많은 우여곡절이 있었다. 그럴 수밖에 없었던 것이 1592년부터 7년간 도요토미 히데요시의 침략으로 전 국토를 유린당하고 국왕마저 의주까지 몽진해야 했던 조선으로서는 통신사 파견을 요청해 온 일본의 의도를 의심하지 않을 수 없었다. 그러나 전쟁포로로 잡혀간 군인들과 일본의 마구잡이식 인간사냥으로 끌려 간 많은 민간인들을 조선으로 귀환시키는 일과, 북쪽 변경지방을 넘보는 여진족에 대한 방어를 위해서도 남쪽 일본과는 어떤 식으로든 확실한 안정이 필요한 시점이기도 했다.

일본 국내에서도 조선침략에 반대해온 도쿠가와 이에야스德川家康가 세키가하라關が原전투에서 히데요시 세력을 물리치고 1603년 막부시대의 막을 연지 얼마 되지 않은 시점이었다. 이에야스는 막상 권력을 손에 넣었지만 지방영주들이 언제 반기를 들고 자신을 향해 군사를 동원할지 모르는 불안이 도사리고 있었다. 그러므로 이들에게 통신사 접대경비를 부담시켜 재정을 약화시키고 군비를 지출할 수 없도록 하는 효과를 노리기 위해 통신사의 파견이 필요했다. 또한 조선과의 무역을 통한 교역으로 경제를 안정시키기 위해서도 국교의 재개가 절실한 시점이었다. 이에 더하여 조선국왕의 칙서를 받들고 오는 통신사의 왕래로 자신의 권위를 세우려는 계산도 깔려 있었다.

이러한 정황 속에 1604년 7월, 조선조정에서는 강화를 요청해온 일본의 진의를 파악하기 위해 '탐적사探敵使'로 유정 사명泗溟대사를 파견한다. 사명대사를 맞은 이에야스는 "임진왜란 시 나는 관동지역에 있었고 전쟁에 관여하지 않았다. 조선과 나와는 원한이 없다. 화해를 요청한다"라며 1,390명의 포로를 돌려주는 호의를 베푼다. 이에 조선에서는 1606년 8월, 강화의 선결 조건으로 두 가지를 내걸었다. 첫째가 이에야스로부터 먼저 국서를 조선으로 보낼 것, 둘째가 조선선왕先王의 능묘를 파헤친 범인을 체포하여 보낼 것 등이었다.

그해 11월 바로 일본국왕의 국서와 연령적으로 의심이가는 두 명의 범인을 보내왔다. 조선조정에서는 너무 빨리 회답해 온 국서가 위서가 아닌지 의심하는 소리가 있었고 연령적으로 부합되지 않는 범인에 대해서 이론이 제기되었다. 뒤에 밝혀진 일이지만 조선과 일본의 국교회복에 명운을 건 쓰시마對馬도주의 국서 위조가 3차례나 있었고, 일본막부는 이 일을 묵과했다고 한다. 아무튼 조선조정은 두 가지 조건을 그런대로 구비했다고 보고 다음해 1607년 467명의 대규모 통신사를 파견하기에 이른다.

이후 통신사는 200여년에 걸쳐 조선에서 12차례, 일본에서 3차례 서로의 요청에 의해 파견하고 우호친선과 선린관계를 유지한다. 그런데 우리는 일본으로 파견된 통신사에 대해서는 잘 알고 있으면서 일본에서 조선으로 온 통신사에 대해서는 잘 모르고 있다. 거기에는 두 가지 이유가 존재한다. 그 한 가지는 침략을 받은 조선에 일본인들이 드나들게 되면 전국의 지리와 민심 등 필요한 정보를 모두 알고 재침해 올 가능성이 있다고 보았기 때문이다. 따라서 부산 초량 또는 대구에서 조금 위에 있는 왜관까지만 일본인 사절단들이 오게 하고 조선의 관리가 여기에서 만나 접대와 회담을 하도록 조치했다. 두 번째는 대규모 사절단을 맞으려면 경비 부담이 국가재정을 압박하기 때문이기도 했다.

아무튼 통신사 왕래의 재개로 일본은 여러 가지 면에서 조선 문화의 영향을 받지 않을 수 없었고, 이에 대한 기록과 유물들이 일본의 각지에 남아있다. 대표적인 예가 통신사가 머물렀던 쓰시마, 이키壱岐, 아이노시마藍島, 아카마가세키赤間関, 가미노세키上関, 시모카마가리下蒲刈, 도모노우라鞆の浦, 우시마도牛窓, 무로츠室津, 효고兵庫, 오사카大阪 등에 남아있는 현판들과 각종 유물들이 그것이다. 그리고 오카야마현岡山県의 우시마도에 전해오는 조선 무동춤(唐子踊り, -가라코

오도리-일본인들은 韓을 카라로 발음하는데 근세에 와서 한국경시의 영향으로 앞 글자를 바꾸었거나 조선의 무동춤이 당의 이름을 그대로 썼거나 두 가지 측면으로 추정 할 수 있음), 조선의 악대를 모델로 제작한 인형下河原人形 등 수많은 사례를 들 수 있다.

또한 조선에서 파견된 통신사들이 일본의 문물과 사정에 대하여 남긴 기록들도 많다. 제1회 통신사 겸 쇄환사刷還使의 일행으로 부사의 임무를 맡았던 경운이 남긴 『해차록』에는 당시 일본에 끌려간 조선백성들을 송환해 오는 일이 얼마나 어려운 일인지 상세히 기록되어 있다. 그 중요부분을 간추려 보자.

오사카에 도착했을 때부터 많은 사람들이 숙사 앞에 몰려들었는데, 그들에게 귀국 시에 데려가겠다는 약속을 했다.

교토에서는 행렬 구경꾼들의 뒤에 서서 울고 있는 여성을 목격했다. 동포라는 걸 단번에 직감할 수 있었다.

순푸駿府에서는 16세 때 포로가 되었으나 그 후 일본에 와서 이에야스의 신하가 된 남자가 숙소로 만나러 왔다. 그는 주군의 신뢰도도 높고 급료도 높다고 했다.

귀로의 교토에서 귀국하는 사람 수는 겨우 100명이었다.

오사카에서는 주인이 풀어주지 않으므로 도망쳐 왔다는 남자도 일행에 합류했다. 거기에다 한 여성이 행렬 속으로 도망쳐 들어왔다. 사정을 들어보니 남편이 귀국을 허락하지 않으므로 귀국을 포기 한 척 하고 있다가 행렬이 집 앞을 통과 하는 시간을 노려 군관의 열에 뛰어 들었다고 한다. 오사카에서 쇄환선 8척이 출발했다.

가미노세키에서는 40명을 더했다. 쇄환사가 와도 포로들을 숨기는 일이 많은데 가미노세키가 제일 심하다. 하카타博多에 모인 남여 100여명을 인수했다.

나고야名護屋에서는 히젠(肥前, 사가현)의 영주가 140명을 데리고 왔다. 더욱이 비젠(備前, 오카야마현)에서 60명이 우시마도로부터 도착했다.

이키에 도착했을 때, 수군으로 통신사에 동행한 수복守福이 16년간 헤어져 있던 어머니를 이 섬에서 우연히 만나 서로 부둥켜안고 울었고 함께 배에 올라 돌아오게 되었다. 일본인들도 감동했다.

쓰시마에서는 진주의 양반인 강완이 지쿠젠筑前으로부터 120여명을 데려와 기다리고 있었다. 또 부하가 하카타로부터 180명을 데려와 기다리고 있었다. 그 외에 오사카에서 24명에 더하여 64명을 추가로 보내왔다.

이리하여 쓰시마에 모인 사람들은 남녀를 합쳐서 1,418명이었다. 그들에게는 은과 10일분의 식비를 제공했다. 일본에 있는 포로가 몇 만 명인지 알 수 없다. 일본의 지배자가 귀국을 허가해도 그들의 주인이 감추고 내 놓지 않는 사람도 있고, 포로 중에는 돌아가기를 원하지 않는 사람도 있을 것이다. 이번에 데려가는 인원은 구우일모에 지나지 않을 것이다.

이처럼 한·일간의 역사에는 일본의 침략으로 그늘진 부분이 많다. 그러므로, 통신사 재개 400주년을 맞아 일본이 우리나라와의 진정한 우호친선과 선린관계를 원한다면 통신사의 행렬을 재현하는 일회성 행사에 그칠 것이 아니라, 그 진정한 본래의 의미 '신뢰로 통하는' 믿음을 행동으로 보여주어야 할 것이다.

| 전통의 향수에 젖어있는 일본 |

일본과 일본문화를 연구한 책으로 루스 베네딕트 여사가 쓴 『국화와 칼』을 많은 사람들이 인용한다. 이 책에 따르면 일본인

들은 온恩, 기리義理, 기무義務, 츄忠 등의 전통적 덕목을 숭상하며, 질서와 계층제도를 당연시 하고 소중히 여긴다는 분석을 하고 있다. 상당한 공감을 불러일으킨다. 사실 대부분의 외국인들은 일본에서 오래 살면 살수록 일본인들이 전통적이며 도덕적인 계층질서의 덕목을 좋아하고 빠른 변화에 그다지 호의적이지 않다는 것을 피부로 느끼게 된다.

이러한 그들의 전통숭상 정신을 엿볼 수 있는 일례로 지난 2004년부터 2년여에 걸쳐 NHK 위성방송에서 방영된 '남자는 괴로워男はつらいよ'라는 영화를 들 수 있다.

이 영화는 장장 48편의 연작 시리즈다. 스토리 전개는 영화를 보지 않고서도 그 결말을 짐작할 수 있는 천편일률적인 이야기이고, 출연진도 정해진 배역 그대로이다. 그럼에도 불구하고 이 영화가 일본인의 심금을 울리고 심취하게 하는 이유는 무엇일까? 거기에는 일본만이 가지는 그들의 독특한 문화와 전통적 향수가 그대로 반영되어 있기 때문이다.

영화 속으로 잠시 들어가 보면, 주인공 도라지로(寅次郞, 渥美淸 분)는 16세 때 집을 나와 일생동안 전국을 여행하며 떠돌이 생활을 한다. 떠돌이 생활 중에 우연히 한 여인을 만나 사랑에 빠지고 우여곡절 끝에 결국은 그 사랑이 결실을 거두지 못하고 헤어지고 만다. 이러한 떠돌이 생활과 여성관계를 염려하고 언제나 뒤에서 묵묵히 뒷바라지하는 여동생(さくら, 長山藍子분)과 그의 가족, 삼촌가족, 그리고 인쇄소 사장, 동네 한복판에 자리 잡은 작은 절의 주지스님 등 일본인의 평소생활상을 그대로 반영한 설정이 일본인에게는 정겨움으로 다가오는 것이다.

매번 등장하는 고정 배역 외에 상대역으로 나오는 여자는 유명 여배우들로 채워진다. 전 48편 중 4번이나 상대역으로 등장한 여배우가 있고, 이 여배우의 젊은 시절과 나이가 든 시절의 연기력을 비교해 볼 수 있는 재미도 있다.

그런데 이 영화가 매번 같은 스토리 전개에다가, 주인공의 복장과 가방마저 변함없는 패턴인데도 식상해 하지 않고 빠져들게 하는 이유가 있다. 그 이유는 등장인물들의 캐릭터가 일본적 서민생활을 가식 없이 그대로 드러나도록 구성한 야마다 요지山田洋次감독의 아이디어 때문이기도 하다. 그러나 무엇보다도 이 영화의 성공에는 일본인의 정신적 기반이 오래되고 전통이 있으며, 계층질서와 인정과 의리가 통하는 이상적 가치를 존중하는데서 기인하는 것으로 보인다. 영화의 예술성이나 스케일의 웅대함은 이 영화와는 거리가 멀고 오히려 그런 면에서는 크게 뛰어나지 못하다고 보는 것이 옳을 것이다.

1969년부터 1995년까지 30여 년간 계속된 이 영화는 주인공역을 맡은 아쯔미 키요시渥美清가 사망함으로써 종결되었다. 이후 이 영화를 기념하여 촬영지인 도쿄의 시바마타葛飾区 柴又에는 그의 동상과 기념관이 지어졌고, 영화사상 가장 오랜 시리즈로 기네스북에 올랐다.

한번 정을 들이고 신용을 하면 변하기를 싫어하는 그들의 정서는 정치인들의 면면에서도 여실히 드러난다. 일본의 정치인들은 한번 국회의원에 당선되면 치명적인 하자가 없는 한 종신 국회의원이라 해도 좋을 정도로 오래도록 지지층이 유지되고, 16선이라는 대기록도 세울 수 있다.

또한 일본의 거리 풍경이나 일상생활에서 전통존중의 모습을 발견하는 것 또한 그리 어렵지 않다. 먼저 시내를 달리는 전차의 모습만 보아도 단번에 그들의 전통존중사상을 짐작할 수 있다. 도로 한복판에 자리 잡은 전차선로가 자동차의 통행에 방해가 될 뿐만 아니라 미관상으로도 그렇게 좋지 않음에도 불구하고 그대로 유지하는 그들의 인내심은 무언가 독특하다는 느낌을 준다.

또한 오래되고 낡아서 쓸모없게 된 물건들도 좀처럼 버리지 않기 때문에 그들의 집을 방문해 보면 집안이 고물 창고처럼 어수선한 느낌을 주기도 한다. 대학교수들의 집은 더욱 그렇다. 누렇게 빛바랜 책들로 인해 사람이 통행하기 어려울 정도인 집이 많다. 거리의 상점 또한 전통 있는 집이 많은데, 이들의 점포를 '시니세老舖'라 부른다. 일본어 발음상 '로호'로 읽어야 하지만 무언가 멋진 전통적 향수를 느낄 수 있는 '시니세'가 일본인의 기호에 맞는 것이다. 교수들 역시 책을 구입할 때 수많은 중고 책방을 자주 이용하고 있음을 상기하면 고개가 끄떡여 질 것이다.

또 한 가지 예로 히로시마현 오사키카미지마大崎上島라는 섬에는 역사가 170여 년 이상 된 시계점이 있다. 이곳에는 전국에서 오래된 시계를 고치려는 사람들이 우편으로 물건을 부쳐온다고 한다. 5대째 이 시계점을 운영하고 있는 사사키佐佐木잖씨는 아직도 100년 이상 지난 고물시계를 사용하는 많은 사람들 덕분에 성업 중이라 했다. 일본만이 가지는 애착에 가까운 전통존중 사례라 할 것이다.

그리고 우리나라에서는 1980년대를 기점으로 이미 없어지다시피 한 주산학원이 일본에서는 변함없이 성업 중이고, 초등학교 교과서에서도 그대로 다루고 있다. 몇 대를 이어오는 거리의 작은 우동 집, 몇 십대에 걸친 가업의 전승 등은 조금은 답답한 느낌을 주지만 사실은 일본을 일본답게 하는 힘의 원천인 것 같다는 생각을 해 본다.

| 일본 스모와 야오쵸 의혹 |

일본잡지 '주간현대'가 지난 2007년 2월 6일 일본스모계의 승부조작의혹을 폭로함으로써 시작된 스모계의 추문이 법적공방으로까지 확대 된 적이 있다. 여러 매스컴은 이러한 호재를 확대 재생산하여 다양한 특집기사를 내 보냈고, 이 문제에 대한 진실공방이 국회로 이어지는 사태에까지 이르게 되었다.

이 해 5월 20일부터 시작된 여름 경기夏場所에서는 이 문제가 더욱 증폭되어 전 스모협회장이 승부조작에 직접 관여됐다는 폭로기사가 주간현대에 다시 실림으로써 일본 스모계는 벌집을 쑤셔놓은 듯 어수선했다. 결국 일본스모협회는 기타노 우미北の湖 스모협회장 명의로 주간현대를 명예훼손혐의로 고발하고 법정에서 진실공방을 벌였다.

주간현대의 기사에 따르면 승부조작의 중심에 서있는 인물은 아사 쇼류朝青龍라는 인기 절정의 요코즈나橫綱이다. 그는 2006년 규슈九州에서 벌어진 스모대회에서 전승을 거두며 우승했는데 이 기록 중 4번만 정식으로 대결한 것이고 나머지는 모두 사전에 돈을 주고 승부를 조작했다는 것이다. 이를 고발한 사람은 스모협회 내부 인물이며 그 증거로 아사 쇼류의 심부름을 한 교쿠텐잔旭天山의 수상한 행동을 제시하고 있다.

교쿠텐잔은 아사 쇼류와 같은 몽골출신으로 마쿠시타幕下 급이기 때문에 시합이 적고 시간이 많은 점을 이용하여 승부조작의 중계역(中盆: 나카봉)을 맡았다는 것이다. 구체적으로 11명의 선수에게 경기가 시작되기 직전에 선수대기실에서 80만엔(한화 1천 2백만원)의 돈을 건네고 승부에 져줄 것을 부탁했다고 한다. 그러므로 11명의 선수들은 적당히 스모를 하는척하다가 져 주었고 나머지 약체 4명과는 정식경기를 했다고 주간현대는 추정하고 있다.

이렇게 돈을 주고 승부를 조작해도 아사 쇼류는 자신의 수중에 상당한 상금이 남기 때문에 충분히 그럴 개연성이 높다고 본다. 즉 한 경기당 아사 쇼류에게 걸리는 상금이 90만 엔에서 150만 엔 사이인데 15경기 중 11경기에 80만 엔씩 지불하고도 나머지 경기 분으로 충분히 자신의 몫을 챙길 수 있다는 계산이 나온다. 또한 아사 쇼류가 지금까지 스모역사상 한 번도 없었던 22연승을 거둔 것도 사실은 이러한 '주사(돈을 주는 행위의 은어)' 가 암암리에 진행되어 왔기에 가능했던 것이며 '주사'에 맛을 들인 선수들은 아예 당연한 절차처럼 승부 조작을 거듭하고 있다는 주장이다.

　이에 대해 스모협회장은 요코즈나에게 상금으로 걸리는 돈은 여러 선수들에게 분배하는 것이 협회의 관행이며 이것이 승부 조작과 관계있는 것은 아니라고 해명했다. 그리고 교쿠텐잔이 선수 대기실을 자유 왕래한 것은 개인의 친분에 의한 것이지 승부 조작을 위한 사전 섭외가 아님은 분명하다고 밝혔다. 그러나 주간현대는 이런 해명이 오히려 더 의혹을 증폭시키며 스모를 국민들로부터 멀어지게 한다면서 3회에 걸쳐 특집을 내보냈다. 마지막에는 전 스모협회장이 직접 승부 조작을 지시했다고 직격탄을 날리기도 했다.

　사실 일본 스모계의 승부 조작 의혹은 어제오늘의 일은 아닌 것 같다. 그들의 승부 조작 의혹은 스모가 가지는 기본정신과도 많은 관계가 있는 것처럼 보인다. 화和를 중시하는 뿌리 깊은 일본정신이 스모에 그대로 녹아들어 승패의 결말보다는 선수 상호간의 상하관계와 각 헤야部屋의 오야가타親方를 중심으로 한 엄격한 단체생활의 전통을 존중하는 풍토가 이런 의혹의 근본원인 인지도 모른다는 생각이 든다.

　일본인들은 승부조작을 야오쵸八百長라 부른다. 야오쵸의 어원을 찾아보면 메이지시대까지 거슬러 올라간다. 메이지시대 때 야채장수인 쵸베이長兵衛라는 사람은 바둑 실력이 대단했다. 어느 날 이 소식을 들은 스모계의 원로인 이세노우미伊勢の海五太夫가 쵸베이에게 바둑실력을 겨루자고 제안했다. 실력으로는 단연 야채장수인 쵸베이가 한수 위였으나 자신의 야채를 팔기위해 일부러 져주기도 하고 이기기도 하면서 오랜 교분을 가졌다고 한다. 이후 바둑계에 이러한 소문이 퍼져나가 정면승부를 펼치는 것같이 연기를 하면서 사전에 정한대로 승부를 결정하는 것을 두고 야채장수(八百屋: 야오야)의 우두머리라는 뜻으로 야오쵸八百長라 부른다는 것이다.

　아무튼 이러한 소용돌이를 두고 몇몇 다른 매체들은 스모계의 승부 조작이 어제오늘의 일이 아닌 것은 공공연한 비밀임에도 불구하고 주간현대가 이를 문제 삼아 폭로한 것은 문제가 있다고 지적한다. 그 이유는 몽골 선수들이 판치는 지금의 스모계에 대한 민족차별의식에서 나온 것이라는 주장이 우세하기 때문이다. 현재 일본 스모계에는 최고위급인 마쿠우치幕內에서 활약 중인 외국선수가 15명인데 이 중에서 몽골선수가 7명이나 되니 대단한 숫자다. 그에다가 이들이 대부분 우승을 차지하고 있기 때문에 주간현대가 이를 시샘하여 폭로했다는 것이다. 일본인들 특유의 배타적 차별의식인 섬나라근성이 여기서도 유감없이 발휘되었다는 이야기가 어느 정도 설득력이 있어 보인다.

ㅣ야구와 전통축제로 열광하는 일본의 여름ㅣ

일본의 여름은 고시엔甲子園에서 벌어지는 고교야구와 온갖 축제로 뜨겁게 달아오른다. 고시엔야구는 봄, 여름 2번의 경기가 열리는데 각 지역에서 예선을 거쳐 선발된 팀들은 효고현兵庫県 니시노미야시西宮市의 고시엔에 모여 결승 토너먼트로 최종 우승학교를 가린다. 전국에 산재한 고교야구팀이 4천7백 여 개나 되니 지역예선을 통과하여 여기 고시엔에 발을 들여놓는 것 자체가 팀의 명예를 빛내는 일이며 선수개인으로서도 무한한 발전 가능성을 기대해 볼 수 있는 선망의 무대이기도 하다.

이들은 고시엔의 흙을 밟아보는 것이 일생의 소원이었기에 돌아갈 때는 하나같이 고시엔의 흙을 기념으로 가져가 소중히 간직하는 전통을 이어오고 있다. 한때 고시엔구장에서는 학생들이 퍼가는 흙의 양이 엄청나서 구장의 바닥관리에 어려움을 겪은 일이 있었다. 그러나 이제는 학생들의 염원을 들어주기 위해 아예 가지고 갈 수 있는 흙을 따로 준비해 두고 마음껏 퍼 가도록 구장 측에서 배려하고 있기도 하다.

특히 여름경기는 방학 중에 이루어지므로 연인원 백만 명이 넘는 응원단들과 선수가족, 관중이 몰려 그 열기는 그야말로 전국적이다. 그리고 전 경기를 중계방송하기 때문에 직장에서도 하루 종일 야구경기를 보면서 일은 건성으로 하는 사람들이 많다고 한다. 만약 자기지역의 학교가 결승에서 우승이라도 하는 날이면 그 지역은 온통 축제분위기에 휩싸인다. 아울러 개선장군처럼 귀향하는 선수들을 구경하기 위해 온 시가지는 환영 인파로 발 디딜 틈이 없는 것은 물론이다.

일본의 여름은 이러한 고시엔의 고교야구 열기에 더하여 각 지역에서 벌어지는 하나비(花火불꽃)대회와 도쿠시마현德島県에서 벌어지는 아와 오도리阿波踊り, 최인호의 역사소설 『잃어버린 왕국』에도 등장하는 교토의 고잔 오쿠리비五山送り火로 그 열기와 낭만은 사람들을 들뜨게 하기에 충분하다.

먼저, 각 지역에서 벌어지는 여름밤의 불꽃놀이는 그야말로 전 시민에게 볼거리를 제공한다. 히로시마지역에서도 이츠쿠시마嚴島신사 주변에서 펼쳐지는 불꽃놀이는 30만 여명이 모이는 대성황을 이룬다. 구경을 하려는 사람들이 대낮부터 자리를 깔고 전망 좋은 자리를 차지하기 위해 땀을 뻘뻘 흘리며 기다리고 있는 진풍경 또한 외국인에게는 구경거리 중의 하나다. 작년에는 이 구경을 놓칠 수 없다는 생각으로 가족 모두를 데리고 나섰다가 사람에 밀려 일시적으로 이산가족이 되고 말았을 정도이니 얼마나 많은 인파로 붐볐는지 짐작이 갈 것이다. 주위를 둘러보니 일본의 젊은 아가씨들은 유카타(홑겹의 기모노)를 입고 전통적인 올림머리와 알록달록한 부채를 들고 이 불꽃놀이에 참가하고 있었다. 전통을 좋아하고 그것을 소중히 이어가는 그들의 아름다운 모습이 평소 때의 수수한 일본인의 모습과는 무척이나 대조적인 느낌을 주었다. 이 대회에서 두 시간에 걸쳐 쏘아 올리는 축포의 수가 1만 여발에 이른다하니 가히 부자나라답다는 생각이 들었고, 작렬하는 축포와 환호성 속에 자신을 잊고 몰입하는 일본인들의 멋을 함께 하기에 충분했다.

이에 더하여 일본에서 가장 유명한 여름축제의 볼거리로 아와 오도리를 들 수 있다. 도쿠시마의 옛 이름이 아와阿波인 관계로 붙여진 아와 오도리는 일본을 대표하는 서민 춤 중의 하나다. 이 춤은 "짱까 짱까"라는 단순한 리듬에 맞춰 추는 춤으로 누구나 한 십분만 연습하면 능란하게 출 수 있는 몇 가지 간단한 동작으로 구성되어 있다. 도쿠시마시의 인구가 20여만 명에 불과한데도 이 축제가 열리는 8월 12일부터 15일 사이에는 100만에 가까운 사람들이 몰려든다고 한다. 가히 이 축제의 인기도가 어느 정도인지 짐작이 갈 것이다. 너무나 유명한 축제이다 보니 지방의 축제가 전국적인 축제로 격상되어 예선에 참가하는 춤 팀인 렌連의 수가 9백 개가 넘어 예선을 치르는 기간만 한 달이 걸릴 정도라고 한다.

아와 오도리는 이 지역의 영주인 하치스카이에마사蜂須賀家政가 1587년 축성기념으로 온 성중의 시민들을 모아 신분의 구별을 넘어 신나게 즐기도록 한 데서 유래한다고 한다. 따라서 이 축제의 역사는 올 해로 412년이나 되는 셈이다.

이 기간 중에는 축제의 출발정신을 살려 '모든 신분이나 계급을 떠나 술과 춤으로 하나가되는 날'이기에 말짱한 정신으로 참가하는 사람은 거의 없다. 모두들 하나같이 불그스레하게 술에 취해 흐늘거리며 춤을 춘다. 앞에선 선소리꾼 아가씨가 "야토샤!"라고 소리치면 춤꾼과 소리꾼들이 일본특유의 단가를 부르며 춤을 추기 시작한다. "야토샤, 야토 야토!", "야토샤, 야토 야토!", "춤추는 바보에 쳐다만 보는 바보, 같은 바보라면 춤추지 않는 자는 진짜 손해 손해!" 일본특유의 전통적인 아름다운 복장과 그에 어울리는 손동작과 몸놀림은 여름밤의 열기와 적당한 취기로 흥을 북돋우기에 충분하다.

얼마 전 작고한 시바 료타로司馬遼太郎는 이 축제에서 불리어지는 노래 속에 참여정신을 이끌어내는 '어울림의 철학'이 숨겨져 있다고 갈파하기도 했다.

2년 전, 필자도 이 축제에 참가하기위해 렌의 후원자가 되어 도쿠시마로 갔다. 필자가 후원하는 렌은 보기 좋게 예선에서 탈락하여 탈락자들이 모여 공연하는 강변무대(新町이라는 곳에 따로 무대가 있다)로 밀려나 거기에서 춤을 추는 신세가 되었다. 탈락한 팀만 900여 렌이니 4일간 추어도 끝이 없었다. 같은 춤을 신물나도록 지켜보는 것도 지겨웠지만, 호텔을 잡을 수도 없었기에 이틀간을 공민관에 마련된 임시숙소에서 거의 뜬눈으로 보냈다. 연일 춤과 술로 지새다 보니 온 몸이 물먹은 솜처럼 무거웠다. 3일째 되는 날은 얼마나 지쳤던지 차 안에서 잠시 눈을 붙였는데 깨어보니 그대로 아침이었다.

며칠간을 술과 춤으로 보내고 돌아가는 일본인들의 뒷모습은 그래도 거뜬해 보였는데 우리는 모두 흐느적거리며 지쳐 있었다. 춤을 추는데도 일본인들은 같은 자세를 오랫동안 흐트러짐 없이 유지했고 인내심이 우리보다 훨씬 강해 보였다. 특히 여성의 춤은 두 팔을 높이 흔들면서 춰야 하기 때문에 곧바로 지치기 쉬운데도 끝까지 자세를 흩트리지 않고 아름다운 춤을 계속했다. 아마 평소에 이 춤에 익숙해져 있어서 그러리라 짐작은 했지만 대단한 인내력에 혀를 내두르지 않을 수 없었다. 노는 것도 그들은 꼭 해야 한다는 의무감으로 하는 것 같은 인상을 짙게 받는 계기가 된 셈이다.

마지막으로 일본 여름축제에서 대단원의 막을 장식하는 것은 교토의 고잔 오쿠리비五山送り火일 것이다. 이 축제는 기온마츠리祇園祭와 함께 대표적인 교토의 여름축제로 손꼽힌다. 8월 16일, 교토를 둘러싸고 있는 5개의 나지막한 산에 불을 밝혀 조상들의 영혼을 극락정토로 보내는 이 축제는 종교정신이 짙게 깔려 있는 특징을 가지고 있다.

오후 7시, 조상의 영과 생존해 있는 사람들의 무병과 액난을 면하게 해달라는 기원문이 적힌 관솔護摩木 다발이 동쪽 산 뇨이가 언덕東山如意ヶ嶽에 도착하면서 축제는 시작된다. 축제의 시작과 함께 정토사淨土寺의 고보대사당弘法大師堂에 불을 밝히고 참여자 모두가 반야심경을 암송한다. 반야심경 암송이 끝나면 8시 정각에 관솔다발에 불을 옮겨 붙여 다른 관솔다발에 일제히 점화한다. 이 산의 글자는 큰 대大자로 밝은 대낮에도 교토 시내에서 잘 보이는 위치에 있기에 교토를 여행하는 사람들은 저 글자가 무엇인지 자주 물어온다. 큰 대자의 불을 밝히는 의미는 인간이 우주만물의 중심임을 나타낸다고 한다.

동쪽 산에서 불을 밝히면 마츠가자키松ヶ崎 서쪽 이찌만 토로산一万灯篭山에서 묘妙라는 글자에 불을 붙이고 연이어 마츠가자키松ヶ崎 동쪽 이찌만 쿠로텐산一万黒天山에서는 법法이라는 글자에 불을 붙인다. 묘법이란 글자는 불교경전 중에서 일본 민중들에게 널리 퍼져있는 '묘법연화경'을 줄인 말로 화엄 사상의 진수를 담고 있는 것으로 알려져 있다.

그 다음으로는 서쪽의 니시카모 후나야마西賀茂船山의 배 모양에 불을 붙인다. 이 배 모양은 조상의 영혼을 극락정토로 보낸다는 의미를 가진다고 한다. 따라서 불교의 서방정토 사상이 교토의 서쪽산인 이 산의 이름으로 정착되었고 절 이름도 사이호지西方寺로 불린다. 관솔의 불이 모두 밝혀지고 나면 저승으로 떠나는 영혼들을 위해 참여한 모든 사람들이 육제염불六齊念佛 암송을 시작한다.

마지막으로 불을 밝히는 곳은 다이보쿠산大北山의 큰 대자와 사가토리이혼 만다라라산嵯峨鳥居本曼荼羅山의 신사 표시이다. 다이보쿠산에서 큰 대자의 불이 밝혀지면 마지막으로 신사 표시가 점화된다. 신사는 일본 고유종교인 신도에서 유래하지만 불교와 융화되어 일본의 독특한 신앙관을 형성하고 있다. 마지막 신사표시의 토리이에 붙이는 관솔다발은 108 다발로 불교의 108번뇌를 나타낸다고 한다. 정말 불교와 신도가 절묘하게 조화를 이루는 순간이다.

일본 국민들은 이러한 전통축제를 참으로 자랑스럽게 여기고 스스로 참여하며 즐기는 사람들이 많다. 이 축제를 주관하고 있는 '보존회'의 멤버들은 비교적 젊은 사람들로 구성되어 있고 자신이 하고 있는 일에 대해 대단한 긍지를 가지고 있었다. 그 실례로 이 행사를 진행하기 위해 보존회 멤버 중의 한 청년은 멀리 타이완에서 자신의 일을 접어두고 귀국했다는 대담을 NHK에서 생중계로 내 보냈고, 해설하는 향토사학자는 교토의 전통문화에 대한 자부심으로 가득 차 있었다.

여름의 열기를 고교야구로 승화시키고 전통축제로 즐기는 일본인들의 지혜는 구경하는 외국인에게도 즐거움을 주기에 충분하다. 아와 오도리의 유서 깊은 역사와 교토의 고잔 오쿠리비五山送り火같은 8백년의 전통 있는 축제를 보면서 반만년의 찬란한 문화민족임을 자랑하는 우리나라는 과연 어떤 훌륭한 전통축제가 남아있는지를 돌아보게 한다.

| 혼을 불어넣는 일본의 장인정신 |

가고시마鹿兒島로 가는 날은 아침부터 비가 부슬부슬 내렸다. 철 이른 장마라고는 하지만 일본은 언제나 비가 많다는 느낌을 준다. 심당길 1세도 일본으로 끌려올 때 이런 눈물같은 비를 맞으며 후줄근한 모습으로 이국땅을 밟았는지도 모를 일이다. 조국의 힘이 약하여 힘없는 백성들이 왜인들에게 강제로 끌려왔던 그 비통함을 오늘 내리는 이 비가 통곡의 소리로 대변하고 있는지도 모른다는 생각이 들기도 했다. 정유재란 중에 일본은 조선 도자기에 매료되어 도공들을 납치하기에 이르렀고, 그 중의 한 사람이 심당길이라는 이름의 명공이었던 것은 우리가 어렴풋이 알고 있는 사실 중의 하나다. 1587년을 전후해서는 일본이 전쟁에 이기지 못할 것을 인지하고 여러 지역의 영주들은 더욱 노골적으로 많은 도공들을 자기 지역으로 데려와 도자기를 굽

도록 했다. 이들이 바로 아직도 그 명맥을 이어가는 사츠마야키薩摩燒와 아리타야키有田燒를 만드는 명공들이다. 이 두 도자기는 일본에서도 알아주는 명품으로 많은 애호가들의 소장품이 되기도 했으며 지금도 그 인기는 시들지 않고 있다.

신칸센을 타고 후쿠오카에서 내리자 빗줄기는 잠잠해졌다. 하늘은 아직도 흐려있었으나 비가 멈춘 것만으로도 참으로 다행이라는 생각이 들었다. 먼 길을 가는 사람에게 치정치정 내리는 비는 더욱 사람의 마음을 움츠러들게 하고 의기소침하게 만들기 때문이다. 목적지인 가고시마는 규슈에서도 가장 남쪽에 위치해 있는 관계로 여기서도 두 시간 반 이상을 달려야 한다. JR규슈선으로 갈아타고 창가 쪽에 자리를 잡았다. 한국에 대해 상당한 관심과 애정을 가지고 있는 일본인 한 사람과 함께한 길이었기에 그와의 대화 화제 역시 임진왜란과 도자기에 관한 것이었다. 또한 그것이 이 여행의 목적 중의 하나이기도 했기에 차를 타고 가는 내내 이런 대화가 이어졌다.

가끔 규슈에 올 때마다 느끼는 일이지만 규슈지역은 일본의 다른 지역과는 다르게 까치가 많다. 일본의 혼슈는 까마귀 떼로 어느 지역이건 골머리를 앓고 있는데 반해 이 지역은 한국과 가까운 지리적 여건 탓인지는 몰라도 까치들이 자주 눈에 띈다. 처음 일본에 도착하여 아침에 일어나 보니 "까악, 까악" 울어대는 수많은 까마귀 떼가 눈에 들어와 "이 나라는 왜 이렇게 까마귀가 많은가?"라는 생각이 들었고 무언가 불길한 느낌을 받았던 기억이 난다. 그런데 십년 넘게 일본에서 생활하다보니 이젠 어디에 가든 만나게 되는 까마귀 울음소리가 당연한 것처럼 느껴지고 울든지 말든지 관심조차 갖지 않게 되었다. 인간역시 환경에 적응하기 마련인가보다.

전라도 남원근교에서 납치되어 배 밑창에 노획된 전리품 취급을 받으며 심당길 일행이 당도한 사츠마(薩摩, 가고시마의 옛 지명)지역은 낮은 산지와 구릉이 이어지는 곳이다. 낯선 사람들이 나타나면 어김없이 울어대는 까치들은 국적을 구별하지 않기에 고향의 향수를 달래는 청량제로 여겨졌으리라. 함께 온 70여명의 도공 가족들이 까치에게 고향소식을 물으며 그들의 유일한 벗으로 일상을 함께 했다는 생각을 하니 가고시마로 향하는 발길은 점점 개어오는 하늘의 빛깔처럼 푸르렀고 가벼워져 있었다. 아마 그들은 정다운 느낌을 주는 까치 덕으로 낯설고 물설고 살기조차 어려운 이국땅에서의 설움을 그런대로 위안하며 지낼 수 있었으리라. 한 마리 새에 지나지 않는 까치이건만 인간이 처한 환경에 따라 많은 의미가 부여됨을 느끼며 가고시마 역에서 내렸다.

여기에서는 이 지역을 잘 아는 일본인이 차를 내어 우리를 기다리고 있었다. 심당길의 14대 후손으로 심수관沈壽官이라는 이름을 쓰는 유명한 인물이 사는 곳은 여기에서도 40분 이상 차를 타고 가야하는 히오키시 히가시이치키쵸 미야마日置市東市來町美山라는 곳이다. 잠시 점심 식사를 끝내고 여유롭게 당도한 목적지에는 수관도원壽官陶苑이 그 자태를 드러내고 있었다. 이 도원을 넘어 나지막한 고개를 넘어서면 바로 남지나해가 보인다. 여기에 처음 그들이 도착한 비석이 있고, 그들이 이 지역을 고집한 것도 고향으로 가는 바다가 보이는 지점에 살고 싶다는 소박한 희망을 이곳의 영주가 그대로 받아들였기 때문이라 한다.

14대 심수관은 1988년 한·일 교류의 공로를 인정받아 대한민국명예총영사로 임명되었을 뿐만 아니라 1999년에는 한국정부로부터 문화훈장까지 받은 대단한 사람이다. 설레는 마음으로 그를 만나려 했지만 공교롭게도 14세 심수관은 강연에 출석하고 명예총영사관의 간판과 400여년에 걸친 심수관가의 작품들을 보관하고 있는 수관도원의 수장고가 우리를 맞았다. 사전에 연락을 취하고 그와 만날 약속을 하지 못한 우리들의 불찰이었다. 일본인들은 시간관념이 철두철미하여 사전 약속 없이는 좀체 외부인들과 잘 만나지 않는다. 그 곳에 가면 도자기를 빚고 있는 심수관 14세를 만날 수 있으려니 하는 막연한 환상으로 떠났던 필자의 잘못이기도 하지만 그런 무모한 출발에 아무런 이의를 제기하지 않고 따라나선 일본인 역시 자신의 잘못이라고 자책하고 있었다.

사실 내가 심수관 14세를 만난 것은 1997년의 일이었다. 당시 오카야마에서 근무하던 나는 오카야마지역의 한·일친선협회가 초청한 심수관 14세의 강연을 들을 기회가 있었다. 평소에 많은 관심을 가지고 매스컴을 통해 지켜보던 터라 개인적으로 인사라도 나눌까하여 강연이 끝난 후 연회석에서 그를 찾아가 술을 권하고 인사를 나눈 적이 있다. 자리가 자리인지라 긴 이야기를 나눌 수 없어 소개정도로 이야기를 끝냈지만, 다음에 언젠가 꼭 한번 심수관 요를 찾겠다는 이야기를 전했다. 자신도 하회탈 같은 함박웃음을 지으며 기다리고 있겠노라는 가벼운 응대도 했다. 그렇다고 해서 많은 유명인사를 만나는 그에게 스쳐지나가는 기억으로밖에 남아있지 않는 사람이 십여 년의 세월을 넘어 이렇게 예고도 없이 불쑥 찾아와 그를 만나겠다는 발상자체가 큰 실례라는 생각이 들기도 하여 마음이 한동안 불편했다.

다행히 심수관 15세가 작업을 끝내고 거실로 돌아와 있다는 전갈을 받고 간단한 수인사라도 할 겸 전시장을 떠나 안으로 들어갔다. 도자기를 굽는 커다란 요가 눈에 들어왔다. 전통적인 방식을 고집하는 그들의 취향이 느껴지는 듯했다. 동행한 일본인이 히로시마에서 상당한 지위에 있는 사람이었기에 15세는 연신 고개를 숙이며 깍듯이 대했다. 필자가 한국에서 온 교육원장이라고 소개하자 다소 어눌한 한국말로 인사를 했다. 의외의 일이기에 멈칫한 느낌이 들었다. 나중에 안 일이지만 15세는 한국에 와서 1년 정도 한국전통의 옹기 굽는 일을 배웠다고 한다. 따라서 한국어가 어느 정도 가능한 듯 했다. 차 한 잔을 마시고 오랜 시간 그와의 대화를 나누기가 어려워 우리들은 자신의 가문에 대한 이야기와 사츠마야키가 유명하게 된 사례들만 대충 듣고 자리에서 일어섰지만 그 감동은 오랜 여운으로 남아 있었다.

그의 이야기에 따르면 심수관 14세는 1999년 연말을 시점으로 가문의 전통에 따라 가업을 물려주고 은퇴했으며 지금은 도자기 굽는 일보다 강연 등의 소일을 하고 있다고 했다. 심수관가의 15세가 된 자신은 가문의 전통을 이어 받아 더욱 현대미와 전통미를 살린 멋진 도자기를 구워내고 발전시켜갈 것이라고도 했다. 자신도 아버지와 같은 와세다 대학을 졸업하고 언론인의 길을 걸으려 했으나 가문의 전통이 중요하다는 판단을 했다고 한다. 이후 본격적인 도자기 수업을 위해 이탈리아에도 유학하여 현대도자기 기술을 익혔고 한국의 전통기술도 몸에 익히고 있어 아버지의 대를 뛰어넘는 또 하나의 멋진 창조의 세계를 열어갈 것 같은 예감을 주기에 충분했다. 젊은 패기와 노련한 심수관 14세의 영감이 함께 한다면 이 가문의 도자기 전통은 더욱 빛나게 될 것 같은 든든함이 그의 자신 있는 눈빛에 흘러 넘쳤다. 소신을 가지고 자신의 일에 매진하는 힘 있는 사람들의 생동감 넘치는 모습을 바라보면 주위의 사람들 역시 그 압도적인 에너지에 빨려들어 혼이 나간 모습을 하듯이 우리 일행은 그의 눈빛에 압도되었다.

심수관가家가 각광을 받기 시작한 것은 제 12대 심수관으로 당시 유럽의 오스트리아에서 열린 만국박람회에 오카빙(大花瓶一對 대형꽃병)을 출품하여 관람자들로부터 절찬을 받았다고 한다. 그 이후 호주와 러시아, 미국 등의 외국에 사츠마야키를 수출하는 길이 열렸고, 사츠마야키는 일본을 대표하는 도자기로 그 명성을 날리게 되었다고 한다. 이러한 공로로 그는 일본정부가 수여하는 연수포장緣綬褒章을 받는 영예도 누렸다. 12대에 이어 13대는 도자기 굽는 일에 더욱 증진하여 국내외의 많은 전람회에서 최고위의 상을 받았을 뿐만 아니라 일본의 관작도 수여받는 등 도공으로서 누릴 수 있는 최고의 대우를 받은 일생이었다고 한다.

심수관 14세는 시바 료타로司馬遼太郎의 소설 『고향을 어이 잊으리故郷忘じがたく候』의 주인공으로도 잘 알려져 있다. 그 역시 오사카에서 열린 만국박람회에 오카빙大花瓶을 출품하여 절찬을 받았고 일본전국에서 '심수관 도자기전'을 열어

사츠마야키의 홍보에 노력했다. 한편 자신의 뿌리인 한국과의 관계를 중시하여 한국에서 도자기 전시회를 여는 등 한·일양국의 문화교류에도 적극 노력하여 앞에서 서술한 대로 그는 대한민국정부의 총영사로 임명받는 영예도 누린다.

시바 료타로의 소설에 의하면 일본에 정착한 도공들은 처음에는 많은 차별과 현지인들의 이지메에 시달렸다고 한다. 그러던 것이 이 지역의 영주가 관심을 보이게 되고 좋은 도자기가 필요했던 영주는 이들에게 무사와 동급의 신분을 보장해 주기에 이르렀다. 이런 신분보장 밑에 그들은 도자기를 구워 영주에게 바치고 영주는 이들의 생활을 보장해 주었던 것이다. 심수관가의 전통적인 장인정신이 뿌리내린 순간이다. 필자는 이러한 전통을 만든 일본인들의 정신이 산업을 발달시키고 일본의 전통기술을 더욱 값진 것으로 승화시킨 힘의 원천이라는 생각을 해 보았다.

현대에 와서도 일본 거물정치인의 한 사람이었던 오부치 수상은 심씨의 도자기 요를 몇 차례나 방문했고, 클린턴 대통령과의 회담 시에 심수관 14세가 만든 찻잔을 선물로 가져가기도 했다. 이러한 정치적인 뒷바라지는 일본의 장인정신을 더욱 활성화 시키는 촉매제 역할을 했다.

일본에는 심수관 이외에 아리타야키로 유명한 이삼평의 후손들도 그들의 전통을 그대로 이어오고 있다. 이러한 전통이 가능하게 된 데는 일본의 정책이 어느 한 분야에 탁월한 능력이나 뛰어난 기술력을 가진 장인들을 우대하는 풍조를 유지해 온 때문이라 볼 수 있다. 정유재란 당시 일본에 함께 끌려왔던 유학자 강항은 『간양록』에서 이러한 일본의 장인우대정신을 정확하게 파악하고 있기도 하다. 그가 관찰한 일본사회는 이미 당시에 어느 기술 분야건 천하제일인 자가 있고, 그 물건을 사기 위해서 천금을 아끼지 않는 사람이 많다는 기록이 있는 것으로 봐서도 장인우대정신의 역사가 오래됨을 알 수 있다.

심수관가를 둘러보고 필자는 그들이 만든 도자기 하나하나가 단순한 상품의 수준을 뛰어넘어 자신의 혼을 불어넣은 작품이라는 느낌을 받을 수 있었다. 이러한 혼을 불어넣는 지극한 정신이 현대에 와서도 그대로 전승되어 일본의 상품들이 세계에서 호평을 받고 있으며 그러한 상품은 사람의 마음을 움직일 수 있는 강한 힘을 가질 것이라는 생각을 하며 귀로에 올랐다.

| 독도문제의 해법 |

2005년 2월22일 일본의 시마네현島根県이 독도가 일본 땅이라며 '다케시마竹島의 날'을 일방적으로 현 의회에 상정하고 선포한 지 올해로 만 4년이 지났다. 필자는 매스컴으로만 접하던 독도에 대한 그동안의 경위와 동정을 살펴볼 겸 차를 몰고 시마네현을 찾기로 했다. 히로시마에 인접한 현이지만 두 시간가량 달려가야 되는 거리이기에 며칠을 망설인 끝에 겨우 짬을 낼 수 있었다.

시마네현에 들어서자 입구에서부터 독도가 일본 땅이라는 커다란 간판이 눈에 들어온다. 그들의 일방적 주장에 기분이 언짢기도 했지만 냉철히 메모만 하고 지나쳤다. 현의회가 있는 마츠에시松江市에 들러 그들의 홍보지 포토시마네의 내용을 살펴보니 전면은 일본의 영유권을 주장하고 역사적 근거를 일본에 유리하도록 제시하고 있고, 후면은 시마네 어민들의 불만에 찬 항의 내용으로 구성되어 있다. 어민들의 불만은 독도에서 영덕대게를 잡지 못하는데 대한 내용들이다.

물론 우리가 독도를 사수하려는 것은 고기 몇 마리 더 잡고 덜 잡는 어업권 같은 사소한 문제가 아니다. 엄연히 독도는 역사적으로나 국제법상으로나 우리 땅이기 때문이다. 독도는 우리가 잘 알고 있다시피 한반도 전체가 그 암흑

같은 강점기 시대로 이행되는 과정에서 첫 번째로 일본에 빼앗겼던 땅이기에 더없이 소중한 것이며, 우리가 살아있는 한 일본인에게 내어주어서는 안 될 땅이다. 당시 조선과 만주의 지배권을 둘러싸고 발발한 청·일 전쟁과 러·일 전쟁에 승리한 일본은 러·일 전쟁 중인 1905년, 내각회의에서 "이 섬은 무주지이므로 일본영토에 편입한다"는 결정을 내리고 시마네현보에 고시한 것이 그 시발이다. 이미 일본의 침략으로 보호국 신세로 전락한 조선을 마음대로 요리한 비정한 도발이기도 하다.

거슬러 올라가보면 '독도는 우리 땅'이라는 노래가사에도 있듯이 신라시대인 519년부터 독도가 이미 우리 땅임이 분명하다. 일본은 1618년과 1661년의 독도에로의 도해면허渡海免許가 자신들의 땅임을 증명한다고 주장하나, 당시 도쿠가와 막부의 자료는 오히려 독도가 한국 땅임을 증명하는 자료가 되기도 한다. 당시 막부가 요청한 울릉도와 독도의 탐사에 대해 조선정부는 분명하게 '내거來去금지'를 표했고 이에 대해 막부는 외국에 나갈 때 발급하는 도해면허를 내 준 것이다. 일본의 나이토 세이쥬內藤正中 같은 학자들도 당시 '내국의 섬으로 나갈 때는 따로 도해면허가 필요하지 않았다'라는 견해를 피력하고 있기에, 일본의 주장은 사실상 자가당착에 빠진다.

이러한 역사적 배경을 무시한 채 어민들의 일방적 주장을 받아들여 '다케시마의 날'을 선포한 일본의 정치가들은 국제적으로도 비난받아 마땅할 것이다. 그러나 국제관계는 불행하게도 역사적 진실이 언제나 정의의 편에 서는 게 아니다. 국제관계의 질서는 엄연히 힘의 논리가 우위를 점할 뿐이며, 국제법 또한 강자의 논리가 적용되고 있을 따름이다. 앞으로도 이러한 힘의 관계는 양국의 국체가 존재하는 한, 한 치의 양보 없이 팽팽하게 지속될 것임은 자명하다. 따라서 영토문제로 감정이 상한다하여 우리가 일방적으로 외교관계를 단절할 수도 없고 그럴 형편도 아니다.

2008년도에는 후쿠다福田康夫 수상이 '중학교 학습지도요령 해설서'에 독도가 일본 땅임을 가르치도록 명기하자, 우리정부는 권철현 주일대사를 소환하는 초강수로 대응 했다. 그러나 결국 아무런 결론도 내리지 못한 채 일본으로 다시 복귀한 사실은 이러한 국제관계의 냉엄한 현실을 반영하고 있는 것이다. 일본도 이런 면에서는 강자라 하여 자유롭다고는 할 수 없다. 일본 역시 우리를 무시하고는 국제사회에서 인정받기가 어려울 것이다. 그들이 노리는 국제연합 상임이사국 진출문제나, 6자회담에서 일본인 납치 문제 등의 해결에는 우리의 외교적 협력을 얻어야 하기 때문이다.

사견임을 전제로 내가 만나본 많은 외교관들은 독도문제를 해결하는 방법으로 우리가 김대중 대통령 시절에 체결한 '한·일어업협정'을 인정해 주는 양보를 조건으로 독도의 영유권을 인정받는 방법을 제시하는 게 좋을 거라는 견해를 내놓았다. 이들의 의견은 국가 간의 협상에서 필연적으로 따라붙는 '협력과 균형'의 묘수를 살려야 한다는 것이다. 그러나 이 또한 우리 국민의 정서와 일본정부의 노림수와는 일치하지 않을 지도 모른다. 상당한 진통이 예상되고 해결 또한 만만치 않게 여겨진다.

사실상 일본정부도 독도문제는 해결자체가 어려울 것으로 전망하고 이미 다른 방향으로 해결책을 강구하고 있는지도 모른다. 그 다른 방향의 해결책은 앞으로도 수 없이 전개될 한국과의 협상 시에 독도문제는 더할 나위없는 '숨겨진 카드'로 사용할 수 있다는 생각일 것이다. 즉 역사인식문제나 다른 외교적 문제로 한·일 양국이 협상테이블에 앉았을 때 자신들의 입지가 좁아지거나 불리해 지면 마지막 카드로 독도문제를 들고 나올 가능성이 그것이다. 물론 지금까지도 일본은 이 카드를 적절히 사용해 오고 있다. 또 다른 해결방법으로 물리적인 방법, 즉 무력에 의한 강제점거의 형식이 그것이다. 상당한 국제적 비난과 우리나라의 저항을 염두에 두어야 하기 때문에 결행은 그리 쉽지 않아 보인다.

이러한 한·일 양국의 영토문제가 무력충돌로까지 비화되지 않도록 하기 위해 '인간방패(Human shield)론'을 최선의 해결책으로 이야기 하는 사람들이 많고 호응하는 사람 역시 많다. 인간방패에 관한 이야기는 전쟁 중에 약소국의 선량한 민간인들이 폭격 등의 공격으로 무참히 희생되는 일을 막고 전쟁자체를 평화적으로 해결하기 위해 직접 목숨을 걸고 뛰어드는 시민운동가들이 그 시발로 알려져 있다. 미국의 켄 니콜스(Ken Nicochols)등이 이라크전 반대 운동을 벌이며 적극적인 활동을 전개하는 활동가로 알려져 있고 현재도 반전운동의 일환으로 세계 각국의 분쟁지역에서 활동하고 있다.

물론 한·일 양국이 자유, 민주주의, 시장경제를 공통의 이념으로 하고 있는 이상, 지금 중동지역 등에서 벌어지고 있는 분쟁과 같은 대규모 전쟁으로 까지는 비화되지 않을 것이다. 그렇지만 만에 하나라도 이러한 위기상황이 오지 않도록 민간인들의 활발한 교류로 사전에 그 싹 자체를 없애는 노력이 필요하다고 말한다. 이러한 주장을 하는 일본의 전문가 중에는 오코노기 마사오小此木政夫 교수 같은 한국전문가도 있다. 그는 방송과 강연회에서 한·일 간의 민간교류가 인간방패로서의 구실을 충분히 해낼 수 있고 그 전망은 밝다고 이야기 한다.

구체적으로 한·일 간의 민간교류는 2008년을 기점으로 500만 명을 넘어섰고 이러한 활발한 교류는 양국의 밀접한 경제교류와 문화교류 등의 관계에서 살펴볼 때 더욱 가속도가 붙을 것으로 전망하고 있기도 하다. 즉 이웃과 친하게 지내면 서로가 양보하고 이해하는 입장에 서기 쉽기 때문에 민간교류는 한·일 양국에 있어서는 참으로 좋은 인간방패라는 것이다. 정확하게 표현하면 일본의 우익정치인과 양심적 시민들을 분리해서 교류해야 한다는 원칙이 그것이다.

이제 우리는 독도문제에 대한 우리의 입장을 차분히 정리해보고 무엇이 우리 국익에 유리한지 분석한 후에, 냉정하고 장기적인 안목으로 행동해야 할 것으로 본다.

| 일본어가 유창한 한국의 유지들 |

한·일 양국의 우호친선은 민간교류가 활발하게 전개되는 것과는 반대로 '원론적인 우호친선'에만 맴돌고 있는 듯한 인상이 짙다. 그 이유로 양국의 국민감정과, 일본 정치인들의 망언, 역사인식의 차이 등을 거론 할 수 있겠다. 다만 일본유학 시절부터 한·일 민간교류의 필요성을 느끼고 늘 그 교류의 중심에 뛰어 들어 일해 온 필자로서는 다소 실망스럽기도 하다.

그렇지만 결국 이러한 민간교류의 교착상태도 그 책임 소재를 따지면 일본인들에게 있는 것이다. 그들은 항상 양국의 정치인들이 나쁘고 민간인들은 나쁘지 않다고 애써 변명한다. 그러나 그들의 말 그대로 정말 정치인들만 나쁜 것일까? 한·일 친선이라는 명분의 의례적 교류회 행사가 끝나고 그들끼리 돌아앉아 한국에 대한 비판에 열중하는 모습을 보는 순간, 생각은 일순 달라진다. 물론 우리역시 돌아서서 비판할 경우도 없다고는 할 수 없다. 그러나 손님을 대접하는 그들의 이중성은 우리와 너무도 다르기에 실망할 경우가 많다. 이러한 그들과 정말 마음을 열고 교류를 해야 할 필요성이 있는지도 돌아보게 된다.

생각해보면 망언을 일삼는 정치인을 배출한 땅이 바로 일본 땅이며, 그들에게 투표한 사람들 또한 일본사람들임을 전제로 한다면 대답은 자명하다. 논리적으로 일본사람의 역사인식이 잘못되어 있으며 왜곡되어 있기에 정치인들이 그런 망언과 망동으로 국제적인 비난을 사도 뻔뻔스럽게 변명으로 일관할 수 있는 것이다.

이러한 일본인들의 본심을 잘 알고 있는 우리들로서는 그들과의 교류에 신중을 기하지 않을 수 없다. 따라서 상대의 본심을 알기까지는 우리역시 의례적인 수준의 교류밖에 행할 수 없는 것이다. 그런데 우리 한국인들은 너무나 분위기에 약하고 외국인에게 친절하여 지나친 친절과 선심을 베푸는 경우가 많아 객관적인 입장을 유지한다는 것이 쉽지만은 않은 일이다.

1989년, 88올림픽이 성공리에 끝나고 외국과의 교류가 붐을 이루었을 때이다. 당시 필자가 살고 있던 M시에서도 일본과 중학생 교류를 통하여 어릴 때부터 외국을 이해하는 능력을 길러 주자는 움직임이 일었다. 이런 좋은 분위기를 살려 일본에서도 시골에 속하는 야마구치현山口県의 작은 중학교와 M중학교가 자매 결연을 맺고 교류에 들어갔다. 홀수 해에는 일본에서 한국으로 오고 짝수 해에는 한국에서 일본으로 가기로 정했다.

먼저 일본 측에서 김해공항을 통해 M시로 왔다. 환영 리셉션이 시작되어 오북놀이 초청공연 후에 이쪽 추진회장인 문화원장의 환영사가 있었다. 이어 일본측의 답사와 내빈 축사 순으로 진행되었다. 본래 예정으로는 내빈 소개만 하고 바로 식사에 들어갈 예정이었다. 그러나 내빈으로 초대된 전직 M시장이 극구 자신이 축사를 하겠다고 나서는 바람에 사회자가 전직 시장이며 지역유지라는 배경효과 때문인지 마이크를 넘겨주었다.

마이크를 넘겨받은 전직 시장인 K씨는 통역에게 "내가 일본어로 할 테니 잠시 쉬라"고 하고는 일본어로 장장 40분간 인사가 아닌 연설을 했다. 연설내용도 기가 찬 것이 "일본사람은 정직하고 친절하다", "식민지 시대의 교육은 철저하여 우리 한국인들이 바른 인격을 가지게 해 주었다", "우리는 이러한 점에서 늘 일본인들에게 감사하고 있다", "일본은 경제적으로도 앞서가지만 문화적으로도 뛰어나고, 국제적 공헌도에서도 모범적인 국가다" 등 우리가 듣기에 민망할 정도의 자존심 상하는 말들을 해댔다.

시간도 시간이지만 이런 말이 계속되자 오북놀이 공연 팀의 팀장이 거세게 항의하며 제지하고 나섰다. "왜 통역관이 있는데 일본어로 하며, 왜놈 앞잡이 같은 소리를 하느냐?"면서 단상을 향해 북을 내 던졌다. 순식간에 환영식장은 분위기가 험악해 졌다. 일본학생과 임원들도 안색이 새파랗게 질려서 물을 끼얹은 듯 조용해졌다. 당시 통역을 맡고 있던 필자는 이 국면을 슬기롭게 넘겨야 하는데 묘책은 없고 답답하기만 했다. 할 수 없이 "서부활극의 영화촬영 리허설이 있었습니다"라고 가볍게 농담을 한 후 분위기를 정리하고 위기를 넘겼다. 그렇기는 하지만 한·일 교류를 할 때마다 이 상황을 생각하면 아찔한 느낌이 들지 않을 수 없다.

다음해 일본의 시골마을로 학생 15명과 학부모 15명, 인솔교사를 포함한 임원 10명이 출발하게 되었다. 통역을 빼고 전원 처음으로 외국에 나가는 사람들이기에 보이는 것 모두가 신기한지 탄성을 연발했다. 지금은 그런 일이 없지만 그 당시만 해도 '일제'라 하면 그저 좋아하는 우리들의 속성 때문에 백화점에 가면 물건을 사기위해 통역을 부르는 소리가 여기저기서 들렸다. 또한 약국에 가면 '구심求心'이라는 약과 '스쿠알렌' 등 비싼 약들을 열 통, 스무 통씩 사는 바람에 약국이 대목을 맞는 일이 비일비재 했다.

또 한 가지 일화를 이야기 해보자.

얼마 전, T시의 모 단체 회원 15명이 일본 회원들의 초청으로 히로시마에 왔다. 초일류호텔에서 거행된 환영리셉션에는 일본의 현 지사 등 각계각층의 인사가 총출동했다. 정식 환영인사가 일본 측에서 있었고 다음으로 답사를 하기 위해 한국측대표가 단상에 섰다. 주머니에서 부스럭 부스럭 구겨진 종이를 꺼내더니 "여러분이 일본 사람이니 일본말로 인사를 하겠다."라고 말하며 별로 유창하지도 않은 어눌한 일본어로 장장 50분간 끝날 듯 끝날 듯한 인사가 이어졌다. 내용 또한 일본에게 아부하는 비굴한 이야기들이었다.

이날 통역을 맡고 있던 재일동포 청년은 도저히 참을 수가 없었던지 냉수를 한 주전자나 마시고 얼굴이 붉으락푸르락 했다. 결국 인사가 끝나고 통역이 한국어로 따끔하게 한마디 했다. "통역이 필요 없을 정도로 유창한 일본인의 연설"이라고. 그런데 이 회장님은 자신을 일본인에 비유한 이런 모욕적인 비방에도 무신경한지 리셉션 내내 일본어로 떠들며 유쾌하게 보내는 걸 보고 다른 한국인들도 상당히 실망하는 눈치였다.

정말 우리가 일본인과의 교류에 신경 써서 임해야 할 것은 공식석상에서 통역을 통해 자국어로 말해야 한다는 원칙이다. 이것은 어느 나라와 교류를 하건 마찬가지 상식임은 두 말할 필요도 없다. 아무리 민간인이고 개인이지만 국가와 국가 간의 교류에는 공식석상에서 자국의 언어를 쓰는 것이 기본이기 때문이다. 물론 언어소통을 위해서 개인 간의 대화는 두 사람의 공통 언어가 필요하기에 어느 나라 언어든지 선택해서 쓰면 무방하리라 본다.

가끔씩 한국의 저명인사들이 자신의 외국어실력을 과시하기 위해 영어나, 다른 외국어로 외국방송매체의 인터뷰에 응하는 모습을 더러 볼 수 있다. 우리의 역대 대통령 중에도 일본방송과의 인터뷰를 일본어로 한 사람들이 몇 명 있다. 이런 장면을 일본에서 직접 보는 한국인의 심정은 그리 유쾌하지 않다. 국내에서도 이런 모습에 대해 실망감을 느낀 사람들이 많을 것으로 안다. 서투른 외국어로 말하는 그들의 모습에서 현지에서 생활하는 한국인들은 정말 위태위태한 불안감을 함께 느끼기도 했을 것이다.

이제 일본과 한국과의 교류는 독도문제 등의 현안이 발생할 때마다 다소 주춤하기는 하지만 사회 각계각층에서 다양하게 이루어지고 있다. 이러한 교류 중에 일본인의 의도는 파악하지 않거나 모른 채 덮어두고 일방적으로 그들의 구미에 맞게 과잉친절을 베푸는 일은 없는지 돌이켜 보아야 할 시점이다.

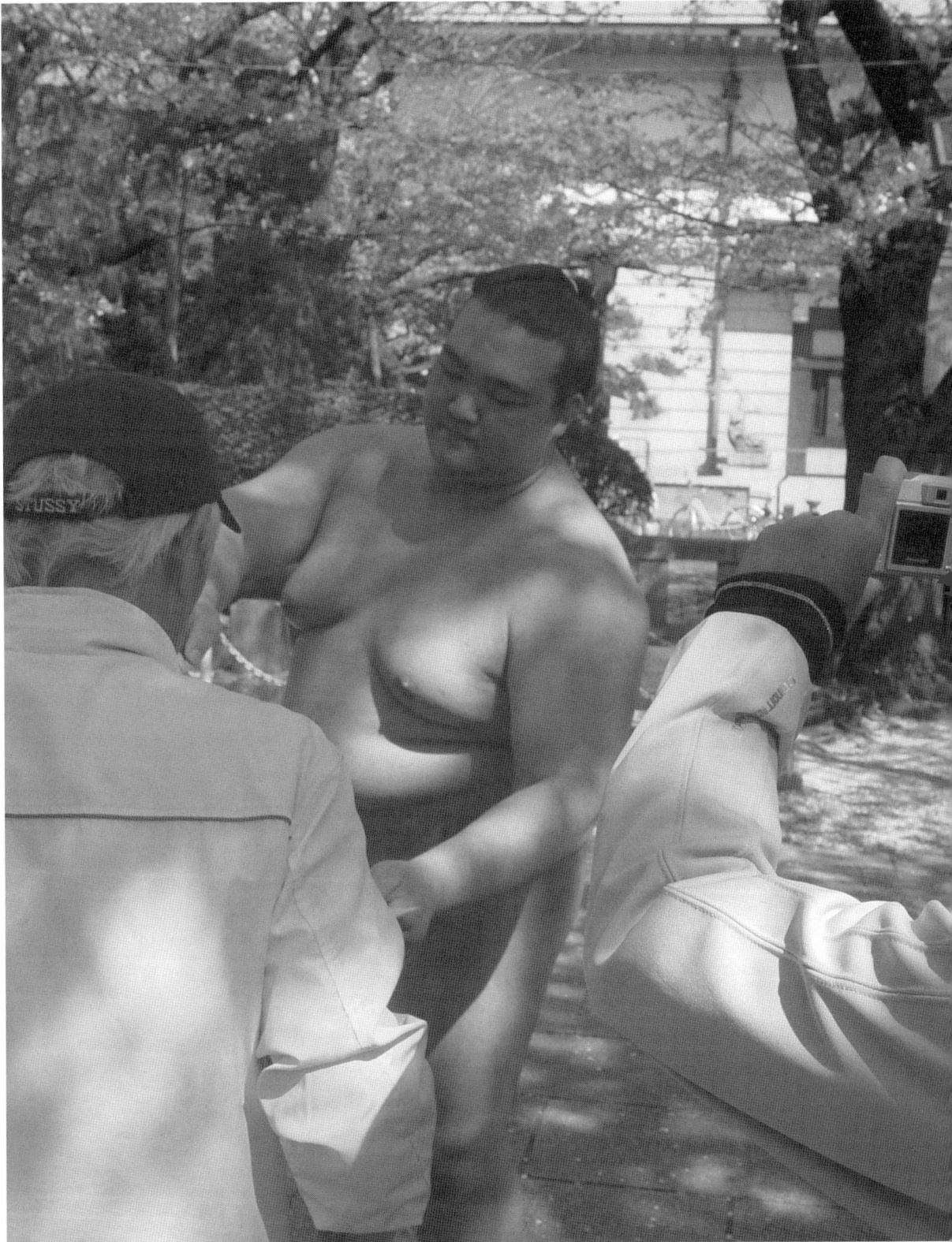

제7장
재일동포 그들을 잊어서는 안 된다

민족통일의 염원과 현실 | 재일학도의용군과 6.25 | 궁지에 몰린 조총련 | 북송가족을 가진 비애의 재일동포들 | 추성훈 선수를 통해 본 재일동포

| 민족통일의 염원과 현실 |

　　　　　　　　　　　민단 하병옥 단장과 조총련 서만술 의장이 민단창단 60주년이 되는 2006년 극적인 화해의 손을 잡았다. 민단과 조총련은 우리민족의 피식민지배사와 함께하고, 대한민국과 북한의 현대사가 얽히는 과정에서 조직되었다. 따라서 일본사회로부터의 차별과 본국정부를 대신한 두 조직 간의 대립과 갈등 등 그 쓰라린 고통의 역사는 말로 표현하기 어려운 우여곡절이 수없이 많다. 이러한 민단조직과 조총련조직 사이에 벌어진 대결과 경쟁의 역사를 접고 민족의 화해와 협력을 전제로 한 극적인 화해는 일본 매스컴의 관심을 집중시켰고 동포사회는 기대로 부풀어 올랐다. 그 역사적인 발표전문을 한 번 살펴보자.

1. 조총련과 민단은 반목과 대립으로부터 화해와 화합으로 전환하기로 한다.
1. 재일동포사회의 민족적 단결을 위해 협력한다.
1. '6.15민족대축전'에 참가한다.
1. '8.15기념축제'를 공동 개최한다.
1. 새로운 세대의 교육과 민족문화 진흥 등의 사업에 함께 노력한다.
1. 동포사회의 권익옹호, 확대를 위해서 협조한다.
1. 양 단체 사이에 제기되는 문제를 해결하기 위하여 창구를 설치한다.

　　처음 공동성명이 발표되자 동포사회는 화해무드로 가는 듯했다. 조총련이 앞에 기록되고 민단이 뒤에 기록되는 전문의 발표를 두고 민단이 조총련에 끌려가는 게 아닌가라는 우려의 목소리도 간간이 들렸으나 대체적으로 환영하는 분위기가 압도적이었다. 그러나 며칠 지나지 않아 실무진에서 두 조직의 사업을 두고 마찰음이 일어나기 시작했다.

민단이 추진하고 있는 '탈북자 돕기 기금모금운동', '지방참정권 획득운동', '북한에 의한 한국인과 일본인 납치피해자 송환운동', '우리동포(조총련포함) 모국 성묘단 운영' 등의 일련의 사업은 조총련과 첨예하게 대립되는 일이기에 구체적인 지침이 마련되지 않는 이상 어떤 조치도 취할 수 없는 상태에 빠지고 말았다. 이렇게 되자 민단지방본부에서는 중앙본부로 공개질의서를 제출하는 사태로까지 발전했다. 이런 반발이 일자, 중앙민단은 구체적인 지침을 둘러싸고 실무진과 집행부 간부 간에 의견의 일치를 보지 못하고 당황하기 시작했다. 일본국회에서도 이제는 한국 민단도 일본고등경찰의 감시대상하에 두어야 하는지 야당인 민주당 마츠바라松原仁의원의 질의가 이어졌다. 더 나아가 하병옥 단장의 과거 조총련경력을 예로 들면서 사상검증을 하는 등 민단을 감시하는 단계에 접어들기 시작했다.

이런 혼란을 수습하기 위해 민단중앙본부에서는 임시기자회견을 열고 "지금까지 추진하고 있는 모든 사업은 그대로 추진한다"고 발표하며 민단의 정책은 앞으로도 변함이 없음을 천명했다. 그러나 이번에는 조총련이 "합의문에 위배되는 사업은 민족 화합에 반한다"며 거세게 반발하고 나섰다. 이에 질세라 지방민단에서는 지방고등경찰의 사찰을 받는 조총련과 같은 감시대상이 되는 것은 '스스로 무덤을 파는 행위'이며, 민단의 존립자체를 위협하는 일이 될지도 모른다며 중앙민단집행부의 진의를 의심하기 시작했다.

한편 한국전쟁에 의용군으로 참가하여 애국전선에 몸을 던져 기여한 '재일학도의용군 동지회'는 이 합의가 무효임을 선언하고 당시 중앙민단집행부의 퇴진을 촉구하는 성명을 발표했다. 그 성명서의 주요내용은 북한과 조총련, 한민통(현 한통련)은 우리민족을 불행의 밑바닥으로 빠뜨린 6.25남침전쟁 범죄를 인정하지 않고, 사죄하지 않고, 북송동포 및 납치피해자를 송환시키지 않은 채 인질로서 이용하고 있고, 현재도 적화통일 무력남침정책을 미화하며 견지하고 있다. 그러므로 우리는 이러한 범죄단체들과 민단원들의 충분한 합의 없이 일방적으로 합의 선언을 발표한 집행부를 인정할 수 없다. 이에 우리는 다음과 같이 결의한다.

  1. 모국방문단 사업의 중지는 결코 용인할 수 없다.
  1. 탈북자지원활동 중지는 결코 용인할 수 없다.
  1. 5.17공동성명을 즉각 백지 철회하라.
  1. 6.15일본지역위원회에의 참여제의서 전달과 한통련의 처분해제방도를 즉시 철회하라.

  이런 일련의 사태를 주시하면서 우리는 민족 통일이란 과제가 얼마나 어렵고 복잡한 문제인가를 절감하게 된다. 이미 통일을 이룬 여러 국가들에서도 보여 지듯이 분단된 민족의 통일은 커다란 희생 없이는 어렵다는 생각이 든다. 히로시마지역의 민단과 조총련의 공동행사에서도 언제나 그 뒤끝이 개운하지만은 않은 것도 조총련의 일방적 선전공세 때문일 경우가 많다. 민단원들의 말을 빌리면 밥상은 모두 민단이 차리고 식사는 조총련이 하는 형식이기에 민단은 공동행사를 같이 하고 싶은 마음이 해가 거듭될수록 없어진다는 것이다.
  그리고 조총련 간부들이 언제나 입에 달고 사는 것이 '우리민족끼리', '민주, 자주, 통일' 이라는 단어라고 한다. 그러나 '우리민족끼리'는 자세히 살펴보면 자신들과 사상과 이념을 같이 하는 사람들만 그 범주에 드는 것이고 다른 생각을 가진 사람들은 그들의 '끼리'에는 속하지 않는다고 한다. 더 나아가 그들은 민족이라는 거창한 단어를 앞세우면서도 정작 일본에 같이 살고 있는 이웃인 민단원들을 조직으로부터 탈퇴해 나간다고 해서 때려죽인 일까지 있었다.

국내에서도 소위 '좌파'라 일컬어지는 정치인들 중에는 이들과 마찬가지로 이미 검정이 끝나 폐기된 마르크스 엥겔스의 사상에서 헤어나지 못하고 있는 시대착오적인 사람들이 있다. 또한 북한을 노골적으로 숭배하는 일을 자랑으로 여기는 사람들도 있다. 그들 역시 말로는 '민족, 통일, 자유, 평화' 같은 거창한 구호를 앞세운다. 그러면서 같은 민족이요 이웃인 다른 정파나 다른 생각을 가진 사람을 '박살'이라는 극한적 단어를 써가며 적의를 노골화 하는 모순에 빠진다.

이러한 국내좌파들의 모순을 서울대 박효종교수는 '인지부조화認知不調和'이론으로 설명한다. 인지부조화는 생각하는 것과 행동 간에 괴리가 생기는 경우를 말한다. 예를 들면, 부자가 되기를 원하면서도 부자가 된 사람들에게는 강한 혐오감을 드러내는 행위들이 그것이다. 그들은 자신의 자녀는 미국에 유학을 보내면서도 반미를 죽어라 외친다. 북한에 가서 살기는 싫어하면서도 친북주의자나 종북주의자로 처신하고 있다.

그들이 외치는 '민족, 통일, 자유, 평화'라는 위장된 선동구호 속에서 1975년 캄보디아 폴포트 정권이 자행한 킬링필드의 피비린내 나는 살기가 느껴지고 이미 죽어 시체가 된 칼 마르크스가 살아 돌아오는 듯한 기분이 들어 오싹해지는 건 필자만의 심정일까?

폴포트는 고등학교 교사로 재직하다가 공산주의의 환상에 빠져 밀림 속에 들어가 빨치산에 가담했다. 이어 실권을 쥔 후에 '크메르루주' 군을 이끌었고, 베트남 전쟁이 종료되기 직전 당시의 론놀정권을 무너뜨리고 공산주의 정권수립에 성공했다. 그러나 부르주아 계급의 숙청을 위해 지식인, 자산가, 교육자, 정치인, 군인, 공무원, 사회적 명망가, 고 연령자 등을 선별하여 모조리 처형하는 잔인한 숙청으로 인해 국민들은 공포분위기에 사로잡힌다. 그 잔악한 행위로 인해 전 인구의 3분의 1이 해골로 변하게 된 사실을 우리는 교훈처럼 되새기고 있다.

또한 예멘의 통일과정에서 그들은 지혜를 발휘하여 합의에 의한 통일을 수행했다. 이를 보고 전 세계가 박수를 쳤다. 그러나 그 박수소리가 채 끝나기도 전에 통일된 예멘은 다시 한 번 통일전쟁이라는 내전을 겪고 나서야 겨우 하나 되는 꿈을 현실로 바꿀 수 있었다.

우리 역시 마찬가지라 여겨진다. 민단과 조총련의 화해 자체도 이렇게 어려운데 민족자체의 통일은 더 어렵고 고통스런 희생이 요구된다 할 것이다. 그러나 한 가지 분명한 것은 폴포트 같은 복수심에 가득 찬 지도자에 의한 통일은 대단히 위험하다는 사실이다. 모두를 아우를 수 있는 정상적인 지도자, 민족의 미래라는 큰 틀에서 세상을 볼 수 있는 안목을 가진 훌륭한 인격자에 의한 통일이 바람직함은 두 말할 필요도 없다. 어떤 편향된 사상이나 치우친 생각을 가진 사람은 결국에는 또 다른 민족의 비극을 초래하고 말 것이기 때문이다.

| 재일학도의용군과 6.25 |

1967년 이스라엘과 이집트 등 아랍권 국가들 간에 영토분쟁이 확대되어 제3차 중동전이 발발했다. 이 전쟁이 발발했다는 뉴스가 전해지자마자 미국에 유학중인 이스라엘 학생과 이집트 학생 대부분이 다니던 대학에서 자취를 감추고 말았다. 대학당국이 이들을 추적해 본 결과 이스라엘 학생들은 조국을 지키기 위하여 학업을 그만두고 본국으로 돌아갔고, 이집트 학생들은 혹시나 본국에서 소집명령이 떨어질까 겁이나 모두들 어디론가

숨어버렸다는 사실을 확인했다.

이 이야기는 70년대 우리군의 정신교육 시에 자주 인용되는 사례 중의 하나였다. 그런데 우리는 이스라엘 학생들보다 더 고귀하며 숭고한 희생정신으로 조국을 지키기 위해 나선 재일학도의용군의 사연은 잊어버리고 있음을 상기해야한다.

재일학도의용군은 6.25가 발발하자 5차에 걸쳐 스스로 조국을 지키겠다는 일념으로 자원입대한 사람들이다. 그들에게는 병역의 의무가 있는 것도 아니며 조국의 부름이 있었던 것도 아니다. 단지 한국인이라는 사실 하나만으로 자신의 학업과 생업을 포기하고 풍전등화의 위기에 놓인 조국을 구하기 위해 전선에 뛰어 든 사람들이다. 이스라엘 학생들은 자신의 조국이 강세이고 미국의 강력한 지원이 있었기에 이길 수 있다는 자신감으로 전선에 나갔다. 그렇지만 이들은 이미 당시의 조선인연맹계열에서 승리축하파티를 열고 적화통일이 완성된 것처럼 떠드는 와중에도 불구하고 죽음을 각오하고 나선 사람들이다. 정말 우리가 잊어서는 안 될 소중한 사람들이라는 생각이 든다.

1945년 일본의 패전 후, 일본에 남은 우리 동포들은 대한민국의 현대사와 꼭같이 좌우의 극심한 대립을 초래했다. 처음 재일조선인동맹(조련)이 조직되고 나서 이들의 대부분이 공산계열의 용공분자들이었기에 하는 수 없이 조직에서 이탈한 사람들이 모여 재일조선인거류민단(민단)을 조직한다. 이미 튼튼한 재정과 조직력을 갖추고 있는 조련에 비해 대단히 허약한 단체였다. 수적으로도 60만 동포 중에 10만 여명에 지나지 않았고 일상사처럼 계속되는 조련계열의 방해공작과 폭력을 동반한 협박에 시달렸다. 이런 열세 속에서 조국이 전쟁에 휘말려 인민군에 연전연패하며 낙동강 방어선까지 밀렸다는 소식은 민단계열에게는 커다란 충격이었다.

6월 29일에는 이미 서울을 점령한 인민군이 서울방송을 통해 적기가를 내보냈고, 이 방송을 들은 민단계열의 동포들은 조국의 위기 앞에 방향감각을 잃고 큰 혼란에 빠지고 말았다. 조련계들은 인민군들의 연전연승 소식에 들떠 연일 모임을 갖고 이미 적화통일이 눈앞에 다가왔다며 승리축하파티를 열었다.

이런 분위기속에 민단은 "위기에 처한 조국을 구하기 위해 우리가 나서자!"는 구호를 내걸고 지원자를 모집했다. 첫 지원자 78명이 지원병 모집을 시작하자마자 곧 나왔다. 이들을 즉시 일본에 주둔중인 미극동군사령부(GHQ)로 보내 훈련을 시켜 한국전선으로 투입하려했으나 미군이 달갑지 않게 생각하며 입대를 거절했다. 이에 지원자들은 혈서를 쓰고, 민단은 탄원서를 내는 등의 항의를 거쳐 9월 12일 요코하마에서 미군과 함께 전선에 투입된다.

미군이 생각을 바꾼 것은 인천상륙작전에 현지의 지리와 사정을 잘 아는 한국인들이 필요하다는 판단이 섰기 때문이다. 이후 5차에 걸쳐 642명의 재일한국인이 학도의용군의 이름으로 6.25전쟁에 참전하게 된다.

이들의 지원을 방해하기 위해 조련계들은 지원자들의 가족에게 '적화통일이 되면 전 가족이 총살당할 것'이라며 협박했지만 그들의 애국심과 숭고한 신념을 꺾을 수는 없었다.

이들은 워낙 급하게 전선으로 투입되는 바람에 총 쏘는 법조차 몰라 미군과 함께 떠나는 배속에서 M1소총의 분해결합만 연습한 뒤 사격연습 한 번 해보지 못하고 적과 마주쳤다는 웃지 못 할 일화도 남기고 있다. 물론 당시의 우리 군도 당황하기는 마찬가지였다. 개전초기 대구지역에서 모집한 학도의용군은 단 며칠간의 훈련으로 전선에 투입되기도 하여 기본적인 훈련이 부족한 경우가 많았다.

요컨대 재일학도의용군은 1953년 7월 27일 휴전협정이 조인될 때까지 전선에서 용감히 싸웠다. 참전자 642명 중 135명이 전사하고 507명이 살아남았다. 이들이 일본으로 귀환하려하자 일본정부는 1952년 4월에 체결된 샌프란시스코

조약을 근거로 '자발적으로 귀국한 외국인은 받아줄 수 없다' 고하여 한동안 부산에 체류하는 처지가 되었다. 우여곡절 끝에 265명은 일본으로 돌아가고 242명은 조국 땅에 남았다.

그들이 보여준 애국정신은 이스라엘인들보다 더 숭고하고 빛나건만 아직도 분단의 아픔을 안고 있는 조국과, 일본 내에서의 민족단체가 대립하고 있는 현실은 이들의 흘린 피를 무색하게 하고 있다.

| 궁지에 몰린 조총련 |

재일본조선인총연합회(조총련)는 1955년 5월 25일 북한 지지를 표방하는 동포조직을 결성한 이래 사상초유의 위기를 맞고 있다. 그들의 최대 자금줄인 조은신용조합(조선은행)이 1997년 5월, 오사카조선은행을 시작으로 불량채권의 증가와 방만한 경영으로 더 이상 운영이 불가능해져 파탄지경이 된 것이 그 큰 원인의 하나이다. 또한, 북한 실정에 염증을 느낀 맹원들이 민단으로 적을 옮기거나 아예 일본인으로 귀화하는 바람에 회비나 기부금의 거출이 어렵게 된 것도 그 원인이다.

사실 지금까지 조선은행은 예금액의 대부분이 밑 빠진 독에 물 붓는 식으로 경제난에 허덕이는 북한의 김정일 구좌로 빠져나갔고, 불량채권만 은행에 남을 정도로 전락했다. 결성당시 민단에 비하여 월등히 많은 부동산과 55만을 상회하는 단원을 확보하고 있던 조총련이 이제는 열성분자들만 남아 껍질뿐인 건물과 토지를 유지하고 있는 실정인 것이다.

일본 공안경찰의 자료에 따르면 조총련계 부동산의 대부분이 조선대학 등의 민족학교들이다. 그런데 이 학교들이 맹원들의 감소와 김일성, 김정일 부자에 대해 우상숭배를 강요하는 사상교육에 반발하는 학생들의 이탈로 학교운영자체가 어려운 지경에 처해 있다고 판단하고 있다. 한 때 4만 명을 상회하던 학생 수는 1990년대에 들어서면서 2만 여명 선으로 줄어들었다가 2002년 김정일의 '일본인 납치시인' 이후에는 1만 명 이하로 떨어진 것으로 보고 있다. 일본에 있는 민족학교의 수는 민단계열이 4개교, 조총련 계열이 129개교인 점을 감안한다면 한 학교당 학생 수가 100명에도 미치지 못하는 학교가 대부분임을 알 수 있다. 교원들의 급료를 제대로 지급 할 수 없음은 물론이고 학교의 정상적인 교육과정이 시행 될 수 없는 지경인 것은 보지 않고도 짐작이 가는 일이다.

1995년부터는 부실한 학교들의 통폐합을 시도하고 재정의 확보를 위해 개혁을 서두르고 있기는 하다. 그러나 이미 토지와 건물이 모두 담보대출을 받아 껍질만 남은 상태이기에 근본적으로 그들의 민족학교 재건은 어렵다는 게 일반적 견해다.

2006년에는 민단과의 관계개선을 통하여 내부의 자금문제 등을 해결하고 민족의 동질성을 찾아 통일과업을 완수한다는 명분으로 민단의 화의제의를 전격적으로 받아들였다. 민단의 하병옥 단장과 조총련 서만술 의장은 '5.17공동선언'이라는 발표문을 통하여 두 개의 대립적인 민족단체가 하나 되는 기쁨을 연출하며 일본 내에서 민족단체의 대립은 종지부를 찍는 듯 했다.

그러나 처음의 환영분위기와는 달리 민단내부에서는 민단의 중앙집행위원회를 거치지 아니한 단장의 일방적 결정은 무효라는 주장이 제기되었다. 이와 함께 조총련과 화의에 의하여 민단역시 이제부터는 범죄단체로 지목되어 일본 공안경찰의 사찰대상이 된다는 우려 등으로 반발의 목소리가 높았다. 이후 중앙집행위원회가 정식으로 소집되어 하병옥 단장은 사임하고 임시대회를 통하여 새 단장이 선출되었다. 새 단장을 중심으로 한 민단집행부는 하병옥 단장의

5.17공동선언 제의를 근본적으로 재조사하고 2007년에는 그 결과를 보고서로 배포하면서 그 배후까지도 밝혔다.

이 자료에 따르면 조총련과의 화합선언은 '북한의 통일 전선에 민단을 끌어들여 이용하려는 술수에 말려들었다' 라고 분석하고 있다. 이에 따라 하병옥 단장은 그 주모자로 제명처분 했다. 이러한 무거운 결정을 내린 것은 민단역시 일본사회의 비난여론을 피하기 위한 자구책을 강구하지 않을 수 없기 때문이기도 하다. 일본 국내의 여론은 일본인 납치사건과 미사일 발사, 핵실험 등으로 북한에 대해 대단히 좋지 않은 감정을 가지고 있다. 뿐만 아니라 이를 지지하고 지원하는 조총련의 일거수일투족을 감시하는 등 신경이 날카로워져 있기 때문이다.

이제 일본정부는 조총련의 자금줄인 조선은행의 부실채권을 인수하고 예금자 보호를 위해 1조엔 이상의 공적자금을 투입하면서 본격적인 수술에 들어갔다. RCC(부실채권 정리회수기구)의 발표에 의하면 조선은행의 파산원인은 가공의 명의 등을 이용한 조총련의 '불법융자' 가 최대의 원인이라고 밝히고 있다. 또한, 이 자금의 대부분이 북한 '김정일 예금구좌' 로 흘러들어 갔을 것으로 추정하고 있다.

RCC가 발표한 회수불능금액은 627억 엔에 이르는데 이 기구는 일본법원에 반환요구소송을 제기했고 지금까지의 재판에서 18차에 걸쳐 모두 원고승소 판결을 받아놓은 상태다. 한마디로 일본법원은 원칙에 입각하여 불법적인 행위를 용납하지 않겠다는 결연한 자세를 보인 것이다. 지난 2007년 6월 18일에는 조총련 본부건물에 대한 압류가처분 신청 판결이 있는 날이었다. 일본 언론은 이 재판 일주일 전부터 조총련의 불온한 움직임을 보도하면서 연일 특집을 내보냈다.

그 중에서 2007년 6월 19일자 아사히신문 보도를 인용해 보면 조총련이 압류가처분을 면하기 위해 본부건물을 편법으로 제3자에게 등기해 주었다는 것이다. 그 제3자는 일본의 공안 조사청 장관을 지낸 인물로 정재계에 상당한 영향력과 인맥을 가진 것으로 알려졌다. 공안 조사청은 조총련을 감시하는 기관이므로 재임 중에 모종의 친분관계를 맺은 것으로 추정된다. 한마디로 말해 일본 정부는 고양이에게 생선 맡긴 꼴이 되고 만 것이다.

결국 제3자 등기사건의 수사결과 4억 1천만 엔에 달하는 금액이 뒷거래 명목으로 건네졌고 조총련과의 중개 역을 맡은 사람이 받아서 본인에게 전달하지 않은 것으로 밝혀졌다. 소위 배달사고를 낸 것이다. 연일 계속되는 경찰의 추적과 언론의 공세로 조총련은 불법적인 제3자 등기를 다시 환원하지 않을 수 없었고 법원은 627억 엔의 채무를 모두 갚으라고 판시했다.

이제 조총련은 고립무원의 상태에 빠지고 말았다. 우리가 잘 알고 있듯이 북한의 지원을 요구하며 손을 벌일 수 있는 처지도 아니며 같은 민족인 민단의 지원을 요구할 처지도 못된다. 이미 민단은 조총련과의 관계개선 운운하는 말조차 꺼낼 수 없는 분위기이고 조총련을 도와줄 명분 또한 찾을 수 없는 시점이다. 자칫 잘못하다가는 민단도 여기에 휘말릴지 모른다는 위기감이 팽배한 이 상황에서 스스로 일본인들의 경계를 살 행동을 할 리가 없는 것이다.

또한 맹원들의 특별 기부금을 거출할 처지도 못된다. 조총련이 한창 기세를 올리던 시절이라면 몇 년에 걸쳐 기부금을 거출하면 재력가들의 협력으로 몇 백억 엔은 거뜬히 해결 가능하겠지만 '뼈와 가죽만 남은' 지금의 단세로는 어림없는 일이다. 매년 김일성, 김정일의 생일을 전후하여 기부금을 강요하지만 몇 천만 엔도 어렵다는 게 조총련을 잘 아는 전직 간부들의 이야기이다.

아무튼 수술의 칼을 빼어든 RCC는 일본의 여론을 앞세우고 법과 원칙을 잣대로 조총련 본부건물의 매각철차에 들어갈 것으로 보여 진다. 앞으로 어떤 결정과정을 거치는가에 따라 조총련은 그들의 최대 활동거점인 본부건물을 상실하는 절체절명의 위기에 처할지도 모를 일이다.

| 북송가족을 가진 비애의 재일동포들 |

　　　　　　　　　　재일동포 중에는 참으로 기구한 운명을 타고 난 사람들이 많다. 그 중에서도 1959년부터 북송된 귀국자 가족을 가진 사람들의 애환은 말로 표현하기 힘들 정도이다. 당시 조총련은 북한이 '지상낙원'이라 선전하며 귀국자를 모집했고, 젊은 청년들은 "새 조국건설에 우리의 힘을 보태자."는 구호아래 많은 사람들이 부푼 꿈을 안고 귀국길에 올랐다. 일본정부도 북한으로 귀국하는 조선인들을 공공연하게 지원했다는 자료가 지금도 남아 있다. 당시 일본정부가 이런 정책을 취하게 된 이유로는 조선적을 가진 사람들이 일본에 남아있으면 여러모로 불리하다는 판단을 했을 것으로 추정해 볼 수 있다.

　이후 1967년까지 북송사업이 진행되다가 북한의 실정이 차츰 일본에 알려지게 되면서 지원자가 줄어들어 1968년부터 1970년까지 3년간 중단상태에 이른다. 그러다가 다시 1971년부터 조총련의 적극적인 선전선동에 속아 1984년까지 매년 30여명 전후의 귀국자가 이어진다. 일본의 '출입국관리국'의 자료에 의하면 일본에서 북송된 사람의 총 수는 일본인 6,503명을 포함하여 93,340명에 이른다. 당시의 재일동포 전체수가 60여만 명인 점을 감안한다면 상당한 숫자라 하지 않을 수 없다.

　우리는 이 중에서 북한의 비참한 실상이 이미 일본에 알려지고 조총련의 거짓선전이 백일하에 드러난 시점인 1971년 이후의 귀국자가 4천여 명에 이르는 점에 주목해 볼 필요가 있다. 왜 그들은 북한의 실상을 잘 알면서도 스스로 화약을 지고 불속으로 들어가는 행동을 취했을까? 상당한 의문이 든다. 그러나 공산주의자들의 행태를 잘 아는 전 조총련 간부 한광희의 폭로서적『우리 조총련의 죄와 벌』에 의하면 세뇌가 된 사람은 아무리 객관적인 이야기로 설득해도 듣지 않게 된다는 것이다. 소련공산당을 이끈 레닌이 "거짓말도 백번 반복하면 진실이 된다."라고 한 말이 바로 공산주의자들이 사용하는 세뇌의 표본이라고 한다. 즉, 일단 한번 세뇌된 사람은 사이비 종교의 광신자와 같이 타인의 정당한 말은 '악마의 부르짖음' 정도로 도외시하는 외곬수가 될 가능성이 크다고 본다.

그들은 북한에서 주민들의 비참한 생활이나 강제수용소의 비인권적 사실을 직시하고도 사상을 현실에 접목하는 '인간의 잘못' 이지 사상의 잘못이 아니라고 강변하는 자들이다. 자신이 반동분자로 몰려 처형되는 순간까지도 그런 생각에서 벗어나지 못하는 사람들이 그 전형이라고 본다. 한마디로 공산주의 사상에 매몰되어 보편적인 사고가 통하지 않는 사람들이라는 것이다.

그러나 이러한 사람은 극소수이고 대부분의 사람들은 북한에 도착하여 실상을 정확하게 파악하는 순간부터 자신이 속았다는 걸 자각한다고 한다. 이제 그들의 피맺힌 사연들 중 책으로 발간되어 일본에서 베스트셀러가 된 실제 이야기를 정리해 보면 다음과 같다.

J씨는 1957년 일본 도쿄에서 태어나 어린 시절부터 조총련이 운영하는 조선학교에 다녔다. 조선학교에서 고등학교까지 마치고 일본의 음악대학을 나와 오페라 가수로 성공한 사람이다. 1985년에는 조총련 산하의 '금강산가극단' 의 일원으로 평양을 방문하여 김일성 앞에서 북한 가극 '피바다' 의 아리아를 불렀다. 그리고 2002년에는 서울에서 김대중 대통령 앞에서 오페라 '카르멘' 의 프리마돈나가 되어 노래를 부른 유명인사다. 성인이 될 때까지 자신의 이복 오빠들이 북한에 가 있는 사실을 몰랐는데, 어머니가 언제나 한 장의 사진을 보면서 한숨 짖는 표정을 보고 사진속의 인물과 어머니 사이에 무슨 사연이 있는가 보다하고 지냈다고 한다.

그 사진 속에는 4명의 소년이 서 있었다. 후에 어머니는 이 소년이 자신이 재혼하기 전에 낳은 아들들이라고 알려 주었다고 한다. 어머니는 J씨의 아버지와 재혼하기 전에 일본 공산당원과 결혼하여 4명의 아들을 두었는데 그 4명이 모두 북송선을 타고 북한에 가 있다는 것이다.

자나 깨나 자식들의 걱정에 나날을 보내던 어머니는 1971년경에 아들들이 모두다 정치범 수용소에 강제 수용되었고, 둘째 아들은 그 수용소 생활을 견디지 못하고 죽었다는 소식을 북한을 다녀온 다른 가족들로부터 전해 듣게 되었다.

이 소식을 편지로 읽어본 어머니의 수기에는 이렇게 기록되어 있다.

그러던 어느 날 1971년에 북한에 귀국한 친구로부터 편지가 왔습니다. 지금 생각해 보면 그 편지가 얼마나 어렵게 전달되었는지 짐작이 갑니다. 저는 몇 번이고 그 친구에게 아이들의 주소를 알려주고 5년 이상 전혀 연락이 없는데 한 번 만나보고 와 주기를 부탁했습니다.

그 친구로부터의 연락은 '당신의 아들은 모두 후츄府中의 별장에 들어가 있다' 라는 암호였습니다. 당시 일본의 후츄에는 커다란 형무소가 있었는데 그것을 별장이라는 암호로 부르는 것이었습니다. 그리고 그 편지에는 '이 나라 자체도 커다란 별장의 하나' 라고 씌어 있었습니다.

후츄의 별장이라면 감옥이란 뜻이기에 이상하다는 생각을 하면서도 당시의 저는 너무나도 김일성 원수를 존경했고 북한과 조총련을 믿고 있었기 때문에 그 편지의 내용을 믿지 않았습니다. 단지 김일성과 조국을 믿고 있었을 뿐입니다.

그 후 어머니는 자신의 눈으로 직접 아들들을 만나보고 실상을 확인하기 위해 북한방문을 결심하고 1980년 7월, 20년 만에 원산에 도착하여 아들들을 만난다.

"위대한 수령 김일성원수 만세! 조선민주주의 인민공화국 만세!"

저는 양손을 불끈 쥐고 가슴을 치면서 몇 번이고 소리 높여 김일성 원수 만세를 불렀습니다. 그러나 배가 부두에 다가서고 아이들이 가까워지자 너무나도 깡마르고 초라하게 변한 아들들의 모습에 무언가 이상하다는 느낌을 순간적으로 느끼기 시작했습니다.

배가 육지에 가까워지고 이윽고 조국 땅에 도착했습니다. 그러나 우리들은 마중 나온 군중으로부터 떨어진 곳에 정렬하라고 지시받았습니다. 곧바로 얼굴도 보지 못한 채 멀리 있는 군중에 눈을 돌려 이리저리 살피며 아이들의 모습을 살피는 게 고작이었습니다.

군중 속에서 한 젊은 처녀가 "어머니!" 하면서 눈물을 흘리며 뛰어 왔습니다. 아마 몇 십 년 만에 만나는 부모자식간의 상봉일 것입니다. 그 순간 간부처럼 보이는 인간이 그 처녀를 발로차면서 "선생님들이 지나갈 수 없지 않은가!"라며 화를 냈습니다. 일본에서 온 가족들은 모두 겁에 질렸고 순간적으로 긴장과 공포의 전율이 온몸을 휘감았습니다. 처음에는 '선생님들'이 누구인지 몰랐습니다만 그것은 조국방문단 자신들이라는 것을 알게 되었습니다. 처음부터 뜻하지 않은 장면을 목격하고 놀란 가슴과 긴장으로 온 몸이 떨려왔습니다.

(중략)

심야가 되어 겨우 가족들만 남게 되자 아이들은 작은 소리로 이야기를 시작했습니다.

저의 아이들은 일본에서 들어온 한국의 스파이라는 용의로 1969년부터 1978년까지 9년간, 네 명 모두가 강제수용소에 수감되었다는 것입니다.

"어머니, 저희들이 이렇게 살아서 어머님을 만나 뵙게 된 것은 기적입니다. 그 곳에서는 굶주림과 추위와 고문에 견디지 못하고 얼마나 많은 사람들이 죽어갔는지 모릅니다. 저희들도 살아서 나가리라고는 생각도 못했습니다. 처음 1년은 상자와 같이 지붕이 낮은 곳에 수감되어 몸도 제대로 움직일 수 없었고 매일 매일 한계에 달할 때까지 고문과 취조를 당해 공포와 고통으로 수없이 기절하기도 했습니다. 아침에 눈을 뜨면 옆에 누워있던 사람이 차가운 시체로 변해 있어 그것을 버리라는 명령을 받고 8명이나 내다 버렸습니다. 이 지옥과 같은 곳에서 탈출하려다 붙잡혀 모든 사람들을 불러 모아 그 면전에서 총살된 사람들도 수없이 많습니다. 특히 1966년부터 1973년까지는 닥치는 대로 죄를 씌워 체포하는 바람에 인구가 3분의 1로 줄어든 곳도 있으며 마을 전체의 사람이 사라져버린 곳도 있습니다. 말도 안 되는 죄를 덮어 쉬워 정당한 재판도 받지 못하고 노예와 같은 생활을 강요받고 벌레 죽이듯이 죽임을 당했습니다."

(중략)

차남이 북한에 간 나이는 14세였습니다. 14세의 어린아이가 어떻게 스파이 교육을 받을 수 있는지 정말 상식적으로 이해가 안가는 일이었습니다.

저는 그날 밤 가슴이 찢어질 것 같은 슬픔으로 한 숨도 자지 않고 아침이올 때까지 아이들을 바라보며 생각했습니다.

자신의 인생을 돌아보며 도대체 나는 무엇을 했단 말인가? 어째서 이런 일이……, 왜 죄 없는 내 아들이 죽임을 당하지 않으면 안 되었던가? 내가 그토록 김일성원수를 존경하고 조국을 믿은 것 밖에 죄가 없는데……, 이런 어리석고 바보 같은 어미를 용서해 달라고 아이들을 붙잡고 한없이 울었습니다.

조국은 순수하고 애국심에 불타는 자국민을 기만하고, 더욱이 생때같은 사람들의 목숨마저 빼앗았다고 생각하니 이 나라에 군림하는 김일성부자를 절대로 용서할 수 없었습니다.

일본으로 돌아온 어머니는 북한에서 받은 충격으로 쓰러졌다. 그 때부터 문자 그대로 아침부터 밤까지 북한의 아들들이 머리에서 떠나지 않았다. 그 당시 어머니가 아들들에게 쓴 편지에는 '우리들은 위대하신 수령님 덕분에 잘 지내고 있습니다' 로 시작되고 있다. 자신의 아들들이 처한 현실을 눈으로 확인하고 김일성정권에 대해 분노와 절망감을 느낀 어머니가 어쩔 수 없이 북한에 남겨둔 아이들을 위하여 이런 마음에 없는 거짓말을 써야하는 현실을 보고 J씨는 가슴이 아팠다고 표현하고 있다.

그러한 어느 날 주인공 J씨는 북한으로부터 초청장을 받았다. 여러 가지 복잡한 심정으로 '금강산가극단' 의 일원이 되어 북한에 들어간 J씨는 김일성이 참석한 극장에서 노래를 부르고 공식일정의 틈을 타서 어렵사리 3명의 오빠들을 만났다.

오빠들은 모두 다 새 옷을 사 입고 나왔다. 5년 전 어머니가 주신 일본 돈을 한 푼도 쓰지 않고 소중히 간직하고 있다가 아주 급할 때 쓰기로 작정했는데 이 날이 그날이라 여기고 모두들 함경남도에서 평양으로 불려올 때 새 옷을 사 입고 나왔던 것이다. 삶에 지친 초췌한 모습을 하고 있었으나 새 옷을 입고 나온 그들의 표정은 무척 밝아 보였다고 한다.

여기서 주인공은 큰오빠가 무슨 연유로 스파이혐의를 쓰게 되었는지 물어보았으나 자신도 전혀 무엇 때문에 그리되었는지 모른다고 했다. 혹 있다면 자신이 조각가이기에 동료들 앞에서 '미켈란젤로를 존경한다' 라고 한 말이 화근이 되었는지 모른다는 대답이 전부라고 했다.

돌아올 때 장남은 어머니에게 드리는 편지를 비밀리에 전해 주었다. 그것을 주인공은 소중히 간직하고 일본으로 돌아와 어머니에게 전해준다.

사랑하는 어머님에게

1960년 4월 저는 그렇게도 그리워하던 조국으로 귀국하여 사랑하는 동생들과 재회하였습니다. 5월에 함경남도의 고등학교에 입학하고 63년 4월에 졸업한 후 5월에 평양미술대학 조형학부에 입학했습니다.

65년 4월 동생 히로시(차남)는 고등학교를 최우수 성적으로 졸업했습니다. 히로시는 대학에 진학할 충분한 능력이 있었습니다만, 집안 사정으로 중학교를 졸업한 후미오(3남)와 함께 함경남도 함흥의 화학공장에 가기로 결정했습니다. 함흥에는 숙부와 숙모가 있으므로 그들이 따뜻하게 맞아줄 것으로 여겼습니다. 그러나 현실은 내 생각과는 달랐습니다. 그 때 저는 동생들을 도울 수 없는 자신이 너무도 미웠습니다. 당시 저는 병마와 싸우면서 공부하고 있었으므로 몹시 어려운 상태였습니다.

66년 5월 저와 히로시는 황해도에 가서 동생 이사오(4남)를 찾아왔습니다. 그러나 날로 나빠져 가는 조국의 현실 앞에 저의 정신과 육체는 극도로 지쳐버렸습니다.

67년 7월 저는 병으로 대학을 중퇴했습니다.

68년 2월부터 조각 작품 '근거지의 봄-빨치산과 소년' 을 만들기 시작했습니다. 한편으로 저는 평양에 동생들을 데려 오려고 했습니다만 그것은 불가능했습니다. 그렇다면 저가 함흥에 가겠다고 제안했으나 승인을 받을 수 없었습니다.

69년 1월 결국 저희들은 함경남도 덕성군에서 함께 살 수 있게 되었습니다. 함께 살게 된 것만으로도 즐거워서 힘을 합쳐 노력했습니다.

69년 2월부터 더욱 적극적인 창작활동을 전개하고 두 번째 작품 '백두산' 을 만들었습니다.

그러나 1969년 7월 9일, 저와 히로시는 정치범이라는 명목으로 저희형제 4명 모두가 돌연 단 하루 만에 체포되고 말았습니다.

저는 예술계에서, 히로시는 노동대중 속에서 반정부조직에 가담했다고 하는 것이었습니다. 그리고 저가 스파이임무를 부여받고 온 밀정이라는 말에 저는 너무도 놀랐습니다. 그러고 보니 저는 상당히 오래 전부터 감시받아온 것을 고문을 받으면서 알게 되었습니다.

70년 6월 감옥으로부터 나와 저희 4형제는 이주통제구역(강제수용소)에서 유형생활을 보냈습니다.

70년 10월 6일 사랑하는 히로시(차남)가 세상을 떠났습니다.

73년 9월 저의 생명이 위독해 지자 결핵병원에 비밀리에 입원시켰습니다.

75년 10월 병원생활을 끝내고 다시 이주통제구역으로 옮겨져 1978년 1월에야 겨우 풀려날 수 있었습니다.

(중략)

사랑하는 어머니, 지난9월, 여기 금야에서 한 사람의 귀국자가 평양견학을 가게 되었다면서 사라졌습니다만, 사실 그는 체포되었습니다. 저는 과거 이주통제구역에서 많은 귀국자들과 함께 생활했습니다. 거기에는 어머님을 잘 알고 있는 사람들도 있었습니다.

그러나 그 곳에는 귀국자들보다 몇 십 배나 더 많은 조국사람들이 있었습니다. 깊고 깊은 산중에 몇 만 명이나 수용되어 있었습니다. 그러한 곳이 함경남도에는 3개소 이상 됩니다. 전국적으로 정치범을 수용하는 교화소(형무소)와 강제수용소를 합치면 셀 수 없이 많습니다. 지금도 불행을 강요당하는 동포들이 얼마나 많은지 말로 표현 할 수가 없습니다. 그들을 위해서 싸우는 것이 조국에 살고 있는 우리들의 의무는 아닐까요?

(중략)

이 편지는 더 많은 내용을 담고 있지만 여기서 줄이기로 하자.

주인공 J씨의 어머니는 한 번 더 북한에 들어가 둘째 아들의 무덤을 만들어주고 통한의 심정으로 돌아온다. 그런데 귀국 후 얼마 지나지 않은 시점인 1990년에 큰아들이 수용소에서 얻은 폐병의 악화로 죽고, 2001년에는 3남마저 같은 병으로 죽자 어머니 역시 그 한 많은 일생을 마치고 말았다.

지금 북한에 살아있는 4남은 어머니가 돌아가신 후 소식이 끊어지고 말았다고 한다.

2006년에 J씨는 이 내용을 일본에서 책으로 출판하여 제13회 소학관 논픽션 대상 우수상을 수상했다. 지금도 그녀는 현역으로 국경을 넘나들며 음악활동을 활발히 전개하고 있다.

| 추성훈 선수를 통해본 재일동포 |

K-1에서 활약 중인 재일동포 추성훈(일본명 아키야마 요시히로) 선수는 한 때 한국의 유도국가대표 선수로 한국에서 방송 출연 등으로 큰 인기를 얻고 있다. 그는 2006년 일본 K-1리그 오미소카(12월 31일)대회에서 당시의 일본 격투기영웅 사쿠라바桜庭和志를 시원한 KO로 이긴다. 일본매스컴의 예상을 뒤엎는 쾌승이었다. 그러나 시합에서 진 사쿠라바 측은 추 선수가 몸에 바른 보온크림이 규정위반이라며 경기위원회에 제소했고, 이 의견을 수렴한 경기위원회에서는 무효선언과 함께 추 선수에게 사과를 요구했다. 추 선수는 군말 없이 사죄를 하고 자성하는 태도를 보였다. 그렇지만 더욱 큰 고역을 치르는 일이 벌어졌다. 일본격투기협회는 추 선수의 무기한 출전정지를 결정했고 언론들은 일제히 추 선수를 비난하고 나섰다. 경기의 기본기도 지킬 줄 모

르는 '야만인' 이라고.

그러나 추 선수는 한마디의 변명이나 불만을 토로하지 않았다. 왜냐하면 그는 일본사회를 너무도 잘 알고 있었기 때문이다. 구차한 변명을 해 보았자 들어줄 사람도 없을 뿐더러 자칫하면 그들의 집단 이지메에 몰려 선수생활 자체가 위태롭기 때문이었다. 오로지 극기와 인내로써 절치부심 연습에만 열중했을 뿐이다.

그 후 만 1년의 세월이 흐른 2007년 12월 31일에 다시 K-1리그 무대에 섰지만 이번에는 반대로 무참히 참패한다. 상대선수는 이미 쓰러진 추 선수의 얼굴을 축구공 차듯이 걷어차는 바람에 코뼈가 부러지는 중상을 입었다. 누가 보아도 분명한 의도적인 반칙이었다. 상대는 미사키三崎和夫라는 일본 선수였다. 그는 얼굴이 피로 얼룩져 있는 추 선수를 향해 마이크를 들고 "너는 많은 사람과 어린이들을 배신했다. 나는 너를 절대로 용서하지 않는다! 아이들을 배신한 죄를 사죄하라!"며 배신자 취급을 하는 듯한 발언과 "일본은 강하다!"고 소리 높여 외쳤다. 그 장소에서 왜 일본이 강하다는 발언이 필요했는지는 차별받는 재일동포가 아니면 이해하기 어려운 일이다.

그렇다. 일본에서 생활하는 우리 재일동포들은 이중의 이지메에 시달린다. 정확히 말해서 일본과 한국 양국모두에서 재일동포는 '개밥의 도토리 신세'인 것이다. 추 선수의 경우 역시 차별받는, 뼈아프고 처절한 비애가 묻어나오는 사례 중 하나일 뿐이다.

사실, 추 선수는 재일동포 4세에 해당하지만 누구보다 민족의식이 강한 사람이었다. 자신의 유도실력을 조국을 위해 바치겠다는 일념으로 일본의 실업 팀이 제시하는 입단제의를 뿌리치고 1989년 부산시청 팀에 입단한다. 그러나 자신의 조국애와는 달리 조국은 그렇게 따뜻하게 동포애를 발휘해 주지 않았다. 힘들게 한국적응을 마치고 유도에 전념했던 그는 번번이 국가대표 선발전에서 탈락하는 불운을 맞는다. 시합에 이기고도 판정에 지는 억울함을 당한 것이다. 당시 한국유도협회를 좌지우지했던 Y대학 출신들의 텃세에 무너진 것이다.

정신적으로도 육체적으로도 지쳐버린 그는 결국 대표선수 탈락 이후에 일본으로 돌아가 일본인으로 귀화하고 일본 대표선수로 발탁된다. 유도 종주국인 일본에서 대표선수로 발탁될 정도의 뛰어난 선수가 어째서 한국에서는 탈락의 고배를 마시지 않으면 안 되었는지 우리는 한 번쯤 통렬한 자기반성을 해 보아야 할 것이다. 그런 자성의 자세 없이는 우리 유도가 우물 안 개구리로 머물지도 모르기 때문이다. 결국 2002년 부산에서 열린 아시안게임에서 그는 당당하게 일장기를 달고 출전하여 한국선수를 결승에서 꺾고 금메달을 목에 건다.

당시 우승한 추 선수를 보는 한국 매스컴의 시각은 두 갈래로 나뉘었다. "조국을 메친 유도"라는 배신자의 시각과 "누가 추 성훈을 아키야마로 만들었나?"라는 시각이 그것이다. 추 선수를 아는 사람이나 재일동포들의 처치를 조금이라도 이해하는 사람이라면 그에게 '돌을 던지는 일'은 도저히 할 수 없을 것이다. 정확하게 표현하면 추 선수가 조국을 배신한 게 아니라 조국이 그를 배신했다는 표현이 맞는 게 아닐까? 왜 우리는 그의 희망과 용기의 싹마저도 자르지 않으면 안 되는 야속한 짓을 했을까? 이국 땅 일본에서 '조센징'이라며 차별받는 것도 서러운데 조국 땅에서도 따뜻하고 포근한 동포의 정을 느낄 수 없도록 한 우리들은 스스로 자신을 돌아보아야 할 것이 아닌가!

평소 재일동포들은 모국을 방문하면 대뜸 "한국인이 왜 한국어를 못하나?"는 핀잔의 소리를 듣는다. 그러나 일본에서 태어나 일본학교를 다녔고 가족과 주위의 모든 사람들이 일본어로 소통하는 4세가 한국이 모국이라 하여 한국인처럼 능숙한 한국어능력을 요구하는 자체가 어려운 주문일 수 있다. 물론 모국어도 잘하고 민족의식도 강하다면 금상첨화라 할 수 있겠지만 쉬운 일은 아닐 것이다.

다언어로 생활하는 유럽인들의 예를 보아도 이중 언어를 완벽하게 구사할 수 있는 사람은 그다지 많지 않다. 하물며 일본어와 한국어의 차이는 영어권의 언어 차이와는 근본적으로 다르다. 문자 자체도 다르고 표현 또한 상이하다. 이런 차이를 극복하고 이중 언어를 구사하려면 상당한 동기유발과 오랜 기간의 끈질긴 노력 없이는 불가능하다. 그럼에도 불구하고 추 선수는 언어장벽을 넘어섰고 자신의 의사전달을 충분히 할 수 있을 정도의 실력을 갖추었다. 내가 만나본 재일동포 4세들 대부분이 한국어를 전혀 구사하지 못하거나 중간 중간 몇 단어 정도의 한국어만 구사할 줄 아는 정도인데 비해 자신의 의사를 충분히 표시할 수 있는 그의 능력을 우리는 인정해 주지 않으면 안 된다. 그리고 그런 능력을 발휘한 것도 바로 조국을 사랑하는 애국심이 바탕에 있었기 때문임을 우리는 또한 간과해서는 안 된다.

그리고 우리는 또 한 가지 문제를 심각하게 고려해 보지 않으면 안 된다. 재일동포와 재미동포에 대한 이중의 잣대이다. 미국국적인 재미동포는 한국에 와서 굳이 한국어로 말하지 않아도 핀잔을 주지 않는다. 당당히 영어로 말해도 누구하나 재일동포들의 면전에서 핀잔하듯이 "한국어 왜 못하나?"라는 말을 감히 입 밖에 꺼내는 사람이 없다는 사실이다. 따라서 재일동포들은 '교포'라는 표현을 매우 싫어한다. 정확하게 말해서 재일한국인들은 국적이 한국 국적이므로 '동포'라는 표현이 맞는데도 불구하고 관용적으로 교포라고 싸잡아 부르는 모국사람들이 야속한 것이다.

'재일본 대한민국민단 중앙본부'에 따르면 현재 일본에 거주하는 재일동포는 민단과 조총련을 합하여 약 60여만 명이다. 조총련 12만여 명을 빼면 한국적을 가진 우리 동포가 48만 여명에 달한다. 해방 후 일본에 남은 약 68만의 우리 동포가 자연증가율에도 미치지 못하는 60여만 명에 머물고 있는 것은 일본인의 차별을 피해 매년 1만 여명 정도가 귀화하기 때문이다.

이 귀화자의 숫자는 일본의 국적법이 바뀐 1985년부터 더욱 증가하기 시작하여 최근에는 매년 1만 2천여 명에 육박하고 있다. 왜 이들은 한국적을 버리고 일본인으로 귀화를 해야만 할까? 그 이유는 개인이 처한 처지에 따라 조금씩 다를 것이다. 그러나 대부분의 귀화자들은 일본인과 동등한 권리를 갖기 위해서라고 대답한다. 이 말을 뒤집어서 해석하면 '차별을 피해서' 라는 말이 된다.

구체적으로 재일동포들이 어떤 차별을 받고 있는지는 한국에 살고 있는 7만여명의 재한일본인들과 상대적인 비교를 해보면 단번에 알 수 있다. 가령 예를 들어 재한일본인들이 한국인들의 차별을 피하기 위해서 '통명' 이라는 한국식 이름을 쓰는지 비교해 보아도 단박에 일본의 차별이 얼마나 지독한지 드러나게 된다. 비록 그 역사적 배경이 다르다고 해도 한국인은 일본인에 비하면 국제 감각을 갖춘 신사들인 것이다.

우리 동포들은 일본 땅에서 특별하게 주체성이 강한 사람을 제외하고는 대부분이 일본식 이름인 '통명' 을 쓰지 않으면 살아가는데 대단한 제약을 받을 수밖에 없다. 이 일본식 이름은 일제강점기시대에 민족말살정책의 일환으로 이루어진 '창씨개명' 의 잔재이다. 일본학교에 다니는 동포학생들 거의 모두가 이 통명으로 학교에 다니고 있으며, 본명으로 학교에 다니는 사람들은 일본학생들의 집요한 이지메와 싸워 이길 용기와 각오가 되어있지 않으면 안 된다. 예민한 청소년기에 이 문제는 참으로 심각한 갈등을 불러일으킨다. 장사를 하는 사람들도 통명이 아닌 본명으로 생활하면 거래처 한 사람 한 사람 만날 때마다 왜 본명을 쓰는지 설명하지 않으면 안 되는 성가심을 감내해야 한다. 굳이 그런 성가심을 스스로 자초할 필요가 없기에 통명을 쓰는 사람들이 늘어난 것이고 일본사회는 당연하게 그것을 요구하는 분위기인 것이다. 우리 한국인이 한 번이라도 재한 일본인들에게 한국식 이름을 따로 쓰지 않는다고 그들을 이지메 해 본 일이 있었던가?

또한 필자가 알기로는 독도문제로 반일감정이 강하게 일어났던 시기에도 일본인이 테러당한 사건이나 이지메 당한 사건은 한 건도 없었다. 그들이 조총련본부나 민단본부에 몰려와 "조센징 카에레(조선 놈 돌아가)!"를 외치고 험악한 분위기를 조성하거나, 공공연한 테러를 자행했던 여러 번의 사건들. 그리고 지나가는 조선학교여학생을 칼로 자상을 입히고 치마를 걷어 올리는 등의 행동을 자행한 일이 수 없이 많지만 우리는 재한일본인들에게 그들과 똑같은 형태로 갚아주지 않았다. 참으로 한국인이야말로 일본인에 비하면 수준 높은 민주시민인 것이다. 그들은 말로는 '아름다운 나라 일본'이라고 하면서 행동은 비열하기 그지없는 짓을 하고도 부끄러운 줄 모르는 국민인 것이다.

이러한 모든 문제의 근본은 일본이 만든 것이고 그 해결책임 또한 일본에 있음은 말할 필요도 없다. 간단하게 미국식 시민권 제도만 도입하면 문제는 해결될 일이지만 일본은 그런 의지가 없어 보인다. 일본사회는 전통적으로 일정부분 이지메의 대상이 필요한 계급사회이기에 재일동포문제는 일본인 스스로 해결하려고 하지 않을 것이다. 진정 차별이 싫으면 "귀화하면 될게 아닌가!"라는 태도다. 그러나 귀화도 그렇게 쉽지만은 않다. 13가지 항목의 조건을 구비하지 않으면 안 되기 때문이다. 일정한 재산이 있어야 하고, 국적을 포기함으로써 일본국에 충성을 맹세해야 하며, 전과자가 아니어야 하는 등등.

이 규정을 통과하는 것도 귀찮은 일이기에 그냥 그대로 어정쩡하게 지내는 동포들도 많다. 설령 이 규정을 통과하여 일본 국적을 취득했다 해도 일본사회의 일원으로 인정받기까지는 많은 시련과 인내가 요구된다. 그러므로 2007년 오미소카대회 때의 추 선수에 대한 공격도 아직 확실한 일본인이 아닌 추 선수에게 일본인답게 협박성 경고를 한 것이다.

또한 동포들 중에는 차별과 멸시로 인해 잘못된 고정관념을 가지게 되어 오히려 자신들의 모국인 한국에 대하여 더 나쁜 이미지를 새기고 있는 젊은이들도 더러 있다. 워낙 일본사회에서 한국과 한국문화에 대한 비하 일변도의 교육을 받아 왔기에 자신도 모르는 사이에 한국인인 자신조차 비참하게 느껴지는 상태로까지 발전한 것이다. 참으로 안타까운 일이 아닐 수 없다. 자민족에 대한 긍지와 자부심을 잃은 인간이 무슨 일을 해낼 수 있겠는가를 생각하면 연민의 정을 느끼지 않을 수 없는 일이다.

이런 일본 사회에서 그래도 자신을 품어주지 못한 조국을 원망하지 아니하고 비록 자신의 꿈을 이루기 위해 귀화는 했을망정 "나는 한국 사람이다"라고 당당히 밝히는 추 선수야말로 용기 있는 젊은이 임에 틀림없다. 우리는 그가 당당하게 자신의 길을 갈수 있도록 끝까지 응원의 박수를 보내야 할 것이다.

나오며

일본을 보는 시각차

　일본을 보는 시각은 다양하고 복잡하다. 크게는 서구인들의 추상적·관념적 프리즘으로 분석한 '일본'과 동양인의 역사적·경험적시각으로 분석한 '일본'이 있다. 이 중에서도 특히 우리의 관심을 끄는 것은 미국인의 시각에서 본 일본에 관한 저술들과 한국인의 시각에서 기술한 일본에 관한 저술들이다. 이미 우리에게도 널리 알려져 있는 루스 베네딕트(Ruth Benedict)의 『국화와 칼』은 '일본을 다룬 가장 오래된 고전'으로 오래도록 우리 한국인들에게 읽혀지고 인용되는 책이다. 그리고 10여 년 전에 발표되어 타임지와 워싱턴포스트 등의 언론에서 극찬을 받은 바 있는 패트릭 스미스(Patrick Smith)의 『일본의 재구성』은 현대 일본사회의 변화를 정확하게 분석한 책으로도 정평이 나 있다. 물론 이에 버금가는 한국인의 책이 없어서는 곤란하고 우리의 자존심이 심히 손상되는 일이기도 하다. 역사적으로 수천 년의 밀접한 교류와, 지리적으로 가장 가까운 일본에 대해 정확한 정보가 없다면 문제는 심각할 것이다. 또한 우리는 일본의 침략에 여러 차례 시달려온 경험이 있기에 저들의 정치적 움직임과 사회전반의 동향을 예의 주시할 필요가 있음은 두 말할 필요도 없다.

다행히도 우리에게는 이러한 미국인들의 베스트셀러에 버금가는 책들이 있음에 안도할 수 있다. 그 대표주자가 일본특파원이었던 전여옥의 『일본은 없다』를 꼽을 수 있다. 물론 이 책의 내용을 둘러싼 논란이 있음은 사실이나 여기서는 주제와 상관없으므로 논외로 하자. 사실, 이 책이 우리 사회와 일본사회에 던진 충격파가 컸다는 점에 대해서는 누구도 부인하기 어렵다. 주지하는 바와 같이 이 책은 일본의 치부를 정확하게 파헤쳐 그 당시까지 잘 나가던 일본 경제의 환상에 빠져 '본받을 나라'로 여기던 한국인에게 충격으로 다가왔다. 뒤이어 일본에서도 번역본이 나와 일본의 양심적인 지식인들에게 자성의 메시지를 전하기도 했다. 전여옥에 뒤 이어 나온 서현섭 외교관의 『일본은 있다』역시 제목만 다를 뿐 우리에게 던지는 메시지는 동일하다. 한국인에게 전하고자 하는 저자의 의중이 같은 정서적 공감대로 다가오기 때문이다. 이러한 책들이 발간됨으로 인해 우리 사회에서는 일본에 대한 관심과 일본 바로알기의 움직임이 일기도 했다. 더욱 발전적인 일은 한·일관계의 미래상에 대해서도 나름대로 정확한 정보를 가진 수많은 저서들이 쏟아져 나오는 계기를 마련했다는 점이다.

이에 비하여 루스 베네딕트의 저서는 상당한 모순을 안고 있음을 발견하게 된다. 본래 한 국가나 사회를 바르게 이해하기 위해서는 그 나라의 언어와 역사, 전통과 관습 등에 대해 해박하고 정통한 지식을 필요로 한다. 그런데도 불구하고 베네딕트 여사는 일본어를 전혀 모르는 사람일 뿐만 아니라 한 번도 일본에서 거주한 경험이 없는 사람이다. 이런 저자의 결격사유는 책의 곳곳에서 모순으로 드러나 있다.

　먼저 동양인들의 기본적 정서를 이해하지 못하기 때문에 벌어지는 모순을 들 수 있다. 그 극단적인 예가 충, 효, 의리, 덕이라는 유교적 개념을 모르기 때문에 그 이해를 위해 여러 장에 걸쳐 설명하고 부연하고 있다는 점이다. 우리 한국인들이라면 단어만 들어도 부연설명은 아예 필요 없거나 한줄 정도의 설명만 붙여도 무난할 사안이다. 그럼에도 불구하고 지루할 정도의 예시를 제시하고 있음을 볼 때, 우리는 정서의 차이를 실감하게 된다. 물론 일본인의 충효사상이 우리와 다른 일면도 없잖아 있기는 하다. 역사적으로 그들은 무사계급이 지배 사회를 이루고 산 시간이 길기 때문에 같은 충효 정신이라도 한국인과 다소 그 적용의 도에 있어서는 차이가 나기도 한다. 가령 예를 들어 일본인들은 충과 효가 갈등을 일으킬 경우 그들은 효를 버리고 충을 택한 예가 많다. 우리는 이러한 경우에 효를 택한 예가 많음을 역사를 통해 경험하고 있기도 하다. 그러나 이러한 예는 충과 효를 적용하는 가치관의 차이일 뿐 그 근본개념에 차이가 나는 것은 아니다.

　다음으로, 일본인의 생활양식을 주위에서 미처 관찰할 기회가 없었기 때문에 일본인의 통과의례에 관하여 많은 장을 할애하고 있다는 점이다. 아이들이 성장해 가면서 주위의 사회와 어떤 관계를 가지는가에 대한 관심은 문화인류학자의 시각에서는 당연한 일인지도 모른다. 그러나 일본 병사들의 후배다루기 라든가 아이들의 성장과정에 대한 고찰은 현대 일본사회의 변화된 현상과는 너무도 동떨어져 있음을 느끼게 한다. 가령 예를 들어 엄격한 상명하복의 일본인이 되어가는 과정이 군대생활에서 굳어진다는 이야기와 아이들의 성장과정에 관한 절대적인 어머니의 역할 등은 현대일본사회와는 많은 차이가 난다. 오히려 지금의 일본은 당시에 병사들의 구술로 들은 엄격한 일본의 사회구조가 허물어져 있는 상태처럼 보이는 부분도 많기 때문이다.

필자가 자위대 병사들의 기지에 초대되어 그들의 열병과 분열을 보았을 때 웃음을 참지 못했던 경험도 베네딕트 여사의 예언을 뒤집는 일이기도 하다. 지금의 일본 자위대 병사들은 모두는 아니지만 열병 시에 경례 하나도 제대로 하지 못하며 분열 시에는 발도 제대로 잘 맞추지 못한다. 훈련도 일사분란하지 못하고 탱크의 포신하나 돌리는데 몇 번이나 수정을 거듭하는 것이 지금의 현실이다. 물론 징병제 군인이 아니고 말 그대로 모병제의 '자위대'이기 때문이라는 설명은 가능하다. 그리고 베네딕트 여사가 그렇게 철저하게 아이들을 통제한다고 보았던 일본의 자녀교육은 이미 학교가 교실붕괴의 상태에 이르렀다고 우려하는 사태로까지 달라졌다. 여기에 더하여 '오타쿠족お宅族'과 '히키코모리족引きこもり族' 같은 청소년이 늘어가고 있는 추세이다. 일본 역시 현대병을 앓고 있다는 점에서는 세계의 변화와 같이하는 것이다. 베네딕트 여사는 이러한 일본을 상상이라도 했겠는가?

한편, 패트릭 스미스는 일본특파원으로 근무한 경험을 살려 일본 현대사회의 모순점을 비판하고 있다. 일본에서 그들의 생활전반을 예의 주시해온 필자로서는 상당한 공감으로 읽은 기억이 있다. 그러나 그는 두 가지 점에서 우리와는 크게 다른 시각을 가지고 있다.

그 첫째가 메이지유신 이후로 일본인들이 부르짖은 화혼양재和魂洋才에 대한 비판이 그것이다. 이 말은 일본의 정신적 바탕위에 서양의 물질문명을 접목하자는 슬로건이었는데 현대에 이르기까지 줄기차게 이어온 일본사회의 정신이기도 하다. 저자는 일본의 신소설, 미술 등의 모든 분야를 혼이 없는 흉내로 비판하면서 정치에 대해서도 같은 잣대로 비판하고 있다. 문학문야와 예술분야에 대한 비판은 그런대로 일리가 있고 어느 면에서는 '모방의 천재' 인 일본인들의 이면을 잘 파악하고 있기도 하다. 그러나 화혼양재의 정신은 일본사회를 안정시키는 큰 힘으로 작용했다는 정치적 현실론을 간과하고 있다는 점에서는 아쉬움이 남는다. 책 전체에 흐르는 미국적 시각에서 본 강자의 논리는 전승국의 입장인 미국인으로서는 그럴 수 있다고 치자. 그러나 일본이 사실상 성공한 모델케이스인 화혼양재를 비판하면서 민주주의를 가로막는 요소로 작용하고 있다는 비판은 쉽게 수용하기 어렵다. 책에서 언급한 '서양의 기술은 배우면서 정신은 무시하는' 일본인이 사실은 가장 합리적이었다는 결론을, 우리는 지금의 일본에서 쉽게 발견할 수 있기 때문이다.

만약 일본이 서양의 정신인 개인주의나 지나친 평등주의, 동양의 중용정신과 다른 기독교문화마저 받아들여 물질과 정신모두가 서양화 되었다면 어떤 변화가 있었을까? 아마 지금의 일본은 없었다고 단언해도 무방할 것이다. 이렇게 단언할 수 있는 것은 그들의 역사가 그 증거자료를 제시하고 있기 때문이기도 하다. 중앙정부의 힘이 미약했던 전국시대를 통하여 그들이 보여준 패권전쟁은 일본인의 호전적 심성을 적나라하게 드러내고 있음을 볼 때 더욱 확신을 준다. 그만큼 역사는 정직할 따름이다. 따라서 역설적이기는 하지만 일본이 지금처럼 경제적 부흥과 민주적 안정을 동시에 이룰 수 있었던 것도 화혼양재의 정신이 성공을 거두었기 때문이라는 결론에 도달 할 수 있다.

구체적인 예로 일본인의 구심점인 일본 혼大和魂이나 천황제가 없었다면 지금의 일본이 가능했을까? 인구 1억 2천만이 넘는 나라가 세계에서 범죄율 최하위이고, 심각한 사회계층의 갈등, 지역, 종교, 인종 등의 갈등으로 분열양상을 보이지 않는 국가도 유일하게 일본뿐이라는 사실을 저자는 간과하고 있다. 필자 역시 이 책을 쓰면서 늘 '우리는?' 이라는 물음을 자신에게 던지면서 자성을 우선했다. 그 이유는 일본의 전체주의적 성향과 우익적 성향 등 사회적 성향을 비판하면서도 사실상 우리역시 같은 사상과 이념으로 보이지 않을까 하는 자성이 앞섰기 때문이다. 이에 비하면 패트릭 스미스는 서양과 미국의 우월적 시각에서 동양인의 정치체계나 사고에 대해 '오리엔탈리즘'으로 폄하하는 오만함에 빠져있음을 본다. 일본인이 본다면 쓴 웃음을 지을 일이다.

두 번째로 패트릭 스미스는 일본의 헌법개정에 대한 찬성론으로 일관하고 있다. 더 나아가 전쟁도 할 수 있는 일반국가로 거듭나야하고 안보리의 상임이사국으로 들어가 국제사회에 더 많이 기여해야 한다고 주장한다. 이 역시일본 역사를 간과한 위험한 발상일 따름이다. 물론 저자의 생각대로 일본의 헌법은 일본인의 손으로 개정할 수도 폐기할 수도 있다. 그것은 일본이 민주국가이기 때문이다. 그러나 우리가 간과할 수 없는 것은 그들의 침략적 자세이다. 가령 예를 들어 경비회사에 입사하려는 사원의 이력서에 '강도·살인'의 범죄경력자라면 채용함이 마땅할까? 마찬가지로 한 국가의 이력서에 해당하는 역사가 이웃국가를 침략하고 약탈한 역사로 점철되어 있다면 국제연합의 상임이사국으로 마땅한 자격을 갖추고 있다고 단언할 수 있을까? 그에다가 자신들의 침략과 약탈을 반성은커녕 정당한 국제적 조약에 의한 것이라는 등 왜곡이나 변명으로 일관하는 국가가 평화를 지키는 파수꾼으로서의 자격이 있을까?

앞에서도 언급했듯이 역사는 정직하다. 일본이 침략적 자세를 견지하고 있는 이상 그들의 전쟁포기 조항이 들어있는 헌법을 개정하는 일도 사실상 우려의 시선으로 보지 않을 수 없다. 이러한 현상적 사안에 대한 분석적 차이는 미국인과의 확연한 시각차를 느끼게 한다. 현실적으로 드러나 있는 일본의 독도에 대한 침략적 자세와 약자와 강자에 대한 두 얼굴을 너무도 모르는 안이한 생각이라 지적하지 않을 수 없다.

일본은 긍정적으로 변화할 것인가?

흔히 일본과 일본문화를 설명하려할 때, '양손의 떡 이야기'를 자주 한다. 일본인은 양손에 떡을 쥐고 있다가 새 떡이 나타나면 한 손에 쥔 떡을 먹고 새 떡을 받아들인다고 한다. 그러므로 늘 일본적인 전통이 새로운 문화에 혼재되어 과거와 현재가 뒤범벅이 된 느낌을 준다. 대체로 수긍이 가는 이야기이다. 변화와 개혁을 좋아하는 우리 한국인의 입장에서 보면 답답해 보일 수도 있다. 그러나 그들의 전통숭상 정신은 일본을 지탱하는 정신적인 힘으로 작용했고, 지금은 일본문화가 세계 속에서 상당한 호평을 받는 단계로까지 발전했다.

그 실례로 미래학자 헌팅턴(Samuel Phillips Huntington)은 그의 논문 '문명의 충돌'에서 일본을 문화권의 하나로 격상시켜 놓고 있다. 논문에 따르면 냉전시대 이후의 세계질서는 서방과 라틴아메리카, 이슬람, 힌두교, 일본, 중화 등 7, 8개 문명으로 나뉠 것이라고 예언했다. 앞으로의 국가 간의 충돌은 이념충돌이 아니라 문화와 종교적인 차이의 갈등이라고 본 가운데 일본문명을 독자적 문화권으로 본 것이다. 상당한 관심을 불러일으키는 견해이기도 하다. 중화권의 앞에 일본문명을 둔 것도 흥미로운 점이다. 이러한 사실은 일본이 세계적으로 인정할 수밖에 없는 강대국으로 올라섰다는 증거라 본다.

 그러나 이러한 발달된 일본문명과 국력에 걸맞게 사회구성원들의 의식수준이 국제적인 감각을 갖추었는가에 대해서는 회의적인 견해가 많다. 특히 일본의 국제사회에 대한 공헌도와 자국의 민주화에 대해서는 많은 외국의 학자들이 부정적인 견해를 피력하고 있다. 일본 자민당의 장기집권과 좀처럼 변하지 않는 관료지배의 오랜 관행이 부정적 견해의 중심이다. 앞에서 언급한 패트릭 스미스 역시 일본의 뒤떨어진 민주화와 일본사회의 낙후된 관행에 대하여 비판을 가하고 있다는 점에서는 동일하다. 이러한 일관된 일본에 대한 서구학자들의 비판은 일면 일리가 있어 보인다. 변화하기 싫어하는 일본문화의 특징을 감안한다면 누구라도 그렇게 진단 할 수밖에 없기 때문이다.

 그러나 일본도 세계의 흐름과 그 맥을 같이하고 있기에 자국의 문제점을 해결하고 선진국에 어울리는 제도의 개선을 꾀하려 하고 있다. 이러한 제도개선과 함께 계층 문제와 소수 민족의 차별 등을 해결하려는 긍정적 움직임 역시 감지할 수 있다. 최근에 일어난 일본정치의 변화양상은 더욱 이러한 예감을 강하게 한다. 그 예감의 진원지는 도쿄도 의회선거에서부터 출발한다. 2009년 7월 12일 실시된 도쿄도 의회 의원을 선출하는 선거에서 전후 한 번도 없었던 이변이 일어난 것이다. 자민당을 누르고 민주당이 승리하는 이변을 연출한 것이 그것이다. 이를 출발점으로 하여 민주당의 집권 가능성이 높아졌다. 굳을 대로 굳어 있어 변화가 불가능하리라 진단했던 일본 수도 한복판에서의 변화는 신선한 충격이었다.

이제 일본에서 불기시작한 정치적인 변화의 바람은 요원의 들불처럼 여러 분야에 번져갈 것이다. 궁극적으로는 자신들의 과거사에 대한 반성과 재평가도 이루어질 것으로 전망된다. 그래야만 세계적으로 인정받는 국가가 될 수 있다는 사실을 양심적인 일본인들은 대부분 인지하고 있기 때문이다. 다행히도 민주당의 공약을 살펴보면 이러한 미래의 긍정적인 바람이 다소 엿보여서 희망적이다. 신바람을 좋아하는 민족이 한국인이 아닌 일본인이 될지도 모른다는 착각도 해 볼 수 있다. 자위대의 해외파견도 반대하고 있으며, 자민당 중심의 평화헌법 개정도 반대하고 있다. 인도양 상의 미국함대에 제공하는 중유공급은 모호한 표현으로 미국의 압력을 피해가고 있지만 내심으로는 전쟁을 포기하려는 뉘앙스를 짙게 풍긴다. 자민당의 '야스쿠니파' 의원들에 비하면 상당한 변화이고 진전이다. 조금씩이나마 일본이 긍정적인 방향으로 나아가고 있다는 증거이기도 하다.

결론적으로 일본국민들의 성숙한 민주주의 정신에 필자는 기대를 걸고 싶다. 그들의 성숙한 민주주의의 선택과 긍정적인 개혁과 변화는 이웃 국가인 우리에게도 많은 영향을 미칠 것이고 나아가 미래의 한·일 관계에도 긍정적인 영향을 미칠 것이기 때문이다.

끝으로 이 책의 집필에 도움을 주신 일본지역의 여러분에게 감사의 인사를 전하려 한다. 먼저 원고의 방향설정에 도움을 주신 주일한국대사관 이광형 참사관, 히로시마대학 윤광봉 교수, 현립 히로시마대학 정우택 교수님께 감사드린다. 그리고 용어의 정리와 원고교정을 도와준 히로시마대학 이정수, 윤상한, 김현룡 박사께도 머리 숙여 감사의 인사를 올린다.

지은이 임일규

임일규

히로시마한국교육원장. 경남대 겸임교수. 문학박사.

한국교원대 대학원 사회과 교육학과 졸업. 초등학교 교사와 장학사로 근무했다. 한·일관계사에 대한 연구로 「한·일 초등학교 고학년 역사교과서 비교연구」논문을 발표하였고, 이후 일본 국립 에히메대학 법문학부에 유학하여 일본문화와 일본사에 대한 연구에 몰두했다.

일본유학에서 귀국한 후, 다시 일본 오카야마 한국교육원장으로 5년간 근무했으며 일본사회의 철저한 연구와 분석을 위해 일본 국립 오카야마대학 대학원 박사과정에 진학하여 인간사회 문화학으로 전공하여 박사학위를 취득했다.

주요논문으로 「재일한국인의 민족의식 고찰」, 「재일한국인의 제례의식에 관한 연구」, 「재일한국인의 생활과 의식에 관한연구」 등이 있다.

저서로는 초등학교 인정교과서 『생각주머니』 3권(공저) 등이 있다.

현대일본사회 혼네 깊이 읽기

발행일	2009년 8월 17일
지은이	임일규
만든이	홍종화
만든곳	문예원
디자인	정춘경·허용현
편 집	조정화·오성현·신나래·전지영
영 업	박정대·정의진
주 소	서울 마포구 대흥동 337-25
전 화	(02) 804-3320, 805-3320, 806-3320(代)
팩 스	(02) 802-3346
등 록	제317-2007-55호
이메일	minsok1@chollian.net
홈페이지	minsokwon.com

ⓒ 임일규, 2009
정가 19,000원
ISBN 978-89-960984-6-1 03830

※ 잘못된 책은 바꾸어 드립니다.
※ 저자와의 협의하에 인지는 생략합니다.